MADE
IN
HELL

SEPP MAURER & DIANA BINDER

MADE IN HELL

DER WEG ZU DEINEM STÄRKSTEN SELBST

VISION
WISSENSCHAFT
TRAINING

„Blut macht dich verwandt,
Loyalität macht dich zur Familie."

Für meinen ältesten Freund
Lothar Rank, der leider am 1.6.2001
von uns gegangen ist.

Gewidmet ist dieses Buch meinen Athleten, Patienten, Freunden und meinem unfassbaren Team der Sportschule Kinema.

Gemeinsam verfolgen wir täglich das Ziel, eure Erwartungen zu übertreffen und euch den Weg zu eurem besten Selbst zu zeigen. Wir sind immer bestrebt, euch schneller, stärker und gesünder zu machen.

Nach meinem nun mittlerweile 27-jährigen Weg als Athlet und zwei Jahrzehnten als Performance-Trainer im Leistungssport möchte ich euch mit diesem Buch einen Einblick in meine Gedanken geben. Training ist nicht nur das Heben von Gewichten. Es ist so viel mehr – und man kann dadurch so viel erreichen: physische und mentale Stärke, Selbstbewusstsein, Konzentration, Ausgeglichenheit, Kameradschaft und nicht zuletzt den Sieg, den man bei jedem Training über sich selbst erlangt.

All das möchte ich euch in diesem Buch näherbringen

Wir sind nie am Ziel, nur auf dem Weg dorthin
Sepp Maurer

INHALT
TEIL 1 – VISION 14

MADE IN HELL
DIE SEPP-MAURER-STORY 16

BACK TO THE ROOTS
ALLER ANFANG IST LEICHT,
DANACH WIRD'S SCHWER 18

BEI FRITZ KROHER
TRAINING MIT DEM CHAMPION 22

„SAUBER GHEBT, GSCHLÖSSL"
STEINHEBEN – MEINE ERSTE
LIEBLINGSDISZIPLIN 27

DER SPATENSTICH
EIN FITNESSSTUDIO AUF
DER HÖLLHÖHE 32

DER TAG, DER ALLES VERÄNDERN SOLLTE...
MEIN UNFALL UND DIE
JAHRELANGEN FOLGEN 36

DIAGNOSTIK MACHT DEN UNTERSCHIED
ZUM ERSTEN MAL IN EINER
ECHTEN SPORTSCHULE 43

15 JAHRE FÜR EINEN TRAUM
WIE ICH ZUM STÄRKSTEN MANN DEUTSCH-
LANDS WURDE 48

EIN ZIEL OHNE PLAN IST NUR EIN WUNSCH
DIE ERSTEN LEISTUNGSSPORTLER TRAINIEREN
IM KINEMA 51

DER BOXER MIT DER LEDERJACKE
ROBIN KRASNIQI – VOM FLÜCHTLINGSJUNGEN
ZUM WELTMEISTER 54

ARMDRÜCKEN MIT MIKE TYSON
TRAINING IM WESTSIDE BARBELL BEI LOUIE
SIMMONS 58

DER ERFOLG GIBT RECHT
UNSER GANZHEITLICHES
THERAPIEZENTRUM 62

EIN NEUES KNIE UND NEUE ZIELE
NACH FAST-TRACK-OP KANN DAS TRAINING
WIEDER STARTEN ... 65

EINER FÜR ALLE – ALLE FÜR EINEN
DAS BESTE TEAM: 20 JAHRE SPORTSCHULE
KINEMA 71

EISENHART
EINE ERFOLGSGESCHICHTE 74

STRONG ATHLETICS, DER MYTHOS 78

KINEMA & ELEIKO
ZUSAMMENARBEIT MIT DEM
WELTMARKTFÜHRER 83

TEIL 2 – WISSENSCHAFT 90

MEINE PHILOSOPHIE
DIE VORBEREITUNG 93
BEVOR DU ÜBERHAUPT STARTEST 97
BEVOR WIR IN DIE PLANUNG GEHEN 98
DIE SEPP-MAURER-THEORIE 99
DER GEIST UND SEINE WIRKUNG 104
DAS STUDIO, DIE FITNESSKETTE ODER DAS GYM 109

TRAINING IS AN EQUALIZER – WARUM ICH ES LIEBE 112
DAS SELBST 113

DEIN TRAINING
GRUNDLAGEN 119
TRAININGSARTEN 120
PLANEN NACH PRILEPIN 130
TRAININGSDAUER 134
MUSELKFASERTYPEN 135
TRAININGSZYKLEN PERIODISIERUNG 138
TRAININGSPLAN-ERSTELLUNG 138

WISSENSCHAFTLICHE FAKTEN
ANPASSUNG IM SPORT 141
ENERGIE-BEREITSTELLUNG 141
ENERGIEFLUSS 146
INTERFERENZEFFEKT 148
ANAEROBE LEISTUNG IM TRAINING 49
DAS PARADOXON DES KRAFTERHALTS 153
DAS NUTZEN DER ERSCHÖPFUNGS-RESISTENZ 154
MUSKELSPANNUNG 155

MUSKELSCHLINGEN – TRIATHLON, BOXEN UND MAXIMALKRAFT 158
DIE OPTIMALE UND EFFIZIENTE BEWEGUNG 160

„WE BUILD THE BEST"
DER WEG ZU DEINEM STÄRKSTEN SELBST 167
VERANLAGUNG 167
ANFÄNGER – FORTGESCHRITTENER – LEISTUNGSATHLET – ELITEATHLET 168
GPP-TRAINING 169
DER CORE 171
FUNCTIONAL MAURER MOVEMENT ASSISTANCE 172
PROPRIOZEPTIVE NEUROMUSKULÄRE FAZILITATION 175
ATMUNG WÄHREND DES TRAININGS 178
ATMUNG ALLGEMEIN 179
KARDIOTRAINING 180
SAUERSTOFF-MANGEL – GAR NICHT GUT! 182
TRAINING DES FUSSGEWÖLBES – ODER WIE DU DEIN ILIOSAKRALGELENK SCHÜTZT 184
TAPERING VOR DEM WETTKAMPF 186
DELOAD 190
BALANCETRAINING 191
MUSKELN PFLEGEN FASZIENROLLEN UND DEREN WIRKUNG 192
DEHNEN STATISCH ODER DYNAMISCH? 193
REGENERATION – WAHRSCHEINLICH DAS WICHTIGSTE! 194
ZIRKADIANE RHYTHMIK 205
HÄUFIGSTE FEHLER BEIM AUSDAUERSPORT 206
HÄUFIGSTE FEHLER BEIM KRAFTSPORT 207

TEIL 3 – TRAINING 250

TECHNIK IN DEN GRUNDÜBUNGEN
WAS IST DIE PERFEKTE TECHNIK?	209
KNIEBEUGE	209
KREUZHEBEN – DEADLIFT	214
BANKDRÜCKEN	217

SPECIALITIES
HÖHENTRAINING	225
STRESS	226
THERMOGENESETRAINING MIT „MADE IN HELL"-HOODIE	227
DER GÜRTEL	228
NAHRUNGS-ERGÄNZUNGEN	232
BLUTDRUCK UND WASSERMANGEL	236
VERLETZUNGEN IM SPORT	237
MUSKELKATER	244
TRAININGSALLTAG	245
ABNEHMEN – ZUNEHMEN	246

HALTUNGSAUSGLEICH FÜR DIE HALSWIRBELSÄULE	252
HALTUNGSAUSGLEICH FÜR DIE LENDENWIRBELSÄULE	254
TRAININGSPLAN BEI KNIEARTHROSE	256
KREUZBAND/MENISKUS	258
SCHULTERDISBALANCE, ROTATORENMANSCHETTE	260
STOFFWECHSELTRAINING ZUR GEWICHTSREDUKTION	262
BODYFITNESS BEGINNER	264
KLASSISCHES BODY-TRAINING ZUM MUSKELAUFBAU	266
TRIATHLON-HALTUNGSAUSGLEICH	268
FUSSBALL, SAISONBEGLEITEND	272
LEISTUNGSPLAN FÜR EINEN EISHOCKEYPROFI	274
SKI-ALPIN-AUFBAUPHASE	280
BOXTRAINING WÄHREND DER SAISON	284
BASKETBALL, LEISTUNGS-ORIENTIERT, SAISONBEGLEITEND	288
BODYBUILDING, 5-TAGE-SPLIT	290
DISBALANCENAUSGLEICH	294
POWERLIFTING, 4-TAGE-SPLIT	298
ELITEPLAN POWERLIFTER	302
KREUZHEBEN-BANKDRÜCKEN (PUSH-PULL)	312

ANHANG 316

DANK 316
IMPRESSUM 320
LITERATUR 320

„**Der Erfolg ist kein Zufall,
sondern nur das Ergebnis harter Arbeit!**"

ROBIN KRASNIQI
DOPPEL-WELTMEISTER IM PROFIBOXEN

Sepp Maurer ist für mich ein riesengroßes Vorbild – ich habe wirklich viel von ihm gelernt. Ich glaube, selbst wenn ich studiert hätte, dann hätte ich nicht so viel gelernt wie in den vergangenen zehn Jahren, seit ich mit ihm trainiere. Sepp hat extrem viel Ahnung von dem, was er tut. Alles, was er mir in meiner sportlichen Laufbahn vorausgesagt hat, ist so eingetroffen. Er hat einen Plan, er hat ein Ziel, und auch wenn sein Training oft brutal und hart ist, führt es genau da hin, wo es hinführen soll. Von ihm habe ich gelernt: Der Erfolg ist kein Zufall, sondern nur das Ergebnis harter Arbeit!

Ich vertraue Sepp und seinem Team zu hundert Prozent, und das liegt einfach daran, dass ich die Veränderung in meinem Körper selbst erlebt habe, verstanden habe, wie alles zusammenhängt, wie der Sport funktioniert. Ich bin in den letzten zehn Jahren jeden Berg hochgelaufen, den es in der Nähe der Sportschule Kinema gibt. Anfangs hatte ich das Gefühl, ich kann das niemals schaffen.

Jetzt laufe ich da rauf und denke manchmal, die Berge sind kleiner geworden – aber das stimmt nicht. Ich bin größer geworden, besser geworden. In jedem Körper steckt so viel Energie, oft auch ungenutzte Energie. Und man muss einfach den richtigen Trainer und dann auch den Willen haben, diese Energie freizusetzen, seine eigenen Grenzen zu überwinden.

Im Kinema trainieren mittlerweile Sportler aus so vielen verschiedenen Sportarten, aber Sepp weiß dennoch, was jeder einzelne braucht. Er weiß, dass ein Boxer Explosivität braucht, aber auch eine gute Grundlagenausdauer, Kondition und Schnelligkeit. Daneben trainiert der Tennisprofi, der Spannung in den Beinen und in der Hüfte braucht, zusammen mit dem Skifahrer, der wiederum Kraft und Schnelligkeit braucht, und so weiter. Und Sepp schafft es, sie alle zusammenzubringen und trotzdem für jeden Einzelnen das Beste zu erreichen. Er hat dazu ein brutales, unglaublich starkes Team aufgebaut, sodass jeder Sportler hier auch die besten Therapiemöglichkeiten hat.

Also, ich würde wirklich jedem empfehlen, dieses Buch zu lesen, denn Sepp ist nicht nur ein Mann mit einer unglaublichen Geschichte, sondern mit so viel wertvollem Wissen, dass jeder nur davon profitieren und lernen kann. Und darüber hinaus: Sepp ist auch ein wahnsinnig guter Mensch. Er ist jemand, der zu seinen Sportlern steht, egal, was passiert. Er ist für dich da, egal, ob du gewinnst oder verlierst – und für mich ist er einfach einer der besten Freunde auf dieser Welt.

Sepp, danke für alles!

TEIL 1
VISION

Vor 20 Jahren wollte ich einen Ort erschaffen, an dem Sportler fit und Patienten gesund werden können. Ich legte in einem kleinen Dorf namens Höllhöhe den Grundstein für mein Fitnessstudio. Heute ist dieser Ort, das Kinema, eine Sportschule inklusive Therapie- und Rehazentrum mit fast 40 Beschäftigten und eine der führenden Trainingseinrichtungen in Deutschland. Spitzensportler aus ganz Europa bereiten sich hier auf ihre Wettkämpfe vor, und ich selbst wurde mehrmaliger Deutscher Meister und Europameister im Kraftsport. Die Sportschule kann bis dato über 33 Weltmeister, 44 Europameister und mehr als 100 bayerische und deutsche Meistertitel verbuchen. Hinzu kommen unzählige Therapie- und Rehapatienten.

Made in Hell.

MADE IN HELL
DIE SEPP-MAURER-STORY

„Made in Hell" ist eine Geschichte über Erfolge und Rückschläge, über Visionen und die Realität, über Leistung und Leidenschaft. Es ist eine wahre Geschichte – denn es ist meine Geschichte. Ich bin Sepp Maurer, Inhaber der Sportschule Kinema, Trainer, mehrfacher Deutscher Meister und Europameister im Kraftsport und für manche auch sportlicher Mentor. Ich war schon immer bereit, für meine Ziele alles zu geben. Heute bin ich 44 Jahre alt und weiß, was „Made in Hell" wirklich bedeutet, und das liegt nicht daran, dass ich aus einem kleinen Dorf namens Höllhöhe komme. Nein. Ich weiß, wie es sich anfühlt, selbst durch die „Hölle" zu gehen ... Mein Lebenstraum war es, der stärkste Mann Deutschlands zu werden. Dieser Traum schien zu platzen, nachdem ich mir bei einem Sturz beim Motocross einen schweren Bruch zuzog und danach fast mein linkes Bein verlor. Der Unfall wurde für mich zu einem lebensverändernden Schlüsselerlebnis. Nach fast 30 Operationen, drei Jahren auf Krücken, acht Jahren intensiver Behandlung und etlichen Rückschlägen widmete ich der Suche nach den besten therapeutischen Möglichkeiten meine ganze Zeit und Aufmerksamkeit. Keine niederschmetternde Diagnose hielt mich auf, kein Weg war zu mühsam, um meinen Körper wieder zu seiner alten (und bald einer ganz neuen) Stärke zu verhelfen.

Was ich dabei für mich selbst und für andere gelernt habe, ist die Basis für alle weiteren Entwicklungen und für den Aufbau einer hochprofessionellen Sportschule mitten im Bayerischen Wald. Und wenn man verstehen will, wie das alles überhaupt möglich ist, dann muss man einen Blick zurückwerfen auf mein Leben – auf die Sepp-Maurer-Story.

Meine Familie: ich, meine Freundin Katrin, meine Eltern Marianne und Sepp Maurer sen., meine Schwägerin Steffi und mein Bruder Ludwig

BACK TO THE ROOTS
ALLER ANFANG IST LEICHT, DANACH WIRD'S SCHWER

Man mag es glauben oder nicht, aber ich war einmal ein schmächtiger, bleichgesichtiger Bursche und brachte mit einer Größe von 1,78 Metern gerade mal 60 Kilo auf die Waage. Mit meinen roten Haaren hätte ich gut und gerne als junger „Highlander" durchgehen können. Allerdings konnte es „nicht nur einen geben", denn da war noch ein Zweiter: mein jüngerer Bruder Ludwig, dem deutschen Fernsehpublikum bestens bekannt als Lucki Maurer, der „Fleischpapst". Ludwig ist heute Spitzenkoch mit mehreren TV-Formaten, hat einen Bauernhof und führt ein erfolgreiches Restaurant und Unternehmen namens STOI, er schreibt Kochbücher und macht Musik mit seiner Band Seasons in Black. Man kann wohl sagen, dass wir beide in unseren Berufen erfolgreich sind, aber dieser Erfolg ist uns nicht in den Schoß gefallen. Wir haben immer für unsere Ziele gearbeitet und keine Mühe gescheut. Dieser Durchhaltewille ist vielleicht auch dem „Spirit" unserer Familie geschuldet. Unsere Eltern, Marianne und Sepp, haben uns Unternehmertum tagein, tagaus vorgelebt. Sie haben über viele Jahrzehnte und mit viel Schweiß und Arbeit ein kleines Gasthaus, das „Waldschlössl", das in der achten Generation von unserer Familie betrieben wird, in ein Vier-Sterne-Wellnesshotel verwandelt. Sie haben uns immer erklärt, dass man alles schaffen kann, was man will, aber fleißig muss man halt sein.

Im Dorf nannte man uns früher die „Gschlössl-Buam" – und wir hatten schon unseren Ruf weg. So leicht vormachen konnte uns jedenfalls keiner was, und wir hatten schon immer unsere eigenen Vorstellungen vom Leben und was wir damit machen wollten. Als kleine Kinder sahen wir noch ziemlich anständig aus und wurden sogar manchmal im Trachtenjanker gesichtet (vor allem an Weihnachten im Hotel), aber als wir älter wurden, haben wir erst mal beschlossen, uns die Haare wachsen zu lassen.

Mein Bruder hat das radikal durchgezogen, für ihn als Heavy-Metal-Musiker war seine lange Mähne ohnehin ein Statement. Für mich war musikalisch zwar bei Me-

Da war der Bizeps noch mehr Wunsch als Realität: Das bin ich im Alter von 15 Jahren nach meinen ersten Trainingsversuchen

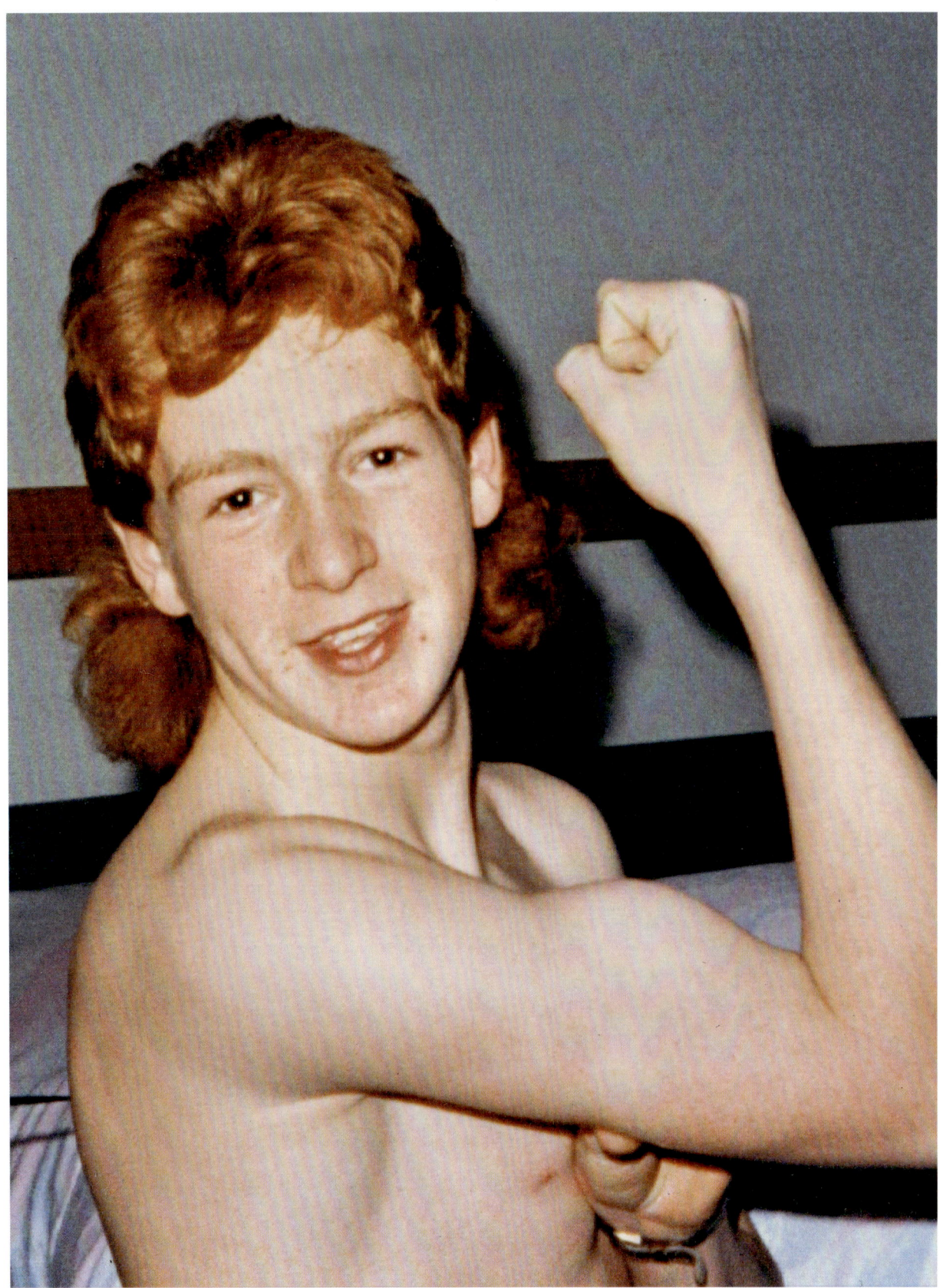

Oben: Mittlerweile elf Jahre alt und aus meinem Leben nicht mehr wegzudenken: mein Dackel Rocky

Unten: Die berühmte Rocky-Hall-of-Fame im Kinema

tallica die Schmerzgrenze erreicht, die Haare fand ich trotzdem cool, und vor allem war mir total egal, was andere dazu sagten. Heute ist das natürlich etwas anders. Ich habe mir zwischendrin durchaus mal die Spitzen schneiden lassen.

Meine sportliche Karriere startete am Skilift direkt gegenüber vom Hotel. Im Winter waren wir quasi täglich auf der Piste. Ich hatte schon Talent und war ein sehr guter Skifahrer, nahm an Rennen teil und kam nicht selten mit einem Pokal nach Hause, zufrieden war ich damit aber nicht. Das Problem war, dass uns niemand etwas beibringen konnte. Unsere Eltern mussten arbeiten, und einen Trainer gab es nicht.

Ich war eigentlich immer schneller als die anderen, und trotzdem kamen die bei den Rennen oft besser durch die Stangen. Da habe ich mich gefragt, woran das liegt... Neugierig habe ich bei den Wettkämpfen immer wieder die Coaches beobachtet, die ihren Schützlingen gute Ratschläge gaben, und mich gefragt, was die denen wohl sagten.

Im Sommer lief es ähnlich: Wir haben die Ski- und Schlittenpisten rund ums Hotel in Bike-Strecken verwandelt und hatten bald mit unseren BMX-Rädern richtig gute Sprünge und Tricks drauf. Aber auch hier hätten wir jemanden gebraucht, der uns etwas Neues beibringt. Heutzutage kann man sich vielleicht ein paar Tricks bei YouTube abschauen, doch Anfang der 90er-Jahre war das Internet ein unbekanntes Mysterium in einer weit entfernten Galaxie. Zumindest von der Höllhöhe aus betrachtet. Also egal, womit ich es sportlich versuchte: Ich stellte mich meistens echt gut an, aber es fehlten einfach die Möglichkeiten, um mich weiterzuentwickeln.

Tja, und dann wurde ich 15 Jahre und fand endlich eine Inspiration: Sylvester Stallone aka Rocky Balboa. Der Titelheld der berühmten Boxer-Filme und seine Geschichten haben mich von Anfang an gefesselt. „Wie kann jemand nur so kämpfen, so aussehen, so cool sein?", fragte ich mich und schaute die Streifen bis zum Erbrechen immer wieder an. Balboa wurde zu meinem absoluten Jugendidol, und diese Faszination ist bis heute geblieben.

> „Wie kann jemand nur so kämpfen, so aussehen, so cool sein?"

In einem Treppenhaus im Kinema gibt es seit Jahren eine Hall of Fame, wo ich Filmplakate, gerahmte Autogrammkarten und Mitbringsel vom Drehort Philadelphia sammle – und täglich erinnert mich auch mein geliebter kleiner Rauhaardackel, der fest zum Team des Studios gehört, an meinen Jugendhelden. Denn er heißt wie die Titelfigur der Filme: Rocky.

Mit 15 Jahren, als ich zum ersten Mal mit dieser Welt in Berührung kam, hatte ich keine Ahnung von Kraftsport oder Bodybuilding. Aber ich habe irgendwie verstanden, dass Stallones gestählter Körper das Ergebnis harten und gezielten Trainings sein musste. Die Story der Filme packte mich ganz tief in meiner jugendlichen Seele. Sie rührte etwas an. Rocky erzählte von Ehre und Kampfgeist. Er zeigte, wie man sich selbst überwindet, wie man weitermacht, die eigenen körperlichen Grenzen hinter sich lässt. Und genau das wollte ich auch. Ach ja, und ein paar Muskeln wären vielleicht auch nicht verkehrt, dachte ich mir.

Also fasste ich den Plan, ein paar Gewichte anzuschaffen und im Keller des Hotels mit dem Krafttraining zu beginnen. Ich kaufte im nächsten Sportgeschäft eine Zehn-Kilo-Hantel und verzog mich damit ins Untergeschoss. Dort war bereits vor längerer Zeit ein kleiner Fitnessraum für Hotelgäste eingerichtet worden, allerdings nicht sonderlich gut ausgestattet mit einem Ergometer, einem bescheidenen Zugturm von Kettler und einem alten Wecker zum Einstellen der Trainingszeit. Für mein Training aber reichte es erst mal: Ich wuchtete die Hantel auf beiden Armen über den Kopf und wieder runter, und noch mal hoch und wieder runter. Jeden Tag, so oft es ging. Ich hatte keine Ahnung, wie das mit dem Muskelaufbau genau funktionieren sollte, aber das war mir zunächst egal. Ich fühlte mich großartig. Das Training machte mir Spaß, und ich wusste jetzt, was ich wollte: „Mama, du wirst schon sehen, ich werde mal der stärkste Mann Deutschlands ...", prophezeite ich nach ein paar Wochen. Doch meine Mama lachte nur und sagte mir, dass ich lieber Koch werden sollte, denn schließlich würde ich irgendwann ein Hotel erben.

Gegen Ende der Realschulzeit musste ich mir eingestehen, dass mein Training im Grunde zu nichts führte. Täglich quälte ich mich. Keine Einheit ließ ich aus. Aber wenn ich mich im großen Schlafzimmerspiegel anschaute, sah ich nach wie vor nur einen schlaksigen Jungen mit langen Haaren. Meine Silhouette glich der einer Lauchstange, ich war meilenweit entfernt von einer Stallone-Statur. Einmal war mir während des Trainings sogar schwarz vor Augen geworden, und statt eines Sixpacks bekam ich nur ab und zu einen gehörigen Muskelkater. Was machte ich denn falsch? Ich suchte die Erleuchtung in hochglänzenden Bodybuilding-Magazinen von der Aral-Tankstelle, aber die halfen mir auch nicht weiter. Das Thema Muskelaufbau blieb mir ein Rätsel. Lediglich eines hatte ich inzwischen verstanden: nur die Gewichte rauf und runter zu stemmen brachte nichts. Und es musste irgendeinen Zusammenhang zwischen Training und Ernährung geben. Doch wer konnte mir das alles erklären? Ich hatte so viele Fragen und keine Antworten ...

BEI FRITZ KROHER
TRAINING MIT DEM CHAMPION

Da gab es nur eine Lösung: Ich musste raus aus dem Keller und jemanden suchen, der mir etwas über Krafttraining erklären konnte. Und es gab nur einen Ort, wo das möglich war: das Fitnessstudio in Bad Kötzting, circa 15 Kilometer von der Höllhöhe entfernt. Dort betrieb zu dieser Zeit kein Geringerer als Fritz Kroher ein Studio. Kroher war die Kraftsportlegende des Bayerischen Waldes und hatte in seiner aktiven Karriere alle wichtigen Titel der Szene geholt. Er war unter anderem Deutscher Meister, Mister International, Weltmeister und „bestgebauter Athlet Europas" geworden. Sogar an der Seite von Arnold Schwarzenegger hatte er trainiert, und es war nur einer großen Portion Heimatliebe zu verdanken, dass Kroher sein Fitnessstudio im Bayerischen Wald betrieb und nicht in Los Angeles. „Also, da gehen wir hin!", habe ich beschlossen und gleich meinen Bruder Ludwig überredet, mitzukommen.

Als wir zum ersten Mal beim „Kroher" durch die Tür traten, schlug uns gleich mal eine stechende Duftwolke entgegen. Eine Mischung aus frischem Schweiß und altem Gemäuer, verfeinert mit einem Hauch Eiweißshake und einer Prise Body-Öl. Das zweistöckige Gebäude war klar aufgeteilt: Unten trainierten die Frauen (es herrschte gähnende Leere), oben die Männer. Hier schwitzten zwei Typen, die mit ihren gut 130 Kilo Körpergewicht die Beinpresse malträtierten. Die Wände waren zugekleistert mit Bodybuilder-Fotos, alle Geräte in diesem Raum waren in einem glänzenden Schwarz gehalten.

„Hey Ludwig, da bleiben wir!", sagte ich zu meinem Bruder, ich fühlte mich sofort sauwohl. Das war hier ja, als hätte mich jemand direkt in die Kulisse der Rocky-Filme katapultiert. „Hey Sepp, da bleiben wir auf keinen Fall", entgegnete Ludwig, dem die düstere Bude äußerst suspekt war. Er verzog sich erst mal an die Theke, um die Getränkeliste zu studieren.

In den folgenden Monaten pilgerte ich zum „Kroher". Fünfmal pro Woche. Immer mit dem Ziel, vom großen Meister etwas zu lernen. Fritz Kroher registrierte meine Anwesenheit, doch das gemeinsame Training stellte sich komplizierter dar als gedacht. Denn es gab ein ungeschriebenes Gesetz: Man durfte niemals, aber wirklich niemals das Gewicht an den Geräten des Champions verändern. Nur wenn man das Gleiche ziehen konnte wie er, dann war man geduldet.

Wenn Kroher zum Training kam, legte er seine schwarze Casio-Uhr ab und seine Trainingshandschuhe an, ging an die Maschine und ackerte stur seinen Plan durch. Ich lief ihm voller Ehrfurcht hinterher und versuchte, mitzuhalten. Ich klemmte mich hinter das Rudergerät und wollte das gleiche Gewicht wie er nach vorn drücken, doch der Schlitten rührte sich keinen Millimeter. Ich probierte es so lange, bis mir kotzübel wurde. Dieses Spiel setzte sich Woche für Woche fort.

Nach einem halben Jahr (der Schlitten hatte sich mittlerweile dann doch ein paar Zentimeter bewegt) traute ich mich endlich, etwas zu fragen:

Oben: Nach drei Jahren Training bei Fritz Kroher waren erste Erfolge sichtbar .

Unten: Meine Anfangszeit im Bankdrücken, ebenfalls bei Fritz Kroher

„Du Fritz, was kann ich denn noch machen, damit ich stärker werde? Vielleicht etwas mit Ernährung oder so?" Kroher musterte mich langsam von oben bis unten und verkündete dann: „Eiweiß."

„Eiweiß. Aha, ja ok, ach so ...", sagte ich.

„Wer kein Eiweiß isst, kann es gleich bleiben lassen", zitierte Kroher sich selbst oder einen anderen Fitnessgott. Um seine Empfehlung zu untermauern, mischte er für Neulinge gerne ein Getränk. Dazu schlug er drei rohe Eier in ein Glas, füllte einen halben Liter Milch dazu, gab angewärmte Bierhefe hinein und einen Löffel Aminofit-Pulver aus der Arnold-Schwarzenegger-Kollektion. Man kann sich vorstellen, dass allein schon der Geruch dieses dampfenden Getränks für Brechreiz sorgte. Diese Spezialmischung war ein beliebtes Einstandsgetränk im Studio – die „Profis" tranken natürlich einfach normalen Schoko-Eiweiß-Shake.

Ich blieb. Und hoffte, dass mich dieser Laden und sein Trainer weiterbringen würden. Ich verstand, dass Kroher in vielen Dingen recht hatte. Und ich konnte ihm mit der Zeit manches Geheimnis entlocken. Fritz Kroher hatte mich zwar mit dem Eiweißshake aufs Korn genommen, erklärte mir aber in einer ruhigen Minute doch, dass Ernährung eine große Rolle spielt, und legte mir ans Herz, immer frisch und proteinreich zu essen. Ab sofort machte ich mir also öfter mal Hähnchenfleisch, Reis, Eier und frisches Gemüse. Da traf es sich gut, dass ich zu dieser Zeit mit meiner Ausbildung zum Koch in einem Hotel in der Nähe begonnen hatte.

Meine Eltern hatten mir „nahegelegt", etwas „Vernünftiges" und zum Familienbetrieb Passendes zu lernen. Also wurde ich Koch. Eine bessere Idee hatte ich grad auch nicht. Aber weil ich einfach ein ehrgeiziger Mensch bin, legte ich mich sogar bei dieser Lehre anfangs richtig ins Zeug. Außerdem wollte ich meinem Chef und ein bisschen mehr noch dessen Tochter imponieren. Was funktionierte, bei beiden. Der Hotelchef stellte mich sogar schon wenig später als „besten Lehrbub, den er jemals hatte" vor, und seine Tochter wurde bald schon meine Freundin. Doch egal, wie sehr ich mich auch bemühte, eigentlich war mir klar, dass ich in der Gastronomie niemals mein Glück finden würde, und auch mit der Wirtstochter sollte es nicht allzu lange gut gehen. Ich legte zwar noch eine Weiterbildung zum Diätkoch drauf und eröffnete mein eigenes Restaurant, aber es gab einfach einen riesengroßen Haken: Mein größtes Interesse galt nichts anderem als meinem Kraftsport. Dort lag und liegt meine wahre Leidenschaft.

> **„Wer kein Eiweiß isst, kann es gleich bleiben lassen."**

Oben: Bei meiner ersten Meisterschaft nach dem Unfall hat mir Manfred Arlt aus Dietenhofen bei Nürnberg sehr viel geholfen. Manfred ist selbst erfahrener Wettkampf-Bodybuilder, wurde Deutscher Meister und hat mir sehr viel über Ernährung beigebracht. Er ist auch heute noch ein guter Freund und Weggefährte.
Unten: Mein erster Mentor und Ratgeber: Kraftsportlegende und Weltmeister Fritz Kroher

„SAUBER GHEBT, GSCHLÖSSL"
STEINHEBEN – MEINE ERSTE LIEBLINGSDISZIPLIN

Für mich gibt es im klassischen Kraftsport keine wichtigere Disziplin als das Steinheben. Kurz erklärt: Es geht darum, einen 250 Kilo schweren Stein höher zu heben als die Konkurrenten im Wettbewerb. Schon als kleiner Bub habe ich alljährlich am Bürgerfest-Sonntag in Bad Kötzting gespannt den traditionellen Steinheber-Wettbewerb verfolgt. Hunderte Menschen haben sich dann zu diesem Spektakel in der Stadt versammelt. Eine ganze Reihe starker Männer trat an, um den Steinbrocken vom Boden zu lupfen. Einfache Regeln, klare Ergebnisse, eine Disziplin, die mich immer beeindruckt hat.

Nach etwa drei Jahren Training bei Fritz Kroher fühle ich mich fit genug, selbst beim Steinheben anzutreten. Ich hatte mittlerweile doch einiges gelernt und mir meine Sporen verdient. Unzählige Trainingseinheiten hatte ich mit meinem Vorbild verbracht, und jetzt wollte ich mich zum ersten Mal öffentlich bei einem Wettbewerb beweisen. Ich war bereit!

Der nächste Bürgerfest-Sonntag kam. Gemeinsam mit meinem Bruder und seiner Freundin Steffi marschierte ich über den Bad Kötztinger Stadtplatz in Richtung Wettkampf-Areal. Ich hatte lange gewartet, mir dieses Szenario genau vorgestellt, mir diese Anerkennung gewünscht. Und dann kam die Ernüchterung: Als ich das Teilnehmerfeld zum ersten Mal sah, rutschte mir das Herz in die Hose. Zwar hatte ich mittlerweile an Gewicht und Muskelmasse zugelegt, brachte schon 80 Kilo auf die Waage – im Vergleich zu den anderen Hebern sah ich aber noch immer aus wie ein Kampf-Hänfling aus der Kinderabteilung. Die Elite der bayerischen Steinheber, inklusive langjähriger Top-Athleten aus dem Alpenraum, hatte sich versammelt. Und die Favoriten standen schon hinter dem Startfeld wie wilde Raubtiere auf dem Weg in die Gladiatorenarena und ließen ihre Muskeln spielen. „Wir gehen wieder", teilte ich meinem Bruder mit und wollte kehrtmachen. Ludwig aber packte mich am Schlafittchen und zog mich zurück. „Du spinnst wohl. Ich hör mir doch nicht jahrelang dein Geschwafel an und dann haust du ab. Jetzt komm, auf geht's …" Er erinnerte mich daran, dass Aufgeben für einen Maurer sicher keine Option sei. Wo war denn meine Rocky-Ehre geblieben? Da hatte er natürlich recht … Ich trat an.

Eine halbe Stunde später positionierte ich mich also auf der Plattform, im Begriff den 250-Kilo-Brocken vom Boden zu heben. Nie zuvor hatte ich das in einem Wettkampf versucht. Dafür klappte es erstaunlich gut, was nicht nur an meiner Kraft, sondern vor allem an meinem Willen lag. Ich blendete das Geschehen um mich herum völlig aus, sah keine Konkurrenten mehr, und es war mir egal, ob ich als Außenseiter in diesem Wettbewerb stand. Ich atmete ein. Und aus. Jetzt zählten nur ich und dieser Stein, und ich kratzte aus allen erdenklichen Hirnarealen den Willen zusammen, ihn anzuheben: Gute 60 Zentimeter wuchtete ich den Quader nach oben und belegte damit den dritten Platz im Gesamtranking. Das war ein Riesenerfolg. Die Krönung des Tages aber war das zugeworfene „Sauber ghebt, Gschlössl" von einem der alteingesessenen Landwirte, der mir beim Hinausgehen auf die Schulter klopfte. Ein größeres Lob konnte es nicht geben ... Nach diesem Sonntag passierte Folgendes: Ich hatte tagelang Schmerzen am ganzen Körper, sogar meine Augäpfel brannten! Was sonst noch alles wehtat, will ich lieber nicht aufzählen. Trotzdem ließ ich in der Folge kaum einen Steinheber-Wettbewerb in der Region aus und wuchtete zu Trainingszwecken alles in die Höhe, was ich finden konnte, beispielsweise von einem Schmied im Nachbardorf den Amboss, den ich immer über die Straße schleppte und von dort aus wieder zurück. Sah bestimmt lustig aus. Dann beschloss ich, selbst den Trainerschein zu machen. Koch hin oder her. Der Kraftsport war meins, das hatte mir dieser Wettkampf erneut gezeigt. Ich meldete mich also gleich bei Albert Busek, dem langjährigen Präsidenten des deutschen Bodybuilding- und Fitnessverbandes, an, um eine Ausbildung als Fitnesstrainer zu machen. Wer konnte schon wissen, wofür ich das noch brauchen würde ...

Links Nach sieben Jahren Training kam ich meinen Zielen näher.
Rechts: Erfolgreich beim Steinheben: Sieger beim Alpenpokal in Garmisch-Partenkirchen

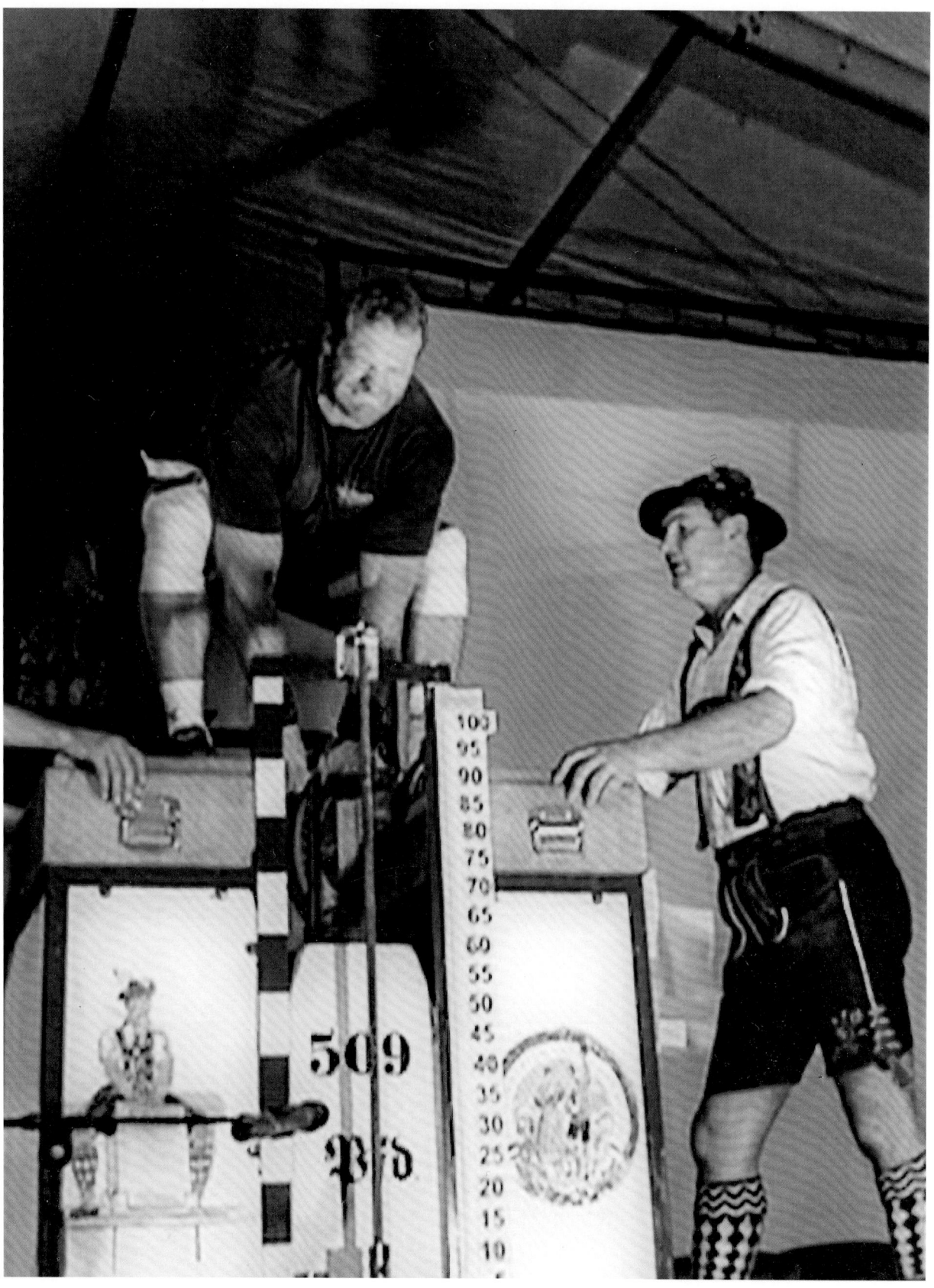

2022 wurde mir die große Ehre zu Teil den größten Steinheber aller Zeiten (Hans Zerhoch) mit dem Ehrenpreis des Steinheber Landesverbandes zu Ehren !

DER SPATENSTICH
EIN FITNESSSTUDIO AUF DER HÖLLHÖHE

Im Jahr 2001 verkündete Fritz Kroher, dass der Pachtvertrag für sein Studio auslief und er aufhören wolle. Bei mir schrillten die Alarmglocken. Was sollte mit meiner geliebten Rocky-Kulisse geschehen, wenn er nicht weitermachte? Für mich war klar, dass ich zumindest die Geräte retten musste. Ich würde sie Kroher abkaufen, egal, zu welchem Preis. Und irgendwo würde ich sie dann schon unterbringen. Man könnte sie ja eventuell im Hotel aufstellen, spekulierte ich. Doch im „Waldschlössl" gab es keinen einzigen Raum, in dem genug Platz dafür war. Die Geräte zurückzulassen oder in die Hände von jemandem zu geben, der sie nicht zu würdigen wusste, kam für mich aber schon mal gar nicht infrage. Zu viel hing für mich daran. Und so blieb nur eine, völlig logische Lösung: Ich würde eben selbst ein Fitnessstudio bauen. Und zwar direkt neben dem Hotel auf der Höllhöhe. Ob später überhaupt jemand den Weg nach hier oben auf sich nehmen würde, nur um zu trainieren, war eine Frage, die ich mir nicht stellte. Genauso wenig machte ich mir darüber Gedanken, ob ich überhaupt in der Lage wäre, diese Sportler betreuen zu können. Ich hatte ja den Trainerschein gemacht, saugte alles Wissen auf, kannte mich gut aus. Es war beschlossen: Ich würde ein Fitnessstudio bauen, und zwar eines, wie es die Region noch nicht gesehen hatte.

Ich war 23 Jahre alt und wusste zu diesem Zeitpunkt glücklicherweise nicht, wie viel Geld das von mir geplante Vorhaben verschlingen würde. Mir schwebte ein Areal von 1000 Quadratmetern vor, und mein Ausgangskapital lag genau bei null. Zur Finanzierung hatte ich vor allem einen Ansatz: Ich wollte es auf jeden Fall aus eigener Kraft schaffen. Von meinen Eltern wollte ich mir keinen Cent leihen. Also kratzte ich alles Geld zusammen, was ich auftreiben konnte. Ich kündigte Bausparverträge und Lebensversicherungen, verschacherte meine Fahrzeuge, die ich mit meiner Arbeit als Koch und auch als Alleinunterhalter im Hotel verdient hatte, und nahm einen Kredit bei der Bank auf. Und dann rief ich meinen Freund, den Endres Herbert, an, der mit dem Bagger anrücken sollte. An der Stelle, die ich für den Bau im Auge hatte, stand eine Scheune, die man erst mal plattmachen musste. Leider hatte ich irgendwie vergessen, dass man dafür eine Abrissgenehmigung brauchte, und so legten wir einfach mal los. Der Herbert baggerte ein Loch, und als dieses „Loch" 60 Meter lang war, meinte mein Papa, wir könnten jetzt auch aufhören, es sei groß genug. Meine Mama hoffte noch, dass sie auf der schönen neuen Fläche einen Rosengarten anlegen könnte, doch für mich stand die Sache fest. Stück für Stück würde ich nun hier mein Studio aufbauen. Lief alles wie geschmiert.

Das Geld ging mir aus, kurz nachdem die zweite Bodenplatte gesetzt war. Ich hatte mich gehörig verkalkuliert. Ich erledigte viele der Arbeiten selbst oder mithilfe meines Bruders und meines Papas, hatte einige Gewerke schon bezahlt, aber es fehlten der komplette Holzaufbau für das Obergeschoss sowie alle Fenster und Türen. Der Schreiner hatte schon mitgeteilt, dass er keinen einzigen Balken liefern würde, wenn nicht vorher die Kohle auf dem Tisch lag. Ich habe alles auf eine Karte gesetzt – wirklich alles. Ich kann mich noch sehr gut daran erinnern, dass ich als absoluter Autofreak zu dieser Zeit einen alten Subaru fuhr, den ich von meiner Mama übernommen hatte. Mein Bruder hatte einen BMW, der war so kaputt, dass er die Rostlöcher mit Panzertape zusammenklebte und dann mit schwarzem Lack übersprühte. Natürlich hatten wir schon irgendwo Geld, wir waren ja nicht arm – aber wir haben einfach alles in unsere Träume und Visionen gesteckt. Ich in mein Studio und Ludwig in sein Haus und seinen Bauernhof. Wir wollten zu dieser Zeit nicht mal volltanken und haben die Zapfpistole immer schon gestoppt, wenn die Tankuhr 20 Euro angezeigt hat. Mehr war einfach nicht drin. Zum Glück hatten wir Ludwigs Freundin und spätere Frau Steffi, die uns öfter mal aushielt. Das erzählen wir heute noch oft: Bei einem Besuch beim McDonalds hat Steffi einen kleinen Salat bestellt und wir drei oder vier Big Macs. Geld hatten wir aber keins dabei, und sie musste mal wieder unsere Zeche zahlen ...

Und die Rechnungen wurden nicht weniger. Irgendwann gab es nur noch eine Möglichkeit, eine allerletzte Möglichkeit, die ich bisher nicht hatte nutzen wollen: Ich hatte noch eine finanzielle Reserve, und zwar ein Pferd namens „Wilson", einen hochkarätigen schwarzen Friesen. Der Hengst hatte bisher bei meiner Tante im Stall gestanden. Und genau dort hatte ihn eine bekannte, gut betuchte Dame entdeckt, sich in das Tier verliebt und Kaufinteresse gezeigt.

„Das Geld ging mir aus, kurz nachdem die zweite Bodenplatte gesetzt war. Ich hatte mich gehörig verkalkuliert."

Für mich war klar, dass ich mein geliebtes Ross nur zu einem Preis verkaufen würde, der mir ermöglichte, das Studio im Rohbau fertigzustellen.

Ich nannte also dem Ehemann die Summe, die mein Pferd wert war – nämlich 38 000 D-Mark –, und er war bereit zu zahlen. Wilson hat damit quasi die Fenster des Studios finanziert.

VISION

DER TAG, DER ALLES VERÄNDERN SOLLTE ...
MEIN UNFALL UND DIE JAHRELANGEN FOLGEN

Das Fitnessstudio wurde 2002 eröffnet und lief ganz passabel an. Die Leute kamen. Schon bald hatte ich rund 300 Mitglieder. Regelmäßig traf sich die regionale Kraftsport- und Steinheberszene auf der Höllhöhe. Und es war genau diese Gemeinschaft, die mich weiter anspornte. Ich hatte mir mittlerweile einen Namen gemacht und konzentrierte mich neben dem Steinheben auch auf den klassischen Kraftdreikampf aus Kreuzheben, Kniebeugen und Bankdrücken. Das Jahr 2003 sollte ein gutes Wettkampfjahr werden. Es lief hervorragend. Meine Trainingsleistungen hatten sich auf 180 Kilo Bankdrücken, 260 Kilo Kniebeugen und 295 Kilo Kreuzheben gesteigert. Und ich zog im Training einen gleitgelagerten Stein mit 275 Kilo auf 92 Zentimeter.

Natürlich hatte ich damals noch keine, aber wirklich gar keine Ahnung von Sportwissenschaften. Für mich war klar, dass alle Menschen auf der Welt genau das Gleiche wollen wie ich: stark sein. Ich konnte mir keinen anderen Grund vorstellen, der jemanden für ein Training motivieren sollte. Dass man vielleicht abnehmen oder schneller und beweglicher werden wollte, das kam mir nicht in den Sinn. Oder dass jemand vielleicht trainierte, um wieder gesund zu werden, das war für mich ebenfalls völlig unvorstellbar. Schwäche oder Krankheit kamen in meiner Welt nicht vor.

Bis zu jenem Ostersonntag im Jahr 2003. Ich hatte mich mit ein paar Freunden zum Motocross-Fahren verabredet, einem meiner liebsten Hobbys. Seit frühester Kindheit jagten wir jeden fahrbaren Untersatz über die Berge und durch die Wälder rund ums Hotel. Hier war ich absolut sicher, da machte ich keine Fehler. Was sich auf Rädern fortbewegt, beherrschte ich quasi im Schlaf. An diesem Nachmittag stürzte ich bei einem Wheelie – was beim Motocross völlig normal und schon Hunderte Mal passiert war. Doch irgendetwas war diesmal anders. Ich habe die Maschine beim Sturz nicht losgelassen, sondern festgehalten, kam unter die Reifen und unter den 120 Kilo schweren Rahmen. Und ich merkte gleich, dass irgendwas nicht stimmte ... Ich steckte fest und konnte nicht mehr aufstehen. Meine Kumpels hievten die schwere Maschine von mir herunter, wollten mich auf die Füße bringen, doch mein linkes Bein schien nicht mehr zu meinem Körper zu gehören. Es war, wie sich später herausstellte, mehrmals gebrochen. Schmerzen hatte ich nicht wirklich, dem Adrenalin sei Dank. Mein einziger Gedanke in diesem Moment galt meinem Sport, und mir schoss nur durch den Kopf, dass ich ja dann vielleicht am nächsten Tag nicht trainieren kann. Dass es mit dem Training, wie ich es gewohnt war, für die nächsten Jahre ganz vorbei sein würde, ahnte ich nicht.

„Ich war ein halbes Jahr bei Sepp Maurer mit meinem Rücken in Behandlung. Er hat mich wirklich fit gemacht. Bei der historischen Rallye Monte Carlo saß ich dann 3000 Kilometer im Auto und hatte keine Minute Kreuzschmerzen."

WALTER RÖHRL
EINZIGER DEUTSCHER RALLYE-WELTMEISTER

RCM
L'ÉQUIPE
HB
international
2
BOSCH
RALLYE
BOSCH
RALLYE
KW

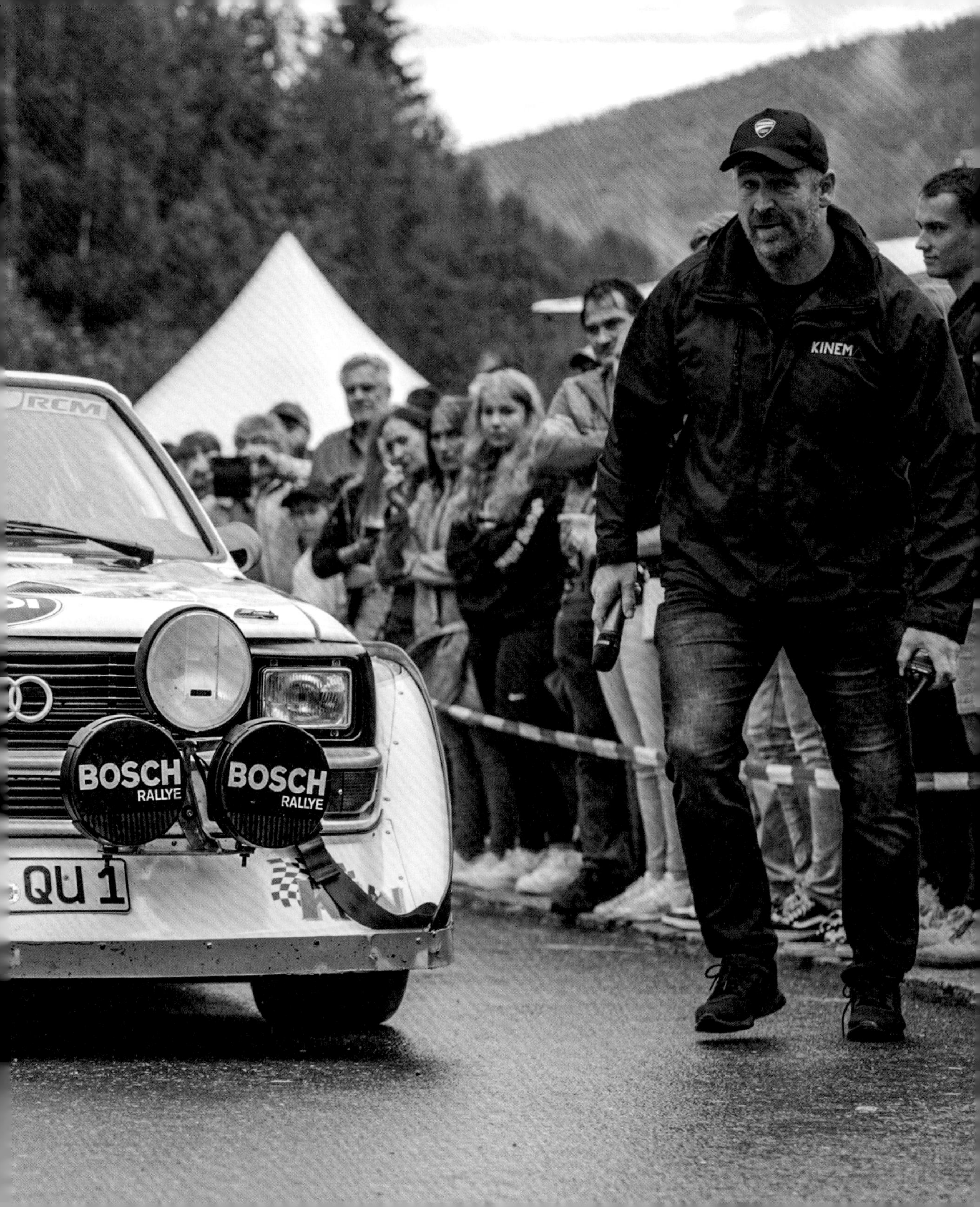
RCM
BOSCH
RALLYE
BOSCH
RALLYE
QU 1
KINEM

Meine Freunde alarmierten die Bergwacht und meine Eltern, die natürlich megabegeistert waren. Mein Papa kam mit dem Bulldog zur Unfallstelle, um die kaputte Maschine aufzusammeln, und hielt mir erst mal eine gescheite Standpauke. Man kann sich vorstellen, dass ein Küchenchef, der an einem Ostersonntag das Haus voll hat und 300 Essen kochen soll, dezent ausrastet, wenn sich sein 24-jähriger Junior zur Gaudi beim Motorradfahren das Bein zertrümmert. Ich glaube, dass ich sogar eine Watschn kassiert hab. Das war aber sicher die letzte meines Lebens. Ich wurde ins Krankenhaus gebracht und operiert – die erste Operation von 28 weiteren, und der Beginn meiner langjährigen Krankheitsgeschichte, denn ab diesem Zeitpunkt befand ich mich in Dauerbehandlung. In den darauffolgenden Jahren konnte ich nur noch mit Krücken laufen. Der Marknagel, der meinen Knochen von der Hüfte bis zum Knie fixieren sollte, zerbrach immer wieder und musste entfernt und noch mal neu gesetzt werden. Insgesamt dreimal wurde die Prozedur durchgeführt. Alles wurde versucht: Ich bekam künstliche Knochen und Teile meines eigenen Hüftknochens implantiert, doch nichts half. Der Bruch heilte nicht. Mein Bein war durchgehend offen und eiterte stark. Ich kann mich noch heute an das Geräusch erinnern, das bei jedem einzelnen Schritt zu hören war. Schlimm. Je länger das alles dauerte, desto kritischer wurde es. Irgendwann drohten die Knochenenden meines Beines nicht mehr durchblutet zu werden, und es stand sogar eine Amputation zur Debatte, was für mich natürlich völlig ausgeschlossen war. Ich dachte mir immer nur: Wenn ich jetzt irgendein berühmter Sportler wäre, wenn ich jetzt der Michael Schumacher wäre, dann gäbe es doch sicher auch noch eine Möglichkeit. Es konnte doch nicht sein, dass dieses Problem nicht in den Griff zu bekommen war. Dann empfahl mir meine Cousine Dr. Daniela Maurer eine andere Klinik. Nach einer weiteren Untersuchung stimmte ich zu, dass mein Bein noch mal gebrochen und der Marknagel dann von der anderen Seite her eingesetzt wurde. Das schien besser zu funktionieren. Parallel dazu suchte ich nach weiteren Heilmethoden, versuchte es mit Magnetfeldmatten, schaufelte Calcium und Magnesium in mich hinein wie ein Verrückter, probierte es mit Stoßwellen- und Matrixtherapie, um die Muskelfasern wieder zum Schwingen zu bringen.

Anfangs konnte ich das alles noch irgendwie unter dem Label „Rock 'n' Roll" verbuchen. Doch als ich feststellte, dass es nicht nur gesundheitlich immer weiter bergab ging, wurde mir doch etwas anders zumute: Der Mitgliederstand in meinem Studio hatte sich zwischenzeitlich halbiert. Gleichzeitig meldete sich immer öfter die Bank wegen fehlender Buchungen. Das waren keine guten Aussichten. Jetzt musste ich also nicht nur mein Bein, sondern auch noch mein Studio retten. Und dabei hatte ich eigentlich nur ein Ziel: Ich hatte doch versprochen, der stärkste Mann Deutschlands werden ... Laut Diagnose meiner behandelnden Ärzte allerdings schien das schier unmöglich. Sie prophezeiten mir, dass ich niemals mehr Leistungssport betreiben und wohl nie wieder mehr als 50 Kilo würde heben können. 50 Kilo? Na herzlichen Dank. Und dann schien das Glück zu mir zurückzukommen: Eines Tages, als ich so allein mit meinen Krücken im Studio saß, kam eine junge Frau zur Tür herein und fragte, ob sie bei mir arbeiten könnte, vielleicht an der Theke? „Arbeiten kannst du schon bei mir", erwiderte ich, „aber ich kann dich leider nicht dafür bezahlen." Sie brauche aber einen Job und würde auch für weniger Geld arbeiten, meinte sie. Ich musste lachen, denn meine Einnahmen beliefen sich zu dieser Zeit auf 12,60 Euro pro Tag. Fünf Euro wären auch okay, meinte sie und blieb – bis heute. Jasmin Rank war damals meine einzige und ist heute meine langjährigste Mitarbeiterin, die den ganzen Weg mit mir gegangen ist und die komplette Entwicklung des Studios miterlebt und mitgeprägt hat. Von den schlechten Zeiten zu den guten, bis zu den besseren und jetzt zu den allerbesten bisher. Und auch wenn ich ihr anfangs nichts zahlen konnte und sie bis heute über eine Stunde Fahrzeit ins Studio hat, war sie immer da. Mittlerweile ist sie natürlich nicht mehr nur eine schlecht bezahlte Thekenkraft, sondern schmeißt den ganzen Laden in unserer Sportschule inklusive Buchführung und Management – und dafür bin ich ihr sehr, sehr dankbar. Genauso wie Martin Plötz, der damals der erste Trainer in meinem Studio war und es auch heute noch ist. Und nebenbei ist er einfach ein sehr guter Freund, mit dem man Pferde stehlen (und jede Menge Rühreier essen) kann.

Aber nicht nur im Studio kehrte damit Stabilität ein. Ich hatte jetzt jemanden, auf den ich mich verlassen konnte, und so konnte ich mich endlich wieder auf die Genesung meines Beines konzentrieren. Nach meiner letzten Operation hatte ich noch einen Tipp bekommen, eine Anlaufstelle, die mich wieder auf die Beine bringen könnte. Auf Empfehlung meines alten Freundes Martin Muhr, ehemals Strongman-Finalist, machte ich im Jahr 2006 einen Termin bei Lorenz Westner in der Sportschule Fürstenfeldbruck-Puch aus, und dieser Besuch sollte mein Leben noch einmal komplett verändern.

Jasmin Rank – meine erste Mitarbeiterin und beste Freundin.

Voller Stolz im Praxistest: meine erste desmodromische Beinpresse

DIAGNOSTIK MACHT DEN UNTERSCHIED
ZUM ERSTEN MAL IN EINER ECHTEN SPORTSCHULE

Bis zu diesem Zeitpunkt war ich wirklich schon in vielen Studios gewesen, täglich in meinem eigenen, aber in einer Sportschule bisher noch nicht. Ich wusste auch überhaupt nicht, was der Unterschied zwischen einer Sportschule und einem normalen Fitnessstudio ist – heute weiß ich es, und wir leben und brennen alle dafür. Der Unterschied besteht vor allem in einer umfassenden und genauen Diagnostik.

Als ich in Puch ankam, wurde ich zunächst einmal von Kopf bis Fuß vermessen und getestet, genauso wie wir das heute im Kinema machen, und damit wurde der Grundstein gelegt für eine völlig neue Herangehensweise. Dass man einen Menschen, bevor man ihn trainiert oder behandelt, zunächst untersucht, war mir schon klar. Aber wie umfassend und wichtig das sein kann, davon hatte ich keinen Schimmer. Ich bekam Elektroden auf den ganzen Körper geklebt, musste Muskelfunktionstests durchführen und eine Maximalkraftmessung, ich wurde osteopathisch und kinesiologisch untersucht – das gesamte Programm. Nach fünf Stunden Analyse bekam ich seit langer Zeit endlich mal eine gute Nachricht. Lorenz Westner, der Chef der Sportschule, hielt es für machbar, dass mein Bein weitgehend gesund, ich wieder fit werden und für Wettkämpfe und mein großes Ziel trainieren könnte.

„Aber", so fragte Westner, „bist du bereit, dafür wirklich Aufwand zu betreiben?"

Ich dachte, ich hätte mich verhört. Oder mein Gegenüber wusste einfach nicht, mit wem er es zu tun hatte. Ich bin Sepp Maurer, unverwüstlich, unkaputtbar, durch nichts, aber auch gar nichts zu bezwingen. Keiner auf der ganzen Welt ist stärker als ich. Bruce Lee ist im Vergleich zu mir ein schmächtiger Schuljunge, Chuck Norris hat keinen Auftrag. Ich bin Sepp Maurer von der Höllhöhe – ob ich bereit bin, Aufwand zu betreiben? Ich antwortete energisch und mit aller Entschlossenheit.

„Äh, ja klar …"

„Gut, dann wirst du ganz schön kotzen, mein Sohn", sagte Westner und gab mir zunächst mal die Anweisung, mir ein bestimmtes Mountainbike zu kaufen und künftig mindestens zweimal pro Woche ins Training zu kommen. Hörte sich unglaublich gut an für jemanden, der kein Geld hatte, nicht richtig laufen und nur sehr mühsam Auto fahren konnte. Es waren ja nur ein bisschen mehr als 200 Kilometer, die zwischen der Höllhöhe und der Sportschule lagen. Der Mitgliedsbeitrag für die Sportschule lag über meinem Budget, und die 2500 Euro, die dieses Fahrrad kosten sollte, die würde ich sicher beim Nachhausegehen auf der Straße finden. Doch ich klammerte mich an diesen Strohhalm. Endlich gab es eine neue Perspektive.

In den folgenden Wochen bekam der Begriff „Training" für mich eine völlig neue Bedeutung. Alles, was ich bisher zu wissen glaubte, wurde auf den Kopf gestellt. Ich war immer der Ansicht gewesen, dass man nicht länger als eine Stunde trainieren muss. Jetzt bekam ich einen Trainingsplan über gut und gerne vier Stunden. Überhaupt: Thema Trainingsplan. Bisher war das für mich eine Tabelle mit Standardübungen gewesen, hier bekam ich ein Geheft mit 36 Seiten, und von der Hälfte der Übungen hatte ich noch nie etwas gehört. In der Sportschule gab es sechs Angestellte, die von früh bis spät nur an solchen Plänen arbeiteten, das beeindruckte mich schwer. Diese Sportwissenschaftler hatten sicher auch Ahnung von dem, was sie taten, aber sie hatten mich für eine Übung eingeteilt, die unmöglich für mich gedacht sein konnte. Ich war immer noch auf Krücken unterwegs, das Bein war noch lange nicht verheilt, und nun sollte ich 60 Kilo Gewicht heben? Unvorstellbar. Ich konnte ja nicht mal gerade stehen, denn nach meiner Operationsodyssee war mein linkes Bein gut zehn Zentimeter kürzer als das rechte.

Als die Trainerin mir den Plan erklären wollte, merkte ich an, dass wohl eine falsche Übung in meinem Plan sei. Sie musterte mich von der Seite, schüttelte den Kopf und sagte „Pschhht".

„Wie Pscht?", fragte ich.

In meinem Plan war eine Übung, die ich nicht machen konnte und die unmöglich gut für mich sein konnte. Heute weiß ich, dass es so etwas für einen guten Sportwissenschaftler nicht geben darf. Es wäre für mich das Schlimmste, wenn ich jemandem eine Übung aufschreibe, die ihm nicht guttut. Die Trainerin machte mir klar, dass alles seine Richtigkeit habe und ich bitte einfach trainieren solle.

„Ja, kapieren die das hier nicht?", fragte ich mich. Ich bin Sepp Maurer! Ich habe schließlich das ganz dicke Schwarzenegger-Buch zigmal durchgeackert. Also ich kannte mich wirklich aus. „Ich kann diese Übung nicht machen. Es geht nicht!", sagte ich noch einmal.

Westner zeigte sich ziemlich unbeeindruckt und erinnerte mich nur daran, dass ich zugestimmt hatte, alles zu geben. „Ich habe nicht gedacht, dass du so schnell aufgibst", kommentierte er nur. Nun gut, dachte ich. Dann musste ich eben beweisen, dass ich es nicht konnte, egal, wie sehr ich wollen würde. Ich ging mit Westner auf die Trainingsfläche, legte meine Krücken ab, stand

> „Ich war immer der Ansicht gewesen, dass man nicht länger als eine Stunde trainieren muss."

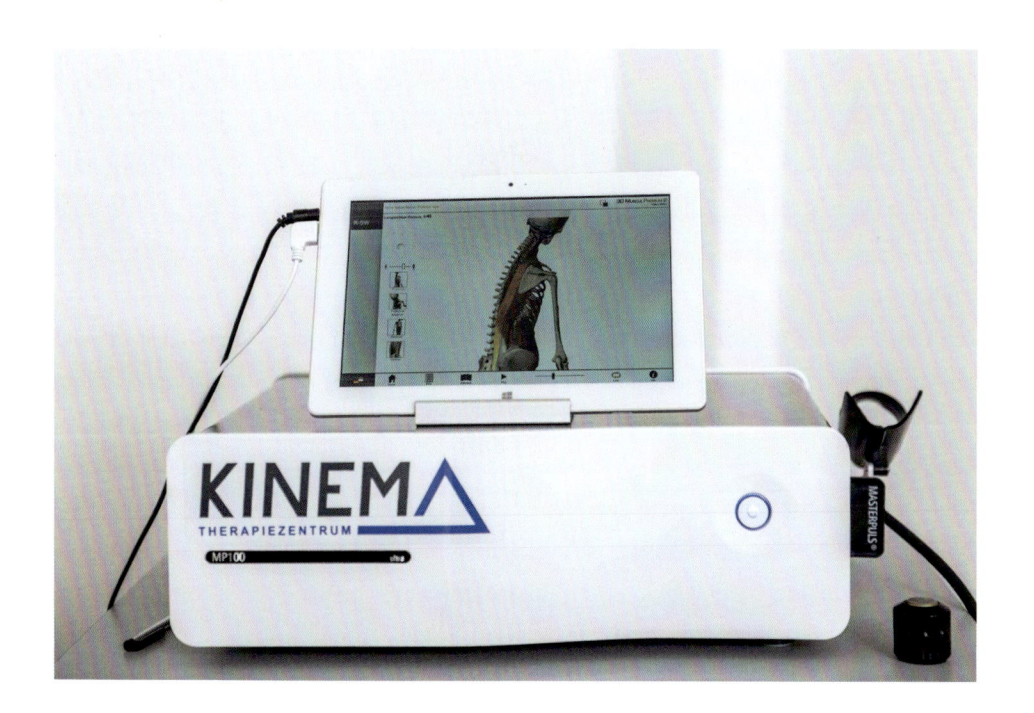

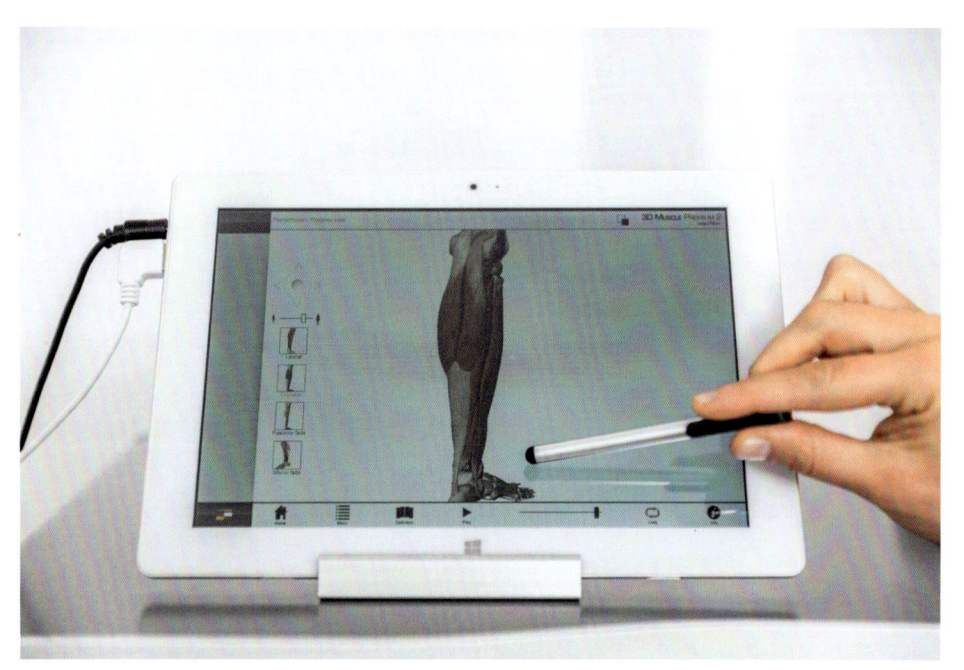

Oben: Das Behandlungsspektrum in unserem Therapiezentrum wurde im Lauf der letzten Jahren immer mehr erweitert.

Unten: Wir können viele Therapien anbieten, etwa eine radiale Stoßwellenbehandlung.

ziemlich wackelig auf meinen Beinen, platzierte das Gewicht – und stellte fest, dass es sehr wohl ging. Ich zog sauber zehn Wiederholungen durch. Ich musste zugeben, dass ich vielleicht doch noch nicht alles wusste und in meinem dicken Schwarzenegger-Buch noch ein paar Informationen fehlten.

So entdeckte ich die Welt der Sportwissenschaft. Von diesem Zeitpunkt an fuhr ich regelmäßig nach Puch, Lorenz Westner wurde mein Mentor und die Sportschule zu meinem zweiten Zuhause. Ich schaute zu, wenn andere Sportler vermessen wurden, besuchte jeden Vortrag, jedes Symposium, das ich finden konnte, wälzte auch privat Fachliteratur und tauchte in vielen Nächten tief in alle möglichen Studien ein. Bisher hatte ich ja hauptsächlich mit Kraftsport zu tun gehabt, doch hier trainierten Athleten aus allen Disziplinen, und genau das fand ich spannend. Ich bekam endlich die Antworten auf viele Fragen, die mich schon seit meiner Jugend beschäftigten. Ich lernte, die Zusammenhänge und körperlichen Prozesse zu verstehen, und wollte auf diesem Gebiet alles wissen, was möglich war.

Dazu trainierte ich natürlich auch regelmäßig und konnte selbst erfahren, was so ein gezielter Plan bewirken kann. Von Mal zu Mal wurden meine Bewegungen flüssiger, mit jedem Termin bekam ich ein besseres Gefühl in meinem Bein, die Kombination aus Krafttraining, Fahrradfahren, Balance- und Faszientraining, aus Regeneration und Mobilisation zeigte ihre Wirkung. Und bald schon konnte ich wieder richtig trainieren ...

Sehr geholfen hat mir dabei ein Gerät, das ich wie kein anderes zuvor lieben und schätzen lernte: die desmodromische Beinpresse. Das ist – vereinfacht gesagt – eine Beinpresse, die mitdenkt. Das computergesteuerte Hochgeschwindigkeitsgerät ermöglicht ein individuelles und gelenkschonendes Training, und natürlich reichte es mir nicht aus, nur in Puch damit zu trainieren. Ich wollte unbedingt auch für mein Studio so eine „Desmo" haben. Doch es gab zwei winzige Probleme: Die Firma Schnell, die das Patent auf dieses Gerät hat, hatte insgesamt nur eine kleine Stückzahl gebaut. Es gab also schlichtweg keines zu kaufen. Und es kostete auch nur schlappe 200 000 Euro. Wer mich kennt, der weiß, dass so etwas für mich kein Hinderungsgrund ist. Denn wenn ich etwas haben möchte, dann finde ich auch einen Weg, und tatsächlich stand schon kurze Zeit später meine erste eigene desmodromische Beinpresse bei uns im Studio. Allerdings interessierte sich außer mir und einem Kumpel, der quasi dazu gezwungen wurde, kein Sportler weit und breit für dieses Gerät. Ich hatte also eine einzelne Beinpresse gekauft für einen Preis, mit dem andere ganze Studios einrichten, und niemand wollte sie nutzen. Aber das war mir egal, denn ich konnte jetzt endlich auch zu Hause richtig trainieren.

Vielleicht war es die „Desmo", vielleicht ist es auch meine allgemeine Faszination für Technik, aber in den folgenden Jahren entwickelte ich mich zu einem absoluten Gerätefreak. Ich kaufte alles, was es auf dem Markt an Trainingsgeräten gab. Und wenn es etwas nicht gab, was mir sinnvoll erschien, dann ließ ich es entwickeln, patentieren und bauen. Ich bin da vielleicht fast etwas manisch, aber ich weiß aus eigener Erfahrung, wie unglaublich hilfreich gutes Equipment ist.

„Es gibt viele Therapeuten und Fitnesstrainer. Ich war bei den absoluten Koryphäen in der Sportschule Kinema im Bayerischen Wald!"

ROLAND TRETTL
SPITZENKOCH

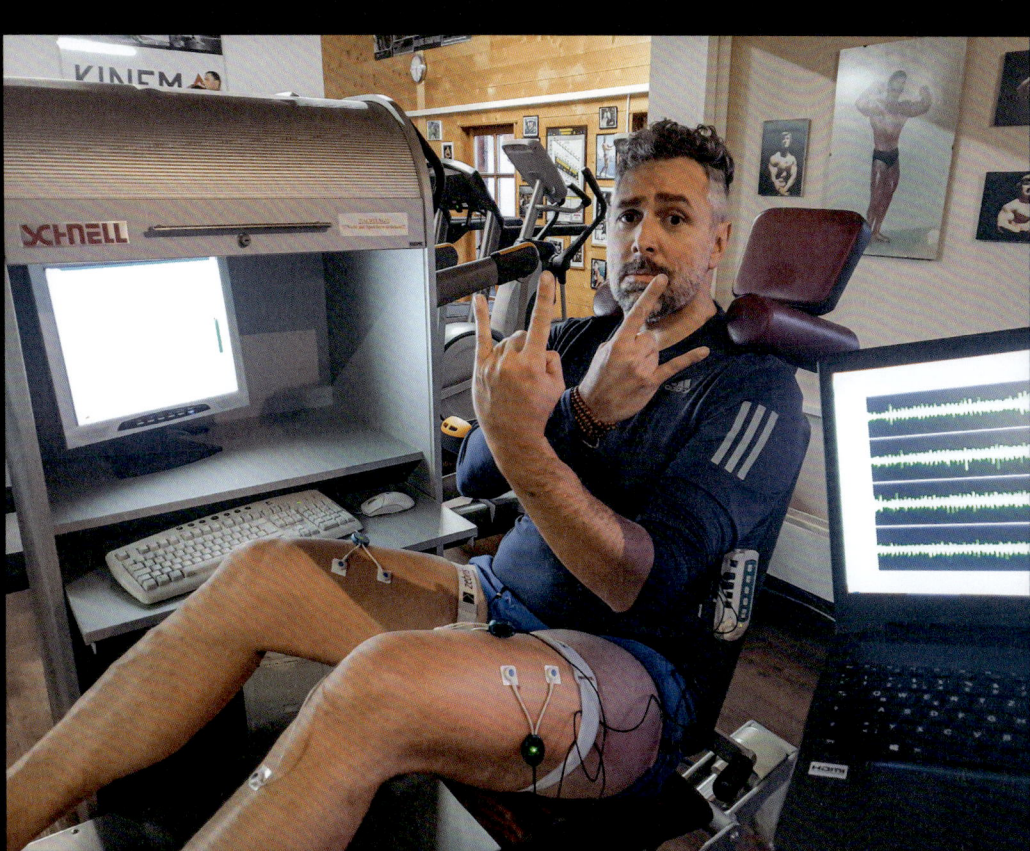

15 JAHRE FÜR EINEN TRAUM
WIE ICH ZUM STÄRKSTEN MANN DEUTSCHLANDS WURDE

Wer ist der stärkste Mann Deutschlands? Über diese Frage streitet sich die Kraftsportszene immer wieder gerne. Ist es der Strongman, der im Wettkampf vor allem mit Kraftausdauer und Kondition überzeugt? Oder der Gewichtheber, der Kraft, Technik und auch Beweglichkeit braucht? Oder ist es der Powerlifter, der in den drei Disziplinen Kniebeugen, Bankdrücken und Kreuzheben die besten Ergebnisse liefert? Für mich ist es Letzterer. Und mein Wunsch, bei einer Deutschen Meisterschaft im Kraftdreikampf als Sieger auf dem Podest zu stehen, war im Grunde alles, was für mich zählte, seit ich 15 Jahre alt war. Es war mein großer Traum – und irgendwann war er dann zum Greifen nah.

Nach einem halben Jahr Behandlung und Training in Puch war mein Bein schon ganz gut zusammengewachsen, und ich bereitete mich auf die großen Wettkämpfe der Saison vor. Nun konnte ich zwar hart trainieren, das Handicap mit meinem Bein aber blieb. Ich musste mein Training komplett anders gestalten als vor dem Unfall. Ob ich bereit sei, Aufwand zu betreiben, hatte mich Lorenz Westner einst gefragt. In der darauffolgenden Zeit stellte ich unter Beweis, wie bereit ich wirklich war. Nur bekam eigentlich niemand etwas davon mit.

Mein Training begann jeden Tag in der Früh, wenn ich mich geschlagene zwei Stunden dehnte und mobilisierte, um überhaupt anfangen zu können. Und jeder Tag bedeutete wirklich jeder Tag. Ich habe niemals eine Einheit ausgelassen, nie. Täglich musste ich erst mal eine gewisse Routine abtrainieren, um überhaupt normal stehen und gehen zu können. Ich habe mich natürlich entsprechend ernährt und teilweise jedes Reiskorn einzeln abgewogen. Zusätzlich bin ich barfuß über Moosboden oder durch Flussbetten gelaufen, um mein Fußgewölbe zu stabilisieren, andere Reflexe zu bekommen und den Druck von meiner Hüfte zu nehmen. Ich habe Physiotherapie gemacht oder ließ mir Akaziengift ins Gelenk spritzen, wenn's gar nicht mehr anders ging. Denn die Schmerzen in meinem Bein, vor allem bei dieser Belastung, waren mein täglicher Begleiter, und ich musste sie leider auch oft mit Tabletten bekämpfen. Gesund ist natürlich was anderes, das ist mir völlig klar. Aber auch das war mir egal.

Ab dem Jahr 2008 war ich endlich bereit: Ich gewann wieder eine Meisterschaft im Steinheben, und in den folgenden Jahren hagelte es die Titel im Kraftdreikampf. Ich wurde achtmal Deutscher Meister und Europameister. Meine persönlichen Bestleistungen lagen bei 325 Kilo Kniebeugen, 222,5 Kilo Bankdrücken und 325 Kilo Kreuzheben. Ich hatte es geschafft. Das, was ich meiner Mama einst prophezeit hatte, war wahr geworden: Ich war der stärkste Mann Deutschlands. Mindestens.

Mit 15 habe ich angefangen zu trainieren, als ich Mitte 30 war, habe ich meine bisher größten Titel gewonnen. Ich habe also mehr als 15 Jahre nur für dieses Ziel alles gegeben. Ich wurde vom schmalen Jungen mit 60 Kilo zum austrainierten Athleten mit 120 Kilo, vom Typen mit dem zertrümmerten Bein zum Leistungssportler, ich habe jeden Euro investiert, den ich hatte, und natürlich meine ganze Zeit. Jede Beziehung war an meinem Fanatismus gescheitert, und auch manche Freundschaft. Und das alles habe ich gemacht für einen Sport, der keine Sau interessiert. Denn: Der große Jubel blieb natürlich aus. Eine Deutsche Meisterschaft ist in unserem Sport kein Großereignis wie in anderen Disziplinen. Oft sind das keine großen Wettkämpfe, und natürlich bleiben sie von der Öffentlichkeit völlig unbemerkt (außer natürlich beim Eisenhart im Kinema, aber das ist ein anderes Thema). Andere Sportler haben sicher den gleichen Aufwand wie ich betrieben – haben dafür aber Millionen bekommen. Ich habe nichts bekommen, außer der Anerkennung meiner Trainingskameraden, die mir trotzdem mehr wert ist als alles andere. Ich war noch niemals in meinem Leben neidisch auf einen Menschen. Wirklich noch nie. Das kann ich aufrichtig sagen, ich gönne jedem alles. Ob jemand ein schönes Haus hat oder eine schöne Frau, ein teures Auto oder viel Geld, das ist mir völlig egal. Aber es gab einen einzigen Moment, in dem ich mir für einen kurzen Augenblick gewünscht habe, das in meiner Laufbahn auch einmal erleben zu dürfen. Und zwar war das bei einer Deutschen Meisterschaft, für die ich einen jungen Athleten gecoacht habe. Er hat eine super Leistung abgeliefert und den Titel gewonnen. Im Publikum saß der Fanclub aus seiner Familie, sie applaudierten und erklärten später, wie stolz sie auf ihren Jungen sind und dass sie immer mit ihm mitfiebern und zu allen Wettkämpfen fahren. Ich hingegen fuhr nach den Wettkämpfen meist allein mit meiner Urkunde nach Hause, und es war niemand da, der mit mir feierte. Vielleicht aus diesen Grund ist es mir so wichtig, dass wir im Kinema unseren Sportlern ein Zuhause geben. Dass wir füreinander nicht nur Trainingskameraden sind oder Freunde, sondern so etwas wie eine zweite Familie.

> „Ich habe Physiotherapie gemacht oder ließ mir Akaziengift ins Gelenk spritzen, wenns gar nicht mehr ging."

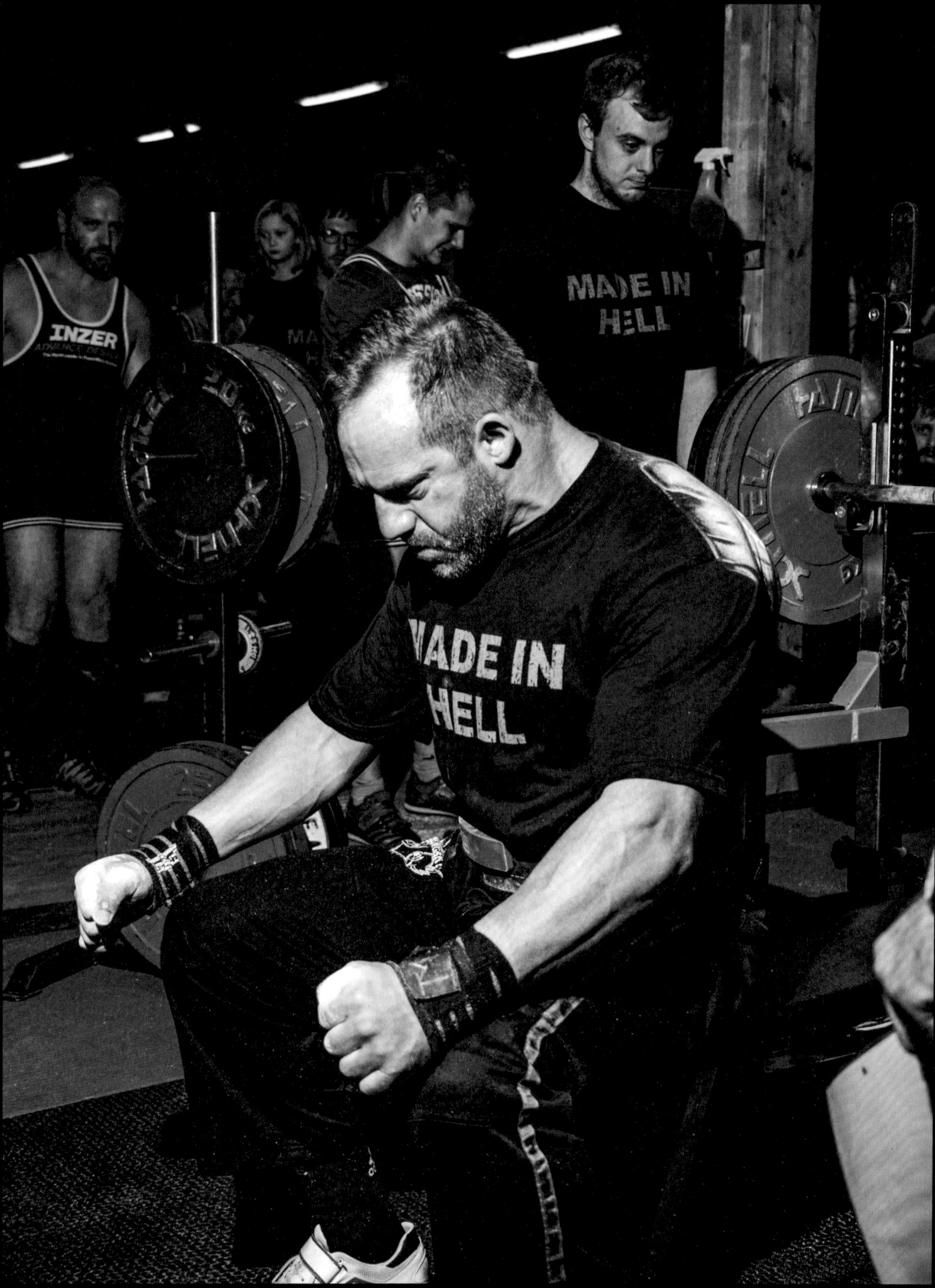
INZER
MADE IN
HELL
ADE IN
HELL

EIN ZIEL OHNE PLAN IST NUR EIN WUNSCH
DIE ERSTEN LEISTUNGSSPORTLER TRAINIEREN IM KINEMA

Der Erfolg hatte etwas Gutes: Mein Ruf sprach sich herum, und bald schon fragten die ersten Profisportler an, ob ich sie trainieren könnte. Ich hatte es schließlich geschafft, trotz eines kaputten Beins 325 Kilo zu heben, also musste ich wohl Ahnung haben von dem, was ich tat. Ich freute mich natürlich über jeden Anruf, über das Interesse, über den Wunsch der Athleten, sie zu trainieren.

Der erste Leistungssportler, den ich betreuen durfte, war Markus Neumann. Er kam aus Saal an der Donau, gut 150 Kilometer von der Höllhöhe entfernt, und es war für mich damals eine Sensation, dass jemand wirklich dreimal pro Woche so eine Strecke zurücklegte, um zu mir zum Training zu kommen. Nach ihm ging es weiter mit vielen Athleten aus Bayern, aber auch aus dem Ausland. Ein Powerlifter kam aus Frankreich, eine Athletin aus Schweden. Im Kraftsportbereich holten wir in den folgenden Jahren dann jeden Titel, den es gibt, von der Weltmeisterschaft bis zu den Arnold Classics.

Und der Kader wurde immer größer und vielfältiger: Bald schon durfte ich die erste Skirennläuferin trainieren und mit Franz Eckl auch den ersten Triathleten – einen Ausdauersportler. Nun war ich natürlich anfangs auf Kraftsport spezialisiert, und das sorgte bei dem einen oder anderen auch für gewisse vorgefertigte Meinungen. Meine Trainingsmethoden kamen bei vielen gut an, aber nicht immer bei allen gleich. Als ich Franz beispielsweise empfohlen hatte, vorerst nicht mehr zu laufen, war er zunächst etwas verunsichert. Schließlich ist er Triathlet und das Laufen eine seiner drei Disziplinen. Ich hatte aber schon auf den ersten Blick seine schiefe Körperhaltung wahrgenommen und darauf getippt, dass er mit einem vorläufigen Trainingsprogramm ohne Laufeinheiten schneller an sein Ziel kommen würde. Und ich sollte recht behalten. Als Franz (der wohlgemerkt selbst Arzt ist) nach einiger Zeit das Ticket für den Ironman auf Hawaii gelöst hatte, stellte er meine Taktik nicht mehr infrage.

So wie bei Franz hatte ich bei vielen Athleten schnell ihr jeweiliges Problem erkannt. Oft fehlte es an der richtigen Körperstatik, und ich musste ihnen erklären, dass sie mit der falschen Grundhaltung nie ihre Bestleistun-

Links: Elite-Steinheber Martin Thusbaß, ein langjähriger Freund und Top-Athlet

gen erbringen können. Ich habe mich jahrelang mit diesem Thema befasst. Habe nächtelang Literatur gewälzt, viele Aus- und Fortbildungen gemacht und auch durch die vielen Trainingseinheiten in der Praxis die besten Methoden herausgefunden, um für die Statik jedes Athleten eine gute Grundlage zu erreichen. Denn das gilt nicht nur für jeden Sportler, sondern auch für jeden Patienten, für jeden Menschen: Die körperliche Grundhaltung ist die Basis für alles, davon bin ich überzeugt. Jeder Wirbel des Körpers, jedes Segment nimmt Einfluss auf andere Bereiche, und es war mir immens wichtig, diese Zusammenhänge zu erklären. Wenn einer meiner Sportler Defizite in einem Bereich hatte, mussten diese irgendwo herkommen. Oft lag der Ursprung dann an ganz anderer Stelle als vermutet, und darum habe ich den Körper eines Menschen schon immer in seiner Gesamtheit betrachtet und nicht in einzelnen Teilen.

Zurück zu Franz, der sich für den Ironman qualifiziert hatte. Wir flogen zusammen nach Hawaii, und ich kann mich noch sehr gut erinnern, dass ich zu dieser Zeit einen Anruf aus der Sportschule bekam. Mein Trainer zu Hause erzählte mir ganz aufgeregt, dass fünf Profiboxer vor meiner Tür stünden und nach mir verlangten. „Ja, was wollen denn die?", fragte ich.

Und natürlich wollten sie bei uns trainieren. Ich vertröstete sie auf meine Rückkehr und freute mich am anderen Ende der Erde über diese neue Aufgabe. Es kamen also immer neue Profis, und mit jedem wuchsen auch die Anforderungen – und die Möglichkeiten. Ich schaffte immer mehr Geräte an, um jeden dieser Sportler optimal betreuen zu können. Denn ich wollte, so wie ich es mir vorgenommen hatte, von Anfang an mit einer umfassenden Leistungsdiagnostik an die jeweilige Betreuung herangehen. Jeder dieser Profis hatte ein Ziel. Und für mich war klar: Ein Ziel ohne Plan ist ein Wunsch. Also musste ich für diese Ziele den besten Plan erarbeiten, und die Grundlage dafür wiederum war eine gute Testung.

> „Die körperliche Grundhaltung ist die Basis für alles, davon bin ich überzeugt."

Aber ich wollte nicht nur EKG oder Laktatmessung. Ich wollte das Beste vom Besten. Ich wollte ein Hochgeschwindigkeitslaufband, mit dem man verschiedene Laufprotokolle erstellen kann, und ich wollte ein Messgerät, mit dem man Laktatwerte auf höchstem klinischem Niveau ermitteln kann. Ich wollte ein Elektromyogramm, bei dem man mithilfe von Oberflächenelektroden einzelne Muskelgruppen untersucht und dabei die Intensität, Frequenz und Häufigkeit des Nervensignals vom Gehirn zum Muskel misst und so weiter ...

Mittlerweile gibt es wohl kein Gerät mehr, das wir im Kinema nicht haben. Vom Anti-Schwerkraft-Laufband bis zur Höhenkammer, vom digitalen Röntgengerät bis zur Knochendichtemessung – wir sind besser ausgestattet als viele Olympiastützpunkte und Bundesligavereine. Doch die Geräte allein nutzen natürlich nichts, wenn man niemanden hat, der sie entsprechend bedienen und auswerten kann. Und die beste Auswertung hilft nichts, wenn du danach das Problem nicht beheben kannst. Für mich wurde der Gedanke dann immer wichtiger, wirklich alles bei mir vor Ort zu haben, und so stellte ich Physio-, Ergotherapeuten und Sportwissenschaftler ein und erweiterte unsere Sportschule um einen Therapie- und Rehabereich zum ganzheitlichen Sportzentrum.

Die Erfolge belohnten mich für all diese Investitionen, denn eigentlich hat jeder, der bei uns trainierte und sich dann auch an unseren Plan hielt, sein Ziel erreicht. Natürlich waren wir immer noch eine kleine Sportschule irgendwo im Bayerischen Wald, aber mit jedem weiteren Sieg und jedem weiteren Titel machte der Name Kinema in Profisportkreisen weiter die Runde. Vor allem in der Boxwelt wurden wir schon bald sehr für unsere Arbeit gelobt und hatten Vertreter aller wichtigen Boxställe bei uns zu Gast.

DER BOXER MIT DER LEDERJACKE
ROBIN KRASNIQI – VOM FLÜCHTLINGSJUNGEN ZUM WELTMEISTER

Im Jahr 2012 tauchte dann ein neuer Profiboxer auf, der auf der Höllhöhe trainieren wollte. Robin Krasniqi, und ich hätte nach unserer ersten Begegnung niemals gedacht, dass wir mal so gute Freunde und ein so erfolgreiches Team werden würden. Bei seiner Ankunft hatte ich eine Engelbert-Strauss-Hose und einen Eisenhart-Pulli an und schraubte gerade in der Sauna an der Infrarotkabine herum. Er wiederum trug eine Lederjacke von Armani und eine schwarze Hose und hatte nur sein Handy dabei. Er fragte mich dann, wo denn hier der Trainer sei, und als ich sagte: „Das bin ich", wirkte er doch ziemlich überrascht. Er hatte wohl gedacht, ich bin eher der Hausmeister. Ich konnte mir jedenfalls nicht vorstellen, dass dieser Boxer mit der sündhaft teuren Lederjacke sich beim Trainieren die Hände schmutzig machen würde. Doch dieses Mal sollte ich mich täuschen ...

Robin stand am Anfang seiner Karriere, er war bereits ein richtig guter Boxer, aber wartete noch auf seinen Durchbruch. Auf verschiedene Empfehlungen hin hatte er sich auf den Weg zu uns gemacht, um seine Athletik und Kondition zu verbessern. Und er fühlte sich ziemlich schnell wohl bei uns. Das Team aus Physiotherapeuten und die anderen Athleten vor Ort wurden für ihn wie eine zweite Familie.

Für mich wurde Robins Erfolg bald zu einer Herzensangelegenheit. Ich hatte erkannt, wie wichtig ihm sein Ziel war. Robin wollte Weltmeister im Profiboxen werden. Und wer, wenn nicht ich, hatte vollstes Verständnis für so einen Wunsch. Ich war absolut davon überzeugt, dass er das schaffen kann. Ich war auch noch davon überzeugt, wenn er einen Kampf verloren hatte und alle anderen sein Ziel belächelten. Ich hatte Robins Potenzial gesehen und schaffte es auch, ihn an seine Grenzen zu bringen.

Mal schickte ich ihn spätabends noch los zu einem Berglauf, mal ließ ich ihn durch tiefen Schnee in den Wald oder bei sengender Hitze über die Felder sprinten. Mehr als einmal musste er sich am Ende eines Trainings übergeben, hatte offene Blasen an den Füßen oder sackte schweißgebadet zusammen – aufgegeben hat er aber nie. Ich habe ihm immer wieder gesagt, dass nichts unmöglich ist. Ich habe ihn gelobt, wenn er es hören muss-

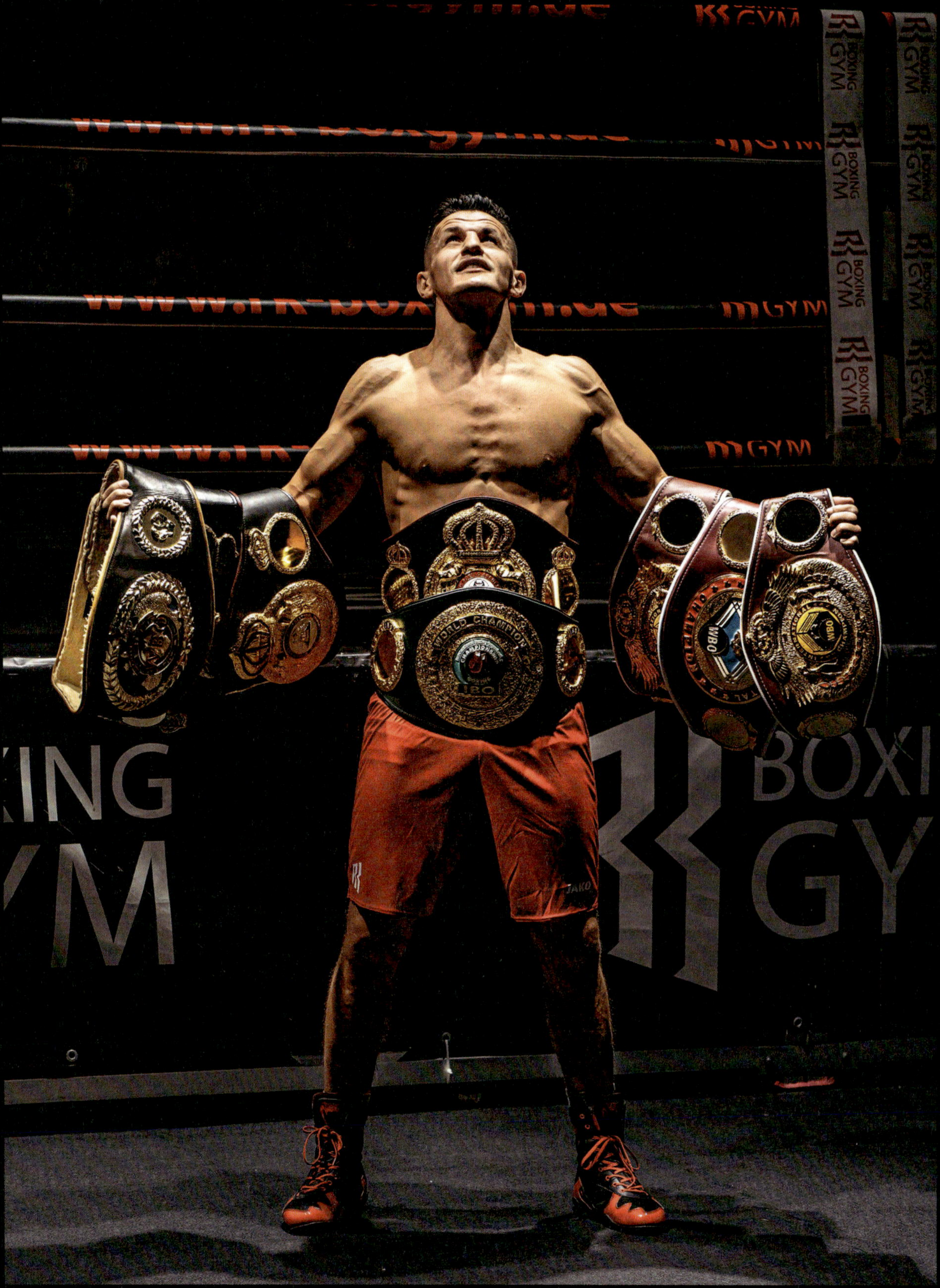
BOXING GYM
WORLD CHAMPION
WBO
BOXI
GY

Nach seinem Sieg: Doppelweltmeister Robin Krasniqi mit seinem
Boxtrainer Magomed Schaburow (links) und mir

te, und geschimpft, wenn es nötig war – so wie ein guter Trainer das eben macht.

Zwei Weltmeistertitel der Verbände WBA und IBO haben wir zusammen geholt. Wir haben den größten Triumph miteinander gefeiert und die schlimmste Niederlage: Am 10. Oktober 2020 nahm Robin dem damaligen Titelverteidiger in der Getec-Arena in Magdeburg den WM-Gürtel ab, in der gleichen Location mit demselben Gegner verlor er den Titel genau ein Jahr später wieder. Der Ausgang dieses Fights war äußerst umstritten in der Boxwelt, viele haben Robin als Sieger gesehen, hätten den Ausgang anders bewertet, und weder für mich noch für ihn ist dieser Kampf vorbei.

Es ist nun kein Geheimnis, dass wir im Kinema von diesen Profisportlern leben, und es ist ebenfalls kein Geheimnis, dass der Erfolg die Leute verändert. Darum ist es umso schöner, wenn es Menschen gibt, die so bleiben, wie sie sind, egal, wie viel Geld sie verdienen und welche Titel sie haben, so wie das bei Robin der Fall ist. Als ich mit ihm zusammen nach seinem Titelgewinn in seine ehemalige Heimat, den Kosovo, geflogen bin, wurde uns dort ein regelrechter Staatsempfang bereitet. Roter Teppich, Fernsehkameras, der Präsident gratulierte. Doch Robin zog es weiter in sein Dorf, aus dem er kommt. Das ist ungefähr so groß wie die Höllhöhe, nur gibt es hier durchaus noch Wellblechhütten und viele arme Menschen, die ihn stolz begrüßten. Robin zögerte nicht lange. Er hatte nämlich seinen Gewinn dabei, das Geld, das er bei seinem WM-Kampf gewonnen hatte, und verteilte dies großzügig unter seine Landsleute. Wahnsinn! Ich glaube, nicht viele Menschen würden so etwas machen. Und spätestens da habe ich erkannt, was für ein guter Mensch er ist.

> **„Mehr als einmal musste er sich am Ende eines Trainings übergeben, hatte offene Blasen an den Füßen oder sackte schweißgebadet zusammen – aufgegeben hat er aber nie."**

ARMDRÜCKEN MIT MIKE TYSON
TRAINING IM WESTSIDE BARBELL BEI LOUIE SIMMONS

Robin ist wirklich ein guter Freund geworden, und ich bin stolz und dankbar, dass ich ihn schon so viele Jahre begleiten darf. Besonders prägend für uns waren auch unsere gemeinsamen Trainingsreisen nach Spanien, und vor allem in die USA. Nach eingehender Recherche hatte ich mir überlegt, für einige Jahre ein Basecamp in den Staaten zu errichten, weil es dort noch viel bessere Trainingsmöglichkeiten geben sollte. Ich fand ein kleines, gut gelegenes Ferienhaus in Columbus, Ohio, und verbrachte gemeinsam mit Robin immer wieder mehrere Wochen in den USA, damit wir uns voll und ganz auf das Training konzentrieren konnten.

Im legendären Westside Barbell, einem Fitnessstudio, das in Powerlifter-Kreisen vor allem wegen der leider in diesem Jahr verstorbenen Trainerikone Louie Simmons bekannt ist, bekamen wir einen Einblick in eine sehr intensive und neue Trainingsphilosophie. Dazu nutzte ich die Möglichkeiten vor Ort, um mich noch weiter fortzubilden – und zwar auf meine ganz persönliche Art und Weise. Für 60 Dollar habe ich mich an der Ohio State University als Gaststudent eingeschrieben. Morgens machte ich mich mit einem Leihfahrrad auf den Weg zum Campus und suchte mir eine Vorlesung aus. Oder ich fragte bei Dozenten und Ausbildungsärzten, ob ich ihnen einen Tag über die Schulter schauen dürfte. Meist lief das so (frei übersetzt): „Servus, ich bin der Maurer Sepp. Kann ich bei Ihnen mal zuschauen?"

Mein Interesse schien manchen zu gefallen, und sie ließen mich tatsächlich dabei sein. Und so lernte ich immer weiter dazu und knüpfte auch neue Kontakte.

Beim gemeinsamen Training im Westside lernte ich dann auch den ehemaligen NFL-Quarterback Andrew Luck kennen, der mir die Trainingsarbeit amerikanischer Profi-Football-Mannschaften näherbrachte. Und wenn du dann bei einem Spiel der Giants in New York mit eigenen Augen siehst, dass manche Teams sogar Geräte zur Kernspintomografie zum Spiel mitbringen, kommt dir später manches gar nicht mehr so verrückt vor.

Aus unserer Zeit in den USA haben wir jedenfalls so einiges mitgenommen und könnten davon tagelang erzählen. Eine Episode soll auch hier nicht fehlen, und zwar die Geschichte von der Boxlegende Mike Tyson und mir. Und die geht so:

Weil ich ja mit einem Profi-Boxer unterwegs war, suchte ich neben dem Westside auch noch ein spezielles Box-Gym in der Nähe. Da traf es sich besonders gut, dass das Studio von Schwergewichtsboxweltmeister James „Buster" Douglas, der selbst aus Columbus stammt, ganz in der Nähe lag. Douglas war in der Boxwelt sehr bekannt, weil er im Jahr 1990 für eine Sensation gesorgt hatte. Bei einem legendären Kampf in Tokio besiegte er den damals hochfavorisierten und ungeschlagenen Titelverteidiger Mike Tyson durch K.o.

Mike Tyson
Columbus 20.09.15

Über 20 Jahre nach diesem Kampf schien sich die Konkurrenz der beiden Boxhelden gelegt zu haben – denn der ehemalige Gegner Mike Tyson trainierte, genauso wie wir, in eben jenem Studio von James „Buster" Douglas in Columbus.

Als der berühmte Tyson eines Morgens zum Training kam, begrüßte er mich unter den verblüfften Augen der anderen Athleten mit High Five und einem lässigen „Hey, Joseph! Alles klar, Mann?!"

Der Grund dafür: Am Tag davor hatten wir uns zufällig bei einem thailändischen Imbiss ums Eck getroffen. Als Tyson dort ankam, war nur noch ein einziger Platz frei – und zwar an meinem Tisch. Also fragte er, ob er sich dazusetzen dürfe.

„Ja logisch, setz dich", antwortete ich (wiederum frei übersetzt) und fügte hinzu. „Hey, ich kenn dich ..."

„Na klar kennst du mich ...", entgegnete Tyson, der sich seiner Berühmtheit natürlich bewusst war.

„Mhm, du bist der Sylvester Stallone – stimmt's?", scherzte ich, woraufhin der Box-Titan so lachen musste, dass ihm fast seine Glasnudeln aus dem Teller gekippt wären.

Das Eis zwischen uns war jedenfalls sofort gebrochen, und als ich eine halbe Stunde später meinen Ellbogen auf den Tisch stellte und Tyson mit einem „Hey traust du dich?" zum Armdrücken aufforderte, konnte er natürlich nicht Nein sagen.

Ein kleines gerahmtes Foto, das Mike Tyson und mich beim Kräftemessen in Columbus zeigt, hing schon wenige Wochen später an einer Wand im Kinema – und dort hängt es noch immer.

„Die mentale Stärke, die Sepp einem als Trainer gibt, kann man mit nichts vergleichen, und ich weiß: Für ihn ist nichts unmöglich."

LUDWIG MAURER
SPITZENKOCH & BIO-LANDWIRT

"Eins ist sicher: Ich bin ganz bestimmt der größte lebende Sepp-Maurer-Fan – und das sage ich nicht, weil wir zufällig Brüder sind!", so Ludwig Maurer. Der 42-jährige Spitzenkoch hat nicht nur die Entwicklung der Sportschule Kinema hautnah miterlebt, sondern hier auch in den vergangenen beiden Jahren beim Training zu neuer Stärke gefunden. Mittlerweile trägt er mit Stolz das Eisenhart-Band um sein Handgelenk und trainiert so oft es geht mit Sepp und dessen Team. Lange hatte Ludwig mit hartem Training so gar nichts am Hut. Er wuchs mit Sepp auf der Höllhöhe auf, die beiden sind auch immer zusammen Ski, BMX- oder Motorrad gefahren, aber während Sepp schon früh seine Leidenschaft für den Kraftsport entdeckte, hat Ludwig sich in eine völlig andere Richtung entwickelt. „Sepps Lifestyle war einfach nicht meiner. Ich konnte diesem Sportfanatismus anfangs eigentlich nichts abgewinnen." Er hat in einem ganz anderen Bereich Karriere gemacht: als Spitzen-Koch mit eigener TV-Sendung, als erfolgreicher Unternehmer seines Restaurants STOI, als Bio-Landwirt und Wagyu-Züchter.

Doch bevor es dazu kam, erkrankte Ludwig mit Anfang 20 schwer an Lymphdrüsenkrebs. Nach acht Chemotherapien hat er eine „Überlebensliste" mit wichtigen Zielen geschrieben und jeden Punkt davon abgearbeitet. Heute zählt er zu den besten Köchen Deutschlands, ist gefragter Interview-Gast in TV-Shows und Zeitungen und hat sich im niederbayerischen Schergengrub ein beeindruckendes Kulinarikunternehmen aufgebaut. Für Sport blieb da in den letzten 20 Jahren keine Zeit. „Und ich hatte ja 'ne gute Ausrede: ‚Ich bin Koch, was soll ich denn tun?'" Ständig gebückte Haltung, unkontrolliertes Essen, hier mal ein Glas, da noch ein Happen ... Und dann kam Corona. Der erste Lockdown der Pandemie war für Ludwig eigentlich ein wahrer Segen. „Es ist schlimm, was durch Corona passiert ist, was viele Menschen, Kollegen und Unternehmer erleben mussten, aber für mich und meine körperliche und geistige Verfassung war es ein Geschenk." Plötzlich hatte er nämlich Zeit und fing an, mit seinem Bruder zu trainieren.

Und weil ein Maurer keine halben Sachen macht, ging er aufs Ganze und speckte innerhalb eines Jahres 22 Kilo ab, legte jede Menge Muskeln drauf und packte am Ende sogar 280 Kilo im Kreuzheben. „Was ich Sepp zu verdanken habe, kann ich gar nicht oft genug sagen", erzählt er. „Ich stehe wieder ohne Rückenschmerzen auf. Viele wissen vielleicht, was das bedeutet", sagt er. Er sei unglaublich stolz darauf, was sein Bruder geschaffen hat. Seine Entschlossenheit habe er schon immer bewundert.

„Ich traue mich, zu behaupten, dass niemand ihn besser kennt als ich. Und ich weiß: Für Sepp ist nichts unmöglich. Wenn der morgen sagt: Hey, ich baue ein neues Empire State Building, dann glaub ich ihm das auch." Für Sepp habe es nie gereicht, nur irgendetwas zu erreichen. Es musste immer das Beste und davon das Beste sein. „Sepp hat die Kraft, Menschen zu motivieren. Die mentale Stärke, die er einem als Trainer gibt, kann man mit nichts vergleichen." Abseits von allen Erfolgen, Siegen und Superlativen sei Sepp aber vor allem ein großartiger Mensch mit einem riesengroßen Herz: „Er ist mein bester Freund, mein allerbester Freund", sagt Ludwig Maurer, „aber zum Glück gibt es bei uns dafür noch ein anderes Wort und das ist: Bruder."

DER ERFOLG GIBT RECHT
UNSER GANZHEITLICHES THERAPIEZENTRUM

Es gibt viele Episoden, die ich aus den vergangenen 20 Jahren erzählen könnte. Manchmal, das gebe ich auch gerne zu, hatte ich es nicht leicht. Zum Beispiel hätten mir ein Abitur und ein Physiotherapiestudium meine Trainertätigkeit sehr erleichtert, doch letztlich bin ich auf meinen eigenen Wegen und Umwegen genau dahin gekommen, wo ich hinwollte: Ich habe eine Sportschule erschaffen, wo jeder willkommen ist und rundum versorgt wird. Mittlerweile trainieren auf der Höllhöhe neben Boxprofis auch Skifahrer und Langläufer, Rallye- und Rennfahrer, Eishockey- und Tennisprofis, Bundesliga-Fußballer oder Olympia-Sprinter. Alle Titel, die ich mit meinen Sportlern erreicht habe, kann ich nicht aufzählen. Es waren über 33 Weltmeister, 44 Europameister und mehr als 100 Bayerische- und Deutsche-Meister-Titel, und mittlerweile hat das Kinema-Team fast 40 Mitarbeiter, zu denen Trainer, Sportwissenschaftler und Physiotherapeuten gehören.

Vieles hat sich verändert seit der Eröffnung, als ich noch oft allein mit Jasmin in Studio stand. Stück für Stück wurde das Gebäude ausgebaut und erweitert. Nach dem Therapie- und Rehazentrum habe ich mir schließlich im Jahr 2021 noch einen weiteren großen Wunsch erfüllt und ein komplettes medizinisches Versorgungszentrum mit einer vollständig ausgestatteten Arztpraxis eröffnet. Nun haben wir endlich die Möglichkeit, dass Ärzte, Physiotherapeuten, Sportwissenschaftler und Trainer gemeinsam am Patienten arbeiten und ein umfassendes Behandlungskonzept erstellen können. Unser Spektrum umfasst „alles, was orthopädisch ist", ob Bandscheiben, Lenden-, Brust- oder Halswirbelsäule, Hüfte, Knie oder Sprunggelenk, Schulter oder Ellbogen. Wir können in jedem Bereich von der Untersuchung über die Behandlung bis hin zur Folgetherapie alles perfekt aufeinander abstimmen.

Ich freue mich wirklich darüber, dass wir mit unserem Wissen, das ja am Profisport orientiert ist, nun auch allen Patienten helfen können, denn das ist noch viel mehr wert als jeder sportliche Erfolg.

Ich weiß selbst, was es bedeutet, wenn man nicht mehr

oder nicht gut laufen kann. Darum ist es mir auch so wichtig, jedes gesundheitliche Problem ernst zu nehmen. Und genauso wie im Sport kann unser Team auch hier unfassbare Erfolge feiern. Wir haben es zum Beispiel geschafft, einen jungen Mann aus der Querschnittslähmung wieder auf seine eigenen Beine zu bringen – eigentlich ein Ding der Unmöglichkeit. Ein riesiger Erfolg war auch die Therapie von Johannes, der bei einem Autounfall seinen Papa verlor und danach schwerstbehindert im Koma lag. Die Ärzte hatten damals prognostiziert, dass er nie wieder würde laufen können. Mittlerweile ist Johannes jede Woche bei uns im Kinema und steht wieder auf seinen eigenen Beinen. Er ist ein Teil unserer Familie, unseres Teams, und es kommt nicht selten vor, dass ihm einer unserer Profis beim Vorbeilaufen respektvoll auf die Schulter klopft. Natürlich hat er ganz andere Ziele als zum Beispiel ein Weltmeister. Für Johannes ist es wichtig, dass er seinen Alltag, sein Leben selbstständig meistern kann, während für den Profisportler der nächste Titel zählt. Und doch sind beide bei uns gleich gerne willkommen.

Und natürlich habe ich auch schon wieder etwas ganz Neues geplant: nämlich einen Ausbildungscampus auf der Höllhöhe. 2023 werden wir zusammen mit der schwedischen Firma Eleiko eine bisher in Deutschland einzigartige Trainingsakademie eröffnen, und ich darf für die Prototypentestung und Produktentwicklung des Unternehmens tätig sein. Das ist wie ein Ritterschlag für mich, denn Eleiko gilt als Weltmarktführer in der Herstellung von Hantelstangen und Trainingsequipment und ist normalerweise als Ausstatter für Weltmeisterschaften oder Olympische Spiele tätig. Besonders gefreut habe ich mich über ein Interview-Statement von Ralph Pfeifer, dem Geschäftsführer von Eleiko Deutschland: „Wir arbeiten nur mit den besten zusammen. Und Sepp Maurer ist einfach einer der besten Trainer der Welt."

Oben: Einer meiner Rehapatienten: Johannes Altmann, dem wir nach einem tragischen Verkehrsunfall wieder „auf die Beine" helfen konnten.

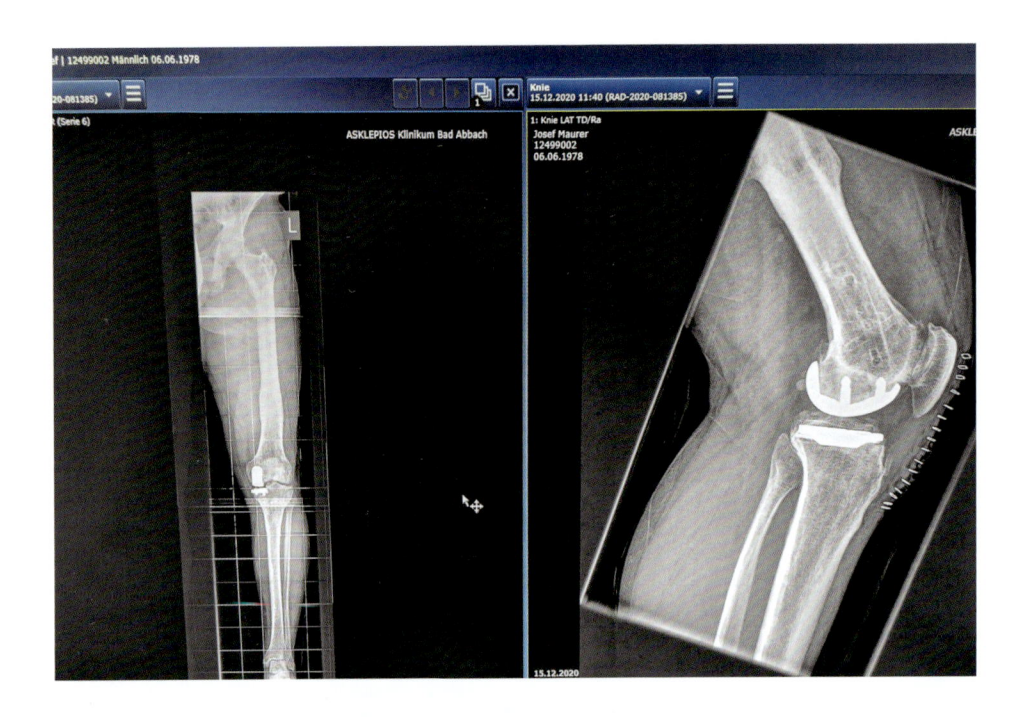

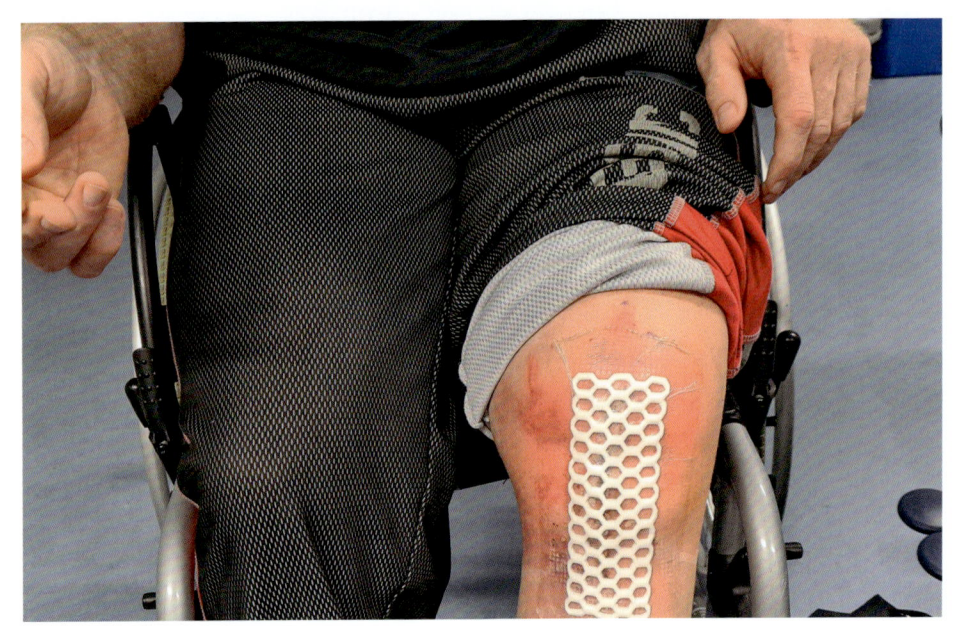

Oben: Meine letzte Operation nach jahrelanger Odyssee: ein neues Kniegelenk

Unten: Als erster Patient in Deutschland wurde ich mit der Fast-Track-Technik operiert, die ich in Zusammenarbeit mit Prof. Dr. Joachim Grifka entwickelt hatte.

EIN NEUES KNIE UND NEUE ZIELE
NACH FAST-TRACK-OP KANN DAS TRAINING WIEDER STARTEN ...

So. Natürlich könnte man sich fragen: Ist es nun nicht langsam genug mit all den Superlativen? Könnte man sich jetzt nicht einfach auf den Lorbeeren ausruhen? Doch das sind Gedanken, die in meinem Leben keinen Platz haben. Und es bleibt ja noch die Frage offen, was eigentlich aus meiner eigenen sportlichen Karriere wurde, denn wie man sich vielleicht vorstellen kann, ist auch diese Geschichte noch lange nicht zu Ende.

Mein linkes Bein ist natürlich mein Sorgenkind, das Kniegelenk war irgendwann total abgenutzt, und die vielen Behandlungsjahre haben ihre Spuren hinterlassen. Dennoch habe ich nicht aufgehört zu trainieren, ich wollte einfach nicht.

Im Jahr 2018 bin ich noch einmal bei einem Kraftdreikampf angetreten, bei dem mir während des Kreuzhebens ein Muskel riss. Ich habe natürlich nicht abgebrochen, sondern es durchgezogen, aber eigentlich dachte ich in diesem Moment, dass es nun endgültig vorbei ist. Mein Körper hatte mir zu dieser Zeit schon den einen oder anderen Warnschuss gegeben. Ich hatte wohl so viel Stress beim Arbeiten, dass ich irgendwann mit einem Herzinfarkt ins Krankenhaus gebracht werden musste und meine Muskulatur dermaßen beansprucht war, dass ich mittlerweile nicht mehr zwei, sondern fünf Stunden Trainingsvorbereitung brauchte, um meinen vollen Bewegungsradius ausschöpfen zu können. Jede Woche bin ich zu einer hervorragenden Ärztin, Dr. Christine Bachmann, nach München gefahren, die mein Knie mit wahnsinnig aufwendigen, aber sehr guten Methoden behandelt hat. Ich ließ mir Hyaluronsäure ins Gelenk spritzen und immer wieder die Flüssigkeit, die sich angesammelt hatte, absaugen. Ich trainierte noch mehr, noch härter.

Bei diesem Wettbewerb 2018, als mein Muskel gerissen war, beschloss ich, aufzuhören. Am Ende des Wettkampfes habe ich in einem symbolischen Akt meine Wettkampfschuhe auf die Hebeplattform gestellt. Das gilt im Kraftsport als Zeichen für das Karriere-Aus eines Athleten, ich habe meinen Gürtel verschenkt, und es schien tatsächlich vorbei zu sein ...

Es schien so. Denn ganz ehrlich: Ich kann es nicht.

Nach dem Wettkampf und nach so vielen Jahren war mein Knie dermaßen zermatscht, dass ich unbedingt ein neues Gelenk brauchte. Das hatte sich schon länger abgezeichnet – ich wusste es eigentlich seit dem Unfall –, aber ich hatte in all den Jahren durch mein Training noch einiges an Zeit herausschinden können. Aber jetzt ging es nicht mehr. Natürlich habe ich mich nicht einfach so operieren lassen.

Gemeinsam mit dem Chef der orthopädischen Klinik in

"The great fights with your strongest rivals are always the biggest motivation. When you win easily it's not the same taste."

VALENTINO ROSSI

Bad Abbach, Prof. Dr. Joachim Grifka, habe ich ein Verfahren entwickelt, das dem Patienten eine ambulante Operation künstlicher Knie- oder Hüftgelenke ermöglicht. Sprich: Man wird vormittags operiert und kann am Nachmittag schon wieder Treppen steigen – und irgendwann vielleicht auch wieder Gewichte heben … Und genau das wollte ich. Mit einem speziellen Trainingsprogramm, das wir im Kinema durchführen, kann man die Muskulatur und den ganzen Körper sehr gut vorbereiten. Ich war dann der erste Patient in Deutschland, an dem diese Fast-Track-Operation durchgeführt wurde. Und ich bin tatsächlich schon am Nachmittag nach der OP Treppen gestiegen.

Jetzt habe ich also ein neues Kniegelenk. Damit könnte ich ja nun zufrieden sein. Ich habe nun eine 18-jährige Tortur hinter mir. Eine tägliche Schmerzenstortur. Jeden anderen, der das mitmacht, würde ich für wahnsinnig erklären. Ich weiß auch, wie ungesund es ist, jetzt wieder Leistungssport zu betreiben. Doch ich weiß auch: Ich kann noch stärker sein, noch besser sein, und diese Gedanken kann ich nicht ablegen. Ich will mich nicht nur neben meine Athleten stellen und bei Wettkämpfen zuschauen. Ich will selbst trainieren – denn ich habe ein neues Ziel.

Die Leute hatten immer Respekt vor mir, weil ich mit einem kaputten Bein Europameister geworden bin. Aber ich will nicht mit einem kaputten Bein Europameister sein, wenn ich weiß, dass ich auch Weltmeister werden kann. Der Weltrekord in Kreuzheben, den ein Athlet mit einer künstlichen Knieprothese aufgestellt hat, liegt bei 287,5 Kilo. Und ich hebe im Training manchmal schon 300 Kilo. Ich möchte einfach beweisen, dass man mit entsprechendem Training trotz eines künstlichen Gelenks einer von den Besten sein kann. Dass das nicht vernünftig ist, das weiß ich schon. Man muss davon ausgehen, dass meine Prothese bei einem meiner nächsten Wettkämpfe brechen wird und ich eine neue brauche. Aber das ist mir egal. Ich bin bereit, für diesen einen Moment alles zu geben.

Nun verbringe ich wieder 25 Stunden pro Woche mit Training, Physio, Dehnen, Wandern, Kälteanwendungen, Wassertreten und so weiter – ein normaler Powerlifter trainiert vielleicht acht Stunden. Aber ich kann nicht zurück. Nur nach vorn. Und mein Ziel ist dieser Weltmeistertitel. Und warum auch sollte ich das nicht schaffen?

In meinem Leben sind so viele Sachen passiert, nur weil ich sie mir in meinen Gedanken vorstellen konnte. Ist es Zufall, dass ich Mike Tyson getroffen habe? Ist es Zufall, dass Robin Krasniqi Weltmeister geworden ist? Ist es Zufall, dass wir mittlerweile eine der besten Sportschulen haben, die es in Deutschland gibt?

Ich glaube nicht.

Viele Menschen machen den Fehler, sich immer mit anderen zu vergleichen. Dabei bin allein ich der Maßstab, und nicht die anderen. Ich bin mir sicher, dass ich alles erreichen kann, was ich will, und habe bisher noch keine Grenzen in meinem Leben gesehen. Ich lasse mich niemals limitieren und am wenigsten von meinen eigenen Gedanken.

Ich bin überzeugt: Der Wille führt dich auf den Weg zu deinem stärksten Selbst.

MADE IN HELL
POWERLIFTING
KRAFTSPORT
MADE IN HELL
SILENCE THE CRITICS
MADE IN HELL
MADE IN HELL

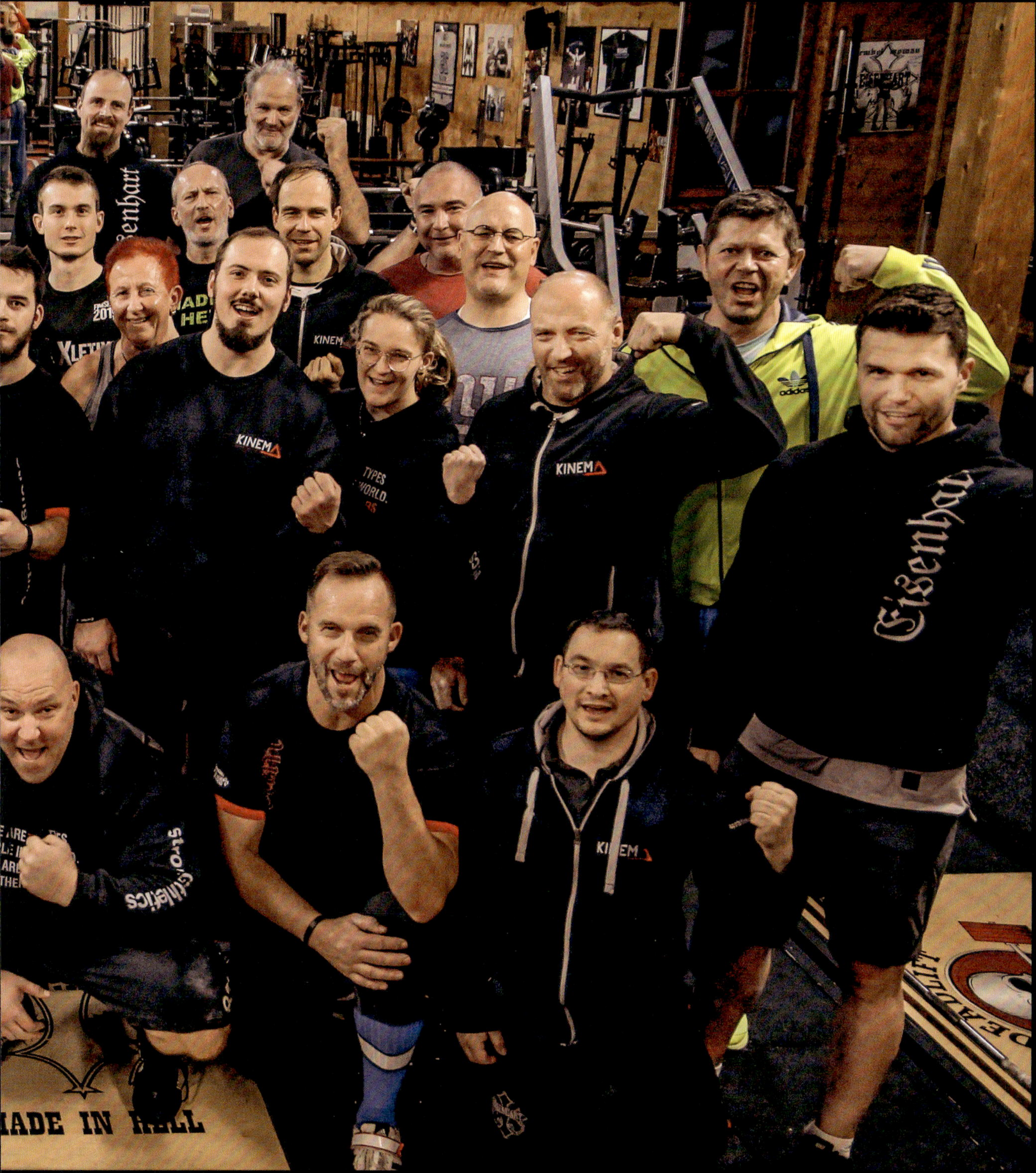
KINEMA
adidas

„Die Welt besteht nicht nur aus
Sonnenschein und Regenbogen.
Sie ist oft ein gemeiner und hässlicher Ort.
Und es ist mir egal, wie stark du bist.
Sie wird dich in die Knie zwingen und dich
zermalmen, wenn du es zulässt.
Du und ich – und auch sonst keiner –
kann so hart zuschlagen wie das Leben.
Aber der Punkt ist nicht der, wie hart einer
zuschlagen kann.
Es zählt bloß, wie viele Schläge er einstecken
kann und ob er trotzdem weitermacht …

Wenn du weißt, was du wert bist,
dann geh hin und hol es dir …"

ROCKY BALBOA

EINER FÜR ALLE – ALLE FÜR EINEN
DAS BESTE TEAM: 20 JAHRE SPORTSCHULE KINEMA

Es ist der 25. Juni 2022. Eine Stunde vor Mitternacht. Der Himmel über der Sportschule Kinema leuchtet in allen Farben. Ein Feuerwerk ist der sichtbare Beweis dafür, dass an diesem Abend hier oben auf der Höllhöhe gefeiert wird. Es ist der Tag des Jubiläums: 20 Jahre Sportschule Kinema, und auf dem Parkplatz treffen sich Menschen, für die dieser Ort in den letzten Jahren zu etwas ganz Besonderem geworden ist. Es sind Sportler aus ganz Deutschland, aber auch aus dem Nachbarort. Profis und Amateure, topfitte und kranke Menschen. Sie haben gemeinsam gelitten, gekämpft. Sie haben sich Schweiß und Tränen getrocknet, Freude und Dankbarkeit geteilt, sie waren füreinander da, wenn es nicht mehr weiterzugehen schien, und haben Seite an Seite gekämpft.

Heute sind sie alle hier: Mitarbeiter, die schon seit Jahren und gerne hier arbeiten, Bekannte, die immer mal wieder die besondere Stimmung aufsaugen, Athleten, die diesem Team ihre Erfolge mitverdanken. Patienten, die sich wieder bewegen können. Auf einer großen Bühne spielt die Bayern 1-Band, und an der Theke hinten in der Bar herrscht schon beste Stimmung. Hunderte Menschen tanzen und feiern, und alle vereint ein Slogan, ein Gedanke, ein Gefühl, drei Worte: Made in Hell.

Ich begrüße alle, lasse meine Weggefährten auf die Bühne kommen, um ihnen zu danken. Ich habe sogar extra für diesen Abend Musikunterricht genommen, um für meine Mitarbeiter ein Ständchen auf der Steirischen zu spielen. Ein kleines Dankeschön für all die Arbeit und ihren Einsatz. Zusammen mit meinem Bruder und einer eigens gegründeten Band spielen wir dann noch „Irgendwann bleib I dann dort" von S.T.S. – weil ich auf der Welt keinen besseren Ort gefunden habe als diesen hier. Die Höllhöhe. Und spätestens bei „Highway to Hell" von AC/DC hält es keinen mehr auf seinem Platz. Heute kann ich zurückblicken auf das, was ich hier erschaffen habe. Auf mein Lebenswerk, an das ich immer geglaubt habe. Es war nicht immer ein leichter Weg, und sehr oft musste ich ihn auch allein gehen, ohne darauf zu warten, ob mir jemand folgt.

Und doch waren da immer Menschen an meiner Seite, ohne die ich nicht da wäre, wo ich heute bin: Es sind meine Sportler und Mitarbeiter, meine Eltern Marianne und Sepp, mein Bruder Ludwig, meine Schwägerin Steffi, und es ist die Frau an meiner Seite, meine Katrin, denen ich an diesem Abend einmal Danke sagen möchte. Danke für die vergangenen 20 Jahre und für all das, was noch kommen wird.

Und das wird eine ganze Menge sein.
Maurer-Ehrenwort.

Bei der Fertigstellung des Buches trainiert Sepp Maurer für die Qualifikation zur Weltmeisterschaft in Las Vegas. Sein nächstes großes Ziel ist der Weltrekord-Versuch mit einer Eintragung im Guinnessbuch der Rekorde bei der Eisenhart-Meisterschaft im Dezember 2022.

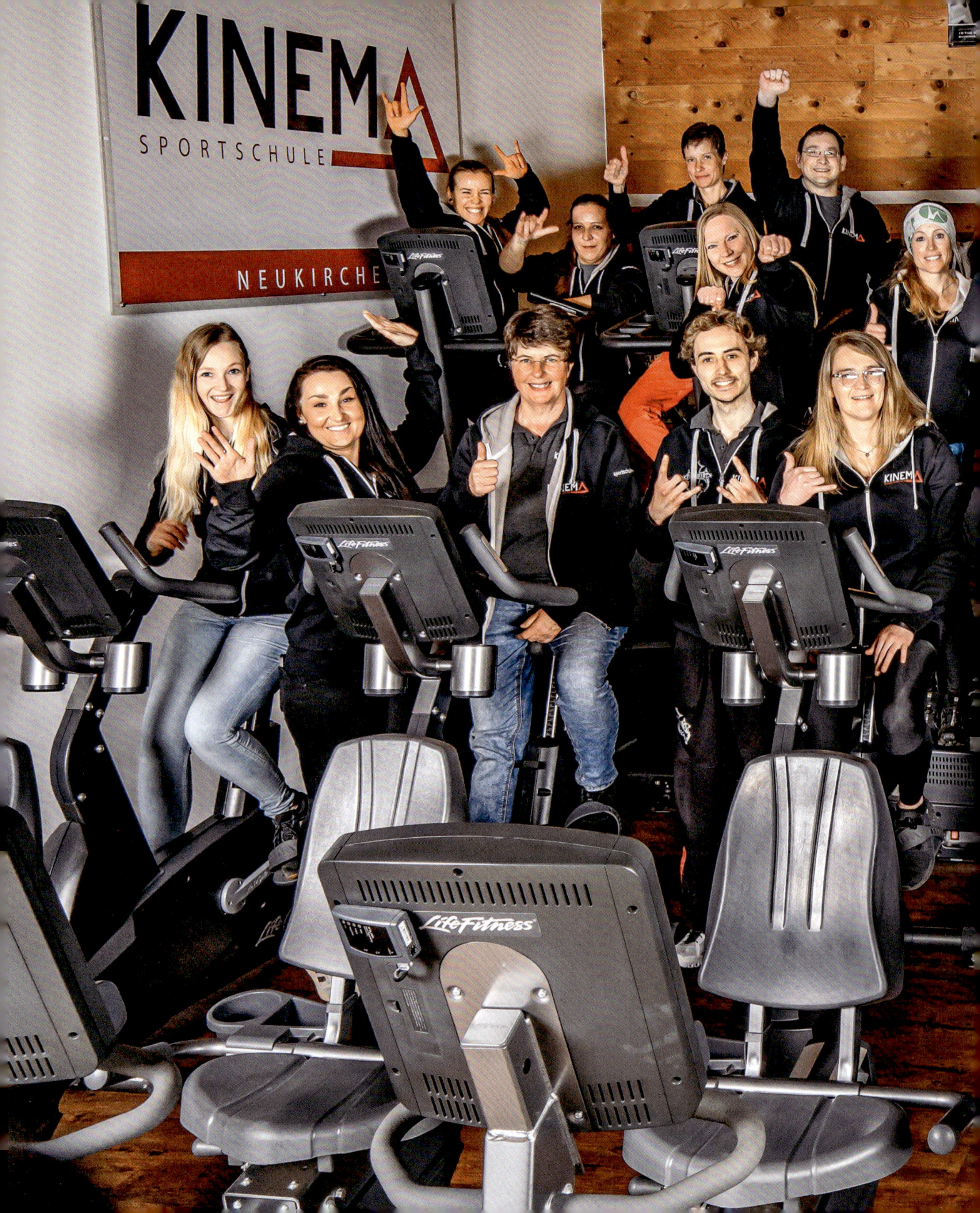

KINEMA
SPORTSCHULE
NEUKIRCHE

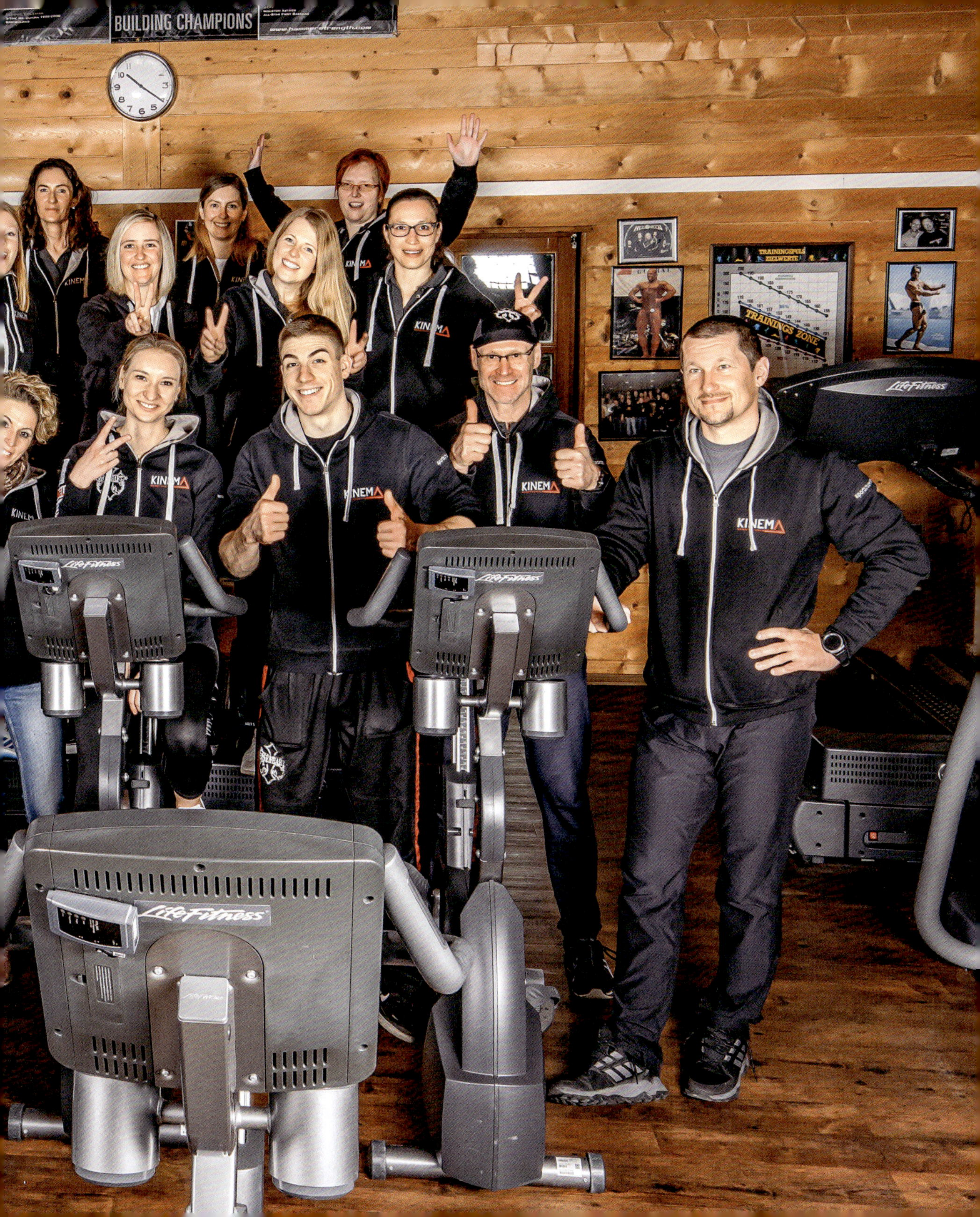
BUILDING CHAMPIONS
KINEMA
LifeFitness
TRAININGS ZONE

EISENHART
EINE ERFOLGSGESCHICHTE

EISENHART – jeder, der zu uns kommt, wird spätestens nach ein paar Minuten diesen Begriff entdecken. Auf einem Hoodie, einem T-Shirt, irgendwo im Studio – denn „Eisenhart" ist bei uns überall. Es ist nicht nur der Titel unseres jährlichen Wettkampfs, bei dem die besten Athleten der Welt antreten, es ist unser Team-Name. Eisenhart ist das, was uns verbindet und was uns ausmacht. Und was dahintersteckt, das möchte ich kurz erzählen:

Ich kann mich noch sehr gut an die erste Deutsche Meisterschaft im Kraftdreikampf erinnern, an der ich teilgenommen habe. Für mich war das ein Riesenereignis, für den Rest der Welt schien das nicht so zu sein. Ich hatte mir vorher gedacht, diese Veranstaltung wird sicher in einer großen Arena stattfinden mit 10000 Zuschauern und allem Pipapo: Beamer, Nebelmaschine, Pyrotechnik und Bühnenprogramm. Stattdessen war der Wettkampf in einer Turnhalle mit genau vier Zuschauern, und als Verpflegung gab es Zwetschgenkuchen und Limo, keine Musik, kein Programm, nichts. Ich dachte mir: Das darf doch nicht wahr sein! Jetzt habe ich so lange darauf hin trainiert, und dann so was?

Also habe ich beschlossen, es besser zu machen und vor einigen Jahren einen Wettkampf ins Leben zu rufen, der dem Sport und den Athleten würdig ist ...
Schon länger hatten wir auf der Höllhöhe den Hellhill-Cup im Steinheben veranstaltet. In diesem Bereich gab es in Garmisch und auch Bad Kötzting richtig gute Veranstaltungen mit 3000 Zuschauern und super Stimmung. Und auch bei uns waren schon beim ersten Hellhill-Cup über 1000 Leute da. Für die berüchtigte „Black Series" bei uns im Kinema, der größten Veranstaltung im Steinheben, an die ich mich erinnern kann, haben wir dann das komplette Studio leergeräumt und schon 2500 Gäste begrüßt. Für unsere kleine Szene haben wir dann damals auch schon riesige Preisgelder ausgerufen in sechs Gewichtsklassen. Beim normalen Steinheben bekam man damals für den Sieg 100 Euro und eine Leberkassemmel, bei uns waren es schon mal mehrere Tausend Euro, die man gewinnen konnte.

Doch der Name „Black Series" schien Programm zu sein, denn bei mir persönlich passierten in der Nacht vor dem letzten Wettkampf dieser Art zwei Dinge: Zuerst endete die Beziehung zu meiner damaligen Frau auf nicht gerade nette Weise, und dann bekam ich die Nachricht vom tödlichen Autounfall eines meiner besten Freude. Tags darauf sollte ich also vor ein paar Tausend Leuten die Veranstaltung moderieren und Stimmung machen. Aber es lief okay.

Danach aber veränderte sich der Fokus und der ganze Wettkampf vom Steinheben hin zum Kraftdreikampf – Bankdrücken, Kniebeugen, Kreuzheben –, und wir starteten im Jahr 2011 mit einem internen Studiowettkampf. Wir wollten quasi als letztes schweres Training vor den wichtigen Wettkämpfen einen Art Testwettkampf durchführen. Und auch wenn es nur ein Probelauf war, kamen 200 Zuschauer, und es wurden einige Höchstleistungen erreicht. Ich drückte damals zum Beispiel die Höchstlast von 200 Kilo auf der Bank, und Hans Strobl schaffte dann mit einem Körpergewicht von 108 Kilo 367,5 Kilo im Kreuzheben. Der Wettkampf hat uns allen so viel Spaß gemacht, dass wir ihn seither jedes Jahr abhalten – als Eisenhart Challenge. Die Leistungen haben sich von Jahr zu Jahr verbessert. Mittlerweile können wir bei dieser Veranstaltung, die beschränkt ist auf 150 Starterplätze, die besten und stärksten Athleten Deutschlands begrüßen. Die begehrten Plätze erfolgen ausschließlich über persönliche Einladung und sind mittlerweile binnen eines Tages ausverkauft. Nirgendwo und niemals zuvor wurde in Deutschland mehr gehoben als bei der Eisenhart Challenge. Es ist keine Seltenheit, dass bei uns sieben Heber beim Kreuzheben mit über 400 Kilo als Anfangslast starten. Bei uns sind absolute Kraftsportlegenden wie Eddie Hall (GB), Vlad Alhazov (RUS), Sergej Moser (GER), Mikhail Shivlyakov (RUS), Josef Grmolec (CZ), Steve Johnson (USA), Tobias Zinserling (GER), Cestmír Šíma (CZ), Gunda Fiona von Bachhaus (GER) und viele, viele mehr am Start. Die besten Lifter der Welt messen sich mittlerweile bei diesem jährlichen Einladungsturnier. Jedoch ist es mir ein großes Anliegen, dass jedes Jahr auch 50 Newcomer die Chance bekommen, hier zu starten. Eine Einladung gilt mittlerweile als absolute Ehre, insbesondere weil wir für die letzte Veranstaltung leider über 500 Startern absagen mussten, die sich für diesen Wettkampf beworben hatten.

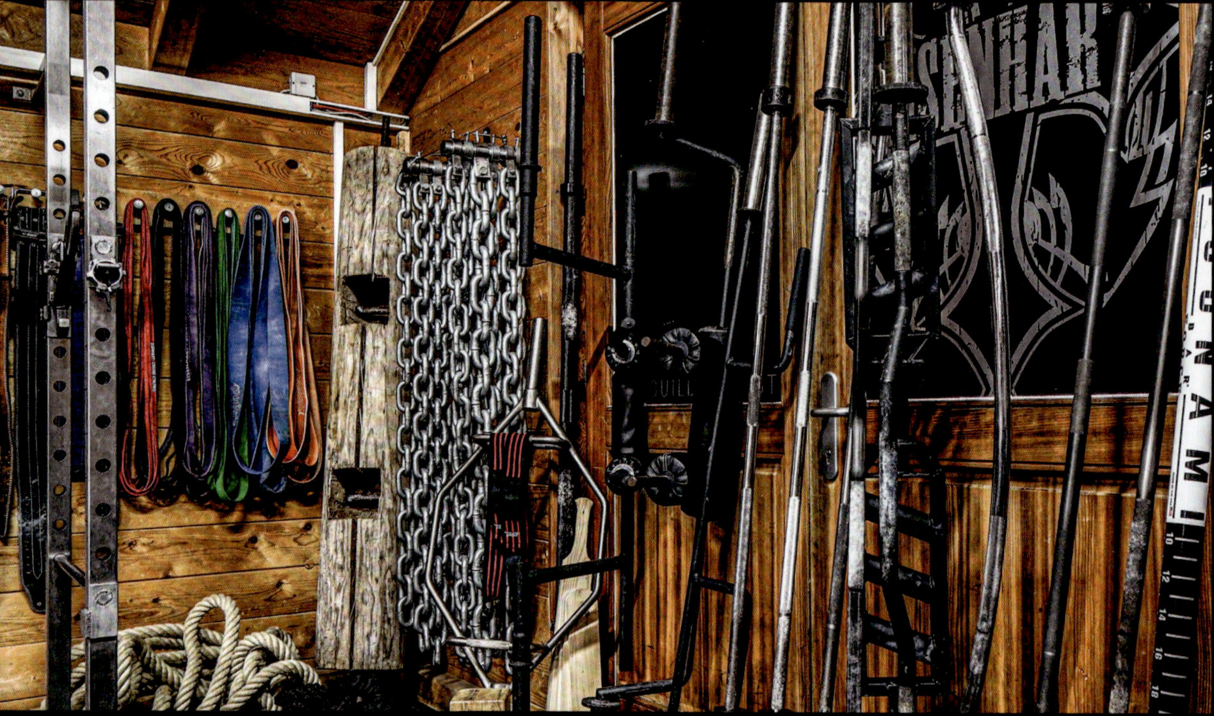
SENHAR

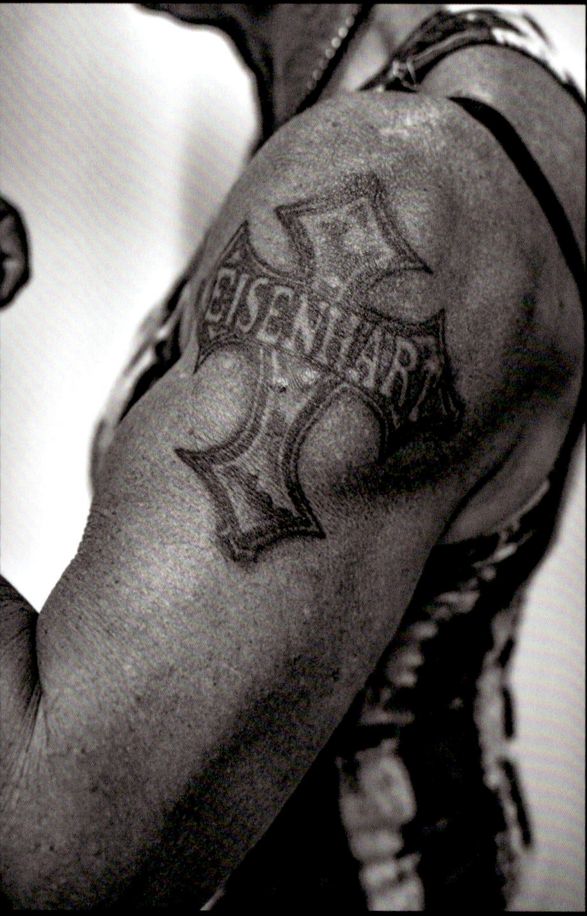
EISENHART

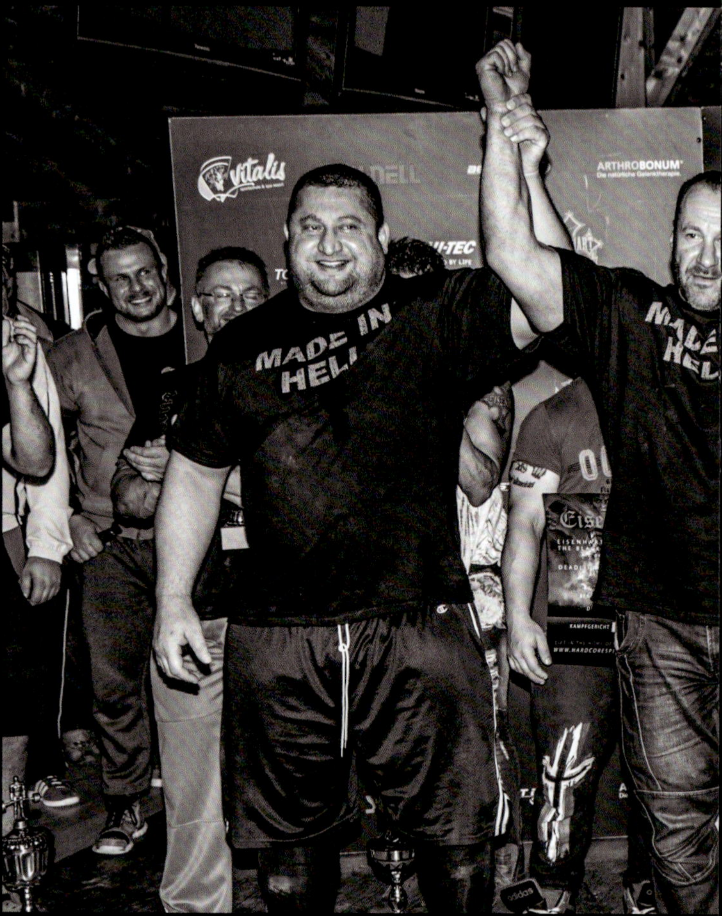
vitalis
ARTHROBONUM
MADE IN
HELL

Eisenhart

BLACK COMPETITION
LIFT IN THE HOME OF THE DEVIL

INVITATION TOURNAMENT
Deadlift and Benchpress

COMING SOON
OCTOBER 2020

Beginn: 12.00 Uhr Sportschule KINEMA Neukirchen b. hl. Blut www.sportschule-kinema.de

EISENHART
STRONG ATHLETICS

Dazu gibt es natürlich seit über 20 Jahren auch noch das Team Eisenhart, den internen Leistungskader der Sportschule Kinema. Im Laufe der Jahre kamen immer mehr Profisportler zu mir, die ich in diesen Kader aufgenommen habe und persönlich trainiere. Mittlerweile umfasst er Eishockeyspieler, Triathleten, Bobfahrer, Motocrossfahrer, Powerlifter, Autorennfahrer, Voltigierer, Skifahrer, Bundesliga-Fußballprofis, Tennisspieler und natürlich Profiboxer. Deswegen habe ich den Namen auf „Eisenhart – strong athletics" erweitert. Das Team besteht immer aus zehn A-Kader-Plätzen, 15 B-Kader-Plätzen und 15 C-Kader-Plätzen. Als besondere Ehre und Auszeichnung bekommt jeder, der zu diesem Kader gehört, von mir ein Silikonarmband. Meine Athleten ebenso wie ich selbst tragen diese „kleine" Auszeichnung täglich mit Stolz am Handgelenk. Diese gilt im Kinema als die größte Art der sportlichen Anerkennung, die jemandem zuteil werden kann.

DER MYTHOS

Doch was macht diesen Mythos nun genau aus?
Ist es diese gewaltige Meisterschaft einmal im Jahr bei uns auf der Höllhöhe, die diesen Mythos entstehen ließ?
Sind es die vielen, vielen sportlichen Erfolge des Teams, die über all Jahre errungen wurden?
Sind es die prominenten Athleten, die mittlerweile zum Team gehören?
Ist es der legendäre Kinema-Samstag, an dem sich jede Woche die Eliteathleten des Eisenhart-Teams aus allen Sportarten Deutschlandweit zum gemeinsamen Training treffen?
Ist es dieses besondere Trainingsprinzip, das jeden an diesem einen Tag der Woche an seine absoluten Grenzen bringt?
Ist es der Zusammenhalt und der gegenseitige Respekt, den jeder jedem zuteil werden lässt? Oder ist es einfach die Tatsache, dass jeder jedem hilft sein Training zu verbessern. Egal ob Eliteathlet oder Anfänger? Es ist immer wieder erstaunlich wie Triathleten, Boxer, Powerlifter, Ballsportler, Bodybuilder und viele mehr gemeinsam an diesem Samstag ihr Ziel verfolgen. Mittlerweile kommen viele Tagesbesucher an diesem Tag zu uns ins KINEMA um diese einmalige Trainingsathmosphäre zu erleben – und gerne ist jeder eingeladen mitzutrainieren.
Der Mythos Eisenhart. Man kann es wohl nicht mit Worten beschreiben, man muss es selbst erleben.
Team Eisenhart – gemeinsam sind wir stark.
Und eins waren wir immer, und das werden wir immer sein:
FREUNDE

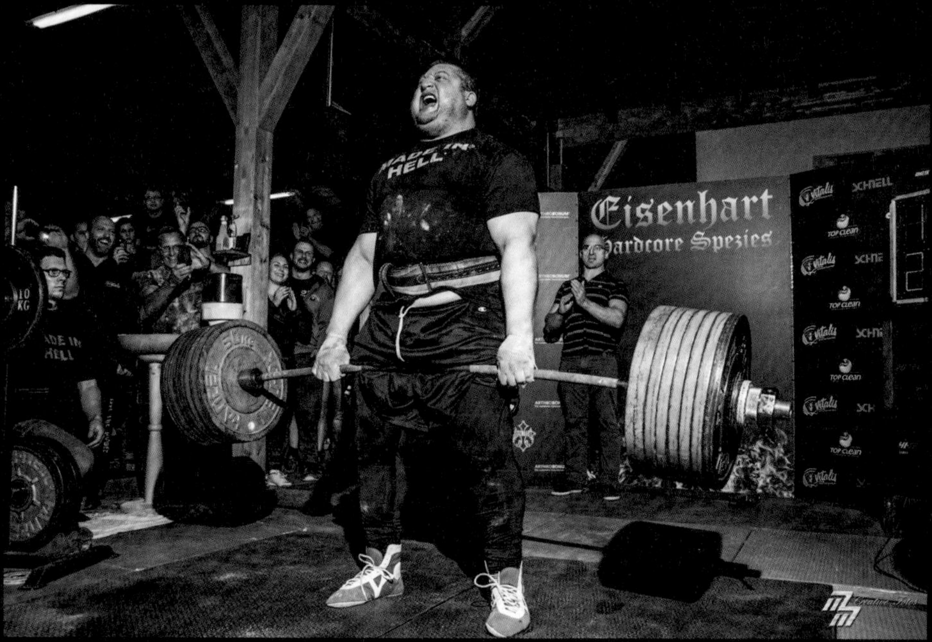
MADE IN HELL
Eisenhart

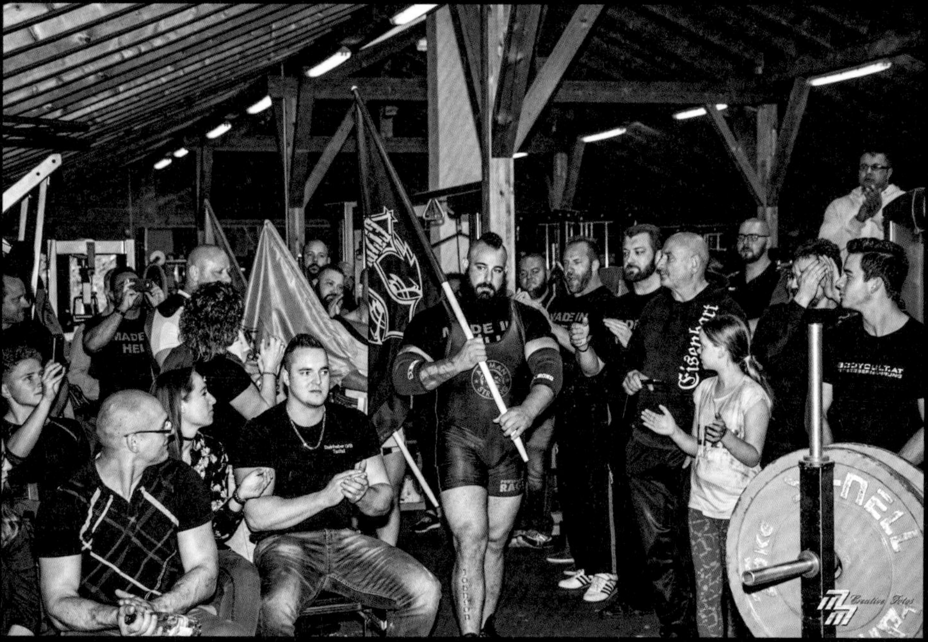
Eisenhart

Eleiko Sp

HALMSTA

rt Center

SWEDEN

Zusammen mit Ralph Pfeifer, dem Geschäftsführer von Eleiko Deutschland, in Halmstad, Schweden.

KINEMA & ELEIKO
ZUSAMMENARBEIT MIT DEM WELTMARKTFÜHRER

Es ist einer der größten Meilensteine in unserer Firmengeschichte: Ich darf künftig mit Eleiko, Weltmarktführer in der Herstellung von Hantelstangen und Trainingsgeräten, zusammenarbeiten. Wir planen auf der Höllhöhe ein Trainingszentrum, das es so in Deutschland bisher kein zweites Mal gibt. In einer Art Campus können sich Trainer und Athleten dann bei uns fort- und weiterbilden und ich werde für Eleiko in der Produktherstellung und Prototypentestung tätig sein – ich freue mich sehr auf diese neue Aufgabe!

Im Mai 2022 war ich zusammen mit Ralph Pfeifer, dem Geschäftsführer von Eleiko Deutschland und seinem Team in Halmstad, Schweden, um mir vor Ort ein Bild von diesem Unternehmen und seiner Arbeit zu machen. Die Firma Eleiko, die seit Jahren als führend in der Entwicklung und Herstellung von Trainingsgeräten im Kraftsportbereich gilt, beschäftigt ganze Abteilungen mit der Weiterentwicklung und Verbesserung des Rohmaterials, des berühmt-berüchtigten unkaputtbaren Schwedenstahls. Eleiko arbeitet normalerweise als Ausrüster für Wettbewerbe wie Weltmeisterschaften oder Olympische Spiele, der US Navy, internationale Top-Trainingsstätten oder der Universität von Loughborough, England – darum ist es für uns natürlich eine große Ehre, nun als Partner im Boot zu sein.

Bei unserem Besuch im Headquarter konnte ich mich von der hervorragenden Qualität aller Eleiko-Produkte überzeugen, ich durfte auch zusammen mit Susanne, einer wirklich netten Mitarbeiterin, meine eigene, 2,20 Meter Hantelstange drehen und mit einem Autogramm versehen. Ich habe aber nicht nur einen Einblick in die Trainingsmöglichkeiten und in die Produktion bekommen, Ralph hat mir auch die Geschichte der schwedischen Firma näher gebracht.

Das Familienunternehmen ist eines der ältesten Unternehmen im Kraftsportbereich. Fast alle Equipmenthersteller wurden in den 80-er Jahren gegründet, Eleiko hat bereits in den 1920er Jahren begonnen und zwar als Hersteller von Waffeleisen und Küchenkleingeräten. Im Jahr 1957 hat dann ein Fabrikleiter Herr Hellström die Geschäftsführerin Tyra Johansonn davon überzeugt, dass er einmal eine Langhantel bauen darf. Er war selbst leidenschaftlicher Gewichtheber, aber frustriert von Langhanteln, die sich ständig beugen und brechen. Die erste Hantel fand Abnehmer, also wurden gleich mehr davon gebaut und im Jahr 1963 kam bei der Gewichthebe-WM in Stockholm eine Eleiko-Hantel zum Einsatz. Sie hielt den ganzen Wettkampf durch, ohne zu brechen oder zu verbiegen, was eine Senastion war, denn damals brauchte man für einen einzigen Wettkampf gleich mehrere Hanteln. Also wurden künftig immer mehr Hantelstangen gebaut – und immer weniger Waffeleisen.

Ende der 1990er Jahre hat Lennart Blomberg die Firma übernommen, in der damals acht Leute arbeiteten. Der neue Firmeninhaber hatte die Vision, das beste Equipment auch einem breiteren Publikum zugänglich zu machen. Im Zuge dessen wurden hochwertige Produkte für den Fitnessbereich entwickelt, die neben der „Wettkampflinie" auf den Markt gebracht wurden.

Damals wie heute liegt er Fokus der Firma auf Qualität und auch auf den Anforderungen der Athleten. Eleiko versucht, jedes Produkt so zu bauen, dass der Benutzer ein optimales Equipment nutzen kann.

Eleiko unterteilt dabei in drei Kategorien:

- **Professional Lifter**, also Gewichtheber und Powerlifter
- **Passionate Lifter** (Profisportler, CrossFitter, fitness-affine Menschen, also die, die es mit dem Training ernst meinen und mit dem Training auch eine gewisse Leistungssteigerung verbinden)
- **Healthy Lifter** (Menschen, die Liften in ihr Training integriert haben. Also Menschen, die gesund bleiben wollen bzw. wieder werden wollen. Dazu gehören auch zB. Bandscheiben-Vorfall-Patienten, die in Rahmen der Physio-Therapie Kreuzheben machen.)

> „Wir produzieren wohl die beste, sprich stabilste und langlebigste Langhantel, die es derzeit gibt."

All das haben wir auf der Höllhöhe und genau hier kommen wir auch ins Spiel: „Wir produzieren wohl die beste, sprich stabilste und langlebigste Langhantel, die es derzeit gibt", hat Oscar Ragvald, international Sales-Direktor der Eleiko Group bei einem Besuch bei uns im Kinema im Juli 2022 im Kinema gesagt, „aber wenn man nicht weiß, wie sie optimal benutzt wird, ist es im Grunde nur ein sehr teures Stück Stahl. Wir sind daran interessiert, erstklassige Geräte zu entwickeln, aber wir wollen Menschen auch dabei unterstützen, im Training und im Leben besser zu werden."

Das Kinema ist für die Firma Eleiko der perfekte Ort, um ihre Produkte zu testen und unter verschiedenen Nutzern – also unsere Profis, Fitnesssportlern, aber auch Patienten der Therapie und Rehabilitation – zu testen. Und zwar in einer realen Umgebung und unter Langzeitbedingungen.

Mein Team, meine Sportler und Ich werden also künf-

Oben: Werksbesichtigung bei Eleiko in Schweden   Unten: Und ich durfte sogar meine erste Hantelstange bauen

ULTRA CLEAN
SWEDISH STEEL

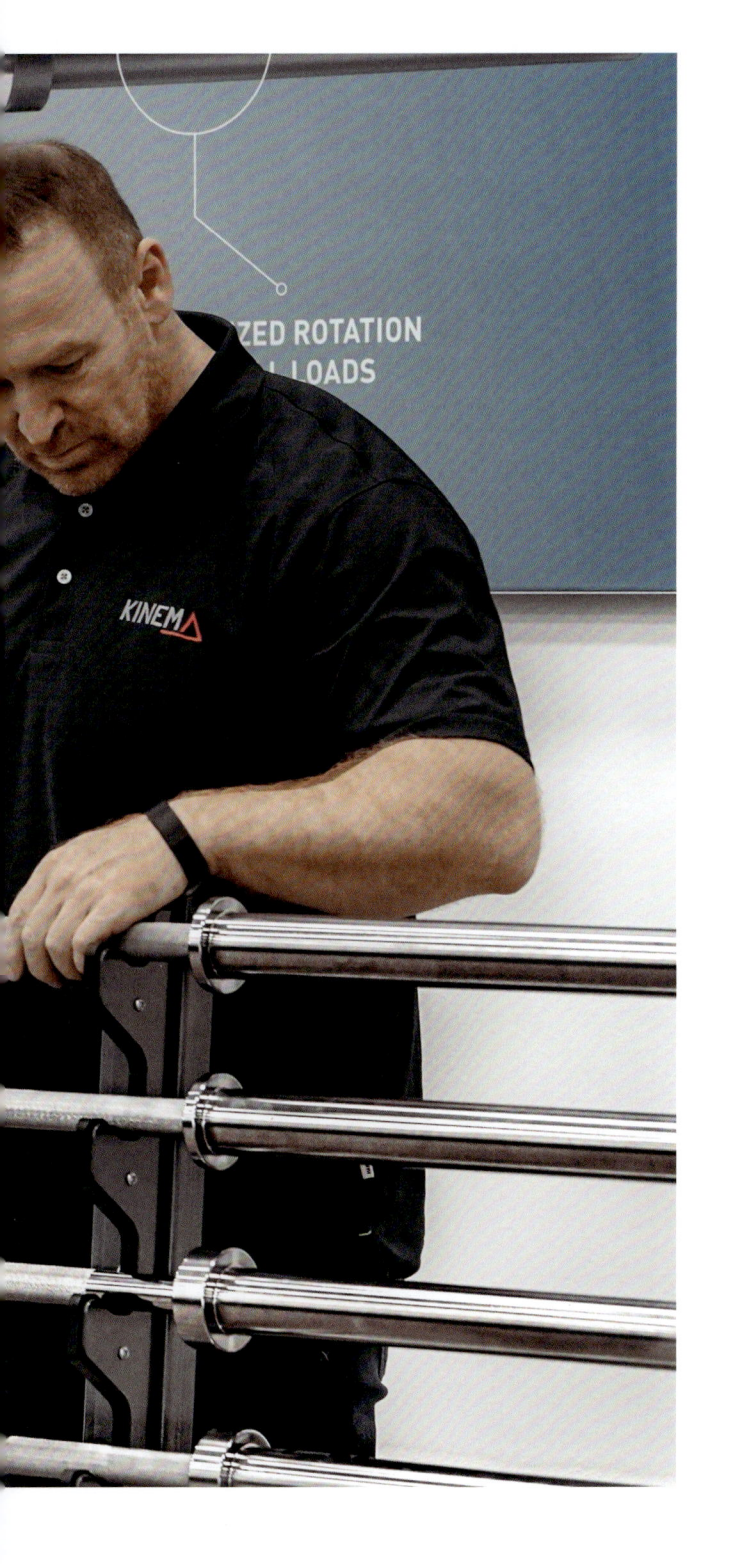

tig vor Ort bei uns die Produkte von Eleiko testen, aber auch Daten zur Weiterentwicklung liefern. Dazu wird ein Anbau der bestehenden Gebäude auf der Höllhöhe mit einem Trainingspark von Eleiko ausgestattet. Geplant sind dabei eine Indoor-Laufbahn und wettkampftaugliche Hebeplattformen. Parallel kommen Trainer und Athleten in die neue Akademie auf der Höllhöhe, um hier Workshops, Aus- und Weiterbildungen zu absolvieren. Kinema wird für Eleiko als Partner im Bereich Ausbildung fungieren, und Ausbildungen vor Ort umsetzen. Geplant sind Tagesseminare und 2-Tagessemiare, erstmals voraussichtlich im März 2023 im Kinema.

Eleiko erwartet sich von der Kooperation die beste Ausbildungsakademie, noch bessere Produkte mit unserem Feedback und noch mehr Bekanntheit im Profibereich, oder wie es Geschäftsführer Ralph Pfeifer formuliert: „Willst du der Beste werden, musst du auch mit dem besten Equipment und den besten Trainern arbeiten. Sepp Maurer ist einfach einer der besten Trainer der Welt, das Kinema wird das Mekka des Sports werden, und wir werden ein Teil davon sein."

Ich freue mich riesig über diese Zusammenarbeit. Unsere beiden Unternehmen stehen für jahrzehntelange Qualität in ihrem jeweiligen Bereich und wir haben die gleiche Vision, nämlich Menschen stärker, gesünder zu machen uns immer weiter zu verbessern – und von nun an machen wir das gemeinsam!

Absolute Präszision: Eleiko gilt als Weltmarktführer bei der Herstellung von Langhanteln, und ich freue mich, für die Firma in der Produkttestung und Prototypenentwicklung tätig zu sein

„Team Eisenhart bedeutet Freundschaft, Zusammenhalt, Schweiß, Herzblut, Leidenschaft, Disziplin und immer alles zu geben, und das gemeinsam."

ANNA SCHMID

PHYSIOTHERAPEUTIN UND
LEITUNG AMBULANTE REHA IM KINEMA

Was sie einmal beruflich machen möchte, das wusste Anna Schmid schon relativ früh. „Ich selbst war mal als Kind bei einem Physiotherapeuten in Behandlung und fand das damals total faszinierend, von da an war mir klar, dass ich das auch machen will: Menschen helfen." Dass dieser Berufswunsch sie dann ins Kinema auf die Höllhöhe führen würde, wusste die gebürtige Xantenerin damals noch nicht. Nach dem Abitur zog sie von Nordrhein-Westfalen nach Bayern und begann ihre Ausbildung an der Fachschule für Physiotherapie in Bad Kötzting. Nach dem Abschluss und einer ersten Anstellung in einer anderen Praxis entdeckte Anna dann eine Stellenausschreibung des Kinema und meldetet sich bei Sepp Maurer, der sie sofort zum Probearbeiten einlud. „Mein erster Besuch hier war, als würde ich in eine andere Welt kommen", erinnert sie sich. „So viele gut trainierte Menschen auf einmal!" Bisher hatte Anna eher mit Kindern und neurologischen Patienten gearbeitet, aber nicht mit Sportlern. Aber sie war sofort angetan vom Umgangston und vom Klima in der Sportschule – ihr Gefühl hat gepasst, und es hat sie nicht getäuscht.

Im Jahr 2010 begann sie also bei Sepp zu arbeiten und war auch mit eine der ersten Physiotherapeutinnen, die Profisportler wie Boxweltmeister Robin Krasniqi betreuen durfte. „Das ist schon 'ne andere Hausnummer, weil für Sportler ihr Körper einfach ihr Kapital ist und auch großer Leistungsdruck hinter der Trainingsvorbereitung steht", erklärt sie. Eine Verletzung oder Blockade könne dem Therapeuten schon mal schlaflose Nächte bereiten, schließlich sei das Ergebnis ihrer Arbeit manchmal für den weiteren Verlauf einer Karriere entscheidend. Und so eine Betreuung verlangt auch Flexibilität, denn natürlich richtet sich der Trainingsplan eines Profisportlers nicht nach den Arbeitszeiten des Physiotherapeuten, sondern umgekehrt. Aber das war für Anna noch nie ein Problem, sie liebt ihren Beruf und arbeitet auch gerne spätabends oder am Wochenende. „Es gibt für mich nichts Schöneres", sagt sie. „Du hilfst einem Sportler bei der Erfüllung seines Lebenstraumes, hast einen kleinen Teil dazu beigetragen – das ist unbeschreiblich!" Genauso wertvoll sei für sie der Behandlungserfolg jedes Patienten. „Wenn jemand wieder schmerzfrei ist und ich ihn unterstützen konnte, ist das die schönste Belohnung und erfüllt mich mit großer Dankbarkeit." Die Physiotherapeutin hat aber nicht nur ihren Traumarbeitsplatz gefunden, sondern auch eine zweite Familie: „Das ist keine Floskel, der Teamgedanke wird hier tagtäglich gelebt", sagt sie. Und dann sei Sepp Maurer auch noch ein Chef, bei dem man sich voll und ganz in seiner Arbeit verwirklichen kann. „Wir haben hier die beste Ausstattung und alle Möglichkeiten", so Anna. „Nach zwölf Jahren Arbeit im Kinema weiß ich eines sicher: Hier kann ich wirklich zur besten Version meiner selbst werden. Das Kinema ist einfach der allergeilste Ort und Platz, um zu arbeiten. Ich bin mit Leib und Seele Physiotherapeutin und mehr als hier geboten ist, gibt es nicht."

TEIL 2
WISSEN-SCHAFT

Auf den folgenden Seiten erwartet dich in komprimierter Form mein Erfahrungsschatz aus 20 Jahren Trainerarbeit. Wenn du meine Ausführungen „studieren" möchtest, gehe ich davon aus, dass du bereit bist, zu trainieren, und dich bereits mit intensivem Krafttraining oder leistungsorientiertem Fitnesstraining beschäftigt hast. Natürlich kannst du diesen Teil auch ohne Vorkenntnisse lesen – ich steige aber bewusst tief in den kompletten Themenkomplex Krafttraining und Muskelaufbau ein – das sei schon mal vorausgeschickt. Du kannst natürlich auch nur einzelne Abschnitte für dich nutzen.

Strategiebesprechung vor einem Performance-Training
im Kinema

MEINE PHILOSOPHIE
DIE VORBEREITUNG

Bevor es überhaupt losgehen kann, möchte ich ein paar allgemeine, aber auch persönliche Worte über die grundlegende Vorbereitung für ein Training im Fitnessstudio verlieren. Hierbei rate ich, als Erstes zu berücksichtigen, dass jedes einzelne Training die entsprechende mentale Einstellung erfordert. Das heißt: Bevor du überhaupt ins Gym fährst, musst du auf ein „gutes Training" fokussiert sein. Du musst bereit sein, alles zu geben, und versuchen, negative Gedanken abzuschalten. Die Zeit im Studio solltest du zum Training nutzen, und zu nichts anderem. Das hört sich zwar logisch an, leider erlebe ich es aber oft anders.

Wenn bei mir eine harte Wettkampfeinheit oder ein intensives Training anstehen, versuche ich immer, alle störenden Faktoren vorher auszuschalten, und genau das rate ich auch meinen Athleten.

Nehmen wir etwa unser gemeinsames Eisenhart-Training jeden Samstag, auf das ich mich schon immer sehr gründlich vorbereitet habe. Hier kann und darf ich mit den besten Athleten aus unterschiedlichen Sportarten trainieren und muss daher entsprechend top aufgestellt sein. An diesem Beispiel sieht man vielleicht auch am besten, was „richtiges Training" für mich persönlich bedeutet. Dahinter steckt nämlich viel mehr, als sich nur für kurze Zeit mit den immer gleichen Übungen zu befassen oder irgendeinen Plan abzuarbeiten.

Jeder Sportler muss einen eigenen Weg finden, sich auf sein Training vorzubereiten. Mein ganz persönlicher Weg, der wirklich zunächst nur für mich gilt, sieht so aus:

Also, die Vorbereitung auf meinen Trainingssamstag beginnt schon am Freitag. Da die Ernährung eine große Rolle spielt, und hier vor allem das, was ich am Tag zuvor gegessen habe, nehme ich schon am Freitagabend genügend Kalorien zu mir. Danach dusche ich kalt und versuche, so viel und so tief wie möglich zu schlafen. Ein kühler und dunkler Raum ohne störende Lichtquellen und ein Bett mit frischer Bettwäsche helfen übrigens dabei. Und auch das weiß ich aus jahrelanger Erfahrung: Wenn ich gut schlafe, ist vor dem Training schon ein wichtiger Teil geschafft.

Am Samstag stehe ich dann so spät auf, wie nur möglich. Da kann's schon mal 10 Uhr werden. Dann kommt eigentlich schon die erste mentale Einheit des Trainings: Ich gehe gedanklich alle Athleten, die heute zum Training kommen, und deren Ziele durch und auch meine persönlichen Rekorde oder Wettkämpfe, die ich gewinnen möchte. Dabei vergleiche ich mich natürlich nicht mit anderen, die mehr heben als ich. Nein, es geht mir nur um meine eigene persönliche Bestleistung. Es geht mir darum, mein Training zum besten Training des Jahres zu machen. Und ja, ich versuche wirklich, jeden Samstag besser zu trainieren als den Samstag davor.

Erst gegen Mittag, etwa 11.30 Uhr, esse ich etwas – ganz bewusst nicht vorher. Für mich persönlich hat sich vor dem Training am Samstag über die Jahre folgende Mahlzeit als perfekte Grundlage bewährt – mir ist bewusst, dass dieses „Menü" für eine Wettkampfvorbereitung nicht geeignet wäre, aber mir persönlich ist es vor dem Training am liebsten: sechs gut gesalzene Spiegeleier, in Olivenöl gebraten, dazu fünf große Scheiben Vollkorntoast, drei davon mit Schinken, zwei mit Nutella. Anschließend ein Croissant mit Marmelade. Dazu trinke ich einen halben Liter Wasser und zwei Tassen Kaffee und nehme auch verschiedene Nahrungsergänzungen wie Calcium, Magnesium, Vitamin C, Spirulina-Algen und Omega 3 ein.

Anschließend gehe ich etwa 20 Minuten spazieren und balanciere dann barfuß in einem Flussbett im kniehohen Wasser von Stein zu Stein. Das kalte Wasser tut den Gelenken und vor allem meinem lädierten Bein gut. Diese Zeit, wiederum etwa 20 Minuten, nutze ich, um mir weitere Gedanken über meine sportlichen Ziele zu machen. Vor dem Training, etwa um 14.30 Uhr, esse ich noch ein paar Nüsse, gemischt mit Haferflocken, drei Esslöffeln Honig und zwei Esslöffeln Whey-Protein.

Im Gym angekommen, trinke ich eine weitere Tasse Kaffee und freue mich auf die Athleten, die jeden Samstag aus ganz Deutschland zu diesem Training eintrudeln. Nach der Begrüßung und einer kleinen Runde Small Talk gehe ich für 40 Minuten zur Behandlung bei meiner Physiotherapeutin Anna Schmid. Sie hat mich den größten Teil meiner aktiven Laufbahn sprichwörtlich „intakt" gehalten. Sie kennt mich in- und auswendig und hat mit ihrer Therapie bereits oft die kleinsten Zipperlein im Keim erstickt.

Anschließend hole ich noch einmal frische Luft auf dem Balkon und lasse dabei das Training schon einmal vor meinem inneren Auge ablaufen, ohne mich zu stressen. Ich will mein Nervensystem frisch und wach halten und es nicht zu früh strapazieren. Um 15.45 Uhr beginnt dann das eigentliche Training, das meist bis 19 Uhr dauert und mit anschließender Sauna sowie einer Runde im Pool um 20.30 Uhr endet.

An diesen Samstagen trainieren wie gesagt die unterschiedlichsten Athleten zusammen – und das kommt mir und allen anderen zugute.

Denn ich empfehle dir, ein gemeinsames Training immer für dich zu nutzen und jede noch so kleine Kleinigkeit aus deinen Trainingspartnern „herauszusaugen". Schau dir Techniken ab und überlege, ob diese für dich auch infrage kommen könnten. Lass dir erzählen, was die anderen essen, und frage dich, ob das vielleicht auch für dich nicht schlecht wäre. Oder erkundige dich, wie sie sich vom letzten Training regeneriert haben.

Ich will damit sagen: Der Fokus, den du auf dein Training legst, ist elementar wichtig. Sicher kann man so ein Prozedere nicht an jedem Trainingstag durchführen, du allein musst herausfinden, welche Trainingseinheiten für dich die wichtigen sind. Du musst differenzieren, ob du ein kurzes Training, beispielsweise ein Armprogramm, vor dir hast, das eineinhalb Stunden dauert, oder eben so ein Eventtraining wie oben beschrieben mit GGP-Training und drei Stunden Powerlifting.

Und nur am Rande gesagt: Es kann nicht sein, dass du an einem Trainingstag deinen Gürtel, deine Bandagen oder dein Magnesium vergisst oder die falschen Schuhe dabeihast. Das Training wird schwer genug, du solltest dir nicht über Dinge Gedanken machen müssen, die du locker schon am Vortag in deine Trainingstasche packen kannst.

Nach dem Training können alle wieder lachen …

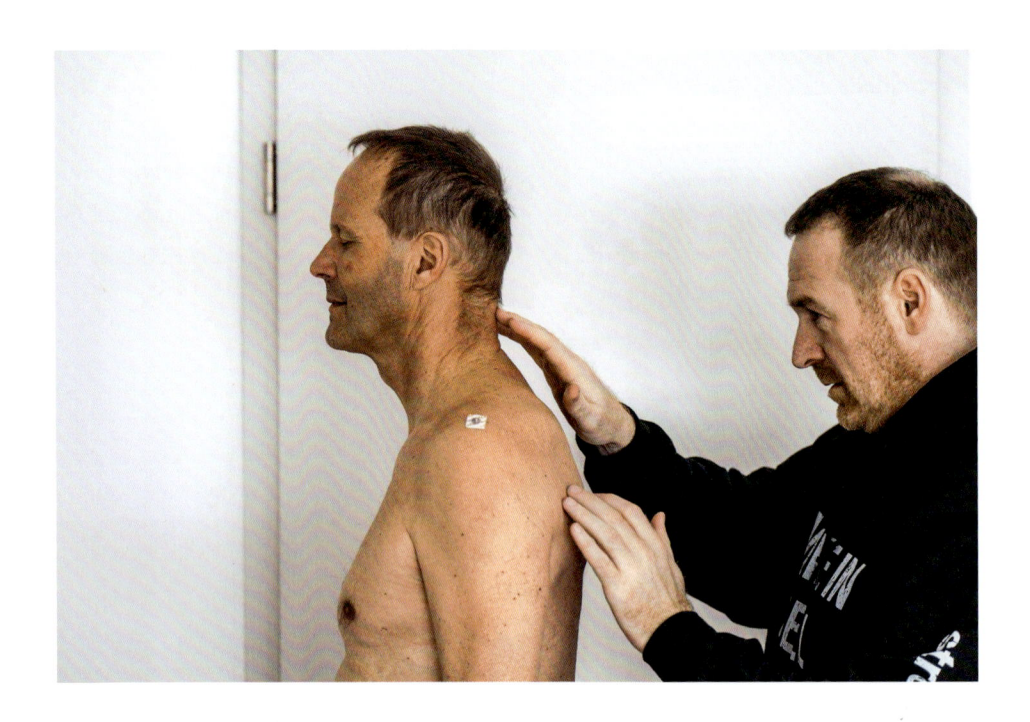

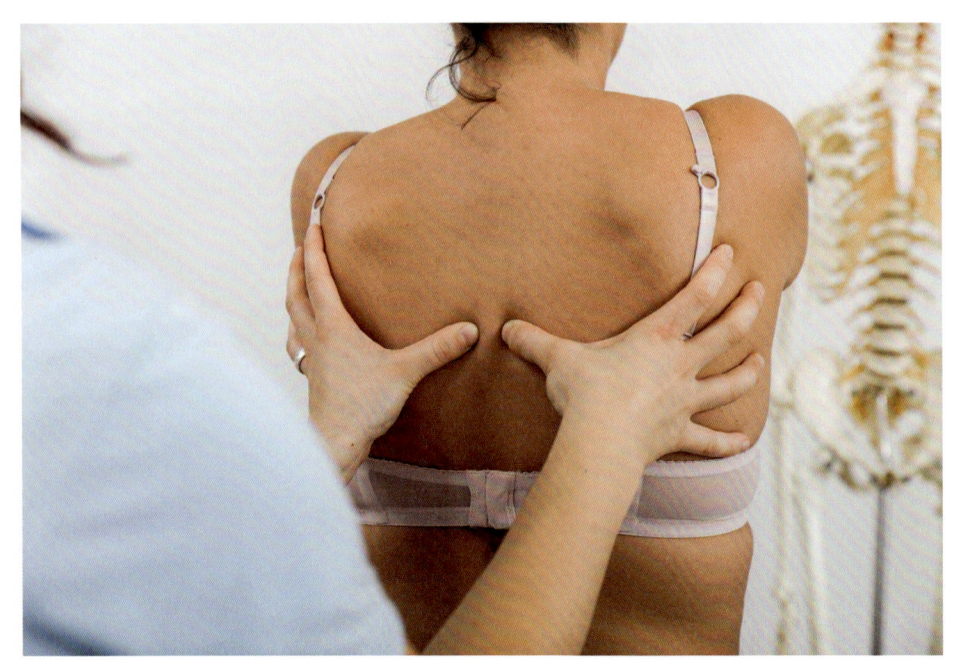

Oben: So wird die Wirbelsäule untersucht ...
Unten: ... und Muskelverhärtungen werden ertastet

BEVOR DU ÜBERHAUPT STARTEST

Bevor du überhaupt mit dem Training startest, spätestens aber vor Beginn eines schweren Wettkampftrainingszyklus (unabhängig von der Sportart), rate ich dir Folgendes: Nutze unbedingt eine umfangreiche Muskelfunktionstestung durch einen Elitetrainer oder Therapeuten, der sich mit Sportlern und deren geforderter Körperstatik auskennt.

Solltest du keine Möglichkeit zu einer Muskelfunktionstestung haben oder finanziell nicht dazu bereit sein, schau dir bitte zumindest drei kleine, aber wichtige Testmöglichkeiten für einen guten, stabilen Stand bzw. eine gute Körperstatik an.

Mach den Vorbeuge-Test:
Stelle dich mit durchgedrückten Beinen und geschlossenen Augen aufrecht hin. Jetzt gehe mit gestreckten Armen und gestreckten Fingern zu den Zehen. Wenn die Bewegung natürlich stoppt, mache die Augen auf und vergleiche die Länge der Arme bzw. der Finger. Fällt hier ein größerer Unterschied auf, stimmt vermutlich etwas an deiner Körperstatik nicht. Um diese auszugleichen versuche immer wieder, mit einem Golfball deine beiden Fußgewölbe zu mobilisieren. Das geht am besten, indem du dich auf den Ball stellst, mit der Fußsohle Druck ausübst und Rollbewegungen machst. Wiederhole den Test. Ist noch immer ein Unterschied zu erkennen, suche am besten einen Trainer, Tester oder Therapeuten auf.

Mach den Kniebeugen-Test:
Stelle dich gerade hin. Versuche das Becken „gerade" oder neutral zu halten. Also den Po nicht nach hinten rausstrecken, eher das Becken nach vorn kippen. Gehe nun langsam in die Kniebeuge, indem du die Knie nach vorn schiebst. Filme dich bei dieser Bewegung ruhig mal mit dem Handy, und schau dir genau deine Kniestellung an. Weicht diese, aus der Frontalposition betrachtet, im Seitenvergleich bzw. links und rechts stark voneinander ab, dann mache Folgendes: Stelle dich barfuß auf einen Golfball und rolle nach hinten. Wenn du einen Schmerz- oder Triggerpunkt findest, bleibe einige Sekunden darauf, bis der Schmerz weg ist.

Ändert sich nach dieser Übung nichts, würde ich dir ebenfalls raten, einen Experten zu befragen, bevor du mit einem schweren Trainingszyklus beginnst.

Mach den Waagen-Test:
Besorge dir zwei gleich kalibrierte Körpergewichtswaagen. Stelle dich barfuß mit geschlossenen Augen darauf. Bleibe mindestens eine Minute stehen. Mach langsam die Augen auf, und schau dann, was die Waagen anzeigen. Ist hier ein deutlicher Unterschied festzustellen, wie z. B. bei einem 80-Kilo-Mann drei Kilo oder mehr, ist das wiederum ein Zeichen für eine ungleiche Körperstatik, mach Folgendes: entspannte Rückenlage, das zu dehnende Bein mit dem Fuß neben die Außenseite des gegenüberliegenden Kniegelenkes stellen, das nicht zu dehnende Bein bleibt gestreckt; die Hand der Dehnseite fixiert das Becken am vorderen Beckenkamm durch Druck nach unten gegen die Unterlage; die gegenüberliegende Hand zieht das Kniegelenk zur Hüfte des gestreckten Beines; nach Dehnende vorsichtig Span-

nung lösen; anschließend andere Seite dehnen. Hat sich der Unterschied zwischen linker und rechter Seite nach dieser Übung nicht verbessert, würde ich auf keinen Fall mit einer starken körperlichen Belastung beginnen. Hier ist eine Verletzung vorprogrammiert. Auf jeden Fall muss diese Diskrepanz untersucht und analysiert werden.

Denn, und das ist mein Fazit aus diesem Abschnitt, bevor du überhaupt startest, solltest du unbedingt eine stabile Körperstatik haben, sonst wirst du mit jedem einzelnen Training deine Muskulatur eher noch belasten, als sie unterstützen.

BEVOR WIR IN DIE PLANUNG GEHEN

Jeder, der vernünftig trainieren will, braucht einen Plan. Also vorausgesetzt, dass er „stärker" werden will und mehr Erfolg aus seinem Training herausholen möchte, vorausgesetzt, er möchte einen Körper, der sich an die Belastung anpasst, darauf reagiert und sich verbessert in dem, was er tut. Und genau jetzt geht's los. Achtung, es wird etwas komplizierter: Wir können an mehreren Schrauben drehen, um erfolgreich und effektiv zu trainieren. Diese sind:

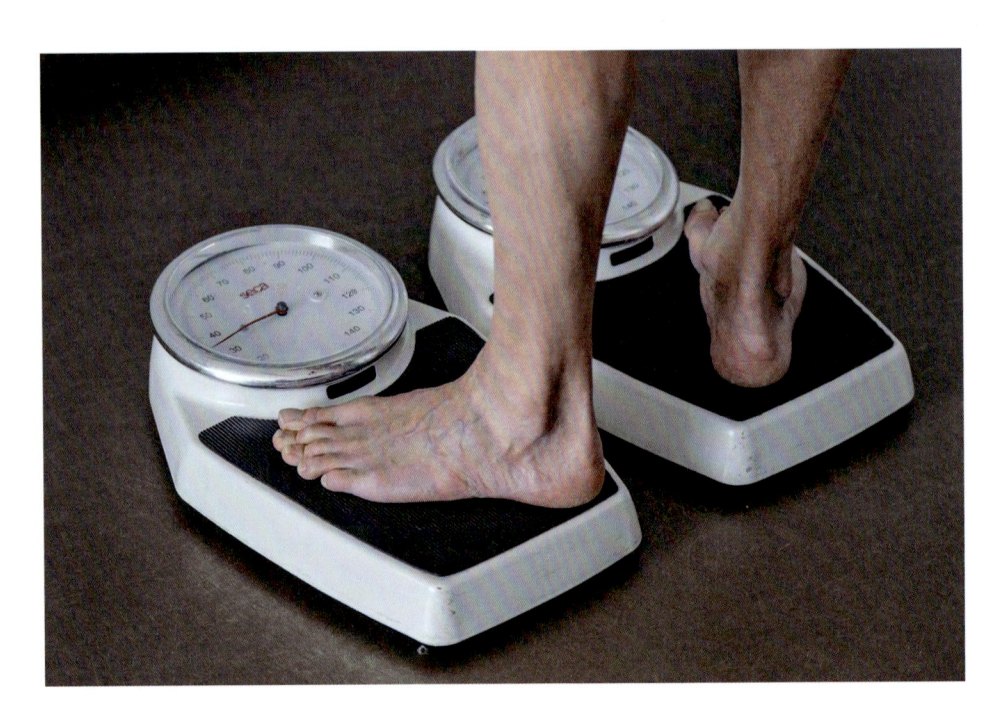

Bevor du mit dem Training beginnst:
Mach den Waagen-Test!

Intensität:

Die Intensität des Trainings ist wahrscheinlich der wichtigste Faktor. Sie bezieht sich nicht auf den Grad der Anstrengung, sondern darauf, wie schwer das Gewicht in Relation zu deinem Maximalgewicht ist.

Beispiel: Deine Maximalleistung beim Kreuzheben sind 200 Kilo, trainiert werden sollte aber mit 80 Prozent. Dann müsstest du einen Trainingssatz mit 160 Kilo machen. Im Powerlifting wird oft im Bereich 90 Prozent Intensität trainiert, was ein bis drei Wiederholungen bedeutet. Hier spielt sich das meiste neuronal ab. Das heißt, dass das Nervensystem durch Muskelrekrutierung effizienter arbeitet. Dadurch verbessert sich die Koordination der Rekrutierung und die Leistung steigt.

Volumen:

Der Powerlifter Mike Tuchscherer sagte mal: „Wenn die Intensität den Trainingseffekt bestimmt, bestimmt das Volumen die Größe dieses Effektes."

Folgende Erklärung wäre mein Gedanke dazu: Wenn ich mich in kaltes Wasser lege, wird es kalt sein. Das ist schon mal ein „Effekt". Wenn ich in diesem kalten Wasser 30 Sekunden bleibe, reicht das wahrscheinlich nicht, um genügend Stress zu bilden. Der Körper kompensiert. Bleibe ich eine Stunde drin, ist das sicher zu lange und ich werde wohl erfrieren. Wenn ich aber zwei Minuten im Wasser bleibe, wird sich mein Körper beim nächsten Mal diesem Stress anpassen. Bleibe ich vier Minuten, werde ich noch mehr Stress verursachen und eine noch bessere Anpassung an die Kälte erreichen. Der Grad des Volumens muss also irgendwie festgelegt werden.

Definiert wird das Volumen mit der sogenannten Tonnage, der Rechnung der Gesamtwiederholungen und Sätze, die man durch das Gewicht bewegt hat. Bei fünf Sätzen à fünf Wiederholungen mit 200 Kilo Kreuzheben wäre das eine Tonnage von 5000 Kilo.

MERKE:

Je mehr Tonnage man also trainiert, desto größer der Trainingseffekt, desto länger dauert aber auch die Regeneration.

Frequenz:

Diese sagt aus, wie oft eine Disziplin in der Woche trainiert wird. Also bei dreimal Kniebeugen in der Woche trainiert man diese Übung mit einer Frequenz von drei. Es gilt, die optimale Frequenz zu finden, um einen neuen Trainingsreiz zu setzen. Auch hier muss man sich an der Regeneration orientieren. Frequenz ist die zeitliche Orientierung, zum richtigen Zeitpunkt einen neuen Reiz zu setzen.

MERKE:

Viel Volumen in einem Training benötigt viel Zeit zum Regenerieren. Trainieren wir mit weniger Volumen müssen wir die Frequenz erhöhen.

DIE SEPP-MAURER-THEORIE

„Zu stark ist nicht gut!"

Oh mein Gott! Ich weiß, mit diesem Satz stoße ich immer und immer wieder auf heftige Kritik. Wenn ich zu

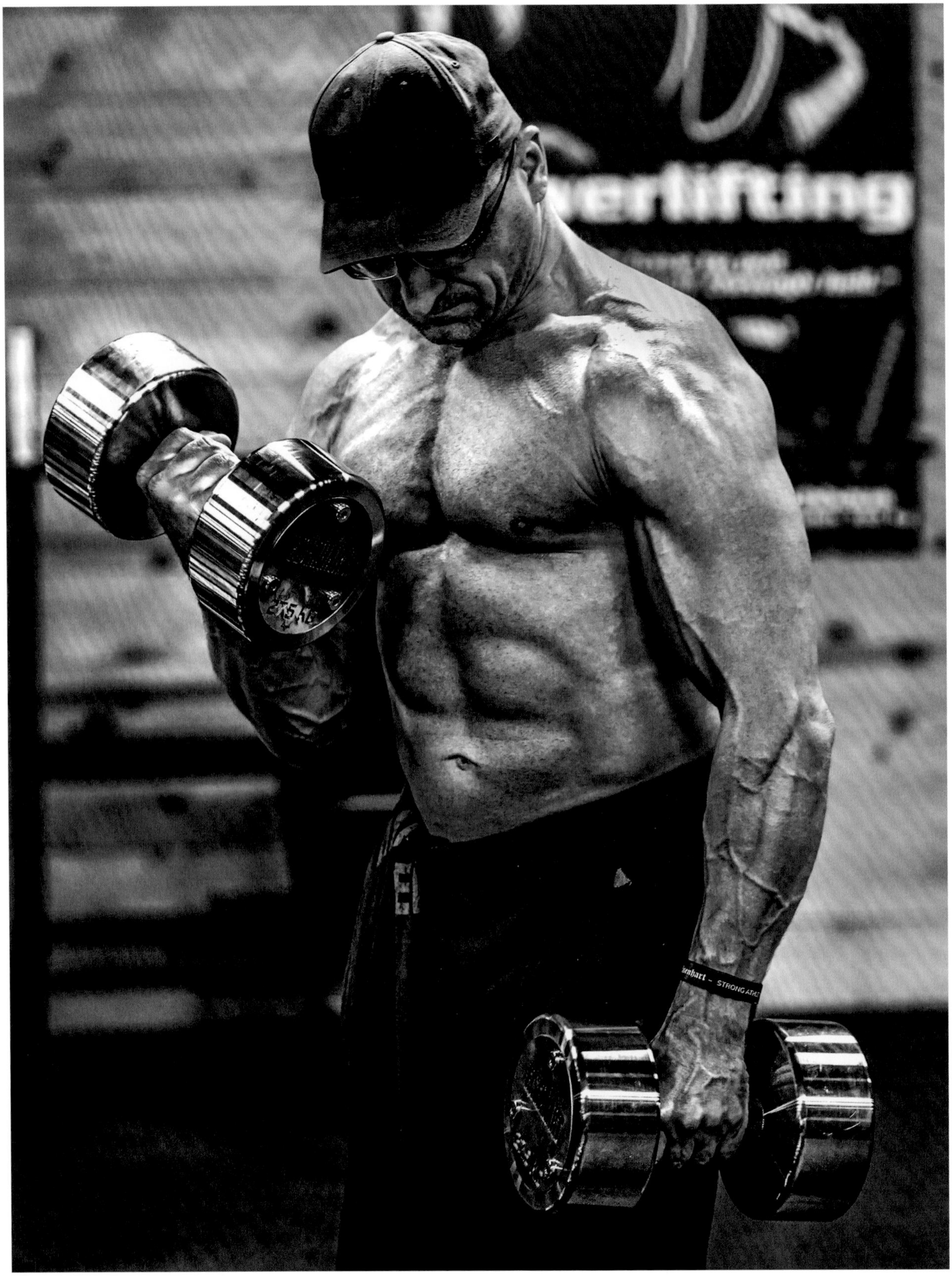

einem Athleten sage: „Du bist zu stark, und deswegen hebst du zu wenig", sehe ich bei 99 Prozent die Fragezeichen in den Augen und das Zweifeln im Gesicht. Unabhängig von der Sportart aber, und da nehme ich zum Beispiel auch Radfahren nicht aus, bin ich mir sicher, dass dieser Satz stimmt. Oder anders formuliert: Ich trainiere meine Athleten unter diesem Gesichtspunkt. Jeder kann mich nun als wahnsinnig bezeichnen, aber das ist nun mal meine Erfahrung aus 25 Jahren Athletenbetreuung.

Lass mich meine Sichtweise erklären: Nehmen wir zum Beispiel einen meiner Kraftsportathleten, Florian Vogl. Ich habe ihn seit seinem 15. Lebensjahr trainiert, und im Alter von 21 Jahren brachte er circa 84 Kilo auf die Waage. Innerhalb von sechs Trainingsjahren erlernte er die Bewegungen, die er für seinen Sport benötigt, und konnte in absoluter Perfektion seinen Kraftdreikampf bestreiten. Er konnte mit diesem Körpergewicht, also seinen 84 Kilo, eine maximale Wettkampfkniebeuge mit 315 Kilo ausführen. Eine unfassbare Leistung, heute noch. Stellte man ihn jedoch optisch neben einen Athleten, der 125 Kilo wog, sah er natürlich dementsprechend „dünn" aus. Jedoch war der 125 Kilo schwere Athlet nicht in der Lage, diese Last von 315 Kilo zu beugen. Aber wieso? Der schwere Athlet war vermeintlich sogar in jeder Einzelübung stärker. Er konnte das doppelte Gewicht beinpressen, das Doppelte im Beinstrecker bewältigen, das Doppelte rudern etc. Noch dazu verfügte der 125-Kilo-Athlet über mehr Trainingserfahrung. Was also war das Geheimnis?

Klar, zum einen waren es Schnelligkeit, Explosivität und die absolut perfekte Technik von Florian Vogl. Zum anderen aber hat der schwere Athlet einen unverhältnismäßig hohen Anteil seines Trainings der Kraftsteigerung gewidmet. Hier hätte er besser daran getan, sich auf die Verbesserung der sportlichen Leistungsfähigkeit zu konzentrieren. Wenn ein Athlet also nur die Kraft trainiert, wird er im Laufe der Jahre seine Leistung nicht mehr verbessern können, weil Geschwindigkeit, Technik und Mobilität dem Kraftzuwachs nicht Folge tragen. Man muss sich bewusst sein, dass die maximale Leistung nicht nur eine Formel ist oder die maximale Kraft in einer Übung. Explosivität, Ausdauer, Mobilität, Technik, Taktik der Gewichtssteigerung und mentale Stärke darf man nicht vernachlässigen.

Das Gleiche gilt für zu stark hypertrophierte Muskulatur in Bereichen, wo man diese vielleicht gar nicht unbedingt braucht. Ich bin mir sicher: Je größer, also voluminöser, ein Quadrizeps ist, desto schlechter wird bis auf wenige Ausnahmen der Deadlift sein. Was ich damit sagen will: Für jede Sportart braucht man die richtige Formel dafür, wie viel Muskulatur benötigt wird.

Bodybuilder zählen in Wirklichkeit zu den stärksten Athleten, sie können dies meist nur nicht unbedingt auf eine Disziplin umsetzen, weil eine teils zu stark entwickelte Muskulatur sie daran hindert. Gut, sie wollen das natürlich auch nicht, weil das Ziel ihres Trainings ein ganz anderes ist. Damit will ich nur veranschaulichen, dass zu viel Muskulatur oder das Trainieren von zu viel Kraft oftmals hinderlich sein können.

Noch ein Beispiel: Der 180 Kilo schwere, weltbeste Kniebeuger aller Zeiten, Vlad Alhazov, der 525 Kilo raw bewältigen kann, gilt als extrem muskulöser Mensch. Er geht täglich in die Sauna und nutzt fast täglich Massagen, um seine Muskulatur geschmeidig zu halten. Weil er weiß: Wenn er in der Beuge nicht in die richtige

„Ein Athlet braucht sich niemals fragen, ob er stark genug ist. Sondern nur, wie stark er sein muss, um die maximale Leistung abzurufen."

SEPP MAURER

Position kommt, kann er diese auch nicht perfekt ausführen. Diese Maßnahmen wären für einen 100-Kilo-Athleten komplett fehl am Platz, Alhazov aber braucht die Behandlung. Die richtige Mischung ist es, die richtige Entscheidung des Trainers, das Vertrauen des Athleten in den Trainer – nur so kann man Spitzenleistungen erreichen.

Hier noch ein Gedanke, der vor allem Powerlifter und Strongman-Sportler betrifft: Wir sind uns einig, dass Powerlifting vor allem das Erlernen von Technik und Geschwindigkeit ist. Zudem ist das richtige Handeln wichtig, also die Hantel oder den Stein richtig zu greifen und die Bewegung so effizient wie möglich auszuführen. Wir lernen also eine Übung und trainieren nicht an erster Stelle die Muskeln wie beim Bodybuilding.

Ein guter Vergleich ist ein Waldarbeiter, der einen Baum fällt. Müsste ich mit ihm in den Wald gehen und gleichzeitig mit ihm einen Baum fällen, würde er mindestens doppelt so schnell fertig sein wie ich. Während ich noch damit beschäftigt bin, den Baum zu fällen, würde er diesen schon von den Ästen befreit und mit der Brotzeit begonnen haben. Der Grund: Er hat einen genauen Plan, eine genaue Vorgehensweise, wie er den Baum fällt, wo er diesen hinfallen lässt, wie er auf dem liegenden Stamm herumläuft und ihn mit der Kettensäge von den Ästen befreit. Dies alles mit möglichst geringem Energieaufwand, sodass er sich so wenig wie möglich verausgaben muss, um an diesem Tag so viele Bäume wie möglich fällen zu können. Dieses Prinzip lässt sich eigentlich auf alle Leistungssportarten übertragen. Beim Bodybuilding ist es zwar anders, aber irgendwie auch wieder genauso. Während der Triathlet oder der Boxer versuchen, so energieschonend wie möglich vorzugehen, und dafür ein bestimmtes System brauchen, versucht der Bodybuilder die größtmögliche Intensität auf den Muskel zu erzeugen und diesen zum Wachsen zu bringen. Also hat er ebenso einen Plan dafür, wie er vorgeht. Der Waldarbeiter hat einen Plan, wie er seinen Baum fällt. Und genauso brauchen wir im Gym einen Plan. Einen Plan dafür, wann wir was wie schwer und wie oft machen. Haben wir keinen, ist das nicht besonders klug. Ausnahmen bestätigen immer die Regel, aber: Man kann nun Wochen, Monate und Jahre damit verbringen, seinen eigenen Stil beizubehalten. Wenn man aber spätestens nach ein paar Jahren feststellt, dass man nicht weiterkommt, sollte man sich überlegen, etwas zu ändern.

> „Er hat einen genauen Plan, eine genaue Vorgehensweise, wie er den Baum fällt, wo er diesen hinfallen lässt, wie er auf dem liegenden Stamm herumläuft und ihn mit der Kettensäge von den Ästen befreit."

DER GEIST UND SEINE WIRKUNG

Einer der Sprüche, der mich seit meinen Anfangsjahren am meisten beschäftigt, stammt von Bruce Lee – und auch Arnold Schwarzenegger hat ihn oft zitiert und sich immer daran orientiert: „Der Körper folgt dem Geist." Alles, was man erreichen will, also wirklich WILL, wird nur dann eintreten, wenn man es sich immer und immer wieder vorstellen kann. Wenn ich selbst nicht daran glaube, eines Tages der stärkste Mann Deutschlands zu sein, werde ich es auch nicht schaffen. Ich bin immer und immer wieder meine Hebungen im Geist durchgegangen. Ich habe mir vor dem Schlafengehen und vor dem Aufstehen Gedanken über die perfekte Technik gemacht, über das, was ich noch in meinem Training optimieren könnte. Ich habe mich gefragt, wie ich mich noch besser ernähren könnte und vor allem, wie ich aussehe, wenn ich mal 110 Kilo Muskelmasse habe.

Eine weitere Strategie zur geistigen Stärkung war es immer, neue und bessere Gegner zu suchen. Das fing im Gym an. Ich orientierte mich immer an den besseren. Was auch nicht gerade schwer war, da ich selbst nur 63 Kilo wog. Als ich 90 Kilo auf der Flachbank drücken konnte, orientierte ich mich an dem, der 110 Kilo schaffte. Als ich 120 Kilo drückte, an dem, der 150 schaffte. Und so konnte ich dann selbst 15 Jahre später 222,5 kg drücken.

Wille und Zielstrebigkeit sind zwei wesentliche Bestandteile eines erfolgreichen Trainings. Man muss immer versuchen, besser als der Trainingspartner zu sein. Louie Simmons vom legendären Westside Barbell in Columbus, Ohio, sagte zu mir: „Wenn mein Trainingspartner vor mir Respekt hat, dann such ich mir einen anderen." Genauso soll und muss es sein.

Ebenfalls wichtig: Beim Bodytraining zum Beispiel muss man sich regelrecht in den Muskel hineinversetzen können. Man muss den Zielmuskel bearbeiten, sich auf diesen fokussieren. Man bekommt ein Gefühl für die Bewegung, und so kann das neuromuskuläre System optimal reagieren. Genau das haben viele Bodybuilder zur Vollendung gebracht.

Das Nervensystem sollte man pfleglich behandeln, denn es ist im Powerlifting und anderen Explosivsportarten elementar wichtig. Es schützt den Körper, indem es aus Angst vor Überlastung die Muskeltätigkeit hemmt. Beim Powerlifting ist es jedoch wichtig, diese Schutzmechanismen kurzzeitig zu überwinden. Gerade die letzten drei schweren Lifts eines Trainings beispielsweise verlangen vollste Konzentration und Fokus. Hier hat es mir immer geholfen, mit den Lifts verschiedene Visualisierungen in Verbindung zu bringen. Besonders inspiriert haben mich beispielsweise die Leistungen des gigantischen Martin Muhr. Vor schwersten Lifts denke ich noch heute meistens an ihn.

Im Bodybuilding kann man beobachten, wie sich Eliteathleten perfekt in die Bewegung hineindenken können. Es ist imposant zu sehen, wie sie es schaffen, ein hundertprozentiges Gefühl dafür aufzubringen, wie man den Muskel maximal belastet. Hier ist das Ziel nicht das bewegte Gewicht, sondern vielmehr das Streben nach dem perfekten Muskelreiz in einem Wiederholungsbereich von acht bis zwölf Wiederholungen.

Die geistige Energie ist im Sport also wichtig. Da stellt sich natürlich die Frage: Können wir diese ebenfalls trainieren? Ich bin mir sicher: ja. Energie kann man sich durch Inspiration suchen, durch stärkere Trainingspartner, das perfekte Studio, die richtige Atmosphäre, Musik oder Filme, Gespräche mit Athleten oder Bücher. Vor jedem Lift stelle ich mir die Hantel, die ich bewege, als eine einzige Explosion vor. Und ich war, wie schon gesagt, immer danach bestrebt, schneller, korrekter, stärker und perfekter zu heben als meine Gegner.

Es ist wichtig, sich ein Ziel setzen. Sich zu fragen, warum man trainiert und was man erreichen will. Diese Erkenntnis ist der erste Schritt, mit dem man den Geist schulen kann. Entscheidend ist auch, an sich zu glauben und nicht auf die Neinsager zu hören. Vor diesen habe ich mich vor allem im Training immer ferngehalten. Und diesen Rat gebe ich dir auch.

Gehe einfach immer Schritt für Schritt nach vorn. Lass dich nicht von Fehlschlägen oder Verletzungen beeindrucken. Klar: Es kann nicht immer nur nach vorn gehen. Oft muss man sogar einen Schritt zurückgehen, um zwei Schritte nach vorn zu machen. Aus Fehlschlägen muss man lernen und diese verstehen. Dann sollte man alles neu sortieren und an die nächste Planung gehen.

Wenn es ums Thema Fokus geht, hat mich mein Triathlet Andreas Aschenbrenner besonders beeindruckt. Und

Elite-Powerlifter Reinhold Blüml bei einer Kniebeuge mit 335 Kilo

zwar bei einem Ironman in Gran Canaria im Jahr 2021. Nachdem er im Ziel war und voller Erschöpfung erzählte, wie hart die Strecke war, sprach er im gleichen Moment über das Training der nächsten Woche und fragte, wie wir dieses noch besser gestalten könnten.

Die richtigen Bedingungen sind für ein gutes Training ebenso wichtig. Manchen Athleten fällt es leichter, allein zu trainieren. Andere wiederum ziehen einen Vorteil aus einem entsprechenden Umfeld. Ich habe beobachtet, dass einige Heber bessere Leistungen beim Training in der Gruppe gebracht haben. Vor allem in einer Gruppe mit besseren und stärkeren Mitstreitern. Diese Art der Motivation ist nicht zu unterschätzen. Auch Radfahrer, die zusammen Ausfahrten machen, fühlen sich durch die Gemeinschaft gestärkt. Und natürlich schadet es auch nicht, wenn die Umgebung passt. Auf Lanzarote oder Hawaii beispielsweise kann man gar nicht auf die Straße gehen, ohne einem Radsportler oder Läufer zu begegnen. Hier sind die Bedingungen für das Training optimal.

Genauso möchte ich dir raten, immer auf deinen Körper zu hören und diesen zu verstehen. Es gibt so viele Faktoren, die dein Training beeinflussen. Dazu gehört die seelische Verfassung genauso wie Stress, Müdigkeit, Ernährung oder sogar das Wetter. Der Körper wird sich nicht immer auf dich einstellen, du musst dich auf deinen Körper einstellen. Es gibt Tage, da arbeitet der Körper besser, an anderen schlechter. Deswegen fühlst du dich dann größer oder kleiner, fit oder unfit. Wenn du merkst, dass es „dein Tag" ist, dann gib Vollgas. Und wenn du spürst, dass es nicht so läuft, brich das Training nicht ab, aber bring es mit einer niedrigeren Intensität zu Ende. Das ist mein Rat nach 25 Jahren. Wenn du ein nicht so gutes Training hattest, dann geh nach Hause und analysiere es. Frage dich: Wie war an diesem Tag das Essen? Wie habe ich geschlafen? Hatte ich wirklich 100 Prozent Fokus auf das Training? Hatte ich Stress in der Arbeit oder mit dem Partner? Nur so kannst du diese Dinge beim nächsten Mal vermeiden.

Positives Denken nährt den Geist genauso wie Essen oder Trinken. Wenn du denkst wie ein Champion, dann wirst du auch einer. Wenn du dir selbst Barrieren baust, weil etwas sowieso immer schon so war und es noch nie jemand geschafft hat, dann wirst du es natürlich auch nicht schaffen. Keiner hat geglaubt, dass jemals ein Mensch 500 Kilo heben kann. Eddie Hall hat im Rahmen der World Deadlift Championships 2016 in Leeds, England, das Gegenteil bewiesen. Ich war an diesem Tag dabei. Man konnte spüren, dass er es wusste. Dass er sich zu 100 Prozent sicher war, an diesem Tag Geschichte zu schreiben. Er hatte keinerlei negative Gedanken. Er ließ sich von keinem davon abbringen, diese Leistung an diesem Tag zu schaffen.

Noch einen Gedanken, den ich dir hier mit auf den Weg geben möchte: Jeder ist selbst für sich verantwortlich. Versuche nie, den Grund für das Misslingen eines Wettkampfs oder Trainings bei jemand anderem zu suchen als bei dir selbst. Ich konnte und kann immer wieder beobachten, dass diejenigen, die andere für ihr eigenes Misslingen verantwortlich machen, selbst nie wirklich eine Top-Leistung bringen können. Übernimm selbst Verantwortung! Ein gesunder Geist wohnt in einem gesunden Körper. Also behandeln wir den Körper pfleglich und trainieren unseren Geist. Der gesündeste Sportler wird immer der beste sein, und nicht der, der Geist und Körper ignoriert.

Florian Vogl, stärkster Junior Team Eisenhart (Bodyweight 85 Kilo):
315 Kilo Kniebeuge, 285 Kilo Kreuzheben, 150 Kilo Bankdrücken

WISSENSCHAFT | MEINE PHILOSOPHIE

106 | 107

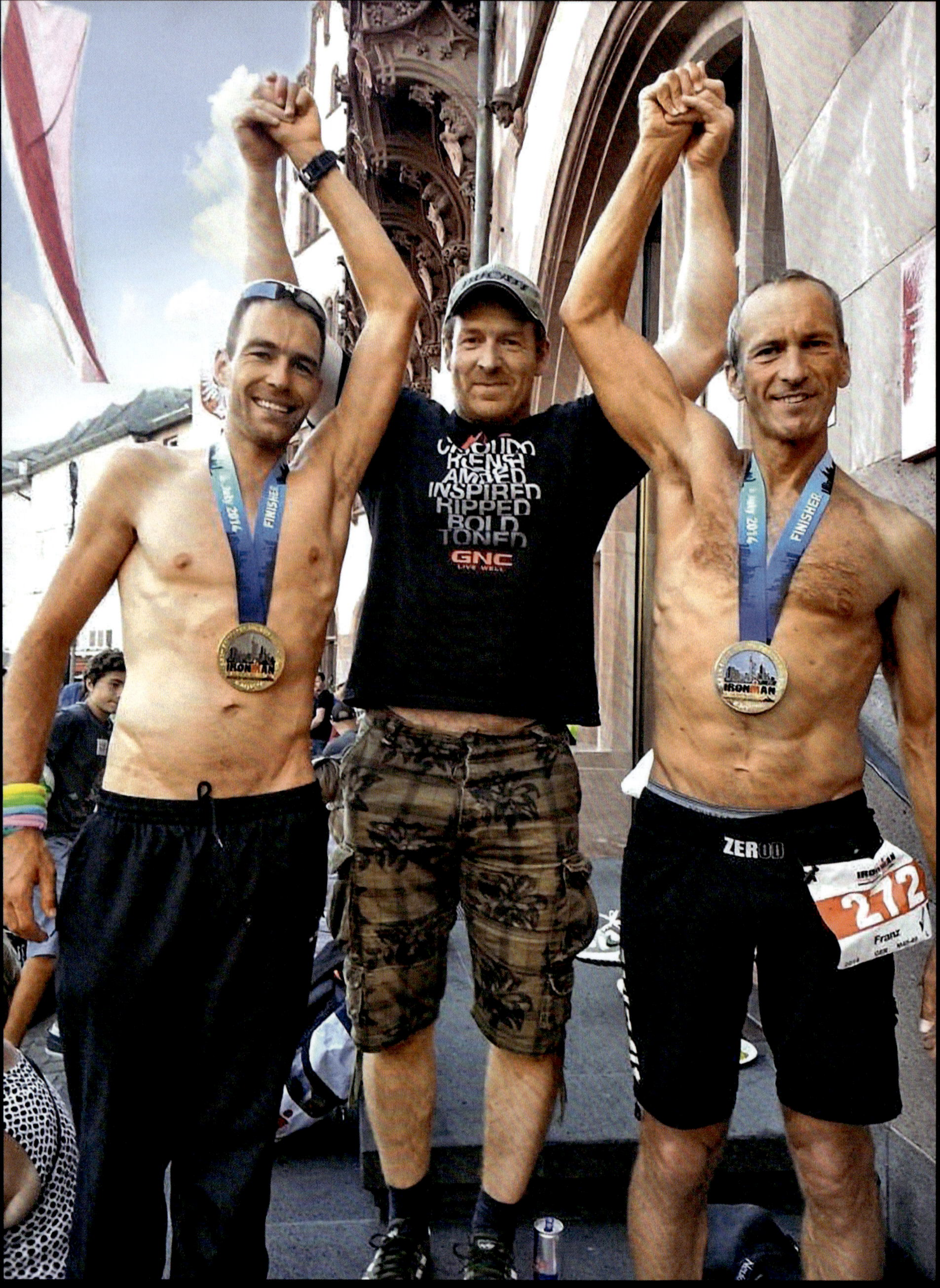
INSPIRED
BOLD
TONED
GNC
FINISHER
IRONMAN

DAS STUDIO, DIE FITNESSKETTE ODER DAS GYM

Was macht überhaupt ein gutes Studio aus? Manchmal kann man es gar nicht beschreiben oder weiß es auch nicht. Ich habe auf der ganzen Welt trainiert, war in wirklich sehr, sehr vielen Studios. Manche waren klein, hatten schlechte Geräte und waren nicht unbedingt sauber. Andere, wie zum Beispiel ein Studio in Miami Beach, in dem ich mit Robin Krasniqi auf einen Box-Europameisterschaftskampf hin trainierte, waren unfassbar riesig. In diesem einen Gym beispielsweise gab es gut und gern 50 Laufbänder, dazu 100 Ergometer, Treppensteiger und Crosstrainer, die wirklich neuesten Geräte bekannter Weltfirmen. Dazu Sprintbahnen und einen Kurz- und Langhantelbereich, der so groß war, dass man ein Navigationssystem brauchte, um sich gegenseitig wiederzufinden. Natürlich gab es ein Schwimmbecken mit 50-Meter-Bahn und 10-Meter-Sprungtürmen. Am krassesten aber war eine Laufbahn unter Glas rund um das Gebäude im 4. Stock. Wahnsinn, wirklich.

Trotzdem: Perfekt trainieren konnten wir hier trotzdem nicht. Dabei bin ich sicher, dass man im Grunde überall gut trainieren kann, wenn man nur will. Ob im eigenen Keller oder im Hotel-Gym, ob in einem normalen Studio oder unter freiem Himmel. Doch gerade an diesem Ort in Miami war keinerlei Platz für „Leistung" oder Schweiß. Ich kann es nicht besser erklären: In dieser Umgebung kam man irgendwie gar nicht auf die Idee, hart trainieren zu wollen. Jeder Zweite dort hatte Kopfhörer auf, und keiner begrüßte den anderen. Wieso auch, man kannte sich ja auch nicht, was bei 7000 Mitgliedern auch normal ist. Es wirkte ganz einfach so, als hätte ein Investor sich überlegt: „Ich kauf mir die vermeintlich besten und neuesten Geräte, und zwar 20-fach, und stelle einfach alles in ein stylisches neues Gebäude." Die richtige Trainingsatmosphäre aber kann man nun mal nicht bestellen oder einfach irgendwo kaufen.

Das Gegenteil davon war das Westside Barbell von Louie Simmons in Columbus, Ohio. Wer hier trainierte, konnte gar nicht anders, als sein Allerbestes zu geben. Alles an diesem Ort schrie förmlich nach Anstrengung, Leistungsbereitschaft und neuen Bestleistungen. Sicher ist das nicht jedermanns Sache. Für mich aber ist so was natürlich der absolute Himmel auf Erden. Ich denke, jeder Athlet muss seinen persönlichen Platz finden.

Man sollte sich natürlich überlegen, wo man trainieren will. Ich habe immer die Atmosphäre eines guten Gyms genossen. Bis heute atme ich täglich das Flair ein, das ein richtiges Gym versprüht. In einem richtigen Gym wird trainiert. Wenn man das tun will, muss man da hin gehen. Wenn man nur eine Art Bewegungstherapie oder gute Unterhaltung sucht, kann man in „was auch immer" einen Trainingsvertrag abschließen. In den seltensten Fällen wird man dort aber noch Magnesia für die Hände verwenden dürfen oder etwas lautere Musik hören können, vielleicht darf man nicht mal schwitzen oder Übungen auf dem Boden ausführen, weil es sich um Parkett handelt, das gar nichts aushält. Die Atmosphäre, die entsteht, wenn viele unterschiedliche Trainierende ihr Ziel verfolgen, war für mich schon immer einzigartig. Bei uns im Kinema kann man das vor allem an den Samstagen beobachten. Hier treffen sich Sportler aller Sparten und trainieren gemeinsam. Der Kaffee davor,

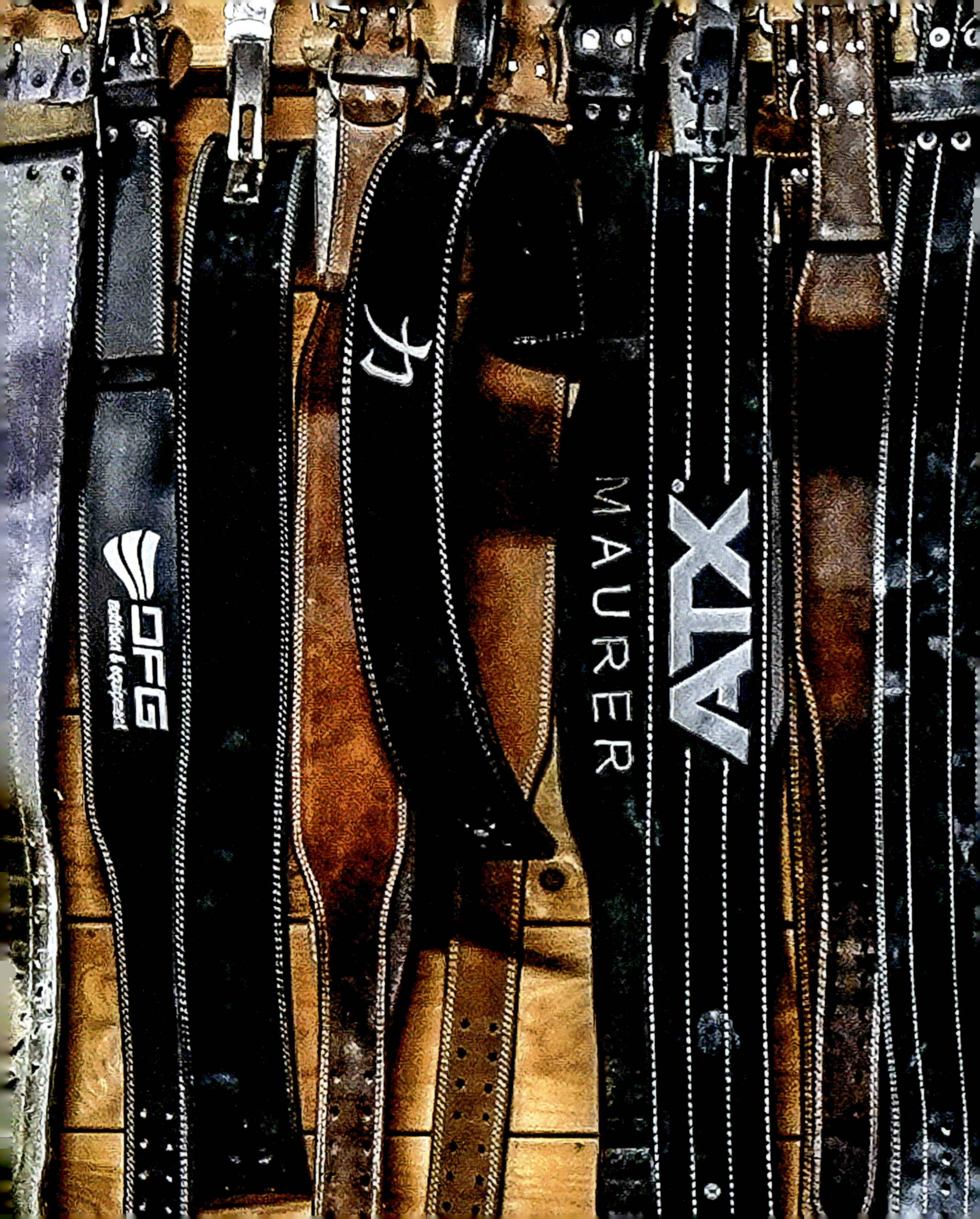
DFG
MAURER

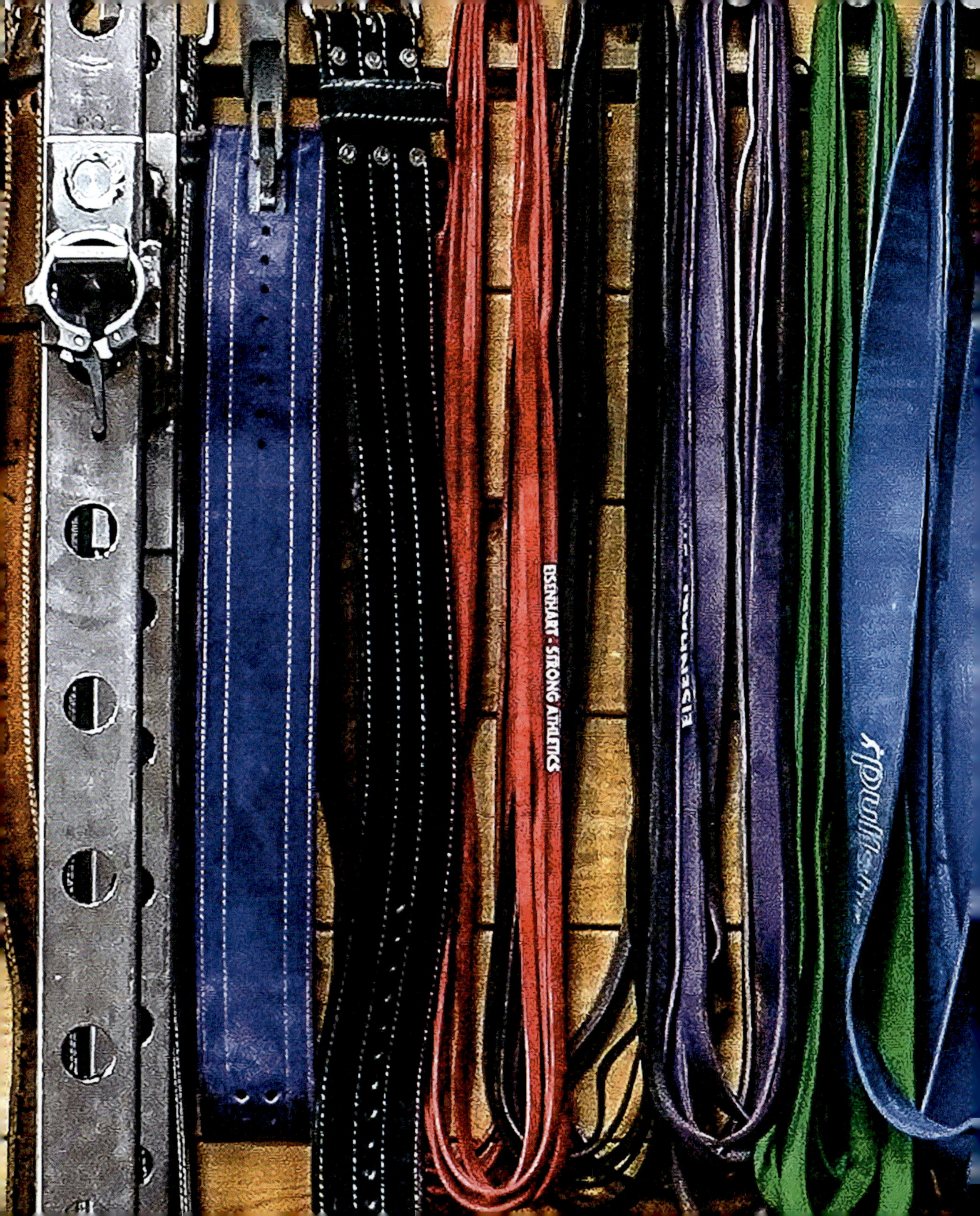
EISENHART · STRONG ATHLETICS

der Erfahrungsaustausch, das gemeinsame Trainieren, der gegenseitige Respekt sind dabei auch immer genauso wichtig wie das Erreichen von persönlichen Bestleistungen. Das Scheppern von Eisenscheiben sowie das Adrenalin in der Luft, wenn jeder versucht, das Beste aus sich herauszuholen, ist mit nichts zu vergleichen. Deswegen kann ich nicht verstehen, wie jemand mit Kopfhörern trainieren mag und diese besondere Stimmung dadurch gar nicht mitbekommt.

Der Fokus auf das Training kann ebenfalls nicht aufrechterhalten werden, wenn man permanent in sein Handy schaut und auf eine neue WhatsApp wartet. Wir in der Sportschule Kinema haben vor 20 Jahren als echtes Gym begonnen und sind noch immer eins. Ein echtes Gym ist ein Ort, wo jeder sein persönliches Ziel erreichen und zu seinem stärksten und gesündesten Selbst werden kann.

TRAINING IS AN EQUALIZER – WARUM ICH ES LIEBE

Warum ich es liebe, gemeinsam zu trainieren? Mitunter ein wichtiger oder vielleicht der wichtigste Grund dafür ist die Tatsache, dass im Training alle „gleich" sind.
Schon seit meinen Anfängen bin ich von jedem Menschen, der ein Gym betritt, begeistert. Ich habe jeden Einzelnen immer als Helden betrachtet. Die Faszination dafür, dass jemand an sich arbeiten, sein Ziel erreichen, gesünder oder stärker werden, abnehmen oder einfach ein besseres Lebensgefühl haben möchte, die hält bis heute an. Mittlerweile trainieren bei uns Millionenverdiener gemeinsam mit Leistungssportlern, die keinen einzigen Euro für einen Wettkampf bekommen. Das gilt für die Eisenhart-Samstage genauso wie für den Studioalltag. Bei uns spielt es überhaupt keine Rolle, wie reich oder arm jemand, wie gut oder schlecht sein Trainingszustand ist oder welches Outfit er trägt. Es zählt nur eins: Er will seinen Istzustand verbessern und daran arbeiten, diesen so zu gestalten, dass er glücklich ist. Nationalität, Hautfarbe und Religion sind im Training nicht wichtig. Menschen, die sich auf der Straße vielleicht nicht grüßen würden, schwitzen im Studio zusammen. Egal, ob Arzt oder Handwerker: Das Training hat die Kraft, alle zu vereinen. Gemeinsam – unterschiedlich – und doch wieder gleich.

DAS SELBST

Ein besseres, gesünderes und fitteres Selbst zu erreichen, das sollte das Ziel jedes
Trainierenden sein. Ich habe es im Laufe der Jahre zu meiner Passion gemacht, genau das meinen Kunden zu vermitteln. Ich habe das große Glück, dass ich in meiner Sportschule jeden Tag beobachten darf, wie sich die Menschen durch Training positiv verändern.
Mein Bruder Ludwig, den ich über alles liebe, hat dies kürzlich selbst erfahren können. Durch die „glückliche" Fügung eines fast zweijährigen Corona-Lockdowns in der Eventgastronomie hatten wir die Zeit, zweimal wöchentlich zusammen zu trainieren. Dadurch konnte er sein Körpergewicht um 22 Kilo reduzieren, hat Fett in Muskeln umgewandelt, seine Blutwerte verbessert

Oben: Team Eisenhart ...

Unten: ... gemeinsam sind wir stark!

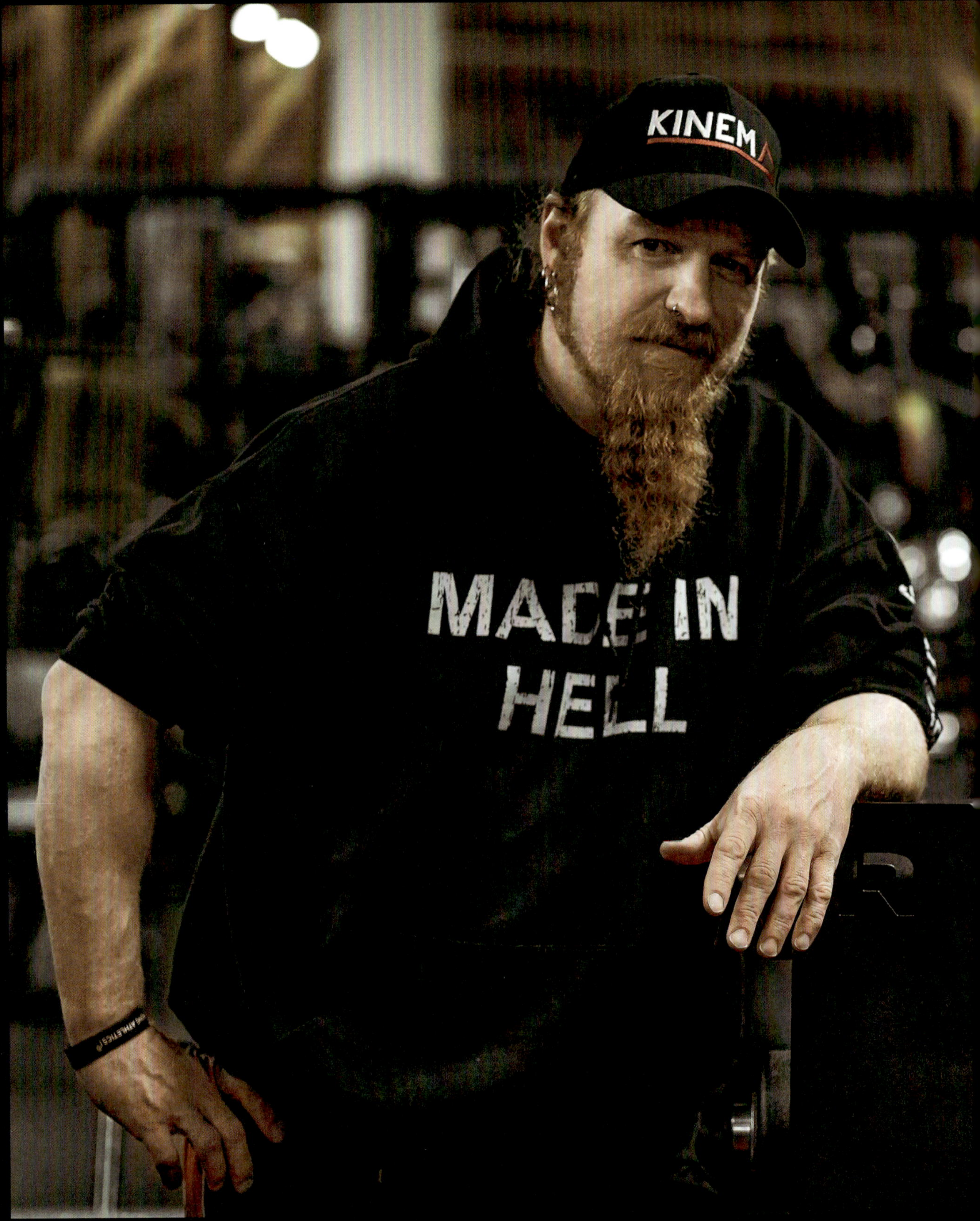

KINEM
MADE IN
HELL

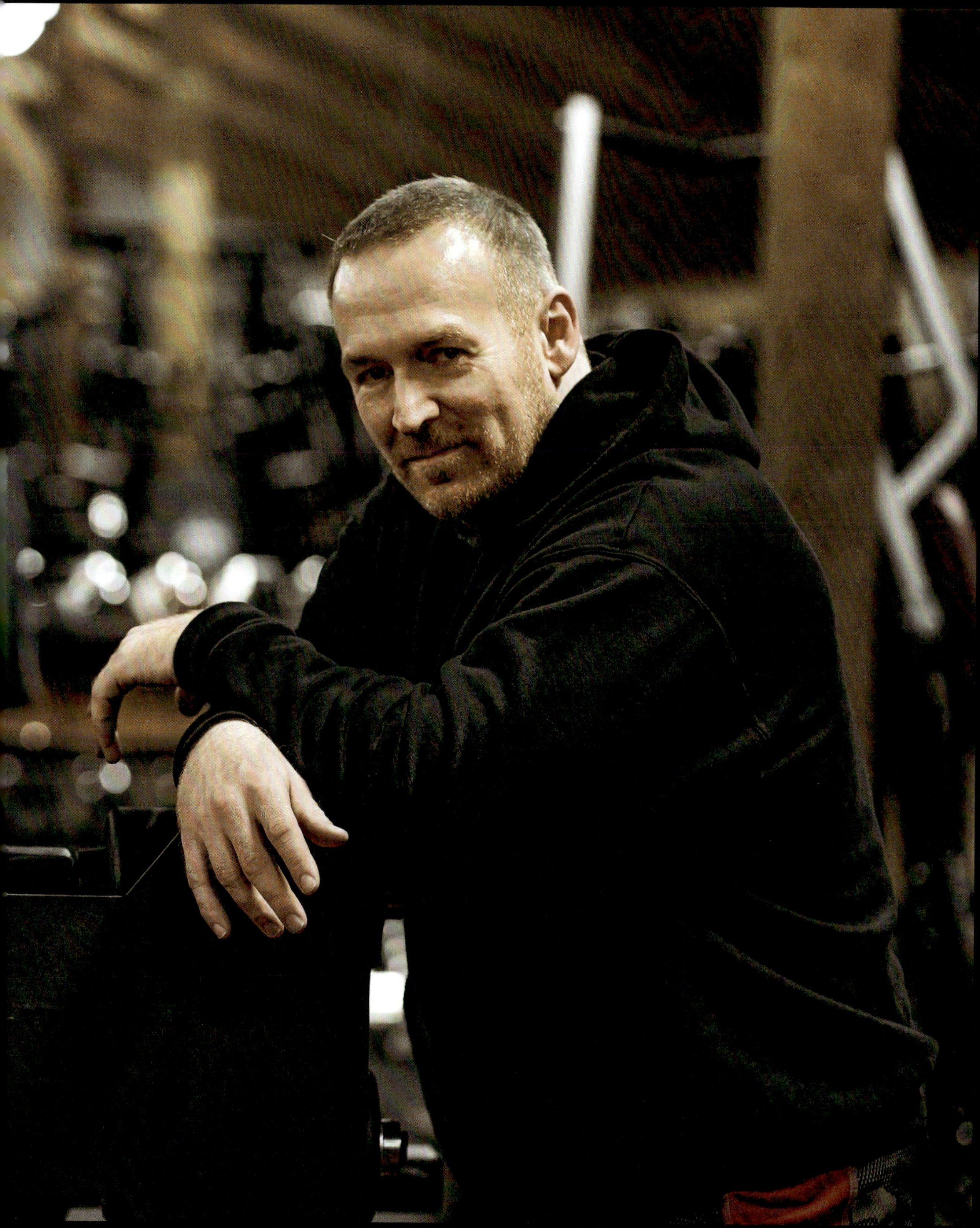

und es so geschafft, nach diesen zwei Jahren Training unglaubliche 280 Kilo heben. Das alles macht mich so unglaublich stolz, dass ich es in Worten gar nicht ausdrücken kann. Und es ist nicht nur seine Trainingsleistung oder das Gewicht, das er mittlerweile heben kann. Es ist die Tatsache, dass ich täglich sehe, wie gut es ihm geht. Trotz seiner vielen Arbeit ist er fitter, als er es jemals war.

Es ist egal, welches Ziel man hat – aber man braucht eins. So sehe ich das. Ich fühle mich berufen, jedem (wenn derjenige es wirklich will) zu helfen, sein persönliches Ziel zu erreichen. Ich wünsche jedem den Erfolg, den er sich verdient. Mir hat dieser Sport in vielerlei Hinsicht so unfassbar viel gegeben, deswegen möchte ich den Leuten zeigen, wie man es schaffen kann, sein stärkstes Selbst zu erreichen. Es muss nicht jeder ein Weltmeister werden, 400 Kilo heben können oder 100 Meter in neun Sekunden laufen. Du musst glücklich sein, und ich bin überzeugt davon, wenn du fit bist, bist du glücklicher. Arnold Schwarzenegger sagte einmal: „Wenn eine Fliege durch einen Raum fliegt, verändert sich das Volumen." Ich meine damit: Ein Sit-up ist besser als keiner, einmal Training pro Woche ist besser als keins. Täglich eine Stunde spazieren zu gehen ist ein Anfang.

Rückschläge gehören genauso zum Training wie Erfolge. Sieh die kleinen Fortschritte als Erfolg. Mein erster Erfolg nach meinen vielen Operationen und sieben Wochen Krankenhausaufenthalt war beispielsweise der Gang zum WC, ohne zusammenzufallen. Ich weiß noch gut, dass ich mir ab diesem Zeitpunkt dann schon wieder vorstellen konnte, wie es sein wird, mit 320 Kilo Kniebeugen zu machen.

Es wird immer die geben, die dich auf deinem Weg dahin unterstützen, und jene, die es dir ausreden wollen. Alle, die anfangs zu mir sagten, dass es nicht gut sei, eiweißreich zu essen, sind heute dicke Männer. Diejenigen die sagten, ich sollte nicht so schwer trainieren, haben heute Bandscheibenvorfälle. Diejenigen, die mir sagten, ich sei extrem, weil ich viermal pro Woche im Studio trainierte, die haben heute Blutdruckprobleme. Und diejenigen, die mich auslachten, weil ich die Erfüllung darin gesehen habe, der stärkste Heber Deutschlands zu werden, die haben selbst nicht mal an einer Vereinsmeisterschaft im Pingpong teilgenommen.

Ich will dir sagen: Lasst dich nicht verunsichern, geh deinen eigenen Weg, verfolg deine Ziele und sag zu den Neinsagern, sie sollen weiter fernsehschauen und Pommes essen.

Und am besten: Beginne heute noch!
Am Ende wird alles gut, wenn es noch nicht gut ist, ist es noch nicht das Ende.

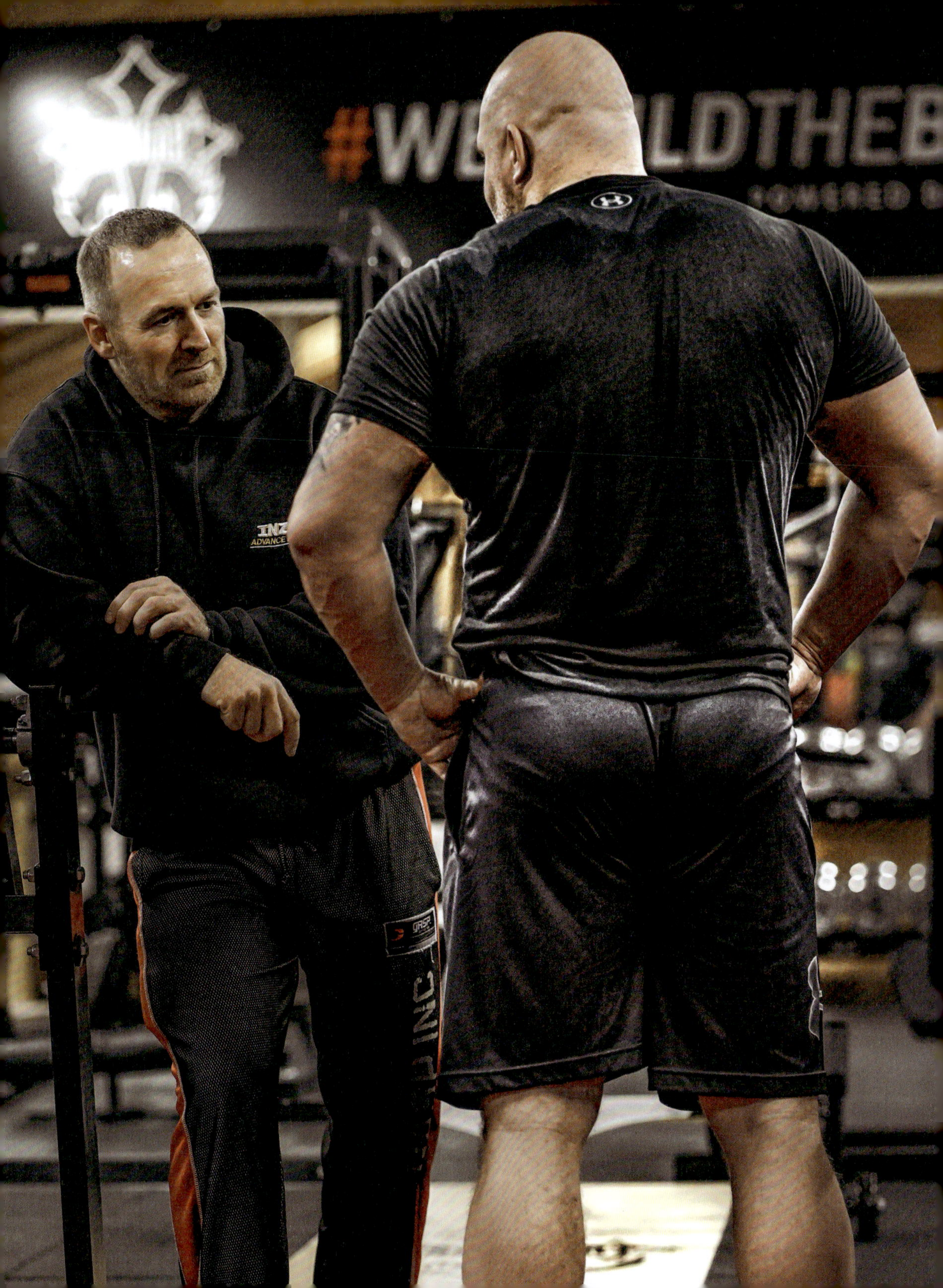

Strongwoman Renate Baum beim Sprinttraining

DEIN TRAINING
GRUNDLAGEN

Wir sind uns also einig, dass du dir bereits vor dem Training einige Gedanken machen musst. Gehen wir nun einen Schritt weiter. Die nächste Frage, die du dir stellen solltest, ist: „Welche Muskeln will ich trainieren, und wo will ich die Muskeln trainieren? Unten oder oben?" Nun wäre es natürlich gut zu wissen, wo unten und oben ist … Scherz beiseite. Vor allem geht es mir darum, dass du grob weißt, wie deine Muskulatur aufgebaut ist.

Nehmen wir als Beispiel die Beinbeugermuskulatur. Man könnte den Ansatz des Beinbeugers in Knienähe suchen und den Ursprung in Gesäßnähe. Das heißt, wenn ich den unteren „Ansatzanteil" trainieren will, wähle ich eine Übung, die den Unterschenkel zum Oberschenkel bewegt, zum Beispiel Beinbeugen im Liegen. Will ich hingegen den „Ursprungsanteil" trainieren, wähle ich eher eine Übung, bei der sich das Becken bewegt, also Rumpfaufrichten oder Romanian Deadlift. Man kann also sagen: An der Stelle, an der sich ein Gelenk bewegt, wird mehr Reiz auf den dort liegenden Muskelanteil ausgeübt.

Die nächste Frage ist: Willst du diesen Muskel mit einer Spitzenkontraktion zum „Wachsen" bringen, oder willst du ihn mit einer „Forced Stretch-Übung" reizen. Grundsätzlich ist es im Bodybuilding meist so, dass man mit einer Spitzenkontraktion trainiert. Beispiel Bizepscurls am Seilzug, wo am oberen Teil der Bewegung eine Spitzenkontraktion erreicht wird. Eines ist aber fast immer klar: Um Muskelwachstum zu erzeugen, musst du den Ansatz und den Ursprung des Muskels einander annähern, und das über den größtmöglichen Bewegungsbereich.

Muskelgefühl kann man im Übrigen lernen. Das ist eine der größten „Künste" im Bodybuilding. Das ist das, was diese Sportler am besten können. Man muss also versuchen, den Muskel, den man trainieren will, auch zu spüren. Also sich in der Bewegung in diesen hineinzudenken. Mein erster Trainer hat mir immer gesagt, ich solle mir bei jeder Bewegung vorstellen, wie der Muskel immer größer und größer wird. Dies kann bei manchen Muskeln schneller gehen als bei anderen. Die meisten von euch werden den Trizeps beim Trizepsdrücken am Kabel schnell spüren, während es beim Rückentraining vielleicht Monate dauert, bis du deinen größten Rückenmuskel, den Latissimus, richtig ansteuern kannst. Beim Beinstrecken an der Maschine geht es relativ schnell, den Quadrizeps zu spüren, während es schwerer fällt, den Beinbeuger beim Beincurlen anzusteuern. Versuche, den Zielmuskel in den Vordergrund zu stellen, und nicht das Gewicht. Viele Studien und, noch besser, viele erfahrene Bodybuilder werden dir bestätigen: Wo du „hindenkst", wo du mehr spürst, da passiert auch mehr Wachstum. Übe diese Muskelansteuerung in deiner freien Zeit. Stell dich vor den Badezimmerspiegel und versuche, einzelne Muskeln anzuspannen. Fang mit dem Bizeps an, und arbeite dich von Muskel zu Muskel durch. Ich habe das anfangs jeden Tag geübt. Ich kann mich erinnern, dass es mir leicht fiel, die Brust anzuspannen, dass es aber über ein Jahr gedauert hat, bis ich kontrolliert meinen Lat anspannen konnte.

Als weiteren guten Tipp für deinen Trainingsaufbau kann ich dir nur raten, am besten immer zuerst die eingelenkige Übung und dann erst die mehrgelenkige Übung zu machen. Kurz zur Erklärung: Bei einer eingelenkigen Übung wird nur ein Gelenk bewegt, bei der mehrgelenkigen Übung steuert die Muskulatur mehrere Gelenke an.

Nehmen wir zum Beispiel das Beintraining: Hier wäre es gut, etwa mit Beinstrecken und Beinbeugen zu beginnen, und dann erst mit Beinpressen weiterzumachen. Das verschafft dir den Vorteil, dass du den Zielmuskel bei den ersten beiden eingelenkigen Übungen leichter „spüren" kannst und dann bei der mehrgelenkigen Übung weniger Gewicht benötigst, um die Muskeln der Beine zum Wachsen zu bringen. Dazu möchte ich dir sagen, das sich eingelenkige Übungen nicht gut dazu eignen, nur wenige und schwere Wiederholungen auszuführen. Hier ist die Verletzungsgefahr zu groß, es bringt außerdem keinen wirklichen Nutzen. Ich würde hier eher bei zwölf bis 15 Wiederholungen bleiben. Bei mehrgelenkigen Übungen, wie z. B. der Kniebeuge, würde ich einen niedrigen Wiederholungsbereich wählen, wie zum Beispiel zwischen acht und zwölf.

Und nun noch ein letzter, grundlegender Punkt: Du solltest immer deine Schwachpunkte trainieren. Hier gibt es, und das würde ich ausschließlich für das Bodybuildingtraining so sehen, etliche Möglichkeiten. Alle solltest du ausprobieren! Entweder du trainierst den Muskel, der hinterherhängt, zweimal pro Woche, um ihm einen zusätzlichen Reiz zu geben, und beobachtest, ob dies für dich zielführend ist. Oder du trainierst den schlechter entwickelten Muskel an einem separaten Tag. Oder du „bombardierst" diesen mit Doppelsätzen, also zwei verschiedenen Übungen ohne Pause direkt hintereinander. Oder du versuchst beispielsweise Reduktionssätze für diesen Muskel einzubauen: also mit schwerem Gewicht zu beginnen und innerhalb eines Trainingssatzes das Gewicht immer mehr zu reduzieren und so einen zusätzlichen Reiz auszulösen. Alles ist möglich!

TRAININGSARTEN

Kommen wir nun zu den drei großen Trainingsarten, dich ich im Folgenden gerne etwas ausführlicher erklären möchte. Und zwar: Maximalkrafttraining, Fasertraining und Plasmatraining.

Diese drei Trainingsarten unterscheiden sich klar voneinander, und dennoch liegt eine der größten Schwierig-

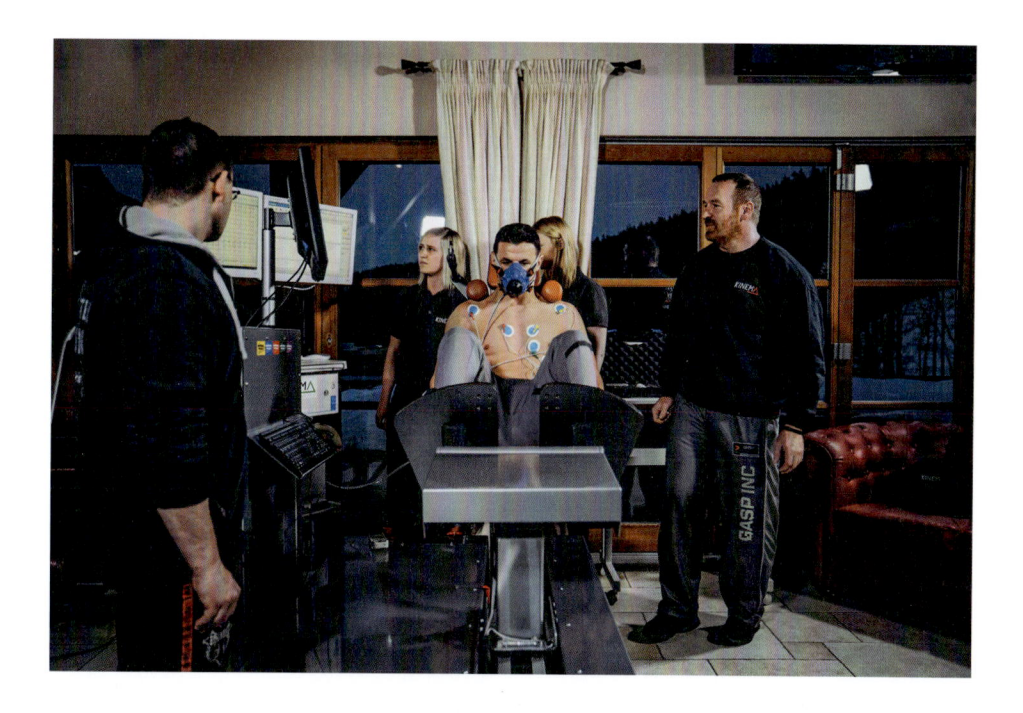

Oben: High-End-Leistungsdiagnostik mit Profiboxer Robin Krasniqi

Unten: Bauchtraining mit Tennisprofi Peter Heller

keiten darin, diesen Unterschied wirklich zu verstehen. Ein falsches Verständnis des Trainingsplans oder der Trainingsart ist wahrscheinlich der größte Fehler, den die meisten Sportler im Studio machen: Wenn du zum Beispiel einen Plasmaplan zum Training bekommen hast, dann heißt das, du solltest mit maximal 40 Prozent Intensität trainieren. Gehst du während des Trainings bis zum kompletten Muskelversagen, hat das nichts mit Plasmatraining zu tun.

Trainierst du mit einem Maximalkrafttrainingsprogramm und führst eine Übung mit zwei Wiederholungen aus, dann sollte dies mit 80 bis 100 Prozent Intensität erfolgen. Beendest du hier die Übung und könntest noch zwei weitere Wiederholungen machen, hast du den Plan ebenfalls nicht verstanden.

Beim Fasertraining oder Bodytraining solltest du mit einer Intensität von bis zu 80 Prozent trainieren, aber manchmal auch bis zum Muskelversagen gehen. Dies zu verstehen fällt wohl den meisten Athleten schwer. Bodybuilding ist wahrscheinlich eine der schwierigsten Sportarten, bzw. das Training ist am schwierigsten zu lernen. Und gleichzeitig bildet dieser wunderschöne Sport die Grundlage allen Trainings, jeglicher Athletik und Körperperformung. Gehen wir also näher auf die drei Trainingsarten ein.

MAXIMALKRAFTTRAINING

Die Maximalkraft ist die größtmögliche Kraft, die ein Mensch gegen einen Widerstand ausüben kann. Mit diesem Training steigerst du also vor allem deine absolute Kraft.

Hier sollte folgendermaßen trainiert werden:
Intensität: 80 bis 100 Prozent
Wiederholungsbereich: 1 bis 5 Wiederholungen
Pausenzeit zwischen den Sätzen: 3 bis 5 Minuten

Maximalkrafttraining wird hauptsächlich bei komplexen Übungen mit wenigen Wiederholungen angewendet. Wie zum Beispiel: Kniebeugen, Kreuzheben, Bankdrücken, Schulterdrücken. Übungen, die hauptsächlich mehrgelenkig sind. Ein Bizepstraining mit ein bis fünf Wiederholungen würde beispielsweise wenig Sinn machen. Bei Kniebeugen hingegen sind fünf Wiederholungen durchaus sinnvoll. Jede Sportart kann Maximalkrafttraining nutzen. Man muss dies natürlich dementsprechend periodisieren. Einem Bodybuilder wird Maximalkrafttraining über mehrere Monate nicht viel nutzen, genauso wie monatelanges Fasertraining einem Powerlifter keinen Erfolg bringt. Die richtige Aufteilung aber ist für alle zielführend. Beim Maximalkrafttraining ist vor allem die Wahl der Intensität wichtig, weil wir hier das ZNS (Zentralnervensystem) mehr belastet wird als bei jeder anderen Trainingsmethode. Hier empfehle ich dir, vor allem die Grundübungen mit Prozentwerten zu versehen. Das heißt: Während ich beim Bodytraining oft bis ans Muskelversagen trainiere, eventuell auch mit leichtem Gewicht und verschiedenen Intensitätstechniken, sollte das beim Maximalkrafttraining nicht immer erfolgen. Hier sind die Gewichte schwerer, und deshalb sollte die Steigerung über den Trainingszyklus berechnet werden.

Ein Beispiel bei der Kniebeuge wäre:
Woche 1: 65 Prozent der Maxleistung mit 5 Sätzen à 5 Wiederholungen
Woche 2: 70 Prozent der Maxleistung mit 5 Sätzen à 5 Wiederholungen
Woche 3: 80 Prozent der Maxleistung mit 5 Sätzen à 5 Wiederholungen
Woche 4: 85 Prozent der Maxleistung mit 3 Sätzen à 3 Wiederholungen
Woche 5: 85 Prozent der Maxleistung mit 3 Sätzen à 3 Wiederholungen
Woche 6: 90 Prozent der Maxleistung mit 3 Sätzen à 2 Wiederholungen
Woche 7: 95 Prozent der Maxleistung mit 2 Sätzen à 1 Wiederholung

Dies ist nur ein Beispiel für eine einfache, siebenwöchige Periodisierung. Im Detail werde ich dies im späteren Kapitel „Trainingsplanung" erklären. Nach diesen sieben Wochen sollte man das Programm wechseln und zum Bodytraining zurückkehren, und dann im Anschluss z. B. einen Plasmablock absolvieren. Powerlifter trainieren vor allem die Grundübungen länger im Maximalkraftbereich. Sie wissen, wie sie ihr Nervensystem schonen und regenerieren. Fortgeschrittenen Anfängern (mindestens ein Jahr Trainingserfahrung) rate ich, so einen Block höchstens zweimal pro Jahr zu machen. Dieses Training erfordert technische Schule und extreme muskuläre Koordination, die erst erlernt werden muss.

MERKE:
Ein Grund für die lange Pause zwischen den Sätzen: Die Kreatinspeicher der Muskelzellen, die für eine 80- bis 100-Prozent-Belastung herangezogen werden, brauchen bis zu fünf Minuten, ehe sie wieder aufgefüllt sind.

FASERTRAINING

Beim Fasertraining oder „Bodytraining" geht es vor allem um eine gezielte Bewegungsabfolge, den sauberen Ablauf einer Bewegung und ein möglichst gutes Muskelgefühl. Hier gilt der Leitsatz: Jede Wiederholung, die du nicht im Muskel spürst, bringt nicht 100 Prozent Erfolg. Das Hauptaugenmerk sollte darauf liegen, den Muskelquerschnitt zu vergrößern, und nicht maximale Gewichte zu bewegen!

Hier sollte folgendermaßen trainiert werden:
Intensität: 60 bis 80 Prozent
Wiederholungsbereich: 6 bis 15 Wiederholungen
Pausenzeit zwischen den Sätzen: 2 bis 3 Minuten

Fasertraining ist also das Training, bei dem man die „großen Muskeln" bekommt. Wie erklärt man das am besten? Am besten gar nicht. Man tut es. Man geht ins Studio und nimmt eine Hantel in die Hand und trainiert. So einfach ist es eigentlich. Und doch steckt viel mehr dahinter. Man muss, wie später noch erklärt wird, auch im Bodybuilding einen Plan haben. Grundsätzlich kannst du aber mal folgende Aufteilung für dein Training vornehmen:

Beispiel: 5er-Split

Montag: Brust
Dienstag: Rücken
Mittwoch: Pause
Donnerstag: Schultern
Freitag: Arme
Samstag: Beine
Sonntag: Pause

Beispiel: 4er-Split

Montag: Brust und Trizeps
Dienstag: Rücken und Bizeps
Mittwoch: Pause
Donnerstag: Schultern
Freitag: Beine
Samstag: Pause
Sonntag: Pause

Beispiel: 3er-Split

Montag: Brust, Schultern und Trizeps
Dienstag: Pause
Mittwoch: Rücken und Bizeps
Donnerstag: Pause
Freitag: Beine
Samstag: Pause
Sonntag: Pause

Dies ist nur ein kleiner Auszug aus vielen Möglichkeiten, die jeweiligen Muskeln zu trainieren und in Gruppen aufzuteilen.

PLASMATRAINING

Plasmatraining oder Kraftausdauertraining ist meiner Erfahrung nach eine der effektivsten Trainingsarten, wenn es um Gelenk- und Sehnenregeneration geht. Die Bewegung sollte im Vordergrund stehen.

Hier sollte folgendermaßen trainiert werden:

Intensität: 20 bis 40 Prozent
Wiederholungsbereich: 20 bis 40 Wiederholungen
Pausenzeit: 1 Minute

Beim Plasmatraining sollte man unbedingt im vorgegebenen Intensitätsbereich bleiben. 20 bis 40 Prozent sind hier der Schlüssel. Hier sollte man außerdem keine Periodisierungen, also keine langfristige Planung von Trainingszyklen, vornehmen. Man sollte vielmehr versuchen, diese Trainingsphase als Regenerationstraining oder Disbalancenausgleichstraining zu sehen. Obwohl man gerade beim ersten Plasmablock erstaunt sein wird, welchen Muskelkater eine so niedrige Intensität erzeugen kann. Mindestens drei Plasmablöcke würde ich jedem Trainierendem im Jahr empfehlen. Ebenso ist diese Methode auch für Anfänger oder Rehapatienten hervorragend geeignet. Durch die vielen Wiederholungen und die kurzen Pausen ist man gezwungen, relativ wenig Gewicht zu verwenden und die Bewegung im Gedächtnis zu manifestieren. Perfekt geeignet ist diese Trainingsart für Ausdauersportler wie Marathonläufer, Triathleten, Tennisspieler oder Schwimmer.

Ich bin überzeugt davon, dass ich einen Großteil meiner späteren Wettkampferfolge der vielen Zeit verdanke, die ich mit Plasmatraining verbracht habe.

Dieses Training schafft die Grundlage für gute, starke

„Als Skilangläufer wollte ich auch mein Krafttraining noch verstärken und bin dazu ins Kinema gekommen. Ich war von Tag eins an begeistert von Sepp und seinem Team und bin absolut positiv überrascht, was hier alles möglich gemacht wird."

ALBERT KUCHLER
SKILANGLAUF, OLYMPIATEILNEHMER 2022

Sehnen, Fasern und Bänder, und eine Dickenzunahme der Gelenkknorpel tritt ein. Es verbessert die Knochendichte und verstärkt die Vorsprünge an den Muskelsehnenansätzen. Dies führt letztlich wieder zu einer Verbesserung der Stabilität der Wirbelsäule und der Fußgewölbe. Dadurch ist dieses Training hervorragend als Vorbereitung für später im Jahr folgende Trainingsprogramme geeignet.

FAZIT:

Die prozentuale Gewichtung dieser drei Trainingsformen könnte im Jahreszyklus – ohne wettkampfspezifisches Training – demnach folgendermaßen geplant werden.

Triathlon, Läufer:

75 Prozent Plasmatraining – 15 Prozent Fasertraining – 10 Prozent Maximalkrafttraining

Boxer, MMA-Kämpfer:

50 Prozent Plasmatraining – 25 Prozent Fasertraining – 25 Prozent Maximalkrafttraining

Bodybuilding, Fitness:

20 Prozent Plasmatraining – 65 Prozent Fasertraining – 15 Prozent Maximalkrafttraining

Powerlifting:

30 Prozent Plasmatraining – 30 Prozent Fasertraining – 40 Prozent Maximalkrafttraining

Zusätzlich zu diesen drei großen Trainingsprinzipien unterscheidet man noch etliche Varianten: Explosivtraining, High-Intensity-Training (HIT – Mike Mentzer, Sir Arthur Jones), Doppel- oder Dreifachsätze, Eventtraining, Time-under-Tension-Training, CrossFit-Training, Hochgeschwindigkeitstraining, wettkampfspezifisches saisonbegleitendes Training und vieles mehr.

LEISTUNGSTRAINING

Über dieses Wort habe ich mir am Anfang meiner Trainerlaufbahn keine großen Gedanken gemacht. Meine Meinung war: Ich bin Leistungssportler! Keiner kann härter und länger trainieren als ich. Ich mache Leistungssport – aber Leistungstraining? Hm ... Was letzten Endes hinter diesem alles entscheidenden Wort steckt, wurde mir erst viel, viel später bewusst.

Was also habe ich gemacht: Ich ging viermal pro Woche ins Fitnessstudio, trainierte so schwer und so hart, wie es ging, und versuchte, meine Gewichte stetig zu steigern, immer korrekter und schwerer zu trainieren. Damit hatte ich schon viel mehr getan als das, wozu andere bereit waren. Von Leistungstraining war das allerdings noch immer meilenweit entfernt.

Doch was ist Leistungstraining überhaupt?

Um das zu verstehen, müssen wir auf die drei Begriffe Kraft, Arbeit und Leistung und ein wenig in grundsätzliches physikalisches Verständnis eintauchen: Um eine Bewegung auszuführen, braucht man eine Kraft.

Laut Isaac Newton ist die Kraft gleich der Masse eines Körpers mal der Beschleunigung, die dieser erfährt.

Kraft:

Kraft (F) = Masse (m) x Beschleunigung (a)

Die Einheit der Kraft ist Newton (1 N = 1 kg mal m/s^2)

Ein Newton ist die Kraft, die eine Masse von einem Kilo in einer Sekunde auf die Geschwindigkeit von einem Meter pro Sekunde beschleunigt.

Arbeit:

Mechanisch wird Arbeit als Bewegung durch eine Kraft über eine Strecke definiert.

Arbeit (W) = Kraft (F) × Weg (s)

Leistung:

Die Leistung gibt die Arbeit im Verhältnis zur Zeit wieder.

Leistung (W) = Arbeit (J) : Zeit (s)

Beispiel 1:

Ein Powerlifter hebt eine Hantel mit 200 Kilo um 0,5 Meter nach oben.

Die Kraft beträgt dann 200 kg × 9,8 m/s² = 1960 N.

Die geleistete Arbeit beträgt dann 1960 N × 0,5 m = 980 J.

Beispiel 2:

Powerlifter 1 führt eine Kniebeuge mit 200 Kilo aus. Die Wegstrecke, die sich die Hantel bewegt, ist 1 Meter, er benötigt 3 Sekunden.

Powerlifter 2 führt eine Kniebeuge mit 200 Kilo aus. Die Wegstrecke die sich die Hantel bewegt, ist 1 Meter, er benötigt dafür 5 Sekunden.

Kraft = 200 kg × 9,8 m/s² = 1960 N

Arbeit = 1960 N × 1 m = 1960 J

Nun leistet Powerlifter 1:

Leistung = Arbeit : Zeit

1960 J : 3 Sekunden = 653,33 Watt

Nun leistet Powerlifter 2:

Leistung = Arbeit : Zeit

1960 J : 5 Sekunden = 392 Watt

Beide Powerlifter vollbringen die gleiche Arbeit, jedoch leistet Sportler 1 fast das Doppelte!

Powerlifter 1 muss, obwohl er genau die gleiche Arbeit verrichtet hat wie Sportler 2, die Energie, die er dafür benötigt, fast doppelt so schnell bereitstellen wie Powerlifter 2.

Geht man nun davon aus, dass der Trainingseffekt von der Geschwindigkeit und der Tiefe der chemischen Ermüdung des Muskels abhängt, hat Powerlifter 1 fast doppelt so effektiv trainiert wie Powerlifter 2!

Quelle: Lorenz Westner, Desmodromisches Training im Sport.

Grundsätzlich kann man sagen: Je schneller ein Gewicht über eine bestimmte Strecke bewegt wird, desto effektiver ist das Training. Aber wird es auch leichter sein, das Gewicht zu bewegen? Mit Sicherheit!

Gut erkennen kann man das zum Beispiel beim Schieben eines Traktors, wie es im Strongman-Sport praktiziert wird. Wird der Traktor langsam bewegt, wird es dem Athleten extrem schwer fallen, eine bestimmte Strecke zu bewältigen. Aber rollt das Gefährt erst mal, kann es vielleicht sogar mit einer Hand geschoben werden.

Louie Simmons sagte immer zu mir: „Hebe, beuge oder drücke niemals ein schweres Gewicht langsam!" Das gab mir zu denken. Also versuchte ich zusätzlich zur perfekten Technik, zur richtigen Atmung, jedes schwere Gewicht so schnell wie möglich zu bewegen. Aber da stellt sich natürlich die Frage: Wie schnell ist schnell?

Wie sollte die perfekte Satzzahl, Wiederholungszahl und vor allem die perfekte Geschwindigkeit sein?

Bei meinem mehrmaligen Aufenthalt in Amerika trainierte ich unter anderem acht Wochen mit Louie Sim-

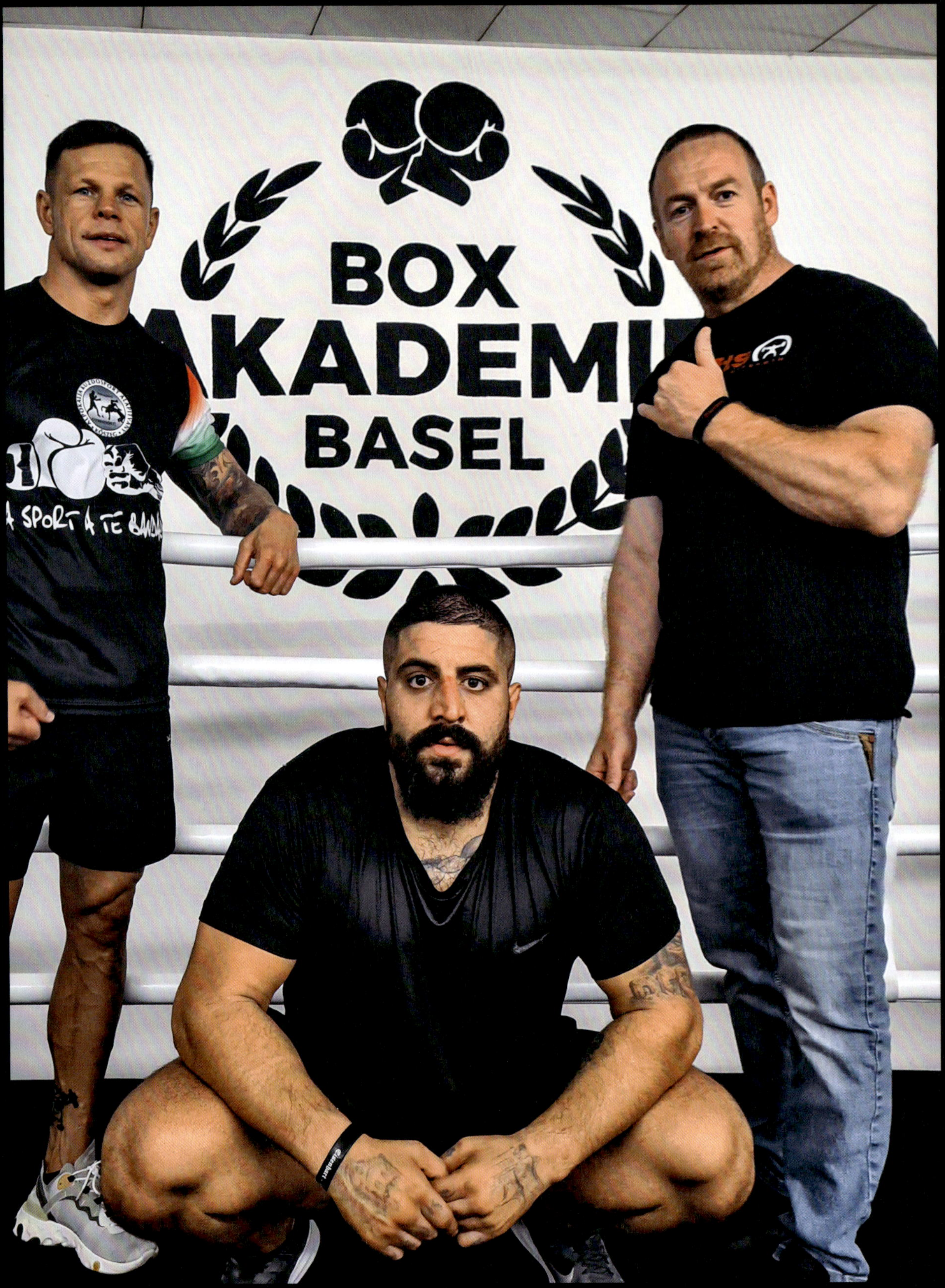
BOX
BASEL

mons und seinen Eliteathleten im Westside. Nach dem Westside-System unterteilt man das Training in zwei „Max Effort"-Tage und zwei „Speed"-Tage.

Am „Speed"-Tag, also an dem es auch um eben jene Geschwindigkeit ging, lernte ich den richtigen Umgang mit Bändern und Ketten kennen, vor allem die richtige Bänderspannung und die Geschwindigkeit, mit der die Hantel bewegt werden sollte. Die Verwendung von Bändern wird leider von den meisten Athleten nicht richtig umgesetzt. Es ist nicht einfach damit getan, sich überall ein Gummiband dranzuhängen und dann die Übung auszuführen.

Nehmen wir einen Kreuzheberzug. Dafür spannt man zusätzlich ein Monsterband über die Hantel, sodass die Bewegung am Ende der Hebung durch das Band schwerer wird. Aber nun ist die Frage: Wie sollte das Band gespannt werden?

Meiner Meinung nach die beste Methode: Beim Speed-Kreuzheben im Rahmen eines Leistungs- oder Speedtrainings darf das Gewicht maximal 60 Prozent vom persönlichem Rekord betragen. Die Bänderspannung beträgt 40 bis 50 Kilo am Startpunkt und maximal 80 Kilo am Ende der Belastung. Die Wiederholungszahl darf nicht höher als drei sein, und die Satzzahl sollte zwischen sechs und acht betragen. Mit einem Tendo-Messgerät (Geschwindigkeitsmesser) sollte man dann versuchen, bei der Geschwindigkeit der Hebung zwischen 0,8 und 1,2 m in der Sekunde zu bleiben.

Die Pause zwischen den Sätzen sollte maximal 60 Sekunden betragen.

Ich war erstaunt, wie wenig Gewicht ich bewältigen konnte, um schnell zu bleiben.

In meinem Fall waren es, ausgehend von meinem persönlichem Rekordgewicht von 325 Kilo Kreuzheben, 60 Prozent, also circa 170 Kilo plus rosa Monsterbänder. Das ganze acht mal drei Wiederholungen.

Wow! Ich war überrascht, wie langsam ich eigentlich war. Wie schwer es mir fiel, die Geschwindigkeit über diese acht Sätze aufrechtzuerhalten. Ich stellte jedoch fest, dass ich Woche für Woche schneller wurde, und dadurch schraubte sich mein Maximalgewicht erheblich nach oben!

Eine weitere Möglichkeit ist die „leichte Bänderspannung". Hier wird am unteren Punkt der Bewegung eine sehr leichte Spannung verwendet, oben etwa 50 Kilo. Das Gewicht auf der Hantel sollte hier bei 70 Prozent liegen. Dies ist eine mögliche Alternative. Ich persönlich konnte bei meinen Probanden nicht die gleiche Leistungssteigerung feststellen wie bei der ersten Methode.

Das Training mit Bändern hat Vor- und Nachteile. Die Bänder erzeugen eine starke exzentrische Überlastung und können einen exzessiven Muskelkater hervorrufen. Dies ist es allerdings wert. Nicht nur die Koordination und die Stabilität werden verbessert, es entsteht auch eine zusätzliche kinetische Energie in der exzentrischen Phase durch die stärkere Beschleunigung. Schnell wird klar, dass man „schneller" werden muss, um der Bänderwirkung zuvorzukommen.

PLANEN NACH PRILEPIN

Westside Barbell orientiert sich bei einem Plan zum Powerlifting an der Prilepin-Tabelle. Wir vom Team Eisenhart machen das fast so ähnlich. Natürlich gibt es zig Formen von prozentualen Intensitätsperiodisierungen. Ich möchte dir an dieser Stelle aber gerne die Idee von Alexander Prilepin erklären. Als Nationaltrainer im Gewichtheben hat er seine Erfahrungen in dieser Tabelle verewigt. Diese ist für Leistungs- und Eliteathleten sehr gut geeignet, für Anfänger eher nicht zu empfehlen.

In der Tabelle unten findest du den optimalen Wiederholungsbereich für den Intensitätsbereich. Hier gibt es immer ein Minimum oder ein Maximum dessen, was du machen solltest. Wenn du zu wenig machst, wirst du keine Fortschritte sehen. Wenn du zu viel machst, natürlich auch nicht, denn dann wirst du dich nicht mehr erholen. Als Beispiel könnte man ein Speedtraining nehmen mit 60 Prozent Intensität. Hier müsste man drei Wiederholungen à acht Sätze mit 60 Prozent Intensität ausführen – das wären 24 Wiederholungen.

Als weiteres Beispiel könnte ein Maximalkrafttraining mit 90 Prozent dienen. Hier müsste man mindestens zwei Wiederholungen à drei Sätze mit 90 Prozent Intensität machen. Das ergäbe sechs Wiederholungen.

Bei einem Speedtraining mit einer ausgehenden Maximalleistung von 300 Kilo im Kreuzheben wären es drei Wiederholungen à acht Sätze zu 60 Prozent, also Training mit 180 Kilo.

Bei einem Maximalkrafttraining mit einer ausgehenden Maximalleistung von 300 Kilo im Kreuzheben wären es zwei Wiederholungen à drei Sätze mit 90 Prozent, also ein Training mit 270 Kilo.

Eines der größten Probleme beim Powerlifting ist die Überlastung des zentralen Nervensystems. Wir müssen schwere Lasten bewegen, sonst wird die „absolute Kraft" nicht steigen. Ich habe wie gesagt mehrere Monate mit Louie Simmons im Westside Barbell trainiert. Ich habe sie gesehen, die für mich stärksten Athleten der Welt, und mit ihnen nach diesem System trainiert. Und ich kann nur sagen: Wow! Sie alle waren die fokussiertesten, willensstärksten und explosivsten Athleten, die ich bis jetzt kennengelernt habe. Laut Westside-System – und mittlerweile auch meine feste Meinung – sollte man nicht länger als drei Wochen eine Übung mit 90 Prozent Intensität trainieren. Danach wird sich kein Fortschritt mehr einstellen.

Also muss man entweder die Übung wechseln oder die

Intensität	Wiederholungsbereich	Wiederholungen optimal	Wiederholungen gesamt
55-65 %	3-6	24	18-30
70-75 %	3-6	18	12-24
80-85 %	2-4	15	10-20
90 %	1-2	7	4-10

Intensität verringern – das ist der Schlüssel zum Erfolg. Natürlich ist es besser, die Übung zu wechseln, denn so kannst du immer schwer trainieren. Mach also zum Beispiel drei Wochen lang klassisches Wettkampfkreuzheben und dann drei Wochen Heben von den Blöcken, im Anschluss daran drei Wochen aus dem Rack ...

Ich bin der Überzeugung: Du solltest, wenn du Leistungssportler bist, sogar am besten jede Woche die Übung wechseln. Nun könnte es so aussehen, dass du zweimal pro Woche Heben oder Beugen einplanst, einmal Explosivtraining mit 60 Prozent und einmal Maximaltraining mit 90 Prozent so wie oben beschrieben.

Ich verspreche dir: Das wird perfekt funktionieren, erfordert aber 110 Prozent Fokus, gute Trainingspartner, Zeit und eine perfekt abgestimmte Ernährung sowie 110 Prozent Regeneration. Ich denke, nur sehr wenige Athleten sind in der Lage, dieses System so umzusetzen. Vor allem weil zu diesen zwei Unterkörpertagen noch zwei Oberkörpertage kommen, die ebenso wieder einmal Explosiv- und einmal Maximaltage sind.

Ich würde dir, wenn du kein Elitesportler bist und dieses System trainieren willst, raten, auf drei Trainingstage zu gehen. Du wirst sehen, dass das ausreicht.

Denke als Powerlifter immer daran: Das Wichtigste ist die Geschwindigkeit oder die Zeit, die der „Lift" dauert. Deshalb ist es ratsam, sich auf die Hantelgeschwindigkeit zu konzentrieren. Diese besteht aus einer Beschleunigungsphase und einer Abbremsphase. Diese kann man

Mit dem größten Powerlifting-Trainer aller Zeiten: Louie Simmons bei meinem mehrmonatigen Trainingsaufenthalt im Westside Barbell

„In den letzten Jahren waren wir öfter zu Besuch bei meinem Freund Sepp Maurer. Das Kinema bietet Top-Trainingsmöglichkeiten und Physiotherapie mit modernsten Geräten. In Sachen Trainingswissenschaft und Behandlung von diversen Sportverletzungen kenne ich niemanden, der sich besser auskennt."

MANUEL BAUER
MEHRFACHER DEUTSCHER MEISTER, LOADED-CUP-SIEGER UND VIZE-„MISTER UNIVERSE"

Manuel Bauer ist unter anderem mehrfacher Deutscher Meister, Loaded-Cup-Sieger und Vize-„Mister Universe" und kann bereits auf eine sehr lange sportlich aktive Kraftsportzeit zurückblicken – nämlich auf 30 Jahre. Als der heute 45-Jährige mit 14 Jahren zum ersten Mal ein Fitnessstudio betrat, wusste er aber noch nicht, wie prägend der Kraftsport für ihn werden sollte.

Doch er hatte schon als Jugendlicher großes Potenzial und gewann im Jahr 1997 mit 17 Jahren bereits vier Deutsche Meisterschaften, zahlreiche weitere Titel folgten. Mit der Wichtigste für ihn war der Gesamtsieg beim Loaded Cup in Dänemark, der im Amateur-bereich als einer der prestigeträchtigsten Titel gilt. Schon seit vielen Jahren kommt er immer wieder zu Sepp Maurer und dessen Team ins Kinema, wo er vor allem auf das breit gefächerte Behandlungsangebot schwört.

„Mittels EMG-Untersuchungen können wir feststellen, wie stark die Ausstöße bei diversen Übungen sind. An der desmodromischen Beinpresse kann man verschiedenste Analysen machen und auswerten. In meinem Fall geht es um meine jahrelangen Knieprobleme. Es gibt kein anderes Gerät weltweit, mit dem man sich bei einem Durchgang von 90 Sekunden komplett zerstören kann und einen Pump bekommt, wie sonst nach zwei Stunden Training nicht."

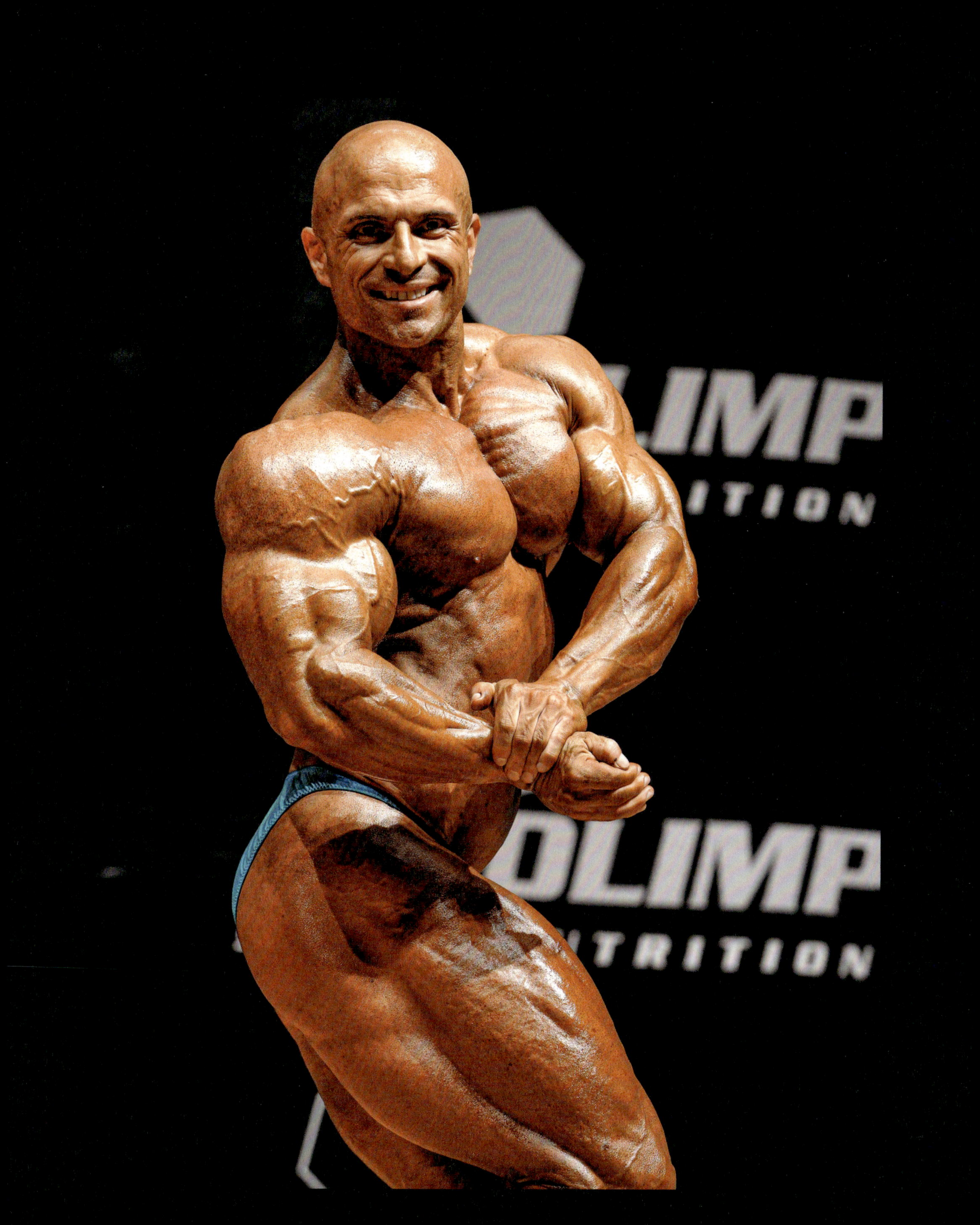
OLIMP

sehr gut mit Ketten oder Bändern trainieren. Ein Speedlift sollte mit einer Geschwindigkeit von 0,8 m/s erledigt sein. Ein Maximalversuch beispielsweise in der Bank kann drei bis vier Sekunden dauern. Ist er in dieser Zeit nicht abgeschlossen, wird er wahrscheinlich scheitern. Also trainiere, die Hantel zu beschleunigen!

TRAININGSDAUER

Wie lange muss oder soll man trainieren? Das ist eine Frage, bei der es meiner Meinung nach wirklich viele falsche Ansichten gibt. Nicht selten lassen sich Trainierende von irgendwelchen Studien oder YouTube-Videos beeinflussen. Viele sind dann der Meinung, dass nach mehr als einer Stunde Training das Work-out nicht mehr effektiv ist, weil man keine Hormonausschüttung mehr produziert.

Außer beim Bodybuilding, wo die Querschnittsvergrößerung im Vordergrund steht und erfahrene Athleten teilweise zweimal täglich trainieren, ist das totaler Quatsch. Meine Athleten trainieren teils bis zu drei Stunden. Ein Eventtraining an einem Samstag kann durchaus bis zu fünf Stunden dauern, siehe Interferenztraining und Simultantraining.

Ein komplettes Training mit Aufwärmen, Stretchen, GPP-Training, Mobilisation sowie das Durcharbeiten der Übungen mit den entsprechenden regenerativen Pausen und das abschließende „Ausradeln" dauern definitiv länger als eine Stunde.

Grundsätzlich kann man keine genaue Empfehlung für die perfekte Trainingsdauer geben, da sie vom Trainingsplan und dem Fitnesszustand abhängig ist.

Als grobe Richtlinie für das Studiotraining würde ich empfehlen:

Bodybuilding:
1 bis 1,5 Stunden pro Tag bei einem 5-Tage-Split
Powerlifting: 2 bis 3 Stunden pro Tag bei einem 3-Tage-Programm. 2 Stunden bei einem 4-Tage- Programm. Von einem fünfmaligen Training pro Woche würde ich abraten.

Triathlon:
2 Stunden bei einem 2-Tage-Programm und ebenfalls 2 Stunden pro Woche bei saisonbegleitendem Training

Boxsport:
1 Stunde zweimal pro Woche außerhalb der Vorbereitung. Im Aufbauzyklus täglich 1,5 Stunden Kraft- und Athletiktraining sowie 1 Stunde Intervalltraining (Laufen oder Ergometer) sowie 1 Stunde Boxübungen wie Schattenboxen. Während der Sparringsphase würde ich weitestgehend auf Krafttraining verzichten.

Athletiktraining für Tennisspieler oder Fußballer:
Dies sollte während der Saison bei 1,5 Stunden pro Woche liegen.

Eishockey oder Football:
Es sollte meiner Meinung nach zweimal pro Woche, und zwar wohlüberlegt abgestimmt bei einer Trainingsdauer von circa 2 Stunden erfolgen. Leider wird dies meist nicht so praktiziert.

Laufen:
Läufern aller Art würde ich raten, zusätzlich zum Lauf-

und Stabitraining mindestens 2 Stunden pro Woche im Studio zu verbringen.

Rehabilitationstraining im Leistungssport:

Das würde ich möglichst täglich machen und mindestens 2 Stunden dafür ansetzen, da man hier mit minimaler Intensität arbeitet.

Elitetraining:

Kann wie bereits erwähnt teilweise bis zu 5 Stunden dauern. Man sollte es aber bei zweimal pro Woche belassen, da sonst die Regeneration beinahe unmöglich wird.

MUSELKFASERTYPEN

Grundsätzlich unterscheidet man zwischen drei Muskelfasertypen

Typ 1 = niedrige Kraftentwicklung, lange Belastung

Typ 2a = hohe Kraftentwicklung, mittellange Belastung

Typ 2x = sehr hohe Kraftentwicklung, kurze Belastung

Diese drei Muskelfasertypen verfügen über unterschiedliche Eigenschaften:

Typ 1 = am langsamsten kontrahierende Muskeln (30–40 m/sec)

Typ 2a = mittelschnell bis schnell kontrahierende Muskeln (40¬–90 m/sec)

Typ 2x = am schnellsten kontrahierende Muskeln (70–120 m/sec)

Was passiert nun bei der Ermüdung/Training?

Die Rekrutierung steigt und die Frequenzierung sinkt!

Die Typ-2x-Fasern ermüden als Erstes und versuchen sich „Unterstützung" von den Typ-2a-Fasern zu holen. Wenn diese ebenfalls ermüden, wird dies durch die Typ-1-Fasern kompensiert.

Quelle: Kevin Backes, Einführung in die Elektromyografie, Velamed

Hierzu beschäftigen wir uns im Kinema mit EMG-Messungen und -Analysen.

Was also können wir dabei messen?

A: Die Rekrutierung wird in Mikrovolt gemessen.

Die Rekrutierung verläuft immer gegenläufig zur Frequenzierung. Im Zeitverlauf müssen weitere Muskelfasern hinzugeschaltet werden, um den Wegfall „aufgebrauchter" Fasern zu kompensieren. Je mehr Fasern nun wegfallen, desto mehr frische Fasern müssen hinzugenommen werden. Dies sehen wir im Anstieg der Kurve.

B: Die Frequenzierung wird in Herz gemessen.

Die Feuerungsrate des Muskels wird abgebildet. Es wird hier angezeigt, wie häufig der Muskel über den Messzeitraum angesteuert bzw. frequenziert wird. Hier ziehen wir die Rückschlüsse auf die Muskelfasertypen.

Es passiert also Folgendes:

Bei maximaler isometrischer Kontraktion muss

A) die Kraft abnehmen,

B) die Rekrutierung steigen und C) die Frequenzierung sinken!

Wichtig für uns ist:

Je dichter das Rohsignal, desto mehr weiße Muskelfasern sind aktiv.

Je größer der Ausschlag, desto mehr rote Muskelfasern sind aktiv!

Unsere Tennisprofis mit dem Kinema-Team (von links): Physiotherapeutin Anna Schmid, Tennisprofi Peter Heller, Trainer Marc Sieber, Trainer Sepp Maurer, Tennisprofi Jeroen Vanneste und Physiotherapeut Tobi Brandl

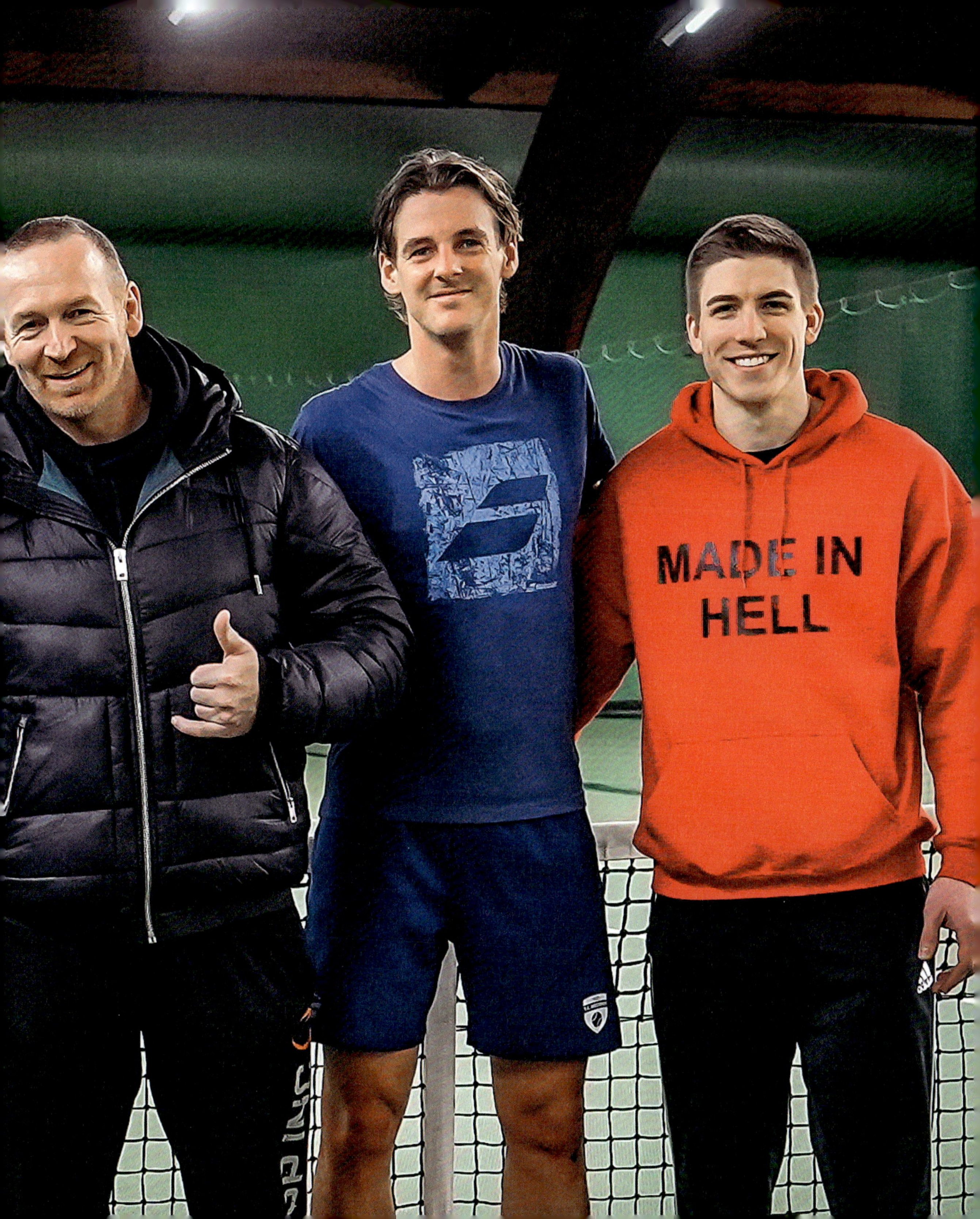
MADE IN
HELL

TRAININGSZYKLEN PERIODISIERUNG

Im Krafttraining wird der gesamte Planungszeitraum (etwa ein halbes bis ganzes Jahr), der sogenannte Mesozyklus, in mehrere vier- bis zwölfwöchige Mesozyklen aufgeteilt.

Die Mesozyklen unterscheiden sich in der Trainingsart (Fasertraining, Maximalkrafttraining und Kraftausdauertraining) und somit in der Wiederholungszahl und der Trainingsintensität.

In den Mesozyklen werden verschiedene Trainingspläne von ein bis drei Wochen Länge durchgeführt. In diesen sogenannten Mikrozyklen variieren Übung, Übungsreihenfolge, Satzzahl, Satzpausen und Trainingsmethode. Durch die wechselnden Trainingsarten und -inhalte werden der Muskulatur regelmäßig neue Wachstumsreize gesetzt und Übertraining vermieden.

TRAININGSPLAN- ERSTELLUNG

Bei der Erstellung eines Trainingsplans berücksichtige ich folgende Parameter:

- das Sportprofil des Athleten, also die Anforderung der Sportart, den Wettkampfkalender sowie den Veranstaltungsort und Zeitpunkt
- die Zielsetzung und die eigene Erwartung des Athleten.
- das Profil des Athleten. Seine Stärken und Schwächen sowie eventuelle Disbalancen der Muskulatur nach einer umfangreichen Leistungstestung
- die Leistungsparameter des Athleten. Wir testen im Kinema Blutlaktat und Urin, führen EKG, Elektromyogram, Maximalkraftmessung und Muskelfunktionstests durch und machen eine MicroPoint-Diagnostik und eine Somatomtestung.
- die genaue Analyse der Körperstatik des Athleten. Sie ist ebenso sehr wichtig
- Nun ermitteln wir die genauen Trainingszyklen wie Mikro-, Meso- und Makrozyklus sowie eventuell einen Olympiazyklus (Trainingsplanung über vier Jahre).
- Diese Zyklen werden mit Trainingstagen versehen und in Übungen unterteilt. Je nach Anforderung wird an Maschinen, mit Hanteln, Seilzügen, Kettlebells, Bändern oder mit dem eigenen Körpergewicht trainiert.
- Dann werden die Satzzahl der Übungen, die Wiederholungszahl, die Pausen, die Intensität sowie die Bewegungsgeschwindigkeit bestimmt.
- Regenerative Maßnahmen wie Massage, Sauna, Whirlpool, Kältebecken oder Höhenkammer, Kompressionstherapie oder Kälte-/Wärmeanwendung finden ebenso größte Beachtung wie Physiotherapie oder Elektrostimulation.
- Die Zusammenstellung der richtigen Ernährung auf den Athleten und seine Sportart abzustimmen ist ebenso wichtig wie die Zusammenstellung der geeigneten Supplemente.
- Der perfekte Trainingsplan benötigt eine genaue Einweisung durch erfahrene Trainer mit einer permanenten Trainingskontrolle über die Ausführung der Übung sowie deren Zwischenziele.

- Ebenso ist es sehr wichtig, dass der Athlet ein Trainingstagebuch zu Blutdruck, Körpertemperatur, Puls und Borg führt. Nur so ist eine genaue weitere Planung möglich.

Physiotherapeutin Julia Buhl beim Training in der desmodromischen Beinpresse mit Leon Dajaku, 1. Bundesliga

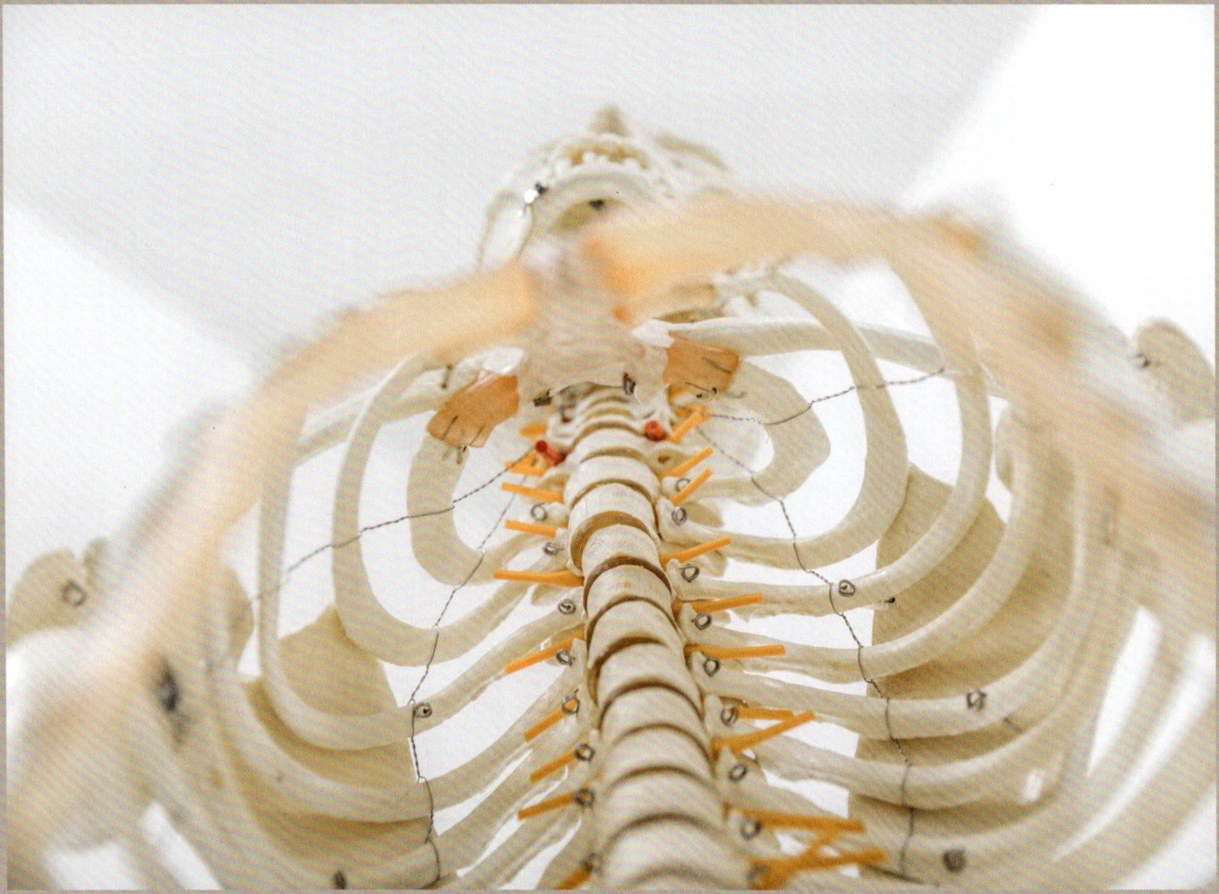

WISSENSCHAFTLICHE FAKTEN
ANPASSUNG IM SPORT

In diesem Kapitel möchte ich dir ein paar wissenschaftliche Fakten an die Hand geben, die für deinen Trainingsfortschritt mit Sicherheit hilfreich sind – auch wenn das Ganze zunächst vielleicht etwas kompliziert klingt: Schau einfach, was du davon für dich und dein Training mitnehmen kannst.

Kommen wir zunächst zu einem Punkt, der meiner Meinung nach eine große Rolle spielt, und zwar dem Ausschöpfen der adaptiven Kapazität deines Körpers – sprich der Fähigkeit, wie anpassungsfähig dein Körper ist. Dieser Faktor ist vor allem wichtig, wenn du dein Training möglichst effektiv gestalten willst.

Will dein Körper sich an ein Training anpassen, braucht er einen bestimmten Trainingsreiz. Ist dieser Reiz, also die Intensität des Trainings, entsprechend hoch, dann wird das zur akuten Erschöpfung führen. Führst du mehrere solche „erschöpfende" Trainingssessions über einen längeren Zeitraum durch, dann wird anschließend eine sogenannte Superkompensation erfolgen, die wir als positive Form der Anpassung sehen.

Nun gilt es also herauszufinden, welche Stressreize für dich geeignet sind – und vor allem, wie viel Erholung du brauchst, damit dein Körper Energiereserven mobilisieren und sich anpassen kann. Auch verschiedene Hormonreaktionen, die bei bestimmten Anforderungen ausgeschüttet werden, sind dafür entscheidend.

Zusammengefasst könnte man sagen: Die Fitness verbessert sich nur dann, wenn man ein Training konsequent über einen längeren Zeitraum durchführt.

ENERGIE-BEREITSTELLUNG

Wir sind uns einig, dass dein Körper für das Training Energie braucht – doch woher kommt diese Energie? Dazu musst du wissen, dass die Prozesse der Energiebereitstellung sehr komplex sind, weil im Körper mehrere chemische Energiespeicher zur Verfügung stehen. Die Prozesse greifen alle ineinander und laufen teilweise parallel ab. Hier müssen unterschiedliche Energieprozesse verstanden und miteinander kombiniert werden. Die verschiedenen Vorgänge haben sowohl eine anabole (aufbauende) als auch eine katabole (abbauende) Wirkung der unterschiedlichen Enzyme im Körper.

Als wichtigster und direkt verfügbarer Energiespeicher wird Adenosintriphosphat (ATP) verwendet. Im menschlichen Körper können davon aber nur rund 85 g gespeichert werden. Ein Mensch benötigt aber etwa 100 kg ATP für 2500 kcal am Tag. Daher müssen die ATP-Speicher über andere Energiespeicher immer wieder aufgefüllt werden.

Nun gibt es die Möglichkeit, über das sogenannte Kreatinphosphat (KP), das in den Zellen drei- bis fünfmal mehr gespeichert wird, eine ATP-Resynthese auszulösen, für die kein Sauerstoff benötigt wird. Dadurch wird ein kritischer Abfall der ATP-Speicher verhindert, und dem Körper steht für etwa zehn bis 15 Sekunden erneut Energie zur Verfügung. Danach sind auch die Kreatinphosphatspeicher erschöpft und ein Wiederauffüllen der Speicher dauert mehr als 150 Sekunden.

Eine anaerobe Form der Energiegewinnung ist der chemische Prozess der Glykolyse. So wird der Abbau von Glukose genannt, bei dem Energie entsteht. Bei der anaeroben Energiebereitstellung ist nicht von einem Sauerstoffmangel die Rede, sondern von einer begrenzten Kapazität der oxidativen Enzymsysteme in den Mitochondrien.

Das bedeutet vereinfacht gesagt, dass in den Kraftwer-

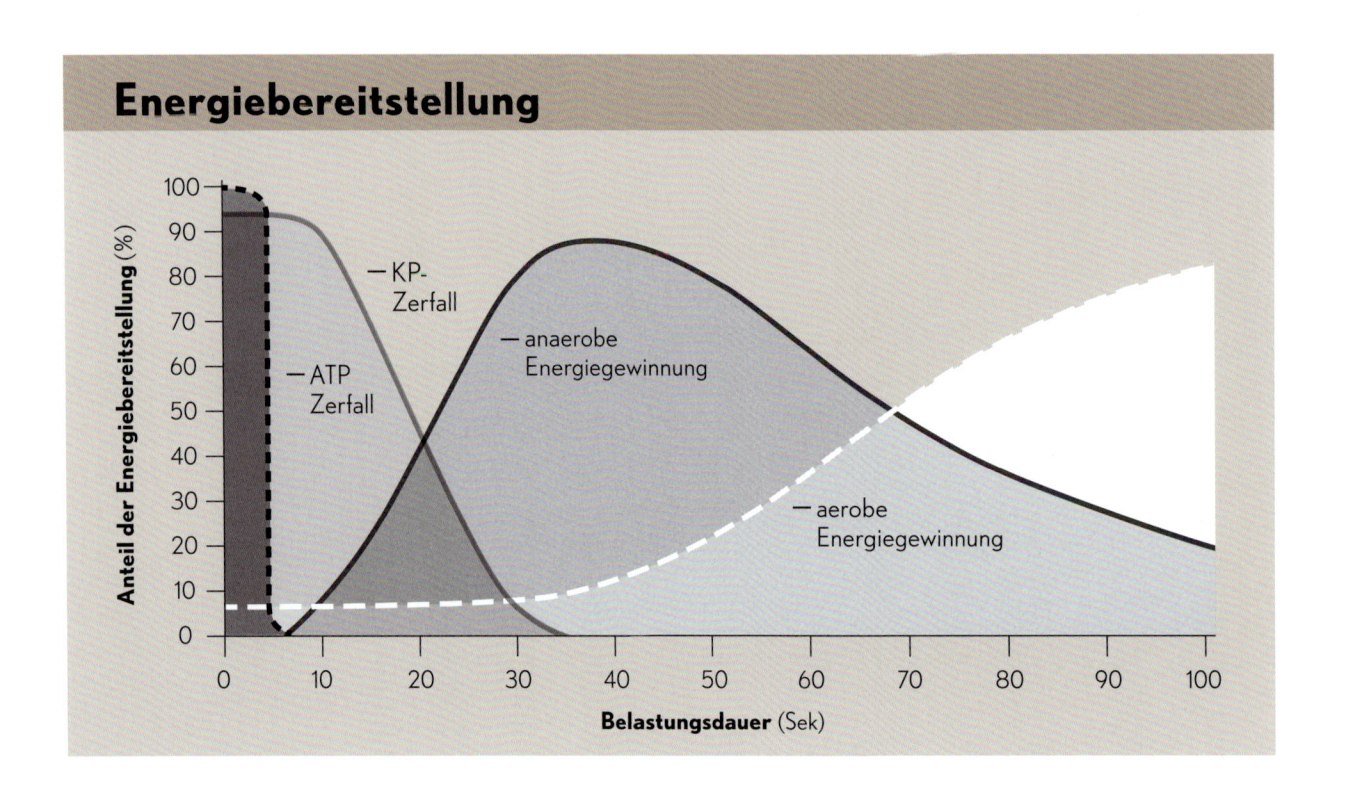

Energiebereitstellung

ken der Zellen (Mitochondrien) nur begrenzt Sauerstoff verwertet werden kann. Das Endprodukt der anaeroben Energiebereitstellung sind ATP, Pyruvat und NADH+/H+.

Laktat wird ebenfalls bei der Energiegewinnung gebildet. Es entsteht, wenn mehr Pyruvat als mit Sauerstoff über den Citrat-Zyklus (auch Krebs-Zyklus genannt) abgebaut wird. Der Abbau von Laktat ist durch eine aktive Pause bzw. Erholung schneller und besser möglich. Der Laktatabbau für die Energiespeicher geschieht in Herz, Nieren und Leber (Cori-Zyklus).

Bei einer lang anhaltenden Belastung spielt die Lipolyse die Hauptrolle. Zusätzlich läuft in der Leber die Glykoneogenese ab. Das obige Bild zeigt die beiden Prozesse.

Durch effektives Training können Normalpersonen ihre Mitochondriengröße von 0,03 bis 0,05 auf 0,06 bis 0,1 ml/ml erweitern.

Dadurch ist eine Erhöhung der aeroben Energiebereitstellung möglich.

Für die Messung der Energiebereitstellung gibt es unterschiedliche Verfahren, die ich dir im Folgenden kurz erklären möchte:

Spiroergometrie:

Das ist ein Verfahren, bei dem unter körperlicher Belastung Atemgase gemessen werden. Dabei sitzt der Athlet auf einem Ergometer und bekommt ein Atemgasgerät angepasst, das die Ausatemluft messen kann. Interes-

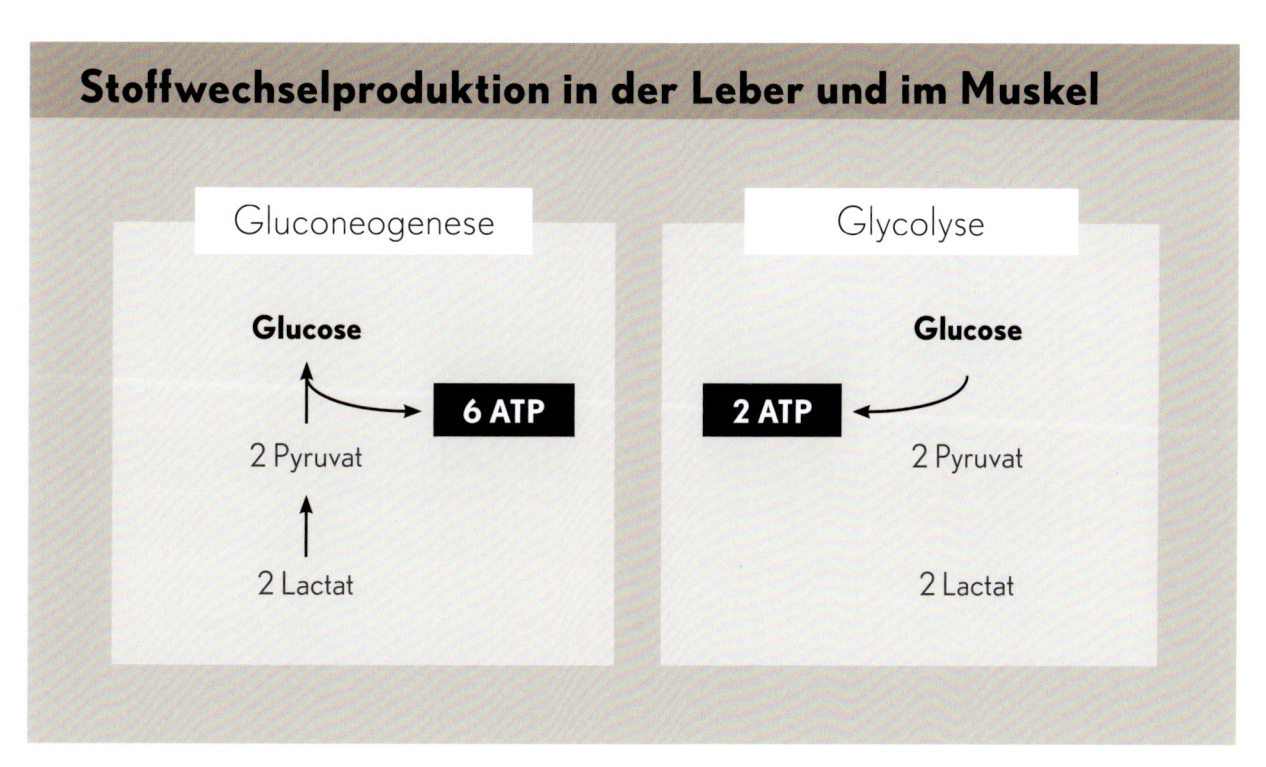

Stoffwechselproduktion in der Leber und im Muskel

Gluconeogenese

Glucose ← 6 ATP ← 2 Pyruvat ← 2 Lactat

Glycolyse

Glucose → 2 ATP → 2 Pyruvat → 2 Lactat

Urheber: Cori_Cycle.SVG: User:Petaholmes, user:PDH, user:Eyal Baireyderivative work: Matt (talk) - Cori_Cycle.SVG, CC BY-SA 3.0, https://commons.wikimedia.org/w/index.php?curid=10619523

sant ist für uns hier der Wert der maximalen Sauerstoffaufnahme im Körper, also der VO2max. Er ist über die Atemgase bei maximaler Belastung messbar und der Goldstandard aller sportmedizinischen Untersuchungen.

Im Training gehen wir nun von unterschiedlichen Anpassungen aus. Erst bei einer Auslastung von 35 Prozent der VO2max wird von einer oxidativen Anpassung gesprochen. Ein optimaler Effekt der Anpassung wird bei einer Auslastung von 50 Prozent der VO2max angenommen. Bei mehr als 70 Prozent der VO2max wird kein zusätzlicher Effekt erwartet (*Hickson, Hagberg et al.1981*). Das bedeutet, dass die Energiebereitstellung von Kohlehydraten und Fettsäuren im Muskel abhängig von der prozentualen Ausnutzung der VO2max verläuft. Hierbei liefern Kohlehydrate gegenüber Fettsäuren pro mol Sauerstoff schneller und mehr ATP.

An der Verwertung von Sauerstoff sind beteiligt (und müssen bei einem effektiven Training miteinbezogen werden):

- Lunge
- kardiovaskuläres System
- Skelettmuskulatur
- Nutzung von Sauerstoff im Rest (Nervensystem, Herz, Organe, etc.)

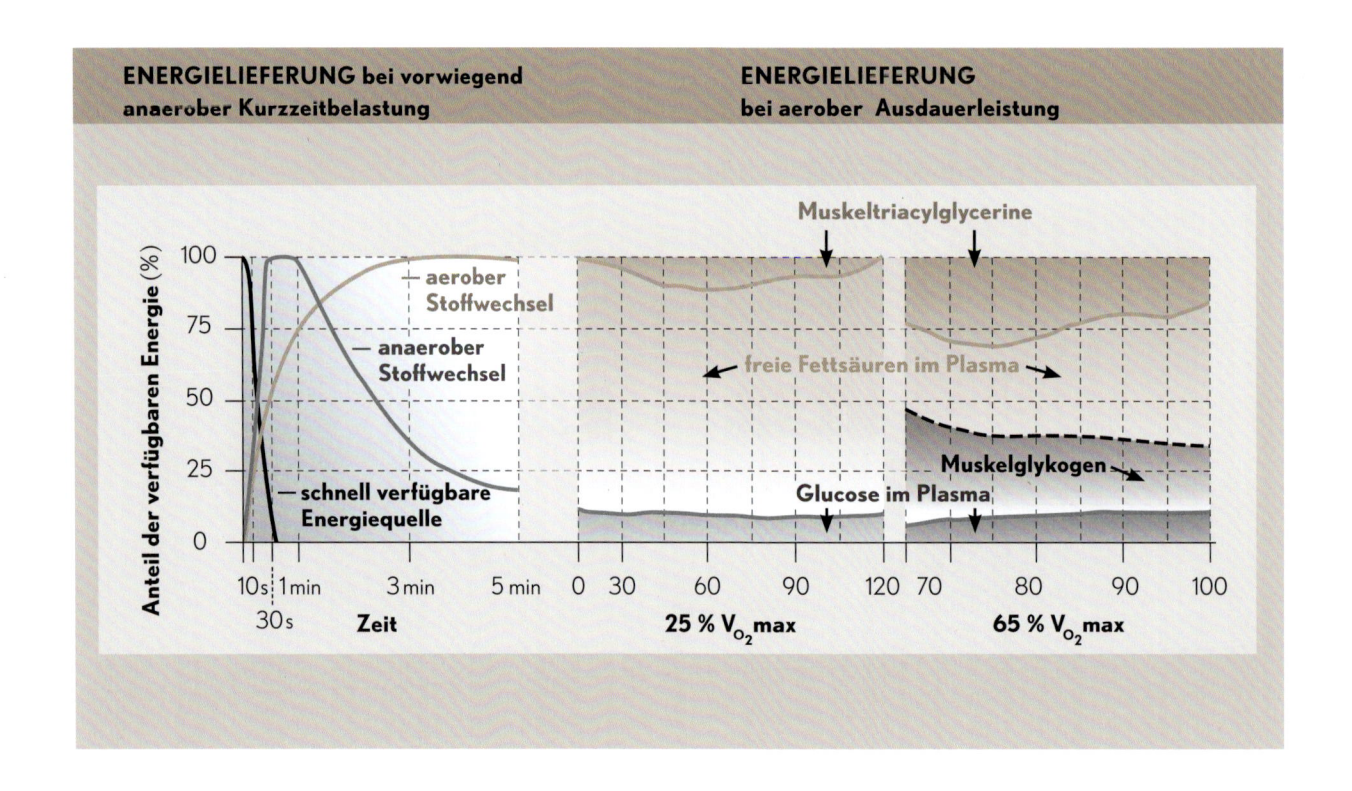

Bedeutung für das Training:

Aus physiologischer Sicht gibt es keine aerobe Schwelle. Sie wurde bisher nur von einigen Wissenschaftlern angenommen oder berechnet.

Für die anaerobe Schwelle gibt es bis dato keine einheitliche Definition. Dabei wird diese definiert als diejenige Sauerstoffaufnahme bzw. -belastung, die oberhalb der aeroben Energiebereitstellung notwendig wird, um die Belastung zu bewältigen.

Dabei läuft die aerobe Energiebereitstellung immer mit voller Aktivität weiter, während die anaerobe lediglich zusätzlich erfolgt. Es können unterschiedliche Trainings bezüglich der aeroben und anaeroben Auslastung erfolgen.

Messung der Laktatschwelle:

Um die Laktatschwelle zu messen, muss erst einmal die Nettolaktatproduktion definiert werden. Damit ist die gesamte Laktatproduktion im Körper mit der nebenher laufenden Laktatelimination gemeint. Sollte bereits sehr früh ein Anstieg der Nettolaktatproduktion beginnen, schließt man auf eine niedrige oxidative Kapazität der Skelettmuskulatur. Auch eine niedrige Mitochondrienmasse und/oder eine geringe Kapillardichte der Muskulatur können der Auslöser sein. In den ersten drei Monaten des Trainings kann die Mitochondrienmasse erhöht, aber eine Kapillardichte noch nicht entsprechend angepasst sein. Die maximal aufgenommene Sauerstoffmenge ist bereits angestiegen, aber die anaerobe Schwelle ist noch nicht angepasst. Bei einer hohen absoluten Leistungsfähigkeit besteht auch eine hohe maximale Laktatleistungsschwelle (MLSS). Die Anzahl der Trainingseinheiten an der MLSS pro Woche ist limitiert, weil das Wiederauffüllen der extrem leeren Glykogendepots bis zu drei Tage dauert. Und diese Pause sollte unabdingbar sein, da dies sonst mit einer Reduzierung der MLSS und einer Verschlechterung des Trainingszustandes einhergehen könnte. Auch ein Übertraining könnte die Folge sein.

Vorteile von Ausdauersport:

- Senkung des Gefäßwiderstandes bis zu 23 Prozent
- Er stimuliert die Gefäßneubildung im Körper, und die
- Mitochondrienmasse erhöht sich (Weibel&Taylor et al.1991)
- geringerer Laktatanstieg im Muskel bei gleicher Belastung
- Senkung der Herzfrequenz in Ruhe
- Wassereinlagerungen nehmen ab
- erhöhter Grundumsatz
- Senkung des LDL-Cholesterins
- Erhöhung des HDL-Cholesterins

ENERGIEFLUSS

Kommen wir zur nächsten Frage: Wie bringen wir die Energie in unserem Körper zum Fließen? Es ist sicher: Für den Energiefluss ist entscheidend, ob dein Körper die Fähigkeit hat, sportunabhängig ATP zu bilden. Die Athletik stellt die Grenzen des körperlich Machbaren dar, und deshalb sollte jede Zelle perfekt funktionieren, um Bestleistungen zu erreichen. Obwohl wir hier in Bezug auf die Energie meist nur über Muskulatur und Herz sprechen, sollte man nicht vernachlässigen, dass viele Gewebe bei Belastung weit mehr Energie benötigen als im Ruhezustand. Beispielsweise das Gehirn. Man kann sich vorstellen, wie energieaufwendig es ist, innerhalb von Millisekunden Neuronen zum Feuern zu bewegen, um eine Muskelarbeit zu bewirken.

Die ATP-Produktion beschränkt sich demnach nicht nur auf die arbeitende Muskulatur oder das kardiovaskuläre System. Anpassungsprozesse und Veränderungen finden im ganzen Körper statt, weil die Verwertung von Energie über Leben und Tod entscheidet.

Dass das Energiesystem anpassungsfähig sein muss, sehen wir bei den verschiedenen Sportarten. Nehmen wir als Beispiel dafür einen Powerlifter, der in zwei bis vier Sekunden seine Hebung vollendet, oder einen Marathonläufer, der drei Stunden unterwegs ist.

Bevor man solche Trainingsprogramme gestaltet, sollte man also die Anforderung, Kontinuität und das Verhält-

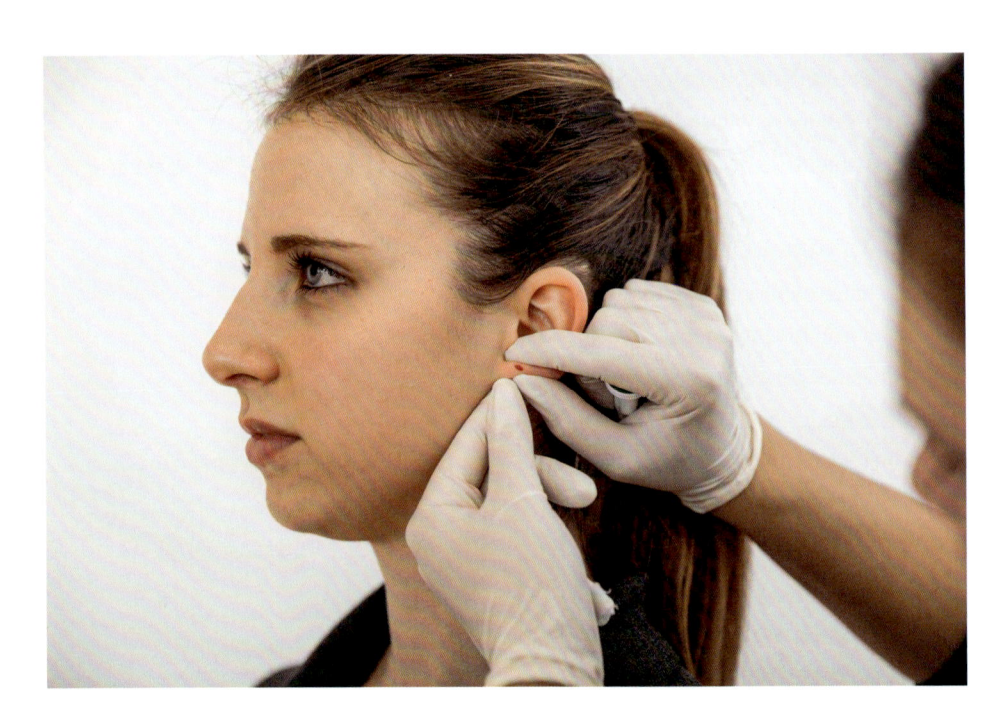

Laktatmessung im Kinema

ZEITCHARAKTERISTIK der Substratverstoffwechslung und Energiequellen zur ATP-Resynthese bei fortgesetzter mäßiger Arbeit (Mind Map)

ZEIT (MAXIMUM)	ENERGIEQUELLE	BESONDERHEITEN
0 bis wenige Sek.	ATP	Gehalt: ~5 µmol/g_{Muskel}, $[ATP]_i$ ~5 mM, ATP → ADP+P_i (Myosin-ATPase-Aktivität), Speicher nur für wenige Einzelkontraktionen ausreichend (6-10)
~2-20 Sek. (~10 Sek.)	Kreatinphosphat (CP) **alaktazid**	Gehalt: ~11 µmol/g_{Muskel}, $[CP]_i$ ~30 mM, CP+ADP → C+ATP im Zytoplasma nahe der kontraktilen Filamente, hohe Syntheserate (1,5–3 µmol ATP/g_{CP} xs, ausreichend für max. 60 Sek. → ~50 Kontraktionen
~5-200 Sek. (~50 Sek.)	anaerobe Glycolyse **(anaerob laktazid)**	Gehalt: ~80 µmol/g_{Muskel} Glycogen total → ~5 MJ Brennstoffreserve. Glycogenabbau im Zytoplasma über Pyruvat zu Laktat unter rel. O_2-Mangel. Ineffektiv (nur 2 ATP pro Glucose!) und selbstlimitierend durch Azidose → Ermüdung, Krafthemmung. Vorkommen: v.a. Typo IIb/X-Fasern (zu wenig Mitochondren), Beginn von Arbeit (Anpassung oxidativer Stoffwechsel) oder residual bei schwerer Ausdauerleistung.
10 Min.-1,5 Std. (~1 Std.)	**Aerobe Glycolyse,** oxidative Phosphorylierung	Zunächst Muskelglycogen, später Blutglucose. Bei Glycolyse des Muskelglycogens entstehendes Pyruvat und NADH in Mitochondrien (Typ I, IIa-Fasern!) wird oxidativ zu H_2O udn CO_2 unter O_2-Verbrauch phosphoryliert (~38 ATP/Glucose). ATP-Resyntheserate ist doppelt so hoch wie von FS-Oxidation
10 Min.-1,5 Std. (~1 Std.)	Glycogenolyse (v. a. Leber)	**Adrenalin**freisetzung bei Arbeit stimuliert Glycogenolyse (Leber, Muskel) → Hyperglykämie → Aufnahme von Blutglucose in Muskel für aerobe Glycolyse (insulinunabhängig).
> 60 Min.	Lipolyse (Fettgewebe), Gluconeogenese (Leber)	Bei anhaltender Leistung tritt Lipolyse ein (Fettgewebe, Adrenalinwirkung!) → FS-Aufnahme in Muskel → ß-Oxidation (Cori-Zyklus) → RQ ↓, 60 % des Dauerleistungs-„Brennstoff". Rest erfolgt über Gluconeogenese in der Leber (aus Muskellaktat, AS). Beide Effekte sparen Muskelglycogen ein! (~500 g Muskelgylcogen vs. ~15 kg Körperfett).

RQ: Respiratorischer Quotient. FS: Fettsäure. AS: Aminosäure

nis von Arbeit und Erholung im Auge behalten. Zweifelsohne sind die Sportarten mit der größten Energieflussrate Gewichtheben, Kraftdreikampf, Kugelstoßen oder Diskuswerfen, sowie Hochsprung oder auch Speerwerfen. In diesem Fall sorgt die größtmögliche Energieflussrate für eine höhere Maximal- oder Schnellkraft und damit auch für eine bessere Leistung
Sportarten mit niedriger Energieflussrate wie Triathlon, Radfahren oder Marathon stellen für die Energiebereitstellung eine völlig andere Herausforderung dar. Hier muss der Körper extrem effizient und ökonomisch vorgehen, um lange ATP produzieren zu können. Vor allem ist hier das Trainieren der aeroben Fitness sehr wichtig, da diese eine ökonomische ATP-Produktion ermöglicht.

INTERFERENZEFFEKT

Über das Thema Interferenzeffekt, also die Frage, ob sich zwei unterschiedliche Trainingsformen wie Ausdauer- und Krafttraining gegenseitig negativ beeinflussen, wird in der Sportwelt immer wieder diskutiert. Football-Coach Robert Hickson hat die ersten wichtigen Beobachtungen dazu im Jahr 1980 gemacht. In einer Studie bewertete er Kraft und Ausdauer. Er ließ eine Gruppe von Testpersonen ausschließlich Krafttraining durchführen, die andere Gruppe nur Ausdauertraining und die dritte Gruppe ein simultanes Kraft- und Ausdauertraining. Über einen Zeitraum von zehn Wochen konnte man beobachten, dass die erste und zweite Grup-

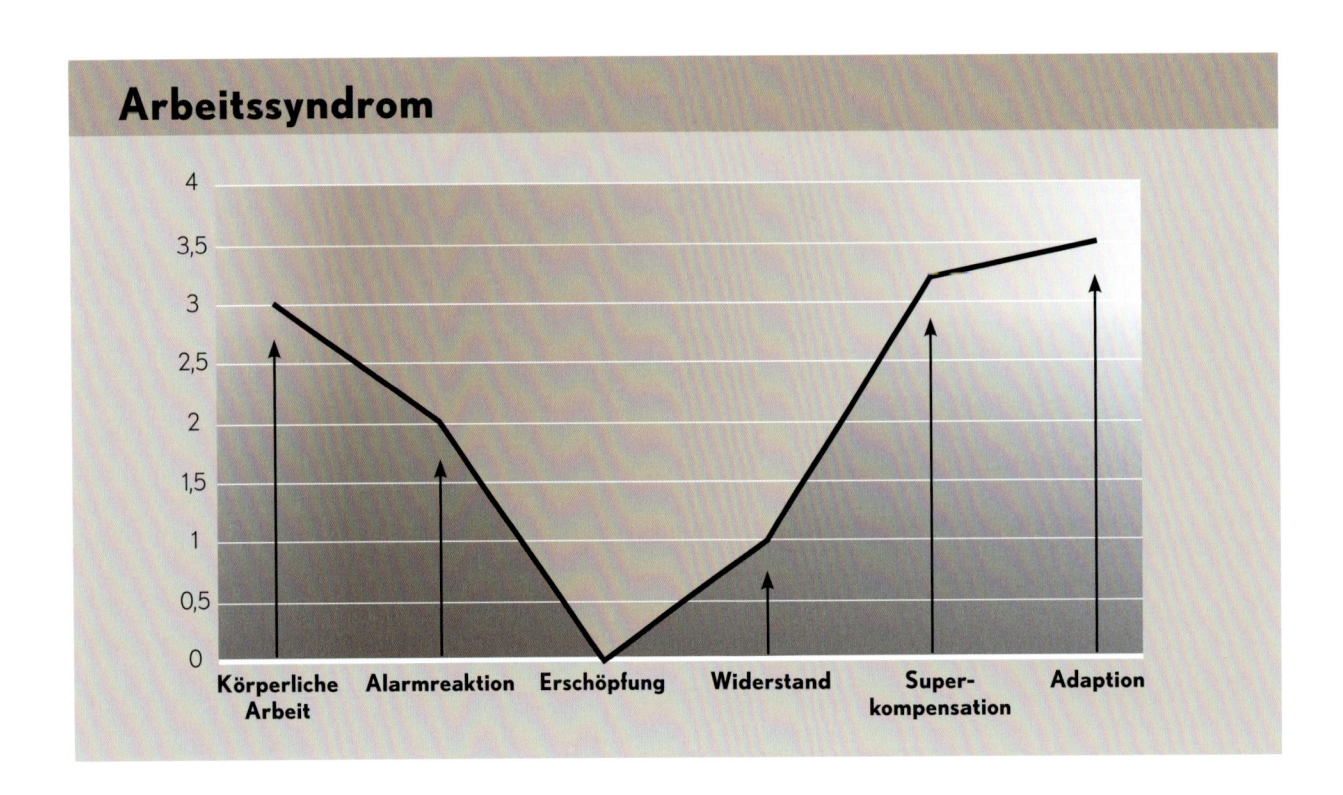

Arbeitssyndrom

pe gute Fortschritte machten, die „simultane" Gruppe nur minimale zeigte. Dies ist nur eine Studie von vielen, die die Meinung gefestigt haben, dass man Krafttraining und Ausdauertraining nicht gleichzeitig machen sollte. Schauen wir uns das mal genauer an:

Wenn ein Athlet Ausdauertraining absolviert, wird das Enzym AMPK (aktivierte Proteinkinase) aktiviert. Dies erhöht die Fettverbrennung und die Zuckeraufnahme, wodurch sich die anaerobe Proteinbereitstellung verbessert. Wenn ein Athlet Muskelquerschnittstraining absolviert, wird das Enzym mTORC1 aktiviert. Dies regelt die Proteinsynthese und führt zu einer größeren Muskelhypertrophie und somit auch zu mehr Kraft.

Quelle: David Joyce Athletiktraining für sportliche Höchstleistungen S. 306

Trainiert ein Athlet nun simultan, wird das Enzym AMPK die Aktivierung von mTORC1 blockieren – diese beiden Enzyme sind also kontraproduktiv, was wiederum den Nachteil simultaner Trainingsprogramme erklärt.

Bei untrainierten Menschen, also Anfängern, kann ich durchaus dazu raten, Kraft- und Ausdauertraining zu kombinieren. Bei ihnen ist der Interferenzeffekt höchstwahrscheinlich minimal. Bei zwei Tagen Training pro Woche (also einer niedrigen Trainingsfrequenz), wie ich sie einem Anfänger empfehlen würde, zeigen sich minimale Interferenzen. Hier ist es ohne Weiteres möglich, in beiden Bereichen Fortschritte zu machen.

Fortgeschrittenen oder Eliteathleten rate ich aber davon ab. Hier zeigt meine Erfahrung, dass man am Ende des Krafttrainings zwar durchaus Ausdauertraining machen kann, jedoch nur dann, wenn es nicht über 80 Prozent der maximalen Sauerstoffaufnahme liegt.

Ausnahme: Wenn Leistungs- oder Eliteathleten hochintensives Krafttraining absolvieren, muss das simultane, aerobe Training genauso strukturiert sein. Also Intervalle mit höherer Intensität, höherer Geschwindigkeit und kürzerer Erholungsdauer.

ANAEROBE LEISTUNG IM TRAINING

Wir trainieren im Kinema sehr viele unterschiedliche Athleten aus verschiedenen Sportarten. Vom Eishockeyspieler bis zum Triathleten, vom Profiboxer bis zum Powerlifter. Jeder dieser Athleten, jede dieser Sportarten bedarf einer eigenen Herangehensweise für die Steigerung der anaeroben Leistung. Denn: Egal, ob perfekte Beschleunigung, explosive Bewegung, kontrollierte schnelle Kontraktion, also der perfekt Lift, der perfekte Sprint, oder die perfekte Kniebeuge – für all dies brauchen wir Energie, die wir aus einem anaeroben Stoffwechsel beziehen.

Fakt ist aber: Mit zunehmender Belastungsdauer nimmt die maximale Intensität, die ein Sportler aufrechterhalten kann, ab. Man geht sogar davon aus, dass bei maximaler Anstrengung unter einer Minute mehr als 50 Prozent der Energie auf anaerobe Weise produziert werden. Es wäre also gut, die anaerobe Leistung im Training steigern zu können. Hierzu sollte man verschiedene Variablen genauestens betrachten und folgende Fragen stellen:

- Welche Art der Arbeit verrichtet der Muskel in der Sportart? Zum Beispiel: konzentrisch, exzentrisch oder isometrisch?

„Sepp ist ein absoluter Macher – und ich bin schwer beeindruckt von seiner Leistung."

GUNDA FIONA VON BACHHAUS
MEHRMALIGE WELTMEISTERIN
IM BANKDRÜCKEN UND KRAFTDREIKAMPF

Wie soll man diese Frau am besten beschreiben? Selbst der Begriff „Miss Powerlifting" reicht bei weitem nicht aus: Die Rede ist von Gunda Fiona von Bachhaus. Die 41-Jährige ist mehrfache Deutsche, Europa- und Weltmeisterin im Bankdrücken und Kreuzheben und hat im Laufe ihrer sportlichen Karriere bisher schon so viele Titel abgeräumt, dass man unmöglich alle aufzählen kann. Sie war die erste Frau, die im Bankdrücken mehr als ihr dreifaches Körpergewicht und mehr als 200 Wilks-Punkte gedrückt hat. Sie hat mehrere Weltrekorde bei den berühmten Arnold Classics aufgestellt, sie hat Sportwissenschaften studiert, arbeitet als Physiotherapeutin und Personal Trainerin und ist Mitglied im Eisenhart-Leistungskader. Seit mittlerweile sieben Jahren fährt sie regelmäßig zum Training ins Kinema – und zwar quer durch Deutschland, denn Gunda Fiona lebt mit ihrem Mann und zwei Töchtern bei Saarlouis, 600 Kilometer von der Höllhöhe entfernt. „Der Weg lohnt sich aber jedes Mal", erzählt sie. „Denn immer, wenn ich in den Bayerischen Wald komme, darf ich von hier tolle Erfahrungen und jede Menge Wissen mit nach Hause nehmen."

Zum ersten Mal kam Gunda Fiona im Jahr 2015 ins Kinema. Ihr Mann Christian Poppe, ebenfalls Weltmeister im Kraftdreikampf, hatte ihr schon oft von dieser besonderen Trainingsstätte im Bayerischen Wald erzählt. „Und als ich selbst hierherkam, spürte ich sofort, wie großartig dieser Ort ist. Hier herrscht schon beim Training Wettkampfatmosphäre, hier arbeiten alle zusammen, und für mich ganz besonders: Man wird auch als Frau nicht blöd angequatscht, wenn man trainiert." In anderen Studios habe sie sich durchaus

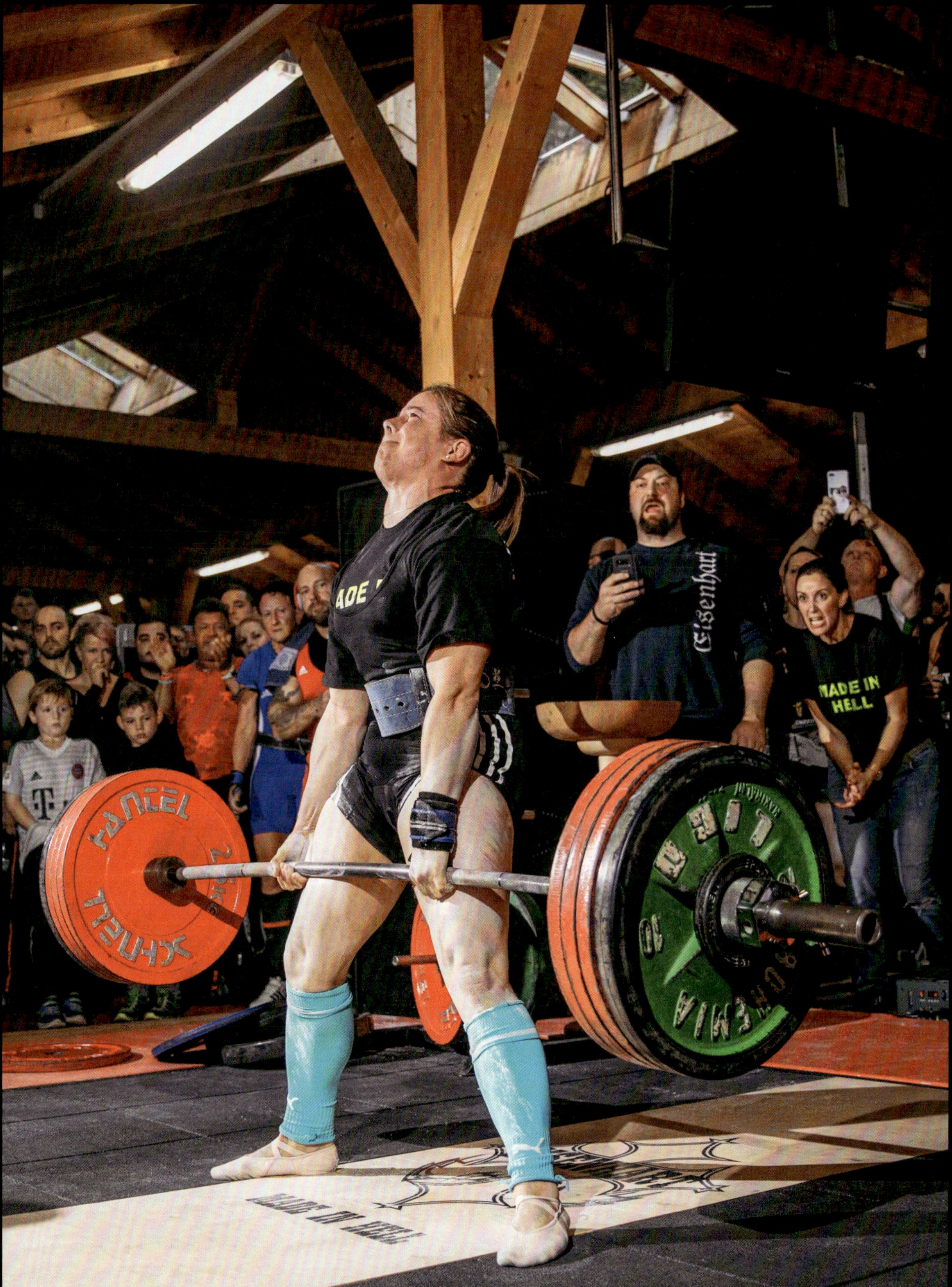
Eisenhart
MADE IN HELL

öfter mal schlaue Sprüche von Männern anhören müssen, wenn sie sich als Frau schwere Gewichte auflegte. Im Kinema allerdings sei sie immer als gleichwertige Athletin behandelt worden. „Hier klopfen dir die anderen auf die Schulter, motivieren dich, und niemand fragt, warum du diesen Sport machst."
Doch nicht nur als Athletin komme sie immer wieder gerne ins Kinema, auch als ausgebildete Trainerin und Physiotherapeutin hat sie schon öfter bei Sepp im Team mitgearbeitet. „Sepp lässt mich eigentlich immer mein Ding machen, weil wir auch einen ähnlichen Ansatz haben", erzählt sie.
„Ich finde es fantastisch, was er erschaffen hat. Sepp ist ein absoluter Macher – und ich bin schwer beeindruckt von seiner Leistung. Jedes Mal, wenn ich ins Kinema komme, ist etwas neu und noch besser. Er ist so unglaublich innovativ und entwickelt sich rastlos immer weiter." Trotz seiner eigenen Geschichte mit seinem Knie mache er immer weiter und sei selbst das beste Beispiel dafür, was es bedeutet, nicht aufzugeben.
Die Entwicklung des Kinema sei für sie bemerkenswert. „Hier kann ich meinen Patienten nicht nur in der Theorie eine Übung erklären – ich kann sie sofort im Anschluss oder im Vorfeld der Behandlung mit den besten Trainingsmöglichkeiten unterstützen. So etwas habe ich noch nirgendwo anders erlebt." Wenn man selbst vom Fach sei, könne man die Qualität der Reha- und Therapiemöglichkeiten im Kinema vielleicht noch mal anders einordnen.

Doch nicht nur für ihre Patienten, auch für ihr eigenes Training bekomme Gunda Fiona auf der Höllhöhe immer wieder neue Impulse und Anregungen. Zu den sportlichen Highlights ihrer Karriere gehören neben den Arnold Classics in den USA, die sie mit Sepp Maurer als Trainer erfolgreich bestritten hat, die legendären Eisenhart-Wettbewerbe im Kinema. Hier durfte sie mehrere Male den Pokal als Gesamtsiegerin im Bankdrücken und Kreuzheben unter tosendem Beifall der Zuschauer und Mitsportler entgegennehmen. „Diese Veranstaltung ist unvergesslich und zeigt noch einmal den Spirit und die Gemeinschaft auf der Höllhöhe", sagt sie. „Und all das steht und fällt mit einer Person: Sepp Maurer."

- Welche Kontraktionsgeschwindigkeit des Muskels erfolgt in der Bewegung?
- In welchem Wiederholungsbereich bewegt sich die Wettkampfdisziplin? Ist es eher eine Wiederholung, oder sind es 60 Wiederholungen plus?
- Wie gestaltet sich die Erholung zwischen den einzelnen Disziplinen? Zum Beispiel im Kraftdreikampf oder in der Pause zwischen zwei Durchgängen im Ski Alpin?
- Welche Muskeln werden hauptsächlich beansprucht, bzw. welche Muskelgruppen müssen die Bewegung unterstützen oder sogar als „Schutz" dienen? Beispiel: Boxen.

Egal, ob Radfahrer oder Boxer, beide benötigen maximale anaerobe Leistungsfähigkeit. Man fragt sich oft, warum ein Radfahrer einfach nicht schneller wird oder der Boxer ab Runde sechs einfach keinen Dampf mehr hat. Die Sportwissenschaft vertritt hier zweierlei Meinungen: zum einen die der peripheren Limitierung (Akkumulation von Laktat) und zum anderen (dieser Meinung bin ich persönlich) der zentralen Limitierung, also der Motivation. Es ist klar, dass die anaerobe Leistung mit der funktionellen Muskelmasse und der Komposition der Muskelfasern verbunden ist. Die Forschung hat bestätigt, dass die neuromuskuläre Aktivierung, die durch Motivation und Emotion beeinflusst wird, sehr wichtig für die maximale Produktion der Leistung ist. Ich bin mir sicher, dass Motivation eines der Geheimnisse bei uns auf der Höllhöhe ist. Dies ist wahrscheinlich sogar der Eisenhart-Faktor. Wenn nicht Motivation – was dann? Was treibt jemand in den Grenzbereich seiner Leistungen und darüber hinaus?

Das „Nichtschaffen" einer kurzen intensiven Belastung liegt meist daran, dass das Gehirn darin eingeschränkt ist, die erforderliche Muskelmasse zu rekrutieren, oder die rekrutierte Muskelmasse der Aufgabe nicht gewachsen ist. Hier kann durch das richtige Trainingsumfeld, die richtige Eventplanung, die entsprechende Motivation eine Verbesserung der anaeroben Leistung eintreten. Außer der Athlet ist peripher limitiert, dann muss erst die Faserkomposition des Muskels verändert werden. So viel zu meiner Annahme. Verbesserung erfolgt hier meiner Meinung nach nur durch „Fleiß". Und am besten bis zum Muskelversagen. Nur so wird eine maximale Rekrutierung der motorischen Einheiten der Skelettmuskulatur erreicht, wodurch eine Verbesserung der Anpassung sowie eine günstige Wachstumshormonproduktion entstehen. Natürlich müssen diese Trainingstage genau geplant sein und mit regenerativen Programmen abgestimmt werden. Ich habe auch immer wieder festgestellt, dass Intervalle erheblich zur Leistungssteigerung in allen Sportarten beitragen. Hier habe ich mir für viele unterschiedliche Sportler Programme einfallen lassen, um keine Limitierung in der Erzeugung der Spitzenleistung zu bekommen.

DAS PARADOXON DES KRAFTERHALTS

Kommen wir zu einem sehr komplizierten Thema: Ein großer Fehler von Sportlern verschiedener Disziplinen ist es, zu denken, dass man nach einer Vorbereitung sprichwörtlich „fertig" trainiert ist. Ich beobachte dieses Denken immer wieder vor allem bei Triathleten (außer meinen). Viele sind der Meinung, sie müssen sich sechs Monate vorbereiten, dann nur noch Wettkämpfe machen, aber keinen Wert mehr auf Krafttraining legen. Ebenso ist zu beobachten, dass viele Kraftsportler Anfang des Jahres den Fokus auf ein Event Ende des Jahres legen, aber dann in den letzten Wochen die Intensität in den Nebenübungen verringern. Bis auf ein wie später hier im Buch erwähntes Deload oder Tapering hat diese Vorgehensweise keinen Sinn.

„Falsch" ist es also meiner Meinung nach, seine Kraft zu Beginn der Wettkampfsaison zu entwickeln und sie dann nur noch zu erhalten. Das Problem dahinter ist, dass sich im Wettkampfjahr Stress und Erschöpfung anhäufen und sich dies negativ auf das Kraftpotenzial auswirkt. Es nimmt also ab, wenn man das Kraftniveau nicht verbessert! Dies müssen wir verstehen. Man bezeichnet es als Paradoxon des Krafterhalts und kann es sich folgendermaßen vorstellen: Ein Eishockeyspieler verfügt am Anfang der Saison über folgende Parameter: Kraftpotenzial von 100 Prozent, Stresseinwirkung von 15 Prozent, Kraftrealisierung von 85 Prozent. In der Mitte der Saison, wenn man nur noch vom „Krafterhalt" ausgehen würde:,
Kraftpotenzial von 100 Prozent, Stresseinwirkung von 35 Prozent, Kraftrealisierung von 65 Prozent.

Um also in der Wettkampfsaison seine Leistung stetig zu erhöhen und seinen Mitspielern überlegen zu sein, benötigen wir ein kontinuierliches Krafttraining, um nicht durch den Stress nur noch wenige Prozent realisieren zu können. Dies trifft auf fast alle Sportarten zu. Louie Simmons sagte einmal zu mir den weisen Satz: „Wenn du zum Ende hin die Nebenübungen weglässt und nicht mehr hart trainierst, wieso hast du sie dann überhaupt gemacht?" Natürlich muss alles perfekt abgestimmt, richtig periodisiert und regenerativ geplant werden, dafür gibt es wiederum einen individuellen Trainingsplan. Ich will damit sagen, dass man oftmals in der Saison mehr Krafttraining machen muss, um „nur" auf dem Anfangsstand zu bleiben.

DAS NUTZEN DER ERSCHÖPFUNGSRESISTENZ

Man kann mitunter Trainingseinheiten nach dem Gesichtspunkt der Erschöpfungsresistenz gestalten. Damit meine ich, man sollte trotz eingeschränkter Erholung eine kraftvolle Bewegung wiederholen. Ein Beispiel dafür könnten Reduktionssätze bei den Kniebeugen sein. Hier werden z. B. acht Wiederholungen ausgeführt, Gewicht reduziert und wieder acht Wiederholungen ausgeführt, Gewicht reduziert, und so weiter. Angenommen, zwei Athleten bewältigen zu Beginn das gleiche Gewicht, also 200 Kilo Bestleistung. Der eine kann nach dem dritten Reduktionssatz nicht mehr, der andere bewältigt alle sechs Sätze. Dies ist ein Beweis dafür, dass zwei Athleten zwar gleich „stark", aber unterschiedlich erschöpfungsresistent sind.

Dabei hat die Anzahl der Kontraktionen, die aufeinander folgen, wahrscheinlich eine einzigartige Wirkung auf die Erschöpfung, unabhängig von der maximalen „Kraft". Dieses Trainingsprinzip wird seit Beginn des Kraftsports verwendet, um neue Trainingsreize zu setzen, obwohl erst in den letzten Jahren die „Kontraktionsgeschwindigkeit" genauer untersucht wird. Dieses Wissen kann dem Radfahrer ebenso wie dem Powerlifter beim Trainingsfortschritt extrem helfen.

MUSKELSPANNUNG

Das Anspannen und Entspannen von Muskeln bildet die Ursache dafür, dass wir uns in vielfältiger abgestufter und koordinierter Weise bewegen können. Diese An- und Entspannung unserer Millionen Muskelfasern wird über das Gehirn gesteuert. Dabei entstammt der Reiz, der die Kontraktion oder das Erschlaffen eines Muskels auslöst, unserem Nervensystem. Die Nervenzellen in unserem Gehirn, von denen wir einige Milliarden besitzen, leiten einen Impuls über Nervenbahnen in den Muskel.

Dieser elektrische Impuls ist also gleichsam Bewegungsantrieb für den Skelettmuskel. Kraft können wir dabei nur entwickeln, wenn wir unsere Muskeln zur Arbeit anregen, also anspannen. Wie stark dies möglich ist, hängt zum einen von der Anzahl der eingesetzten (innervierten) Muskelfasern bzw. von den motorischen Einheiten ab, zum anderen von der Impulsdichte der Frequenz innerhalb der einzelnen motorischen Einheiten pro Zeiteinheit (nach Hollmann).

Wir wissen: Beim Anspannen der Muskulatur von 20 bis 80 Prozent der maximal möglichen Anspannungsstärke ist die Zahl der eingesetzten motorischen Einheiten am größten. Jenseits dieses Bereichs, zwischen 80 und 100 Prozent, also der Maximalkraft, werden die Impulsdichte und die Fähigkeit, die motorischen Einheiten gleichzeitig (synchron) zu aktivieren, entscheidend für die Anspannungsgröße.

Quelle: Lothar Spitz, Josef Schnell, Muskeln Sie sich!SD Schleunungdruck

Untrainierte Menschen sind meist nicht in der Lage, mehr als 20 Prozent der Impulse in den Muskeln zu synchronisieren. Wahnsinn, wenn man sich das vorstellt! Dies lässt sich auf den Bewegungsmangel oder, anders gesagt, einfach auf „untrainiert sein" zurückführen. Mittelmäßig trainierte Menschen, die ein regelmäßiges Muskeltraining ausüben, verändern sich in dieser Hinsicht positiv. Wenn sie beispielsweise 60 Prozent Anspannungsstärke trainieren, wird eine geringere Anzahl motorischer Einheiten eingesetzt. Die Reservekapazität wächst, was natürlich zu einer erhöhten Leistungsfähigkeit führt. Im Grenzbereich können rund 85 Prozent aller Muskelfasern angespannt werden. Dies ist bei untrainierten Personen bei Weitem nicht der Fall, was bedeutet, dass ihre Endkraft geringer ist.

Wir können niemals alle motorischen Einheiten zur Kontraktion bringen. Dies ist eine Schutzreaktion des Körpers. Hochtrainierten Kraftsportlern aber ist es möglich, eine größere Anzahl motorischer Einheiten im Grenzbereich ihrer maximalen Anspannungsmöglichkeiten zu mobilisieren. Ebenso nimmt mit verbessertem Kraftzustand der Muskulatur die Fähigkeit der Synchronisation, also der gleichzeitigen Aktivierung, zu.

„Sepp Maurer und sein Team –
das ist Perfektion auf höchstem Niveau,
verbunden mit familiärer Atmosphäre.
Absolut einzigartig!"

KATHLEEN STREIBER
„MISS UNIVERSE",
DEUTSCHE MEISTERIN, WELTMEISTERIN,
DRITTPLATZIERTE BEI DEN ARNOLD CLASSICS

Kathleen Streiber ist selbst erfolgreiche Athletin und dazu als stattlich geprüfte Fitnesstrainerin im Hauptberuf als Fitness- und Ernährungscoach tätig, sie ist ebenfalls mehrfache Deutsche Meisterin, Miss Universe und war Drittplatzierte bei den Arnold Classics in Ohio und sie brennt täglich dafür, ihre Erfahrung auch an andere weiterzugeben, begleitet und inspiriert zahlreiche Sportler und Sportlerinnen im Alltag. „Es fasziniert mich einfach, was man mit entsprechendem Wissen, mit Ernährung, ja auch Disziplin und Fokus erreichen kann", sagt die 39-Jährige, die in diesem Jahr wieder voll in die Wettkampfvorbereitung eingestiegen ist. Ihr Ziel: „Noch ein Weltmeistertitel wäre schon schön." Regelmäßig kommt sie auch immer wieder in den Bayerischen Wald in die Sportschule Kinema. „Sepp Maurer und sein Team - das ist Perfektion auf höchstem Niveau, verbunden mit familiärer Atmosphäre und inmitten wunderschöner Natur. Absolut einzigartig!"

MUSKELSCHLINGEN –
TRIATHLON, BOXEN UND MAXIMALKRAFT

Kommen wir zum nächsten Kapitel: den Muskelschlingen, also Gruppen von Muskeln, die zusammenwirken, um eine bestimmte Bewegung auszuführen. Um maximale Leistung zu erbringen, muss man sich neben dem Training eines starken Fußgewölbes mit dem Training von Muskelschlingen bzw. deren Aktivierung auseinandersetzen. Man unterscheidet zunächst zwischen Strecker- und Beugerschlingen. Diese sind nicht nur für das Athletik- und Krafttraining sehr wichtig, sie haben auch einen erheblichen Einfluss auf die Bewegungsstruktur beim Laufen. Vor allem im Triathlon sollten wir die Bedeutung der Muskelschlingen genauer betrachten, da hier im Wettkampf nach 180 Kilometer Radfahren noch ein 42 Kilometer langer Marathon folgt. Wer jetzt denkt: Je perfekter ich trainiert bin, desto besser laufe ich, hat sicher nicht unrecht. In der Umsetzung sieht das Ganze aber weit schwieriger aus, und das liegt auch am Zusammenspiel der Muskeln.

Betrachten wir nun die einzelnen Schlingen.

Beugerschlinge:
Verläuft vom oberen Sprunggelenk vorn zum Kniegelenk auf der Rückseite des Oberschenkels und zieht dann über das Hüftgelenk nach vorn. Der Musculus tibialis anterior (vorderer Schienbeinmuskel) beugt mit dem Extensor digitorum longus (Zehenstrecker) das Sprunggelenk. Dann beugen die ischiocruralen Muskeln mithilfe des Sartorius („Schneidermuskel") das Kniegelenk. Iliopsoas (Hüftlendenmuskel) und Rectus femoris (Schenkelmuskel) beugen dann das Hüftgelenk. Anschließend beteiligen sich bei der Ganzkörperbewegung die Bauchmuskeln mit den Halsmuskeln der Körpervorderseite.

Streckerschlinge:
Verläuft vom Sprunggelenk hinten nach vorn zum Kniegelenk und dann dorsal zum Hüftgelenk.
Das heißt: Der Gastrocnemius (Zwillingswadenmuskel) streckt mit dem Soleus („Schollenmuskel") das obere Sprunggelenk. Dann zieht sich die Schlinge weiter über das Kniegelenk, das durch den Quadrizeps (Beinstrecker) mit dem Tensor fasciae latae (Oberschenkelbindenspanner) gestreckt wird. Weiter mit dem Gluteus (Gesäßmuskel) und den Adduktoren (Schenkelanzieher). Hier kommen bei einer Ganzkörperbewegung die Rückenstrecker und die Extensoren der Halsmuskulatur hinzu.

Hier eine Überlegung, die sich beim Radfahren stellt: In einer Studie wurden die Maximalkraft beim Radfahren und die Beteiligung einzelner Muskelgruppen während des Pedalzyklus untersucht. 80 bis 85 Prozent der Kraft werden während der Beinstreckung erzeugt und nur etwa 15 bis 20 Prozent während der Beinbeugung. Die Hüftstreckung erzeugt den größten Anteil der gesamten Kraft. Einen erheblichen Anteil daran hat ebenfalls die Plantarflexion des Fußgelenks. Im Wiegetritt können durch die Kraftübertragung des Oberkörpers über die Hüfte bis zu zwölf Prozent mehr Maximalkraft erzeugt werden, als wenn man während des Fahrens auf dem Sattel sitzen bleibt. Hier sollten wir weiter überlegen. Es ist also entscheidend, wie wir in die Trainingsplanung gehen.

Wir müssen nicht nur die Muskeln berücksichtigen, die

der Radfahrer benötigt, sondern uns auch Gedanken darüber machen, wie wir die einzelnen Bewegungsphasen so ökonomisch wie möglich gestalten können.

Eine weitere Überlegung zum Boxen: Mike Tyson und Deontay Wilder halten in der Boxgeschichte den Rekord, was ihre Schlagkraft betrifft. Die Kraft der beiden konnte mit jeweils über 6000 Newton gemessen werden. Also schlagen hier umgerechnet circa 600 Kilogramm auf den Gegner ein. Unfassbar. Im Vergleich bringt ein guter Amateurboxer im Schnitt 1800 Newton zustande. Wie kommt es nun aber zu so einem starken Schlag? Dafür muss man sich wiederum die Reihenfolge der Muskelrekrutierung beim Schlag eines Boxers ansehen. Diese läuft so ab:

- Der Schlag beginnt mit einer Plantarflexion durch den Musculus gastrocnemius,
- gefolgt von einer Kniestreckung durch den Rectus femoris,
- dann eine Hüftstreckung durch die ischiocrualen Muskeln.
- Danach wird der Deltoideus angesteuert, um ein Vorführen des Oberarms zu bewirken.
- Der Trapezmuskel hebt das Schulterblatt an,
- und der Bizeps hält kurz den Arm in einer gebeugten Position.
- Die Armstreckung findet durch den Musculus Trizeps brachii statt.
- Der Handflexor beugt die Faust nach unten und innen zum Schlag.

Quelle: Anatomy Trains, Thomas. W. Myers

Was man hier sieht, ist die Aneinanderreihung von Muskelaktivitäten bzw. -schlingen. Warum ist das so wichtig? Es wäre einfach, einen Radfahrer nur Stabitraining machen zu lassen, wenn man weiß, das man mit einem ausgefeilten Plan seinen Pedaltritt ökonomisieren kann. Es wäre idiotisch, einen Boxer im Kraftraum wieder nur boxspezifische Übungen machen zu lassen. Besser wäre es doch, den Teil der Schlinge zu analysieren, der Disbalancen oder Schwächen zeigt. Ich lasse zum Beispiel meine Boxer viel Schlittenarbeit auf dem Parkplatz machen, um für eine Erhöhung des hinteren Beinabdrucks zu sorgen. Ich trainiere viel die Stützkraft des vorderen Beines, um für einen stabilen Stand zu sorgen und so wenig Energie wie möglich bei der Kraftübertragung zu verbrauchen. Ich sorge für eine lumbale, also vom Lendenbereich ausgehende Stabilisierung des Rumpfes durch Core-Übungen nach Functional Maurer Movement Assistance, kurz FMMA, und Sakkadentraining, also Gesichtsfeldtraining, für die Orientierung.

Fazit: Beim Athletiktraining, egal, in welcher Sportart, sollte man nicht nur die Muskeln trainieren, die an der Bewegung beteiligt sind, sondern die Muskelschlingen betrachten, die die Bewegung komplett machen. Deswegen ist es meiner Meinung nach unmöglich, einen Trainingsplan ohne eine umfangreiche Muskelfunktionstestung zu erstellen.

Triathlet Ben Eckl: Leistungsdiagnostik

DIE OPTIMALE UND EFFIZIENTE BEWEGUNG

Die Informationen, die unser Gehirn benötigt, um eine effiziente Bewegung zu garantieren, sind das Sehen (Visualität), das Gleichgewicht (vestibuläres System) und die Eigenwahrnehmung von Bewegung (Propriozeption). Das visuelle System liefert die meisten und wichtigsten Informationen. Die häufigsten Bewegungen werden anhand der visuellen Wahrnehmung entworfen und vom Gehirn programmiert. Für einen Athleten ist es enorm wichtig, das zu wissen. Denn die Bewegung beginnt mit folgenden Wahrnehmungen: Wie sieht die Hantel aus? Wie liegt sie am Boden? Wie biegsam ist sie? Wie sieht die Heberplattform aus? Und so weiter … allein an diesem Prozess der Augen, Raum und Sportgeräte sowie Bewegungssteuerung zu analysieren, sind über 30 Hirnareale beteiligt.

Das vestibuläre System besteht aus dem eigentlichen Gleichgewichtsorgan, das im knöchernen Bereich des Innerohrs im Schädel liegt und in erster Linie Kopf- und Körperbeschleunigungen misst, sowie den Arealen im Gehirn, die diese Informationen weiterleiten. Unser Gehirn orientiert sich anhand dieser Informationen, den Körper und die Bewegung gegen die Schwerkraft optimal im Raum auszurichten. Es koordiniert und stabilisiert uns und zeigt uns vor allem, wo „oben" ist. Das Gleichgewichtssystem kommuniziert mit der Streckermuskulatur, die den Körper aufrichtet und ihm hilft, sich in Beschleunigungsprozessen zu orientieren und die Haltung während der Bewegung anzupassen.

Quelle: Training beginnt im Gehirn, Lars Lienhard

Das propriozeptive System ist sozusagen unser „Bewegungssystem", über das unser Gehirn Bewegungen wahrnimmt, kontrolliert und reguliert. Eine der wichtigsten Aufgaben dieses Systems ist es, die Position und Stellung sowie die Bewegung der Gelenke exakt wahrzunehmen und zuzuordnen. Die Information, die das Gehirn dadurch erhält, ist zusammen mit der Gleichgewichtswahrnehmung und dem visuellen Eindruck entscheidend, um eine gute Balance, Koordination, Präzision und Effizienz in der Bewegung zu erlangen.

Deshalb würde ich dir empfehlen (vor allem im Leistungssport), diese drei Systeme zu trainieren. Die Informationen, die sie geben, müssen reibungslos über die verschiedenen Nervenbahnen transportiert und in den Hirnarealen ausgewertet werden. Wenn das bestmöglich funktioniert, bzw. wenn zusätzlich trainiert wird, werden an den jeweiligen Empfängern/Sinnesorganen (Augen, Gleichgewicht und Rezeptoren um die Gelenke) die Signale über die Nervenbahn zum Rückenmark und dort weiter zum Gehirn geleitet. Hier wird dann in den Kortexarealen ein „Bewegungsplan" erstellt und die Bewegung initiiert. Vor allem wenn du dich auf einem Trainingsplateau befindest, solltest du diese drei Systeme trainieren.

Das geht so:

- koordinatives und propriozeptives Training in den Plan einbauen
- Training auf instabilem Untergrund
- Trainingsmischmethode, die Kraft, Koordination, Wahrnehmung und Reflexe schult
- Augentraining und Neuromobilisationsübungen
- Sakkadentraining mit einem Sterndiagramm

All diese Informationen werden gesammelt und von höheren Zentren im Gehirn (prämotorischer Kortex) interpretiert, wodurch das muskuloskelettale System die Möglichkeit erhält, einen angemessenen Aktionsplan oder ein motorisches Muster zu entwickeln, um seine Stabilität aufrechtzuerhalten.

Meine Empfehlung:

Ich kann dir hierfür sehr das Training mit großen Keulen, sogenannten Indian Clubs, empfehlen. Dies und Mace-Training (mit langen Stahlkeulen) sind meiner Meinung nach am besten dafür geeignet, um die oben vorgestellten Systeme gleichzeitig zu trainieren.

Die Schwierigkeit kann erhöht werden, wenn du so ein Training auf instabilem Untergrund machst, wie z. B. einem Wackelbrett, Kreisel, Togu- oder Pezziball. Hier habe ich eine eigene Übung erfunden, die ich dir gerne erklären und zeigen möchte:

Sepp-Maurer-„Ironcross"!

Geh mit den Knien auf einen Pezziball, und richte dich so auf, dass der Oberkörper gestreckt ist. Balanciere, bis du zur Ruhe kommst. Nun nimm eine Indian-Club-Keule mit zwei Kilo Gewicht in die rechte Hand und mach einen Indian-Club-Swing – also schwinge kurz ... In die linke Hand nimmst du eine fünf Kilo schwere Kurzhantel und machst mit dieser Seitheben – und zwar zeitgleich mit deiner rechten Hand. Konzentriere dich also links auf das Seitheben und führe rechts einen dynamischen Club-Swing aus. Jetzt solltest du noch darauf achten, die Bewegung auf der rechten Seite doppelt so schnell auszuführen wie auf der linken. Die Kunst besteht darin, die Bewegung auf der einen Seite dynamisch und schwungvoll und auf der anderen Seite konzentriert auszuführen. Ach ja: Und du solltest natürlich darauf achten, dabei so ruhig wie möglich auf dem Ball zu knien. Probier das mal aus, und du wirst sehen, wie sich alle drei oben beschriebenen Systeme dadurch verbessern. Vor dieser Übung würde ich noch ein Sakkadentraining absolvieren. Dazu gibt es Bilder mit Sterndiagrammen, die man dazu nutzen kann.

Diese Übung würde ich ausnahmslos für jeden Sportler und jede Sportart vor dem eigentlichen Training empfehlen. Ich bin sicher, du wirst davon profitieren.

WISSENSCHAFT | FAKTEN

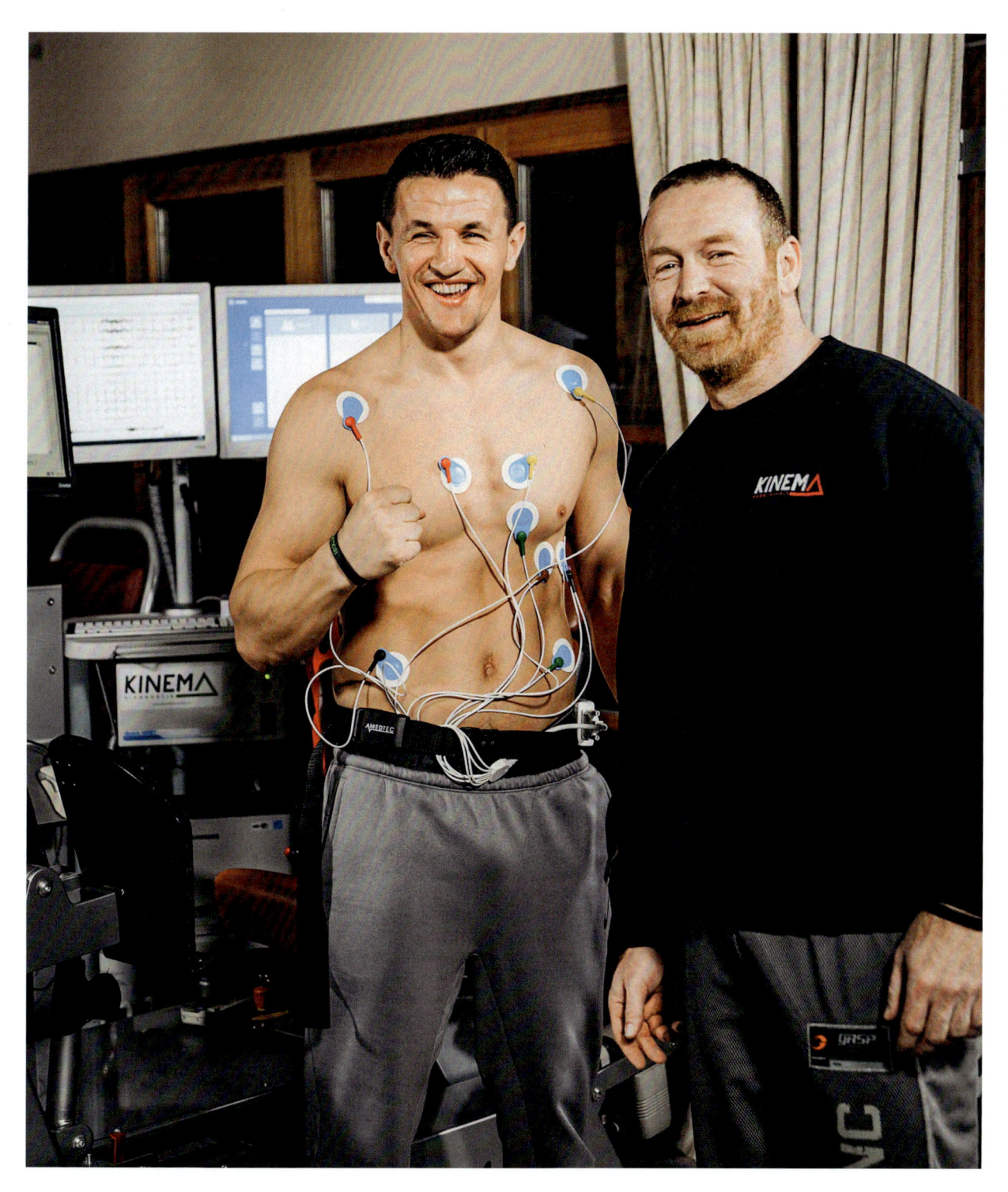

162 | 163

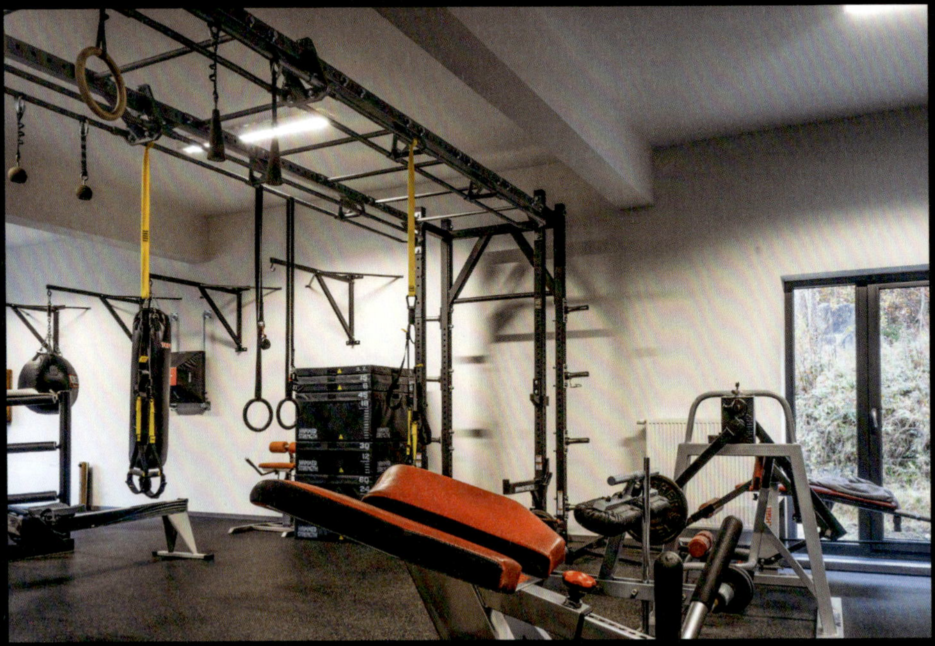

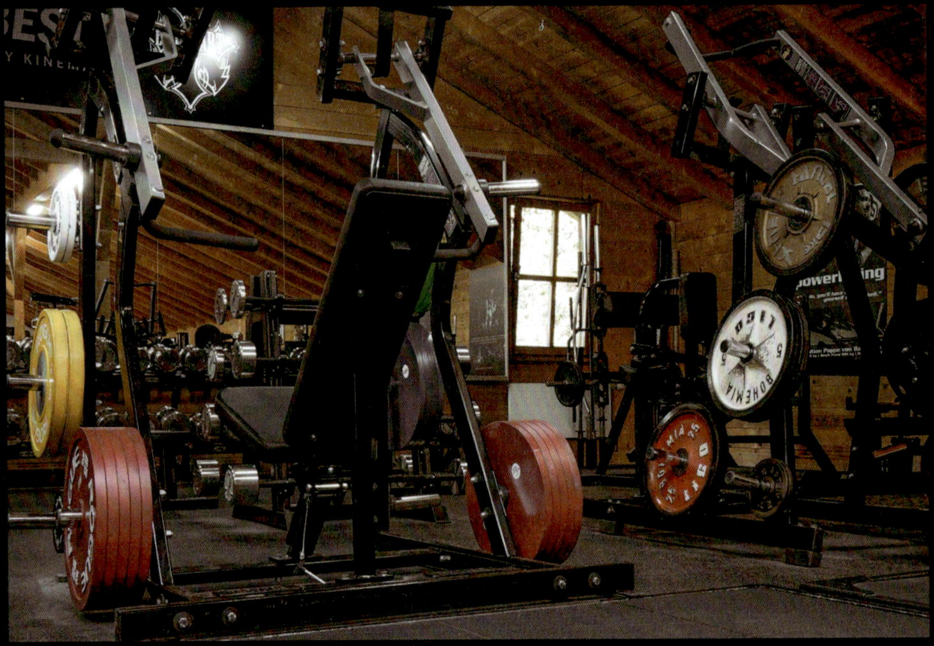

KINEMA SPORTSCHULE
#WEBUILDTHEBEST
LEISTUNGSANGEBOT

1200 m² Trainingsfläche
Powerlifting Equipment von Eleiko, Rouque, EliteFts und Er Equipment
Desmodromische Trainingsgeräte
Keiser Performance Athletik
Kraftgeräte von Schnell, Gym80, Hammer Strength, WatsonGym, EliteFts und Rouque
Computerunterstütztes Wirbelsäulentraining
Höhenkammer bis 6500 m
Indoorpool mit Gegenstromanlage
Profi Boxring
1000 m² Wellness und Relaxbereich
Cosmed / EKF Leistungsdiagnostik
Eisenhart Performance Samstag (every athlete is welcome)

KINEMA Therapiezentrum
Orthopädisches Medizinisches Versorgungszentrum
800 m²
Orthopädie, Physiotherapie, Osteopathie, Heilpraktik, Dorn (zugelassen für alle Kassen)
Digitales Röntgen
Ultraschall
Thermokompression
Magnetstimulanz
Stoßwellenbehandlung
Knochendichtemessung
Performance Rehabilitation
Blutanalyse
Akkupunktur
Neuro 3 D Behandlung

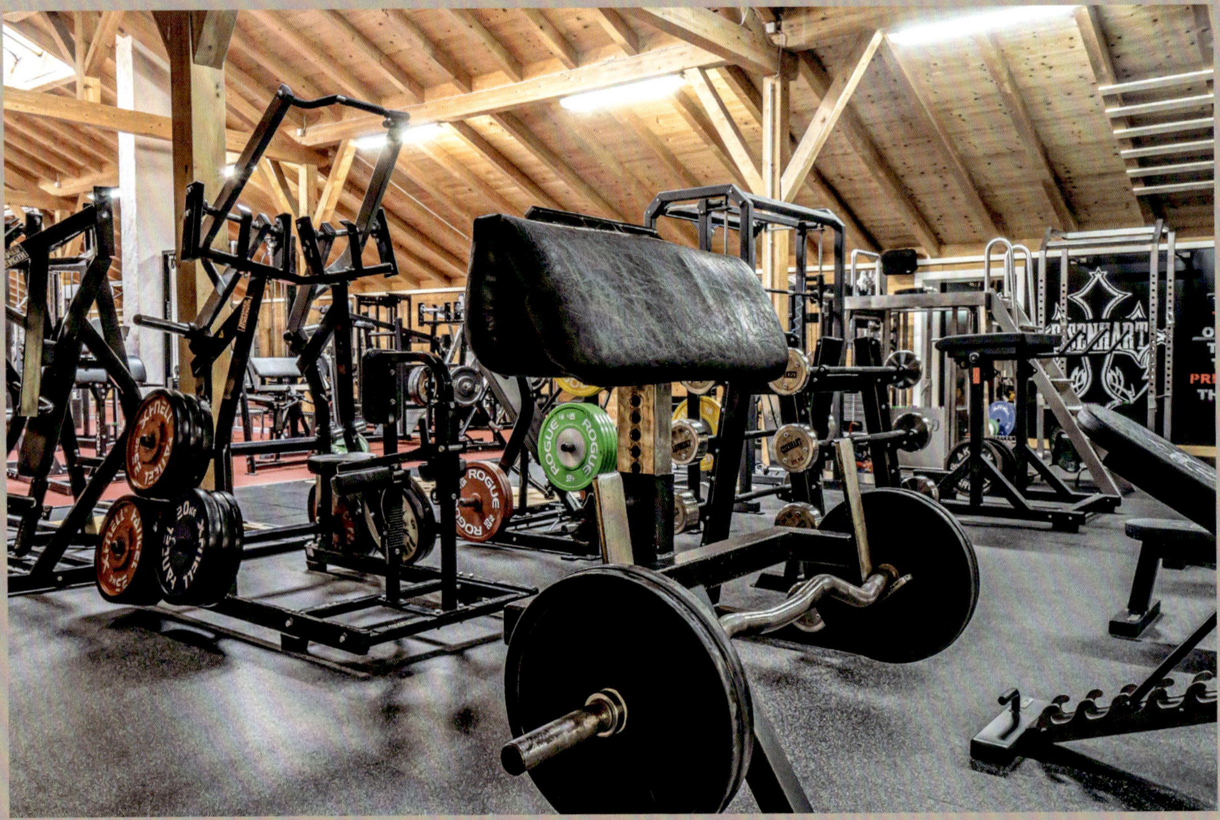
ROGUE

„WE BUILD THE BEST"
DER WEG ZU DEINEM STÄRKSTEN SELBST

VERANLAGUNG

Wie oft habe ich das schon gehört: „Der hat einfach Grundkraft oder eine gute Veranlagung!" Das sagen Athleten gar nicht so selten, wenn sie sehen, dass ein anderer Sportler stärker ist. Und: Da haben sie oft recht. Leider! Auch ich selbst musste das feststellen, aber dazu später mehr. Zunächst einmal möchte ich dir unbedingt sagen: Der Mensch ist in der Lage, durch richtiges Training und progressive Steigerung von Gewichten seine Muskelkraft um über 300 Prozent im Vergleich zur Ausgangskraft zu erhöhen. Wichtig ist hier der Querschnitt der einzelnen Muskelfasern, den wir durch Training natürlich vergrößern können. Aber auch die Zahl der Muskelfasern ist relevant. Dies wurde uns in die Wiege gelegt. Manche glauben, diese Zahl durch Training erhöhen zu können, was aber bis heute noch nicht bewiesen werden konnte. Für die Grundkraft ist entscheidend, ob der entsprechende Muskel mehr mit hellen oder mehr mit dunklen Fasern durchsetzt ist. Ebenso sind die Länge der Fasern und ihre Zugwinkel, die zwischen Sehne und Knochen gebildet werden, relevant.

Ich habe mein erstes Training im Fitnessstudio bei Fritz Kroher mit 65 Kilo Körpergewicht begonnen. Meistens sagt man, dass die körperliche Veranlagung „eine Generation überspringt". So war es wahrscheinlich bei mir ebenfalls. Mein Opa war auch immer um die 75 Kilo schwer und sehr sehnig veranlagt.

Grundsätzlich unterscheidet man zwischen drei Körpertypen:

- den ektomorphen mit langen dünnen Muskeln und schmalen Schultern.
- den mesomorphen mit kräftiger Muskulatur und athletischem Aussehen
- den endomorphen mit relativ weicher Muskulatur, breiten Hüften und starker Fettaufspeicherung.

Natürlich gibt es auch Mischtypen, ich denke ich war einer von denen, die man als ekto-mesomorphen Typ einstufen könnte.
Ganz wichtig, und das sage ich immer wieder: Man

kann alles schaffen. Nur muss man wissen, was genau man schaffen will, und es ist eine der wichtigsten Aufgaben eines Trainers, dies seinem Athleten vor Augen zu halten. Es können unglaubliche Fortschritte erzielt werden, wenn man zielstrebig bleibt und jahrelang progressiv trainiert, sowie seine Ernährung permanent an die Belastung anpasst.

Ich habe mich nie von meinem Ziel abbringen lassen. Auch wenn Fortschritte oft lange dauern, irgendwann werden sie sich einstellen. Ich werde es wohl nie schaffen, 130 Kilo Muskelmasse zu haben und über 350 Kilo zu heben, aber trotzdem war es mir nach 20 Jahren Training möglich, in respektabler Form 110 Kilo zu erlangen. Ich will damit sagen, dass viele sich auf die Meinung beschränken: „Ich bin ein ektomorpher Körpertyp und werde nie Muskeln haben." Diese Aussage ist falsch.

Bis die Veranlagung, ebenso wie das Talent, in Erscheinung tritt, vergehen meist einige Jahre. Das erleben viele Trainierende erst gar nicht, weil sie schon vorher resignieren.

Ein gutes Beispiel für eine außergewöhnliche athletische Veranlagung sind die beiden Brüder Thomas und Hans Strobl, die in Kombination mit perfektem Training und eisernem Willen unfassbare Leistungen erzielen konnten. Die Rekorde dieser beiden sind im Kinema bis heute ungebrochen.

Also: Nicht aufgeben – egal, welche Veranlagung du hast. Und im Übrigen habe ich oft festgestellt, dass Sportler mit vermeintlich schlechter Veranlagung oft sogar besser waren als jene mit einer gesegneten Genetik. Sie waren meist fokussierter, fleißiger und mussten härter arbeiten, um an ihr Ziel zu kommen.

ANFÄNGER –
FORTGESCHRITTENER – LEISTUNGSATHLET – ELITEATHLET

Was ist der Unterschied zwischen einem Anfänger und einem Eliteathleten? Blöde Frage, wirst du dir denken, das ist doch völlig logisch. Dennoch: Es ist für einen Athleten gar nicht so einfach, selbst einzuschätzen, welchen Trainingsstand er genau hat. Doch zum Glück gibt es ja Trainer, die diese Frage beantworten können. Aber: Es gibt leider auch genügend Sportler, die von vornherein alles besser wissen oder nach sechs Monaten Trainingszeit denken, sie seien auf dem gleichen Stand wie ein Eliteathlet. Und dann gibt es auch jene, die nach jahrelangem zu hartem Training, falschen Bewegungen, schlechter oder oft gar keiner Technik, etlichen Verletzungen, schlechten oder keinen Wettkämpfen einfach noch immer nicht den gewünschten Body haben und schließlich extremen Frust entwickeln. Sie sind es dann meistens, die behaupten, dass andere Athleten entweder eine gesegnete Veranlagung haben, schon immer stark waren oder Drogen nehmen mussten, um so gut zu werden. Dabei haben die anderen Athleten vor allem einfach nur strukturiert trainiert.

Ich will dir sagen: Versuch bitte, nicht zu so einer „Dörrpflaume" zu werden, die nie Erfolg hat, anderen nichts gönnt, nur weil sie es nicht geschafft hat, konsequent an sich zu arbeiten. Ich treffe leider immer wieder auf solche Neider, die ihr Wissen aus Instagram-Beiträgen oder YouTube-Videos beziehen und dann diejenigen belehren wollen, die das Doppelte heben, beugen oder drücken wie sie. Das sind auch diejenigen, die selbst immer einen Armumfang von 30 Zentimetern haben und gleichzeitig Bodybuilder mit mehr als 100 Kilo Gewicht kritisieren wollen, die an einer Deutschen Meisterschaft teilnehmen. Es sind genau die Gleichen, die auch einen Ironman auseinandernehmen, der seine Distanz in nur 9.01 Stunden zurücklegt, obwohl sie selbst nicht mal schwimmen, geschweige denn fünf Stunden Rad fahren oder 42 Kilometer laufen können.

Mir persönlich sagen solche „DPs" (Abkürzung für Dörrpflaumen) im Übrigen schon lange nichts mehr. Ich höre nur, wie sie hinter meinem Rücken mit anderen über das reden, was eigentlich ihr eigenes Versagen als Sportler ist. Aber solange mein Rücken breiter ist als ihrer, können sie gerne reden.

Anfänger, Fortgeschrittener, Leistungs- oder Eliteathlet:

Als Abschluss hier noch ein paar Anmerkungen:

- Ein Anfänger wird alle wichtigen Trainingsqualitäten gleichzeitig verbessern. Vor allem die inter- und intramuskuläre Koordination.
- Der fortgeschrittene Athlet wird eine Abwechslung brauchen zwischen Volumen und Intensität. Zum Beispiel Akkumulation (höheres Volumen) und Intensivierung (geringes Volumen, schwerere Gewichte).
- Der Leistungs- oder Eliteathlet wird ein komplexes Periodisierungsprogramm benötigen, um weitere Fortschritte zu erzielen. Das heißt, und das ist sehr wichtig: Irgendwann kommt der Eliteathlet an den Punkt, wo er merkt, dass er mit mehr Volumen nicht mehr besser wird. Ebenso kann er auch die Intensität nicht weiter steigern, weil er sich sonst verletzt und/oder ins Übertraining kommt. Deswegen benötigt er ein Periodisierungsprogramm, das präzise Volumen und Intensität sowie Geschwindigkeit festlegt.

GPP-TRAINING

Als Fundament und hervorragende Grundlage eignet sich GPP-Training – also General Physical Preparedness (übersetzt: allgemeine physikalische Bereitschaft). Man weiß, dass viele erfolgreiche russische Athleten so ausgebildet wurden, hier wurde diese Vorgehensweise als „Dreierregel" bezeichnet und erfolgte vor allem in den frühen Stadien ihrer Ausbildung. Spezialisierung und Trainingsplanung fanden dann in den folgenden drei Jahren statt.

GPP-Training machen wir zusammen in der Gruppe mit ganz vielen verschiedenen Athleten, die teilweise unterschiedliche Trainingsziele verfolgen. Erfahrene Athleten spornen unerfahrene Athleten an. Die Starken motivieren die Schwächeren, die Schnellen die Langsameren und die Jungen die Älteren. Die Vorbereitung auf eine Übung sowie das Vorbereiten des Zentralnervensystems (ZNS) auf eine Übung ist meiner Meinung nach elementar wichtig.

Meist stellt man fest, dass nach einem halbstündigen GPP-Training mit Sprintübungen, Schlittenziehen, Schiebeübungen am Prowler oder Seitwärtsgang mit Gewichtsschlitten die darauffolgende Hauptübung (z. B. Kniebeuge) besser und leichter auszuführen ist, was nicht nur an der Aktivierung des zentralen Nervensys-

Oben: Als Fundament und Grundlage bestens geeignet: GPP-Training – also General Physical Prepardness

Unten: Regelmäßig gehen wir zum GPP-Training auf dem Parkplatz vor der Sportschule

tems liegt, sondern auch an der Aktivierung von Strecker- und Beugerschlingen, Spirallinien und faszialen Verbindungen.

DER CORE

Da die Stabilität des Core (englisch für „Kern" oder „Mitte") sehr wichtig ist und ich ihm bei meinen Athleten besonders viel Trainingszeit widme, möchte ich gesondert darauf eingehen und euch diese Priorität erklären. Was ist der Core? Viele Athleten denken, dass damit rein anatomisch der Rumpf gemeint ist, wahrscheinlich weil sich Lendenwirbelsäule und Becken in der Körpermitte befinden. Ich höre von vielen Athleten, die das erste Mal zu mir ins Kinema kommen, dass sie „viel für Core-Stabilität machen", vor allem das Wort „Stabitraining" fällt in diesem Zusammenhang sehr oft. Core ist ein Begriff, mit dem die gesamte Wirbelsäule sowie die mit ihr unmittelbar verbundenen Gelenke gemeint ist, umfasst aber auch die Bewegungskompetenz und Kontrolle innerhalb der gesamten Kette. Core-Training muss also neben Bauchmuskel- und Lendenwirbelsäulentraining auch die Ansteuerung und Kontrolle der Hüften, die Kraft der Brustwirbelsäule, Schulterblätter und sogar der Halswirbelsäule enthalten. Drei Elemente sind hierbei sehr wichtig: das Konzept der Ansteuerung, die Kontrolle und die dissoziativen Qualitäten über die gesamte Wirbelsäule, die in allen drei Ebenen nachweisbar ist.
Quelle: Athletiktraining für sportliche Höchstleistung

Das passive System des Core setzt sich aus Wirbelkörpern, Gelenken, Kapseln und Bändern zusammen. Diese tragen nur wenig zur Stabilität bei. Laut vieler Studien reicht ohne die Unterstützung des Weichteilgewebes bereits eine Druckkraft von zehn Kilo aus, damit die Wirbelsäule nachgibt. Mechanorezeptoren (also Sinneszellen, die mechanische Kräfte in Nervenerregung umwandeln) haben einen erheblichen Einfluss auf die Regulierung neuromuskulärer Prozesse wie den Muskeltonus und die Aktivierung der Musteranbahnung. Eine gut entwickelte, sensorische Bahn ist für das Training der Core-Stabilität entscheidend.

Das aktive System des Core besteht aus Muskeln und nichtkontraktilem, tendinösem und faszialem Gewebe, welches die Wirbelsäule umgibt wie ein Korsett, das sich aus mehreren Lagen miteinander verbundener Schlingen zusammensetzt.

Hier unterscheidet man zwischen drei Schichten:

- lokalen, tiefen Stabilisatoren z. B. Zwerchfell, Multifidi, Beckenboden,
- globalen, oberflächigen Stabilisatoren z. B. äußerer und innerer schräger Bauchmuskel,
- globalen Mobilisatoren, z. B. Gluteus maximus, Latissimus dorsi.

Man muss also versuchen, alle Bereiche in sein Core-Training zu integrieren, um auf niedrige und hochintensive Herausforderungen der Stabilität mit einer angemessenen Anstrengung reagieren zu können. Mein Anspruch ist es, dass alle meine Leistungsathleten in der Lage sind, eine effektive Wirbelsäulenkontrolle mit wiederholter Bewegung der oberen und unteren Gliedmaßen unter Beweis zu stellen. Am besten arbeitet man hier mit 20 bis 30 Wiederholungen, weil dies einer Aktivitätsdauer von circa 60 Sekunden entspricht.

Am Anfang meiner Laufbahn als Athlet war ich zeitweise der Meinung, dass man gar kein Core-Training machen sollte, weil vor allem der Bauch bei jeder Übung sowieso passiv mittrainiert wird. Niemals wollte ich Trainingszeit damit verschwenden, ein extra Core-Training einzubauen. Dieser Meinung war ich sehr lange. Heute verbringe ich jedes Mal extrem viel Zeit genau mit diesem Teil des Trainings. Und ich habe nicht nur bei mir, sondern ausnahmslos bei allen Leistungsathleten sehr gute Erfahrungen gemacht. Eigentlich ist Core-Training für einen Eliteathleten unerlässlich und das Fundament für eine gute Körperstatik. Ich würde es ein- bis zweimal pro Woche vor dem Training einbauen. Egal, bei welcher Trainingsmethode!

Der Körper bevorzugt maximale Anstrengung in der Sagittalebene. Deswegen wäre hier zum Beispiel der klassische Unterarmstütz perfekt vor Kreuzheben oder Kniebeugen. Aber auch in den anderen Ebenen wie Transversal und Koronar sollte man konditioniert sein. Diese Muskeln eignen sich hauptsächlich für ausdauerorientierte Anstrengungen und könnten beispielsweise asymmetrisch trainiert werden. Vor allem wenn man bedenkt, dass viele Bewegungen submaximal sind und asymmetrische Komponenten aufweisen.

FUNCTIONAL MAURER
MOVEMENT ASSISTANCE

Im Laufe meiner Jahre als Performance-Trainer habe ich ein spezielles Aktivierungstraining für meine Athleten entwickelt und immer wieder neu verfeinert: Functional Maurer Movement Assistance – hier FMMA genannt.

„Movement Prep" wird schon sehr lange in der Athletik eingesetzt, zum Aufwärmen oder zur Aktivierung von Muskeln, Sehnen und Bändern. Nun kann man für jede Sportart ein eigenes Programm erstellen. Ich individualisiere dies für jeden Athleten und natürlich für jede Sportart, jedoch machen alle meine Elitesportler an einem Eisenhart-Samstag Unterkörpertraining. Deswegen möchte ich hier mein FMMA-Programm erklären für den „lower body". Es basiert auf der Idee, den Körper stabil, elastisch und mobil auf die anstehenden Aufgaben des Elitetrainings vorzubereiten.

Das lineare Movement befasst sich mit der Technik und Kraft, den Körper vorwärtszubewegen. Diese Beschleunigung aus dem Ruhezustand können wir mit einer bestimmten Übungsauswahl auch für das Athletiktraining im Studio nutzen. Lineare FMMA-Elemente sind in der Lage, größtmögliche Beschleunigung in eine Bewegung zu bringen, wenn man es schafft, die Kraft im perfekten Winkel zum Boden oder in eine andere Richtung zu leiten.

Es geht mir darum, Mobilität in die später geforderten Gelenke zu bringen, Muskeln aus verschiedenen Winkeln anzusteuern, Stabilität und Beschleunigung zu verbessern und die nötige mentale Vorbereitung auf die spätere Wettkampfdisziplin zu trainieren, um diese punktgenau abrufen zu können. Es wäre fatal, mit den besten Athleten Kniebeugen zu trainieren, wenn diese kein mobiles Fußgelenk haben. Oder wenn am Trainingstag ein 95-Prozent-Maximalkraft-Kreuzhebetraining ansteht, wäre es nicht klug, vorher nicht Adduktoren/Beinbeuger/Po aktiviert zu haben. Es ist aber erstaunlich, wie viele Sportler hier nicht klug sind. Ich konnte oft beobachten, wie nach dem Umkleiden die Kopfhörer in Betrieb genommen und als erste Übung Kniebeugen gemacht werden. Für einen Anfänger ist das nicht vernünftig, für einen Fortgeschrittenen nicht schlau und für einen Elitesportler meiner Meinung nach komplett unklug.

Hier ein beispielhafter Trainingsaufbau für einen „Elitetrainingstag", den ich mit meinen Athleten einmal pro Woche am Samstag mache.

Viele Athleten, die zum ersten Mal an einem Samstag zu uns ins Kinema kommen und mittrainieren, fassen dieses Training zunächst als schlechten Scherz auf. Teils ist es für sie unverständlich, wie man vier Stunden trainieren und, noch schlimmer, 50 Minuten der Trainingszeit mit „Vorbereitung" verbringen kann. Der Elite-Powerlifter Christian Poppe (über 900 Kilo im Kraftdreikampf und mittlerweile einer meiner besten Freunde) sagte nach dem ersten Training an einem solchen Samstag zu mir: „Sepp Maurer, du verarscht mich doch! Ich fahr hier über 600 km, nur, um zu trainieren, und dann verbringe ich meine Zeit mit Schwangerschaftsgymnastik ..."

Aber mein Weg führt zum Erfolg:

- Der Silbermedaillengewinner der Powerlifting-Weltmeisterschaft, Christoph Erbs, kam mit einer Kreuzheberleistung von 335 Kilo zu mir. Nach zwei Jahren konnte er mit 90 Kilo Körpergewicht und 360 Kilo im Kreuzheben den zweiten Platz bei der Arnold Classic gewinnen.
- Mein Triathlet Franz Eckl kam mit einer Ironman-Zeit von 10.35 Stunden zu mir. Er konnte nach zwei Jahren Vizeeuropameister in Frankfurt mit 9.25 Stunden werden.
- Robin Krasniqi wurde Interconti-Sieger, Europameister und Doppelweltmeister im Profiboxen.
- Istvan Szili konnte mit 39 Jahren als Außenseiter den fünffachen Weltmeister Felix Sturm schlagen. Ebenso konnte Walter Röhrl wieder die historische Rallye Monte Carlo ohne seine Rückenschmerzen fahren und zwölf Stunden im Rallyeauto sitzen, wohlgemerkt mit 72 Jahren.
- Dirk Lauber konnte innerhalb von zwei Jahren seine Kreuzheberleistung um über 60 Kilo steigern und wurde nach einer Krebsoperation Deutscher, Europa- und Weltmeister.
- Zwar hatte ihn eine Corona-Erkrankung geschwächt, trotzdem konnte Eishockey-Profi Marcel Brandt mit der deutschen Nationalmannschaft zu den Olympischen Spielen fahren und schoss ein sehr wichtiges Tor – und so könnte ich noch viele, viele weitere Beispiele nennen, bei denen genau diese Art des Trainings erfolgreich war.

Und so sieht's aus: Beispielplanung eines FMMA- und Core-Trainings an einem Eisenhart-Samstag für Elite-

FMMA-Functional Maurer Movement Assistance	
Hartschaumrolle – seitlicher, vorderer und hinterer Oberschenkel	Je 2 x 20 WH
Doppelsatz Beinheben hängend mit gestreckten Beinen – gerade, links, rechts in Kombi mit seitlichem Bauch stehend mit Kettlebels	3 Sätze a je 20 WH
Indian Club Training auf dem Koordinationsbrett – Doppelschwünge, Einzelschwünge und Indian Clubs Swing	3 x 30 WH
Mace Training auf dem Togu Ball beidarmig und einarmig	3 x 30 WH
Beinabspreizen seitlich + Beinanziehen und Heben am Seilzug auf dem Rücken liegend mit Fußgelenkschlaufe	2 x 20 WH
Beinstrecken und Beinbeugen am Schnell Motronik Beinstrecker 50 Schwingungen pro Minute im Wechsel	3 x 30 sek.
Bauchatmen mit 20 kg Scheibe auf Bauch und/oder	3 x 20
Ironcross mit INDIAN CLUBS knieend auf dem Medizinball	2 x 20 WH
2 x 30 WH	30 Sek.
Innere Einstellung nach Wayne Cook –	3 Übungen a 1 Durchgang
Sakkadentraining mit Sterndiagramm	2 Durchgänge
Rollen des Fußgewölbes mit einem Golfball	1 Durchgang

athleten wie Gewichtheber, Triathleten, Boxer, Skifahrer, Powerlifter, Tennisspieler, Profifußballer und Rennfahrer.

Ich denke: Viele Wege führen nach Rom. Sicher gibt es eine Menge Sportler und Athleten, die auch ohne dieses umfangreiche Programm erfolgreich sind. Und ich kenne auch außer bei uns im Kinema eigentlich niemanden, der in diesem Umfang trainiert. Aber wir trainieren sehr gute Athleten und haben alle Titel in sehr vielen Sportarten gewonnen. Vom Deutschen Meister bis zum Weltmeister. Und meine Athleten gewinnen nicht nur, sie gewinnen und sind „gesund". Somit rechnet sich für mich ein vierstündiger Trainingsaufwand auf jeden Fall. Natürlich ist dies hauptsächlich den Leistungsathleten vorbehalten. Gerne kann man aber auch als Fitnesssportler versuchen, einzelne Teile zu übernehmen. Jeden Sportler macht das auf jeden Fall nur besser. Das garantiere ich.

Elite Performancetrainig

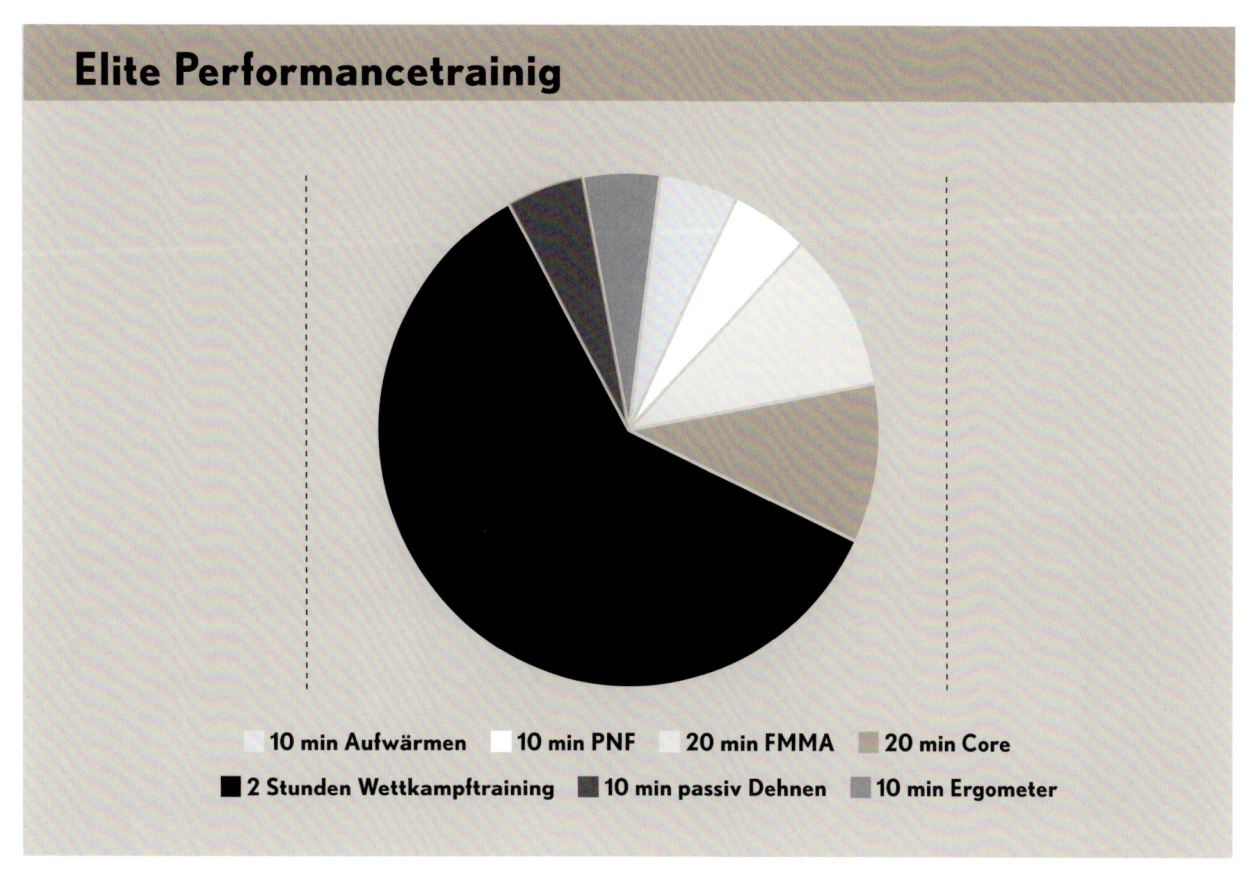

- 10 min Aufwärmen
- 10 min PNF
- 20 min FMMA
- 20 min Core
- 2 Stunden Wettkampftraining
- 10 min passiv Dehnen
- 10 min Ergometer

PROPRIOZEPTIVE
NEUROMUSKULÄRE FAZILITATION

Propriozeptive Neuromuskuläre Fazilitation? Hier stellte ich mir anfangs die Frage, was das wohl sei. Da ich keine Ausbildung als Physiotherapeut habe, wusste ich erst recht nichts damit anzufangen. Und am Anfang meiner Powerlifting-Laufbahn habe ich der Meinung eines Physiotherapeuten auch nicht besonders viel Aufmerksamkeit geschenkt. Mein Gedanke war, dass er sich sowieso nicht vorstellen kann, wie es ist, eine Kniebeuge mit über 300 Kilo auszuführen. Heute denke ich natürlich komplett anders.

Zurück zur neuromuskulären Fazilitation. Ein mittlerweile gut befreundeter Arzt aus der Nähe vom Ammersee erklärte mir den Zusammenhang zwischen dieser Stretchmethode und meinem Athletik- und Powerliftingtraining.

Diese Art des Stretchens nutzt neurologische Reflexe, um den Bewegungsumfang zu erhöhen. Oft ist es so, dass vor einer schweren Übung (Kreuzheben, Kniebeugen, Reißen oder Stoßen) ein, wie ich es beschreiben würde,

„Bei Sepp Maurer treffen sich Kameradschaft und Professionalität. Das Kinema ist mindestens so gut ausgestattet wie ein Olympiastützpunkt – aber es fühlt sich gleichzeitig nach Familie an."

DIRK LAUBER
WELTMEISTER IM KREUZHEBEN

Dirk Lauber ist einer dieser Menschen, die bereit sind, für eine Vision alles zu geben. Und mit alles ist gemeint – alles! „Ich habe mich ganz dem Ziel hingegeben. Ich habe für meinen Traum rund um die Uhr gelebt", sagt Dirk, wenn er zurückblickt auf das Jahr 2016. Damals hatte er zum ersten Mal bei Sepp Maurer angeklopft, um ihm seinen Plan zu unterbreiten. Der lautete: „Deutscher Meister mit deutschem Rekord, Europameister mit Europarekord und Weltmeister mit Weltrekord." Die Sache hatte nur einen Haken: Bisher war Dirk sportlich noch nie über eine Regionalmeisterschaft hinausgekommen und hatte wegen seines extrem fordernden Jobs als Geschäftsführer eines Weltkonzerns sowie einer Krebserkrankung zehn Jahre lang keinen Sport mehr getrieben. Fit war er schon lange nicht mehr. „Als ich zum ersten Mal ins Kinema kam, hat Sepp mir unmissverständlich klargemacht, dass so eine Zielstellung ein unfassbares Commitment verlangt, vollständige Gesundheit erfordert, aber grundsätzlich möglich sei."

Und darum hat der Coach, bevor es mit dem eigentlichen Training losgehen konnte, zunächst mal einige Monate Rehasport verordnet. Also: Mobilisation, Ausdauertraining, Stretching und viele Wiederholungen statt schwerem Hanteltraining. Dirk sollte zunächst einmal wieder die nötige Grundstabilität aufbauen, bevor er seinen Körper mit schweren Gewichten belasten würde.

Er bekam von Sepp einen Trainingsplan, so dick wie das „Münchener Telefonbuch", und nahm fast jeden Freitag die Strecke aus seiner Heimatstadt Bamberg in den Bayerischen Wald auf sich. 240 Kilometer einfach, eineinhalb Jahre lang. „Und als es nach der anfänglichen Reha mit dem richtigen Training losging, hatte ich Tränen in den Augen, so habe ich mich gefreut, denn ich war wieder gesund und fit", gibt er gerne zu. „Das Training selbst war ab dann kompromisslos hart und dauerte täglich viele Stunden." Das berüchtigte Eisenhart-Training am Wochenende brachte ihn zusätzlich regelmäßig an seine Grenzen. Aber: „Nur so war es möglich zu schaffen, was wir uns vorgenommen hatten. Dabei half der Teamgeist mit Gleichgesinnten, diese Kameradschaft, die Sepp etabliert hat", weiß er heute. Die mentale Unterstützung durch das Team, durch die Gemeinschaft im Kinema sei absolut unvergleichbar und entscheidend für den Erfolg. Zu dieser Kameradschaft komme aber eine Professionalität, die er bisher noch an keinem anderen Ort weltweit gefunden hat. Lauber, der selbst Sportwissenschaften, Jura und BWL studierte, hat in frühen Jahren an einem Olympiastützpunkt gearbeitet. „Im Vergleich dazu ist Sepps Kinema in vielerlei Hinsicht besser ausgestattet, arbeitet ganzheitlicher und ist personell vergleichbar gut besetzt."

Nur unter diesen Voraussetzungen und mit Sepps akribischer Trainingsplanung sei es möglich gewe-sen, eine eigentlich unmögliche Zielstellung zu erreichen: Dirk wurde Deutscher Meister mit deut-schem Rekord, Europameister mit Europarekord und Weltmeister mit Weltrekord und stellte dabei fünf Weltrekorde im Bankdrücken und Kreuzheben auf. „Dieses Wunder habe ich Sepp Maurer zu verdanken."

„ungutes Gefühl" im Rücken herrscht. Oder dass man denkt, die Beine würden ungleich Druck auf den Boden ausüben. Dieses Gefühl konnte ich vor allem in Wettkampfzyklen beobachten. Hier wird das Übungsgewicht jede Woche schwerer. Auch die Empfindlichkeit kleinster muskulärer Disbalancen wird deutlicher. Ich will sagen: Je fortgeschrittener man in seinem Trainingszyklus ist, desto mehr steigt die Wahrnehmung für eventuell bald auftretende Verletzungen. Jeder Wettkämpfer, der über 700 Kilo im Kraftdreikampf macht, weiß, wovon ich rede. Natürlich hat diese Art der Wahrnehmung auch mit dem steigendem Muskeltonus zu tun.

Hier kann man diese Stretchmethode sehr gut einsetzen. Durch sie wird der Dehnreflex ausgelöst, indem der betroffene Muskel bei der Dehnung wiederholt kontrahiert wird. Durch hemmende Interneuronen, die sogenannten Renshaw-Zellen, wird der Dehnreflex kurzfristig inhibiert, also unterdrückt, wodurch eine tiefere Dehnung möglich wird. Also kontrahieren – entspannen – und kontrahieren.

Ein Beispiel, diese Methode bei einer verkürzten Beinbeugermuskulatur einzusetzen:

Zuerst teste ich als Athlet, bei welchem meiner beiden Beine der Beinbeuger verkürzt ist.

Nun lege ich mich auf den Rücken und lege dass Bein, in dem die Verkürzung ist, auf die Schulter meines Trainingspartners. Ich drücke zwei Sekunden mit meinem Bein auf seine Schulter, dann dehnt er durch leichtes Hochdrücken meinen Beinbeuger. Ich drücke erneut zwei Sekunden, und er dehnt mich wieder. Das Ganze wiederhole ich circa siebenmal, bis mein Bein bei etwa 90 Grad steht. Wichtig: Das mache ich nur bei dem Bein mit der Verkürzung, nicht bei dem anderen.

Beim anderen Bein ist das Problem meist eine Verkürzung des Hüftbeugers. Hier gehe ich dann ebenso vor und dehne diesen dementsprechend.

Ich habe hier nur die allerbesten Erfahrungen gemacht. Dies ist übrigens die einzige Technik, die ich kurz vor einer schweren Beuge oder Hebung durchführen würde.

ATMUNG WÄHREND DES TRAININGS

Im Fitness- und Gesundheitssport sollte immer bei der Belastung ausgeatmet werden.

Im Leistungssport, vor allem beim Powerlifting und Gewichtheben, kann und sollte man mit der sogenannten Valsalva-Methode arbeiten. So wird das gezielte Anhalten der Luft gegen eine verschlossene Glottis (Stimmritze) bezeichnet. Durch diese Atemmethode wird die Fähigkeit gesteigert, den Druck und die Stabilität zu erhöhen und zum Beispiel bei der Kniebeuge die Wirbelsäule zu stabilisieren.

Ein erhöhter Lungendruck (intrathorakaler Druck) wirkt sich durch eine Kontraktion der Bauchmuskeln (intraabdominaler Druck) sowie die Kontraktion der Rückenstrecker auf die Wirbelsäulenstabilität während der Übung aus.

ATMUNG ALLGEMEIN

Wir Menschen machen etwa acht Millionen Atemzüge pro Jahr. Daher ist es extrem wichtig, dass unsere Atmung perfekt funktioniert. Wir können nur mit der richtigen Atmung unsere volle Leistungsfähigkeit abrufen. Beim Training wissen wir nun, wie wir atmen sollen. Jedoch machen wir täglich von früh bis spät viele unkontrollierte Atemzüge, viel mehr als in den zwei Stunden, in denen wir uns im Gym befinden. Meist nutzt man außerdem nur einen Bruchteil der Lungenkapazität, weil wir flach in die Brust, statt tief in den Bauch atmen. Die Atmung sollte durch die Bewegung des Zwerchfells eingeleitet werden, und nicht durch kleine Muskeln im Brust- und Nackenbereich. Gerade im Sport ist es erstrebenswert, dass sich der Brustkorb so weit dehnt, dass sich die Lunge nach allen Seiten frei bewegen kann. Der Kampfsportler Pete Williams empfiehlt hier den relativ einfachen Test: Lege dich auf den Rücken, platziere die rechte Hand so auf dem Bauch, dass der Daumen unter dem Brustbein liegt und die Handfläche auf dem Bauch. Die linke Hand legst du auf das Brustbein. Nun atmest du tief durch die Nase ein und inhalierst tief in den Bauchraum, bis sich die untere Hand hebt. Du kannst nun spüren, wie sich das Zwerchfell in Richtung unterer Rücken und Bauchhöhle bewegt. Dabei spannt sich die Muskulatur im Beckenboden an. Deine obere Hand bewegt sich nur leicht nach oben. Ausatmen und den Vorgang wiederholen.

Man kann mit einer verbesserten Atmung gleichzeitig die Haltung, den Muskeltonus und die Gewebequalität verbessern. Du kannst deine Atmung zu den wirksamsten, leistungsförderndsten Mitteln machen, die dir im Training und Wettkampf zur Verfügung stehen.

Eine perfekte Atmung ist neben dem Schlaf und dem Essen wichtig für das vegetative Nervensystem. Dieses steuert einen Großteil der Körperfunktionen. Sympathikus (Kampf oder Flucht) und Parasympathikus (Ruhe, Verdauung und Regeneration) sind zwei Subeinheiten. Die dritte Einheit ist das enterische System, das den gesamten Darmtrakt mit einem verzweigten Nervennetz durchzieht, welches empfindlich auf Signale reagiert, die es vom Rest des Körpers erhält.

Es gibt viele Atemtechniken, die man vor allem im Sport anwenden kann.

MERKE:

„Eine suboptimale Atemtechnik verlängert die Regeneration." Vor allem treibt eine flache Atmung den Blutsäuregehalt in die Höhe, man spürt nicht nur ein Brennen in der Muskulatur, sondern durch die überschrittene Laktatschwelle kann man auch geistig benebelt sein.

Ich habe gute Erfahrungen damit gemacht, vor einer Höchstbelastung vier Sekunden einzuatmen und explosiv auszuatmen. So kannst du deinem Körper Sauerstoff zur Verfügung stellen.

Willst du dein Nervensystem beruhigen, dann atme vier Sekunden ein, halte zwei Sekunden die Luft an und atme über sechs bis zehn Sekunden aus. Diese Atemübungen kannst du beim Entspannen nach dem Sport oder vor dem Essen machen. Durch dieses bewusste Atmen kannst du auch die Durchblutung des Darms positiv beeinflussen. Ebenso wird die Säurebildung im Körper abnehmen.

Zwerchfellatmung üben:

Atme komplett aus, zähle laut bis vier, bis deine Stimme immer leiser wird und dir schließlich die Luft ausgeht. Halte die Luft möglichst lange an, bis du automatisch nach Luft schnappst. Dadurch bewegt sich der Magen ruckartig nach oben, sobald der Zwerchfellnerv das Zwerchfell nach unten drückt, um frische Luft einzusaugen. Wiederhole diesen Vorgang einige Male, und du wirst kraftvoller und energiesparender atmen.

KARDIOTRAINING

Sieh den Ergometer nicht als Feind der Muskulatur, sondern als Waffe für den Muskelaufbau! Viele Sportler haben regelrecht Angst vor dem Fahrrad im Studio. Angst, weil sie glauben, dass sie durch Kardiotraining Muskulatur verlieren. Natürlich ist eines richtig: Extremes Ausdauertraining verbrennt Muskulatur und führt zum Abbau dieser Struktur. Genauso aber kann ein regelmäßiges Herz-Kreislauf-Training dabei helfen, auf Dauer neue Muskelmasse zu gewinnen. Nach einem harten Krafttraining hat man mit der Reparatur der beschädigten Muskelfasern zu tun (siehe Regeneration). Diese wird von zwei Faktoren beeinflusst: von der schnellen Bereitstellung der Rohstoffe, die zur Reparatur des beschädigten Gewebes notwendig sind, und der Geschwindigkeit mit der die Abfallprodukte beseitigt werden.

Durch Kardiotraining, vor allem am Ende des Trainings (!), kann man signifikant die Regeneration beschleunigen, weil es die Blutversorgung der unterschiedlichen Körperteile verbessert. Dieses aktive Regenerationskardiotraining beschleunigt den Abbau von Abfallprodukten in der Muskulatur. Ich lasse meine Athleten vor allem im Anschluss an ein schweres Bein- oder Unterkörpertraining immer Ergometertraining ausführen (siehe Simultantraining). Wenn wir das Krafttraining mit hoher Intensität betreiben, hat sich ein 20-minütiges Work-out mit abgestimmten Intervallen am Rad als perfekt erwiesen. Nicht nur dass man dabei Laktat schneller abbaut, man trägt durch Kardiotraining auch dazu bei, dass die Muskulatur Nährstoffe besser aufnimmt. Deswegen lässt das Fahrrad deine Muskeln wachsen!

Thema Fettverbrennung:

Der Stoffwechsel ist von Mensch zu Mensch verschieden. Manche haben dieses „Ripped Gen" und bilden kaum Fettreserven. Selbst dann nicht, wenn sie zu viel Nahrung zu sich genommen haben. Ebenso gibt es unterschiedliche Auswirkungen auf ein Kaloriendefizit. Auch dieses ist bei jedem anders veranlagt. Beides wird beeinflusst eben durch Veranlagung, aber auch durch die Konzentration anaboler Hormone. Beides fällt von Mensch zu Mensch unterschiedlich aus.

Was wir aber beeinflussen können, ist die Insulinempfindlichkeit. So wie diese zum Aufbau der Muskulatur beiträgt, weil wir hier viele Kalorien aufnehmen können, müssen wir eine Insulinresistenz verhindern. Diese hemmt das Muskelwachstum und lagert Fett ein. Kardiotraining trainiert bzw. verbessert sukzessive die Insulinempfindlichkeit!

Intervall-Fahren entsprechend den Laktatwerten:

Ich empfehle ein reines Ausdauertraining an einem

extra Trainingstag oder z. B. Ergometertraining vormittags und Krafttraining abends. Hier würde ich immer Intervalle fahren. Wie gesagt, das ist meine Meinung, ich habe hiermit die besten Erfahrungen gemacht.

Beim Intervall-Fahren gibt es einige Vorteile gegenüber dem „gleichmäßigen" Ausdauertraining:
- Die Fettverbrennung läuft auf einem höheren Niveau.
- Die Insulinempfindlichkeit steigt an.
- Der Grundumsatz bleibt danach länger erhöht als beim gleichmäßigen Radeln (mehr als 20 Stunden).
- Die Konzentration von Wachstumshormonen, die den Fettabbau unterstützen, steigt an.
- Der Katecholaminspiegel steigt ebenfalls an und mobilisiert die Fettreserven direkt

Die entsprechenden Intervalle mit der richtigen Pedalumdrehung sollten vorzugsweise anhand der Ergebnisse bei einem Laktattest errechnet werden. Hier kann man entsprechend den KB-, GA1-, GA2- und IB- Werten optimale Stufen festlegen.

Meine Empfehlung für den Fettabbau:

Bedenke, dass Kraft- und Ausdauertraining nur einen kleinen Bruchteil der täglichen Bewegung ausmachen. Zusätzlich zum Training im Studio solltest du jede Gelegenheit nutzen, dich zu bewegen, um Fett zu verbrennen. Und du hast dazu erstaunlich viele Möglichkeiten: Auf dem Weg zur Arbeit kann man das Auto schon mal nicht vor der Tür parken, sondern 500 Meter weit weg. Anstatt den Aufzug zu benutzen, solltest du die Treppe bevorzugen, und so weiter. Die meisten Jobs in der

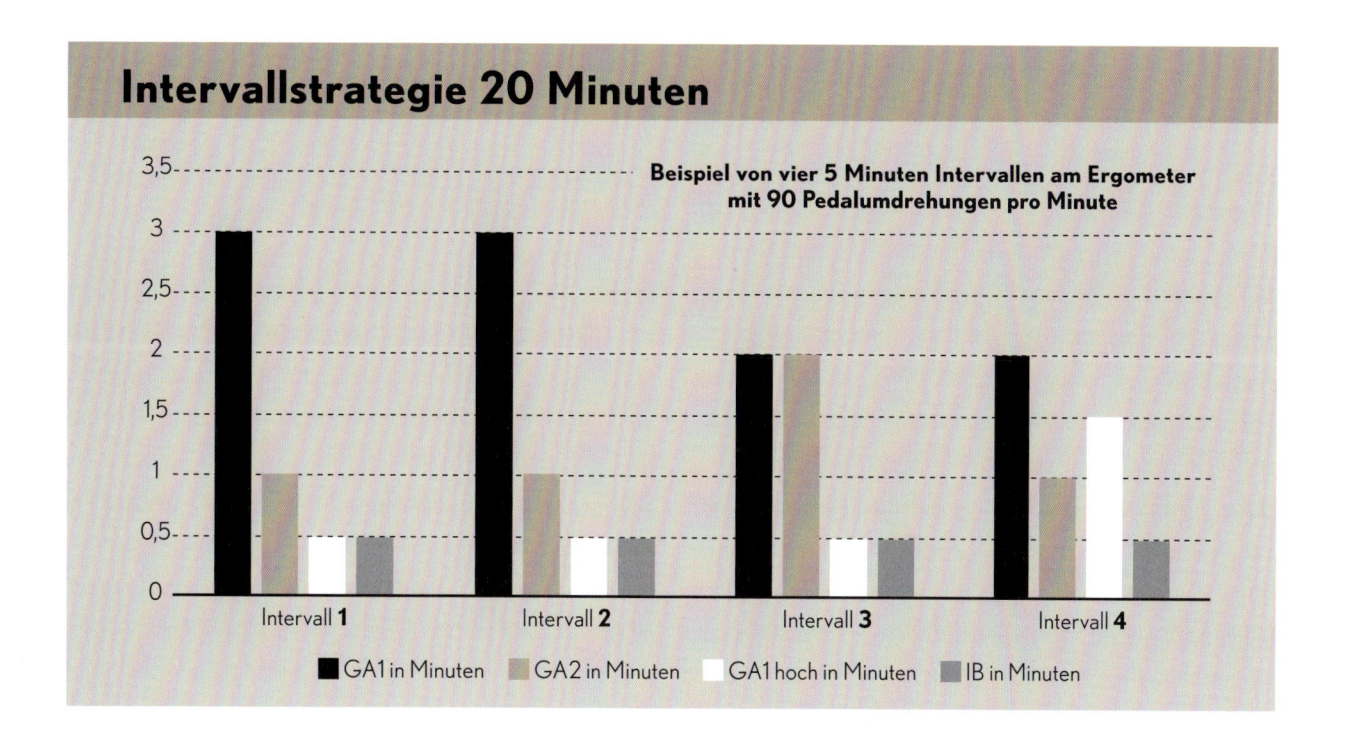

Intervallstrategie 20 Minuten

Beispiel von vier 5 Minuten Intervallen am Ergometer mit 90 Pedalumdrehungen pro Minute

Intervall	GA1 in Minuten	GA2 in Minuten	GA1 hoch in Minuten	IB in Minuten
Intervall 1	3	1	0,5	0,5
Intervall 2	3	1	0,5	0,5
Intervall 3	2	2	0,5	0,5
Intervall 4	2	1	1,5	0,5

heutigen Zeit sind sitzende Tätigkeiten – nicht nur die Haltung leidet darunter, auch der Fettstoffwechsel kommt zum Erliegen. Darum muss ich ab und zu wirklich lachen, wenn sich Mitglieder beschweren, weil sie den weitest entfernten Parkplatz bekommen haben. Eigentlich sollten sie sich da eher freuen, sie gehen ja zum Sport, und nicht in die Oper. Die alte Regel ist immer noch Gold wert: Nach dem Essen sollst du ruh'n oder 1000 Schritte tun. Gönne dir einen kleinem Spaziergang nach einer großen Mittags- oder Abendmahlzeit und kurble damit gleich die Verdauung an.

SAUERSTOFF-
MANGEL – GAR NICHT GUT!

Je weniger Sauerstoff, desto weniger Energie – das ist ein Fakt! Sauerstoffmangel kann unter anderem schwerwiegende Folgen für viele verschiedene Körperfunktionen haben und vor allem die körperliche Leistung, die Muskelfunktion und das Abwehrsystem sowie die Verdauung negativ beeinflussen. Das kann bis zum Herzinfarkt führen. Schlechte Atmung, mangelnde Bewegung und Tabakkonsum schränken die Durchblutung ein. Hochleistungstraining sowie Stress in jeglicher Form benötigen mehr Sauerstoff als normal. Ist hier zu wenig vorhanden, entsteht noch mehr Laktat als üblich.

Bei der Atmung wird Atmungssubstraten (hauptsächlich Kohlehydrate) über eine Reihe von Zwischenprodukten wiederholt Wasserstoff entzogen, der mit dem Sauerstoff zu Wasser oxidiert. Produkte der Zellatmung sind außerdem CO_2 und Wasser. Der RQ (Respiratorischer Quotient) ist eine Größe, die das Verhältnis von gebildetem CO_2- und verbrauchtem O_2-Volumen angibt. So lässt sich ein Rückschluss auf die Art der verbrannten Substrate erkennen:

RQ Kohlehydrate 1
RQ Eiweiß ca. 0,8
RQ Fett(-säuren) ca. 0,7.

Um diesen Quotienten zu ermitteln, führt man eine Spiroergometrie durch. Je höher der Wert, desto mehr Energie wird aus Kohlehydraten gewonnen. Je niedriger der Wert, desto mehr bezieht man die Energie aus Fett.

Säure und Regeneration:
Der Säure-Basen-Haushalt ist ein komplexes Regulationssystem. Er sorgt zum einen dafür, dass der sehr wichtige PH-Wert im Blut konstant gehalten wird. Und des Weiteren dafür, dass in allen Körperregionen der entsprechende PH-Wert vorliegt. Die Zauberformel hierfür ist die richtige Balance.
Quelle: Uwe Karstädt, Säure des Lebens

Säuren sind Produkte des Stoffwechsels. Der Abbau von Nährstoffen im Körper geschieht in den Zellen. Das Endprodukt ist die Energie! Ist nicht genügend Sauerstoff für die Zelle verfügbar, entsteht das Laktat, also die Milchsäure. Zum Beispiel bei einem harten Training.
Säuren sind also Abbauprodukte, die wir versuchen müssen zu puffern oder sie über die Lunge und die Nieren oder über die Haut auszuscheiden. Der PH-Wert lässt sich leicht über eine Urinprobe bestimmen. Das kannst du ganz einfach, am besten morgens, mittags

und abends, mit einem PH-Teststreifen messen. Ist der Wert über drei Tage im Durchschnitt unter sieben, also im sauren Bereich, liegt eine Übersäuerung vor. Vormittags und abends ist der Wert niedriger, mittags meist höher.

Warum ist dieser Säure-Basen-Haushalt aber so wichtig für das Leben und für den Sport? Er ist einer der großen „Marker", über die wir eine Aussage für die Erholung, das „Gesundsein", die Leistungsfähigkeit und den Erfolg treffen können. Vor allem durch alle Arten von Stress und körperlicher Belastung wird der Wert beeinflusst.

Im Sport spüren wir einen schlechten Wert vor allem durch immer häufigere Müdigkeit, Appetitlosigkeit, Verletzungsanfälligkeit, Leistungsverlust und Anfälligwerden für Infektionen. Da wir (außer im Ausdauersport) meist im anaeroben Bereich trainieren, das heißt, die Energie ohne Hilfe von Sauerstoff verbrennen, produzieren wir Laktat. Das ist neben anderen Säuren zwar ein gutes Zeichen für ein effektives Krafttraining und die Bestätigung für den richtigen Trainingsreiz, jedoch muss es oberste Priorität sein, diese Säuren so schnell wie möglich wieder abzubauen.

Was kannst du also tun, um Säure möglichst schnell abzubauen?

- Grundsätzlich kannst du dich für deine Ernährung an der PRAL-Tabelle orientieren, PRAL (Potential Renal Acid Load) ist ein Wert, der die mögliche Belastung unserer Nieren durch das jeweilige Lebensmittel angibt.
- Meide industriell verarbeitete Lebensmittel.
- Achte auf ausreichend Schlaf.
- Trink genügend und hab den Mineralstoffhaushalt im Auge. Klar, genügend trinken beim Sport ist sehr wichtig, die richtige Menge kannst du einfach ermitteln: Stell dich vor und nach dem Training auf die Waage. Der Gewichtsunterschied muss getrunken werden. Alles eigentlich ganz logisch.
- Nimm Körpersignale wahr und lege ausreichend Regenerationsphasen ein. Vor allem Verletzungen sollte man auskurieren und erst wieder mit dem Training starten, wenn man wieder gesund ist.
- -Säuren werden unter anderem auch durch die Haut ausgeschieden. Vor allem Knie abwärts, da sich hier die meisten Drüsen (ca. 10 000) befinden. Hier kannst du deinem Körper helfen, indem du vor allem in dieser Region regelmäßig Salzpeelings machst.

Der Körper gibt uns Signale. Wir müssen lernen, diese zu verstehen. Bei vielen Menschen wirkt ein täglicher kurzer Spaziergang an der frischen Luft wahre Wunder. Für mich persönlich ist die Sauna das beste Mittel, um zu entspannen und vor allem die Säuren, die durch hartes Training angefallen sind, loszuwerden. Ebenso würde ich jedem Mensch in der heutigen stressigen Zeit eine Supplementation von Calcium und Magnesium als Kombipräparat empfehlen. Calcium ist der Gegenspieler der Harnsäure und hilft zusammen mit dem Magnesium bei der Übertragung der Nervenimpulse an die Muskulatur. Ich kann euch ebenso zu Spirulina-Algen raten. Diese gehören zu den effektivsten Säure-Basen-Präparaten vor allem im Sport.

Eigentlich brauchst du hauptsächlich drei Dinge, um leistungsfähig, gesund und basisch zu sein: frische Luft, genug Wasser und ausreichend Bewegung. Doch wenn man ehrlich ist, schafft man im Alltag meist keins von den dreien. Warum wundern wir uns dann, dass wir krank werden und Antibiotika brauchen? Zudem kommen noch Stress und Schlafmangel hinzu. Weil wir so viel Stress haben, arbeiten wir dann noch länger und schlafen noch weniger.

Dazu rauchen wir noch zur Beruhigung und kompensieren das alles mit Kaffee. Oder wir belohnen uns nach einem stressigen Tag mit Alkohol.

Ich will damit sagen: Du brauchst wahrscheinlich oft keinen Arzt, Heilpraktiker oder anderen Therapeuten, keinen Kuraufenthalt und kein Burn-out-Seminar. Hör auf die Zeichen, die dir dein Körper gibt. Oft stellt man dann fest, wenn man sich genügend bewegt und ausreichend frische Luft bekommt, dass man gar nicht krank, sondern nur noch durstig ist.

TRAINING DES
FUSSGEWÖLBES – ODER WIE DU DEIN ILIOSAKRALGELENK SCHÜTZT

Nach meiner Beinverletzung vor mittlerweile 20 Jahren habe ich natürlich versucht, jeden noch so kleinen Strohhalm zu ergreifen, um wieder besser stehen und laufen zu können. Und später natürlich, um wieder mehr heben und beugen zu können. Mir fiel auf, dass es mir immer sehr gut tat, wenn ich barfuß ging und unterschiedliche Reize an den Füßen spürte. Manchmal tat mir mein Bein zeitweise sogar gar nicht mehr weh. Und das war selten. Auch riet mir mein damaliger Trainer, ich sollte Übungen für das Fußgewölbe auf einem golfballgroßen, halbrunden Ball machen. Was anfangs eher lächerlich war, stellte sich im Laufe der Jahre als immer wichtiger heraus. Mir wurde klar, dass das Fußgewölbe erheblichen Einfluss auf die perfekte Hebung haben muss. Aber warum?

Schon zu Beginn meiner Trainerlaufbahn fiel mir auf, dass viele Athleten bei der Kniebeuge instabil stehen. Die Fersen heben sich, oder die Knie gehen nach innen oder außen. Außerdem habe ich immer wieder festgestellt, dass Läufer ihre Füße nicht richtig abrollen und sich falsche Bewegungsmuster einschleifen. Triathleten klagen über schmerzende Achillessehnen und Gewichtheber und Powerlifter über Schmerzen im Iliosakralgelenk bzw. über Rückenschmerzen. Knieschmerzen treten selbst bei mittelschweren Belastungen bei Fitnesssportlern oft ganz plötzlich auf. Aber was ist der Grund? Nun, Gründe gibt es dafür natürlich mehrere. Jedoch war sehr oft die Ursache des Übels ein schlecht trainiertes Fußgewölbe und die damit einhergehende Fehlbelastung anderer Gelenke, Sehnen, Muskeln und Bänder.

Aber was hat das Fußgewölbe mit all dem zu tun? Es hat erheblichen Einfluss auf die Beckenkippung. Man weiß, dass der Tibialis anterior und der Fibularis longus gemeinsam eine Art Steigbügel unter dem Gewölbesystem des Fußes bilden. Also ein laxer Tibialis anterior, gekoppelt mit einem verkürzten Fibularis, führen zu einer sogenannten Pronation des Fußes – so könnte das mediale Fußgewölbe „einsinken". Im Gegenzug dazu führen ein verkürzter Tibialis anterior und ein gedehnter Fibularis zu einer Supination des Fußes – so könnte es sein, dass eine laterale Gewichtsverlagerung im Fuß entsteht. Beide Konstellationen führen zu einem unstabilen Stand.

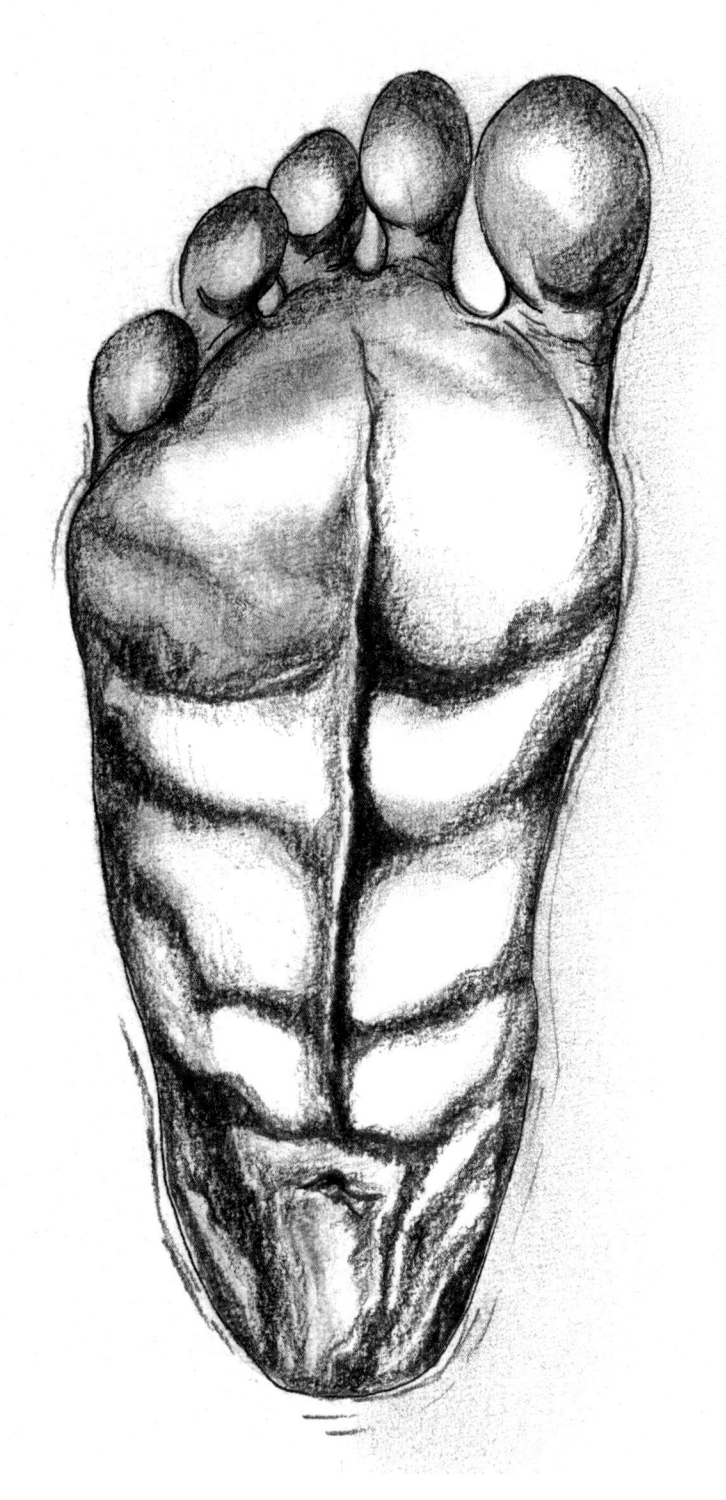

Anhand dieser Zeichnung von Sandra Roll wird deutlich, wie man sich meiner Meinung nach eine Fußsohle vorstellen sollte. Die Muskulatur des Fußgewölbes entspricht quasi unserer Bauchmuskulatur und sollte eigentlich genau den gleichen Stellenwert haben

Betrachten wir nun die Spirallinie aufwärts zum Becken: Der Tibialis wiederum hat eine fasziale Verbindung zum Rectus femoris, zum Sartorius und zum Tensor fasciae latae. Diese faszialen Verbindungen ziehen zum vorderen Ende des Beckens. Die fasziale Verbindung des Fibularis zieht sich über den Biceps femoris zum hintersten Ende des Beckenknochens.

Ist nun ein Muskel in dieser Kette abgeschwächt bzw. besteht hier eine Disbalance, kann es zu Problemen im Becken bzw. im Iliosakralgelenk oder zu Rückenschmerzen kommen.

Quelle: Anatomy Trains

Oder drücken wir es anders aus: Ist das Fußgewölbe unzureichend trainiert oder geschwächt, kann durch das Ein- oder Auswärtsdrehen des Fußes über fasziale Verbindungen eine Beckenkippung entstehen. Wird dann Gewalt auf das Iliosakralgelenk ausgeübt, beispielsweise durch schweres Heben, können hier Verletzungen entstehen.

Wichtig also:

Über die Spirallinie besteht eine Verbindung zwischen der Fußstellung und der Beckenkippung.

Eine Möglichkeit, das Fußgewölbe wieder stark und stabil zu machen, ist ganz einfach das Gehen ohne Schuhe auf verschiedenen Untergründen wie Wiese, Waldweg, Teer, Kies und Pflaster. Oder mein Favorit: waten im kniehohen Wasser eines Flusses und gleichzeitiges Balancieren auf den unterschiedlich großen Steinen.

Auch Barfußschuhe helfen, das Gewölbe zu stärken. Oder man trainiert täglich mit einem Golfball. Hier empfehle ich, mit dem Fuß Druck auf den Ball auszuüben und dabei die Zehen anzuziehen und wieder zu strecken. 20 Wiederholungen im Wechsel und drei Durchgänge. Das Ganze in Kombination mit kleinen Kreisbewegungen.

Du wirst merken: Ist das Fußgewölbe stark, wird die Kniebeuge besser laufen, du wirst einen stabileren Stand bekommen und somit schwerer trainieren können. Als Läufer wirst du sehen, dass dein Laufstil wieder ökonomischer wird, und dadurch entlastest du natürlich deine Achillessehnen.

TAPERING VOR DEM WETTKAMPF

Als sogenanntes Tapering wird die Phase der reduzierten Trainingsbelastung vor einem Wettkampf bezeichnet. Aber was ist die Idee dahinter? Viele Athleten haben das Problem, dass sie kurz vor einem Wettkampf nochmals maximal schwer heben, drücken oder beugen müssen, um ihr Gewissen zu beruhigen. Das ist falsch und unnötig. Ebenso denken viele Ausdauersportler, dass sie gerade in den letzten Wochen vor dem Wettkampf noch mehr Gas geben müssen. Auch das ist natürlich nicht zielführend.

Tapering ist der Balanceakt, in dem die durch das Training kumulierte physiologische und psychologische Erschöpfung reduziert wird, während die sportartspezifische Fitness erhalten bleibt oder sogar zunimmt. Tapering dient dazu, sich von den harten Trainingseinheiten der vorhergehenden Wochen zu erholen und sich auf den Wettkampf einzustellen. Auf keinen Fall darf man Tapering als „Zwei Wochen Trainingspause" verstehen.

Man konnte feststellen, dass durch richtiges Tapering die Wettkampfleistung von eineinhalb auf fünf Prozent steigen kann. Persönlich würde ich Tapering ein bis zwei Wochen vor dem Wettkampf empfehlen.

Quelle: Athletiktraining

- Eliteathleten würde ich zu 2 Wochen plus 2 bis 3 Tage raten.
- Fortgeschrittenen Athleten würde ich eher zu 1 Woche raten.
- Im Triathlon würde ich das Tapering 2 Wochen vor dem Wettkampf folgendermaßen gestalten: Ich würde die Intensität nur minimal herunterschrauben, also circa 80 bis 90 Prozent der VO2max. Volumen und Frequenz sollten dafür je nach Leistungsstand um 50 bis 60 Prozent reduziert werden. Die Superkompensation findet so immer noch statt.
- Im Kraftsport würde ich eine andere Strategie empfehlen. Hier stehen die Verbesserung der Einlagerung von Calcium bei der Kontraktion und die Erholung des ZNS im Vordergrund. Im Gegensatz zum Ausdauersport würde ich die Intensität und die Frequenz verringern, aber versuchen, das Volumen

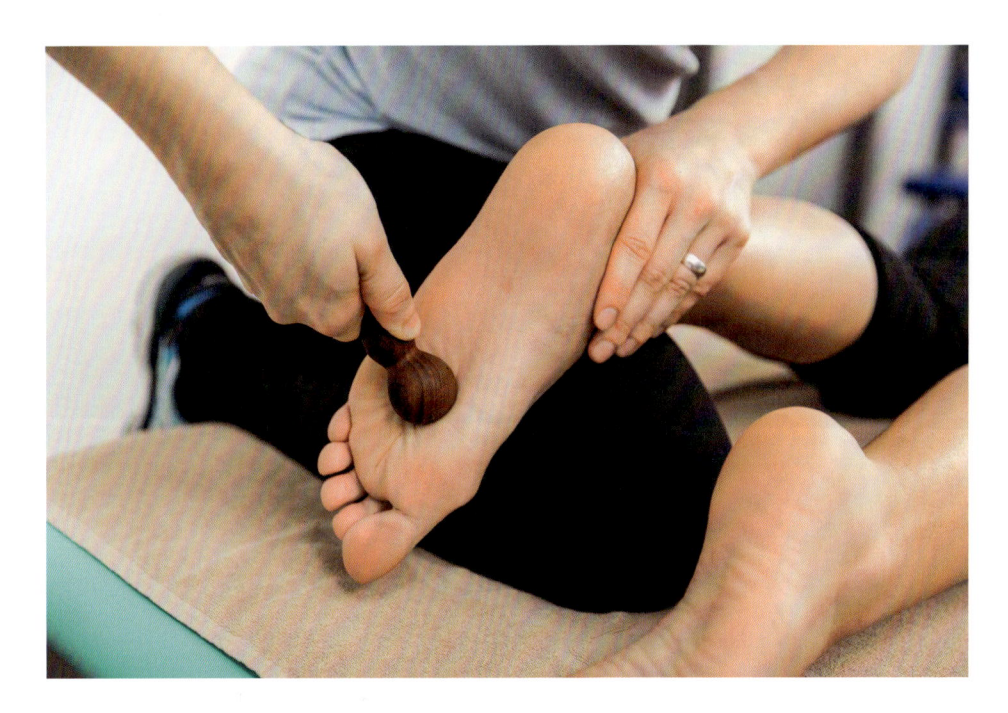

Die Behandlung der Plantarfaszie ist eine wichtige physiotherapeutische Maßnahme in unserem Spektrum

„**Sepp ist nicht nur einfach Trainer. Er ist psychologischer Coach, sportlicher Ratgeber, mentaler Begleiter – und hat ein unglaubliches Team. Das macht den Unterschied."**

ALEXANDER DOTZLER
EISHOCKEYPROFI

Die Fußballstollen gegen Schlittschuhe zu tauschen – das war wahrscheinlich eine der wichtigsten Entscheidungen, die der gebürtige Regensburger Alexander Dotzler schon im Grundschulalter getroffen hat. Statt wie bisher am nahe gelegenen Fußballplatz trainierte er mit etwa 9 Jahren im damals noch zugigen, alten Freiluftstadion in Regensburg. Dass er ein großes sportliches Talent war, erkannten seine Trainer dann ziemlich bald und so war Alexanders Weg in Richtung Profisport eigentlich schon geebnet. Der heute 37-Jährige hat es bis in die erste Deutsche Eishockey-Liga, die DEL, geschafft und stand als Verteidiger bei Vereinen wie den Hamburg Freezers, den Grizzlys Wolfsburg und den Straubing Tigers unter Vertrag. Auch in der zweiten Liga war er bei den Eisbären Regensburg, den Bietigheim Steelers und aktuell dem EV Landshut erfolgreich auf dem Eis. „Ich habe in meiner sportlichen Laufbahn bisher wirklich schon viel erlebt. Ich habe in Los Angeles trainiert und in vielen anderen Profi-Einrichtungen – aber so ein Gesamtpaket, wie man es im Kinema findet, habe ich noch nirgends gesehen", sagt er.

Über Sepps Bruder Ludwig, der ebenfalls großer Eishockey-Fan ist, knüpfte Dotzler schon vor vielen Jahren Kontakt zur Sportschule. Anfangs konnte er aufgrund seines Spielvertrages in Wolfsburg noch nicht regelmäßig zum Training kommen, seit seiner Rückkehr in die Heimat nach Straubing, Regensburg und Landshut ist er aber ein festes Mitglied im Kinema-Team und -Leistungskader. Und absolut überzeugt davon, dass dieses Training für ihn die beste Grundlage war. „Im Kinema trainieren so viele verschiedene Sportler und Sportarten unter einem Dach. Diese Gemeinschaft ist die allergrößte Motivation und Wissensquelle", so Dotzler. Die Athleten motivieren sich gegenseitig, spornen sich zu Höchstleistungen an – und man könne voneinander auch jede Menge lernen. „Das Eisenhart-Training am Samstag ist für uns alle ein absoluter Pflichttermin. Hier wissen wir eigentlich nie, was auf uns zukommt, das Training ist immer anstrengend, oft brutal. Aber wir gehen gemeinsam an unsere Grenzen", sagt Alex Dotzler. „Sepp ist dabei nicht nur einfach Trainer. Man kann wirklich mit jedem Problem zu ihm kommen und er ist immer da, wenn man ihn braucht. Er ist psychologischer Coach, sportlicher Ratgeber, mentaler Begleiter – und hat ein unglaubliches Team. Das macht den Unterschied."

Denn zusätzlich zur bestmöglichen Ausstattung mit Geräten und der hochkarätigen Trainingsgemeinschaft aus unterschiedlichsten Leistungssportlern, überzeuge das Kinema mit einem hervorragenden Team aus Physiotherapeuten. Nur so sei es möglich, dass man seine volle Leistungsfähigkeit auch abrufen kann. Die Kombination aus guter Vorbereitung und optimaler Regeneration mache die Sportler vor und vor allem nach dem Training wieder fit für die nächste Herausforderung. Denn wenn Alexander Dotzler eins gelernt hat in den vielen Jahren, in denen er jetzt schon auf der Höllhöhe im Kinema trainiert, dann ist es das: Es geht immer noch ein Stück weiter – und es geht immer noch ein Stück besser.

zu halten. Eine weitere Möglichkeit wäre auch, die Intensität nur minimal zu reduzieren und die Wettkampfübung gegen eine andere, ähnliche auszutauschen. Diese Art des Tapering empfehle ich nur Eliteathleten.

Allgemein kann man sagen, dass es durch Tapering und den dadurch reduzierten Trainingsstress zu einer Zunahme der Leistungsfähigkeit kommt.

- Die Cortisolkonzentration sinkt.
- Die Testosteronproduktion steigt.
- Das Volumen an roten Blutkörperchen steigt.
- Der Hämatokritwert steigt ebenfalls.
- Die Kreatinkinase im Blut nimmt ab.
- Die Leistungsabgabe der Muskelfasern vom Typ IIa steigt.
- Die Vitalität nimmt zu.
- Die Schlafqualität steigt.
-

DELOAD

Unter einem Deload versteht man, sich von mehrwöchigen schweren Trainingseinheiten zu erholen. Meist ist es am besten, eine Woche Deload-Training zu machen. Gerade bei sehr fortgeschrittenen Athleten oder Elite-

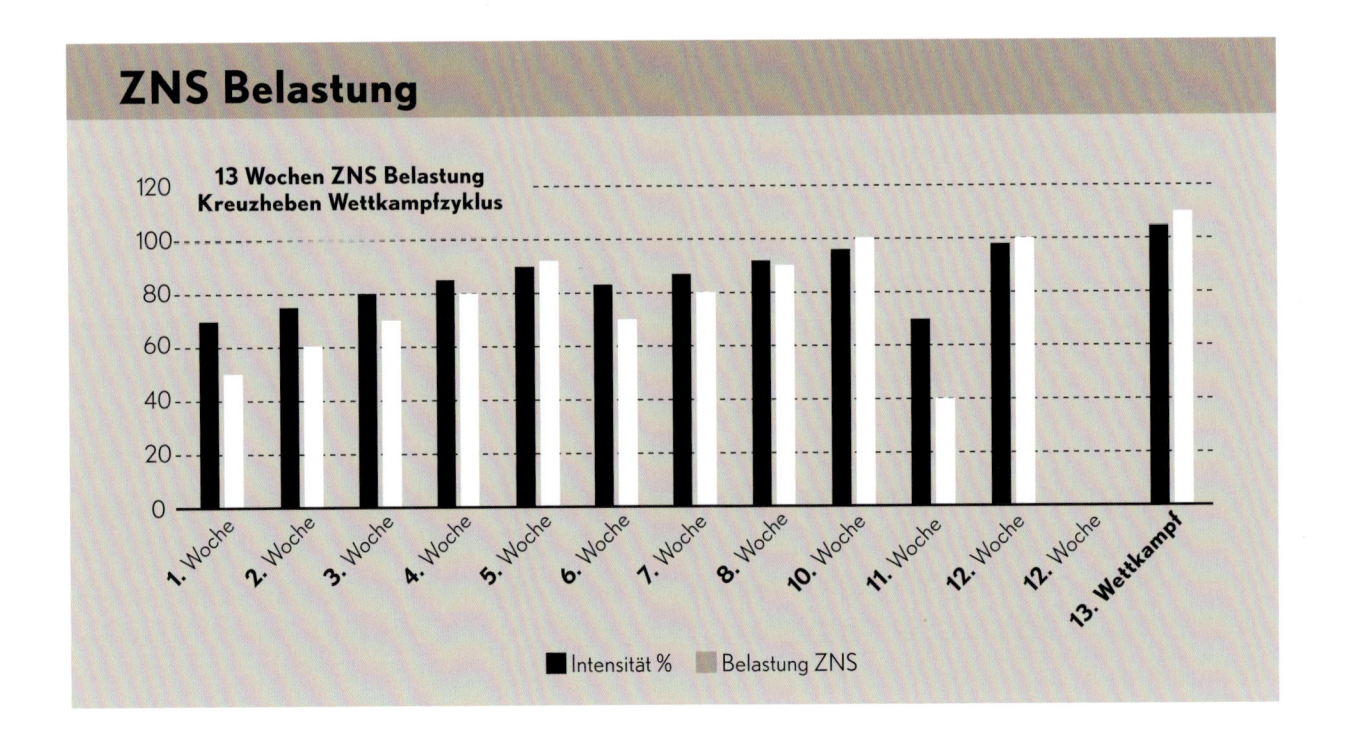

ZNS Belastung

13 Wochen ZNS Belastung Kreuzheben Wettkampfzyklus

■ Intensität %   ▢ Belastung ZNS

athleten macht ein Deload absolut Sinn. So könnte zum Beispiel ein Kraftsportler folgendermaßen vorgehen: drei Wochen lang Kniebeugen mit ständig steigender Intensität, dann eine Woche Deload-Training, in dem die Übung „Kniebeuge" nur mit 60 Prozent ausgeführt oder durch Beinpressen ersetzt wird.

Wenn durch zu schweres Training über Wochen das Nervensystem müde wird, steigt die Verletzungsgefahr und die Gefahr des Übertrainings. Am besten ist es, einen Deload so knapp wie möglich vor dem Abfall der Leistung einzubauen. Fortgeschrittene Athleten haben dafür ein Gespür, sie merken wenn ihr ZNS müde wird oder es bereits ist. Unsere Trainer im Kinema bauen Deload-Wochen in den Trainingsplan ein und planen die Intensität so, dass ein Leistungsabfall verhindert wird.

Bei Anfängern ergibt ein Deload keinerlei Sinn. Ich muss immer ein bisschen schmunzeln, wenn Athleten, die erst über ein Jahr Erfahrung verfügen, eine oder zwei Deload-Wochen machen. Das ist meiner Meinung nach Schwachsinn. Sie können es noch gar nicht geschafft haben, ihr Nervensystem so zu belasten, dass dies Sinn machen würde.

In Grafik links kann man z. B. erkennen, wie die ZNS-Belastung im Laufe der Trainingswochen steigt.

Achtung: Diese Darstellung ist nicht wissenschaftlich fundiert. Sie dient lediglich der Veranschaulichung und besseren Vorstellung.

In Woche sechs wird ein kleiner Deload gemacht, während in Woche zehn ein Deload um mehr als 30 Prozent erfolgt. In Woche zwölf wird die Disziplin Kreuzheben gar nicht ausgeführt.

Warum das gerade beim Kreuzheben nötig ist?

Keine Disziplin fordert das ZNS so stark wie das Kreuzheben!

Das liegt zum einen daran, dass man den Deadlift, also das Kreuzheben, aus einer, wie der Name schon sagt, toten Position heraus ausführt und hier extreme neuronale Arbeit geleistet werden muss. Hier kann man keinen Stretchreflex, wie etwa bei der Kniebeuge oder dem Bankdrücken, nutzen.

Zum anderen muss man die Stange mit den Händen festhalten. Das erfordert eine gute Griffkraft. die ebenfalls neuronal belastend ist. Das ist wohl auch ein Grund dafür, warum viele Athleten mit Schlaufen heben. Die Wirbelsäule ist der Schlüsselbereich für eine neurale Übertragung.

Beim Kreuzheben ist die axiale Belastung höher als z. B. bei einer Kniebeuge.

Deswegen ist es auch wichtig, zu wissen: Sumo-Kreuzheben ist der Kniebeuge ähnlicher, weil man ebenso wie beim Classic-Kreuzheben keinen Stretchreflex nutzen und die Stange logischerweise auch mit den Händen halten muss, jedoch ist die Axialbelastung viel geringer. Deswegen scheint es so, dass hier die ZNS-Belastung geringer ist und man öfter schwer heben kann.

BALANCETRAINING

Balancetraining ist für mich ein elementarer Bestandteil jeder Trainingseinheit. Ich und viele andere Spitzentrainer arbeiten gerne mit instabilen Oberflächen, weil sie ein gutes Hilfsmittel sind, um die Aktivierung der stabilisierenden Muskulatur anzuregen. Zu viel davon ist sicherlich kontraproduktiv für die Maximalleistung. Hier ist auch wieder ein ausgewogenes Verhältnis gefragt. Außerdem stimuliert Balancetraining mit Haltungsübungen das reaktive System, verbessert den propriozeptiven Input und das kinästhetische Bewusstsein. Das alles wiederum führt zu einer größeren dynamischen Core-Stabilität. Gerät der Körper also beim Training aus dem Gleichgewicht, kehrt er so schneller zu seiner stabilen Haltung zurück.

MUSKELN PFLEGEN
FASZIENROLLEN UND DEREN WIRKUNG

Bei intensivem Training kommt es, wie wir wissen, zu Mikrotraumen, die „Narbengewebe" und Verhärtungen erzeugen können, zu sogenannten Triggerpunkten. Diese schränken die Nervenleitfähigkeit ein und beeinträchtigen die Kontraktionsgeschwindigkeit. Bei Triggerpunkten bringt es rein gar nichts, wenn man versucht, den Muskel zu dehnen. Stell dir ein Theraband mit einem Knoten vor und vergleiche dieses mit einem Muskel, in dem ein Triggerpunkt sitzt. Dehnst du nun das Band, würde das den Knoten nur noch mehr zusam-

Mithilfe von Faszienrollen können wir den oberen Rücken sehr gut bearbeiten

menziehen. Ein gutes Mittel aber, um Triggerpunkte zu lösen, sind Hartschaumrollen, und ich würde dir raten, diese in dein Trainingsprogramm zu integrieren. Durch die sogenannte autogene Hemmung, die entsteht, wenn Druck auf das Muskelgewebe ausgeübt wird, wird dem Gehirn vermittelt, den Muskel zu entspannen. Die Beweglichkeit und der Bewegungsumfang werden erhöht. Angestrebt werden sollten lange Rollbewegungen. Auf keinen Fall würde ich empfehlen, so wie es in vielen Videos zu sehen ist, ganz langsam zu rollen. Wenn der Druckschmerz zu groß ist, entspannt sich der Triggerpunkt nicht. Und auch das Nervensystem wird hier mehr zu tun haben. Also zügiges Rollen, gleichmäßiges Atmen, und das Ganze circa 40 Sekunden lang.

DEHNEN
STATISCH ODER DYNAMISCH?

Dehnen – ja. Aber besser statisch oder besser dynamisch? Auch diese Frage taucht im Trainingsalltag immer wieder auf.

Statisches Dehnen:
Statisches Dehnen würde ich nicht vor dem eigentlichen Training machen. Viele Wissenschaftler sehen einen Zusammenhang zwischen gehemmten Dehnreflexen, langsameren Reaktionszeiten, erhöhter Compliance des Muskel-Sehnen-Komplexes und einer Kraftabnahme zwischen fünf und 30 Prozent. Ich würde auch so weit gehen, dass ich nicht glaube, dass statisches Dehnen vor dem Training Verletzungen reduziert. Eine erst vor Kurzem durchgeführte Metaanalyse von 361 Forschungsarbeiten zeigte dies ebenso. Übermäßiges statisches Dehnen wirkt sich vor allem bei Schnellkraftsportarten nachteilig auf die Leistung aus. Hier ist das Problem, dass statisches Dehnen vor der Belastung zu einer Erhöhung der Beweglichkeit führt, was Athleten aber vor dem Wettkampf nicht anstreben sollten. Compliance ist hier der Schlüssel. Diese beschreibt die Fähigkeit eines Athleten, den natürlichen Bewegungsumfang sicher zu erreichen. Und zwar in den Geschwindigkeiten und mit dem Drehmoment, die für seinen Sport üblich sind. Zu viel gesteigerte Beweglichkeit führt dazu, dass das Gelenk instabil oder in einem Winkel gebeugt wird, der keine stabile Haltung zulässt. Aus diesem Grund rate ich euch: Statisches Dehnen nach dem Training oder an einem trainingsfreien Tag!
Quelle: Athletiktraining

Aktives oder dynamisches Dehnen:
Die Übungen sollten zuerst einzelne und dann mehrere Gelenke beanspruchen. Hast du beim Warm-up nicht schon die wichtigen Gelenke aufgewärmt, solltest du spätestens jetzt damit anfangen. Fußgelenke, Hüften und Wirbelsäule sind besonders wichtig. Wenn du zum Beispiel explosives Training anstrebst, konzentrierst du dich auf die Aktivierung der Gesäßmuskeln und die Mobilität der Wirbelsäule sowie auf die Aktivierung der ischiocruralen Muskulatur. Hier solltest du jedes Gelenk funktionsgemäß ansprechen.
Zum Beispiel kann man durch Mobilisierung des Fußgelenks das Knie vor hohen Scherkräften schützen. Eine Aktivierung des Core-Bereichs hilft, die Lendenwirbelsäule zu stabilisieren, die Kraft von den Hüften durch den Rumpf auf den Arm zu übertragen.

Am besten ist es, wenn du jede dynamische Dehnung mit dem limitierten Bewegungsumfang beginnst und diesen allmählich vergrößerst. Wenn du den Muskel zu schnell in den neuen Bewegungsumfang zwingst, kann der Dehnreflex ausgelöst werden, und der Muskel, der sich zu dehnen versucht, zieht sich zusammen. Hier ist es auch sehr ratsam, auf Asymmetrien in der Bewegung zu achten. Auch kann man hier beobachten, ob sich mit zunehmend schneller Bewegung die Körpermechanik verändert.

Ein gutes, dynamisches Warm-up soll die Arbeitskapazität und das Fitnessniveau allmählich erhöhen, aber nicht so intensiv sein, dass das anschließende Training darunter leidet. Wie schon erwähnt, verbringe ich an einem Eisenhart-Samstag mit meinen Athleten bis zu eineinhalb Stunden mit Mobilisation, dynamischem Dehnen, Core-Stabilisation und GPP-Training. So lang muss es für den Fitnesssport natürlich nicht sein. Aber: Unbedingt dynamisches und aktives Dehnen sowie Mobilisation vor dem Sport!

REGENERATION
WAHRSCHEINLICH DAS WICHTIGSTE!

Das Zauberwort Regeneration wird nicht nur meist unterschätzt, sondern leider auch oft überhaupt nicht verstanden. Es gibt viele Arten von Regeneration, und sie ist ein elementarer Teil des Trainings. Ich kann jedem nur das Buch „Russian Storage of Regeneration" empfehlen.

Regeneration ist deswegen so wichtig, weil körperliche Belastung eine Erhöhung des Sympathikus verursacht und dadurch die Herzfrequenz steigt. Die Zeit, die nötig ist, um das vegetative Nervensystem wieder in den vor der Aktivität bestehenden Zustand zu versetzen, hängt von der Intensität und der Dauer der körperlichen Betätigung ab. Das könnte die These vieler Forscher untermauern, die sich dafür aussprechen, nicht länger als eine Stunde zu trainieren. Meiner Meinung nach ist das aber nicht zielführend.

Man sollte wissen, dass hochintensives Training die Aktivität des vegetativen Nervensystems länger reduziert als submaximales Training. Die durch das intensive Training erzeugten Entzündungsprozesse schwächen die Reaktivierung des Parasympathikus. Diese Reaktivierung sollte aber so schnell wie möglich beschleunigt werden, weil eine höhere parasympathische Aktivität mit einer besseren Erholung in Verbindung steht. Um diese Erholung zu beschleunigen, muss das vegetative Nervensystem unbedingt reguliert werden.

Besonders die Hormone Cortisol und Testosteron spielen hierbei eine sehr große Rolle.

Cortisol wirkt katabol, baut also Protein in der Muskulatur und im Bindegewebe ab. Es verursacht eine Reduktion der Proteinsynthese, die für die Umverteilung der Energie im Körper sorgt.

Testosteron ist ein Steroidhormon, das anabol wirkt und die Glykogensynthese in der Muskulatur steigert. Es erhöht nicht nur die Hypertrophie, sondern ist mit der Muskelfunktion und den kognitiven Prozessen verbunden, die die Bewegungen kontrollieren.

Oft kann der Hormonhaushalt nach einem schweren Training über mehrere Tage gestört sein.

Das wirkt sich je nach Sportart unterschiedlich aus, das

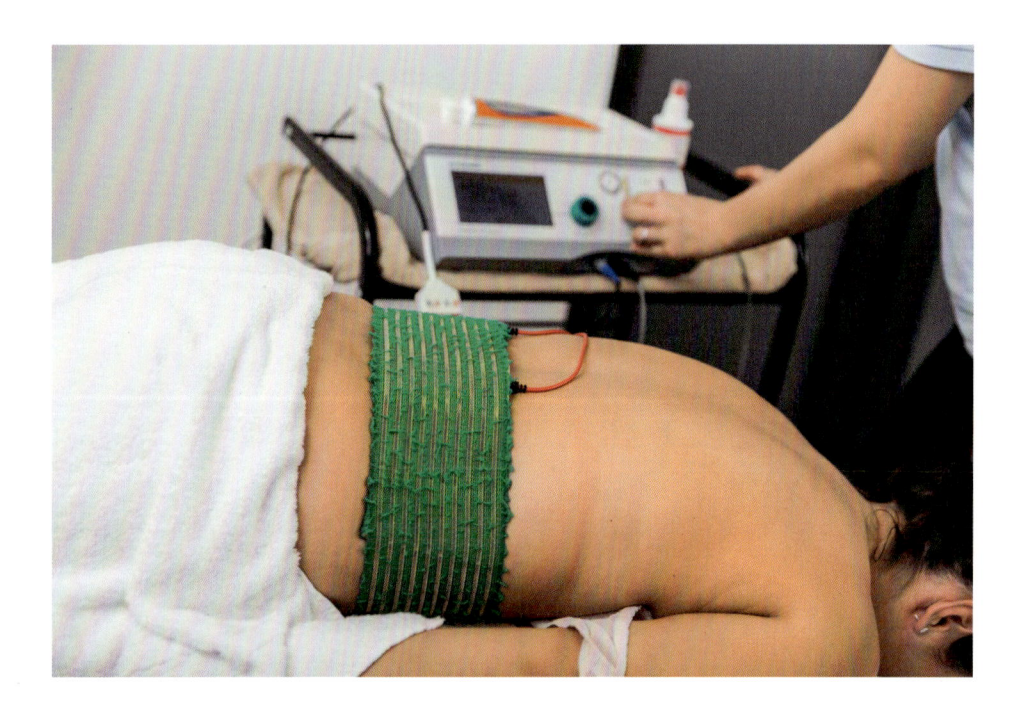

Oben: Mit einer Elektrostimulation können wir Schmerzen im unteren Rücken therapieren

Untern: Sehr gute Erfolge bei Achillessehnenproblemen erzielen wir mit unserer Neuro-3-D-Behandlung

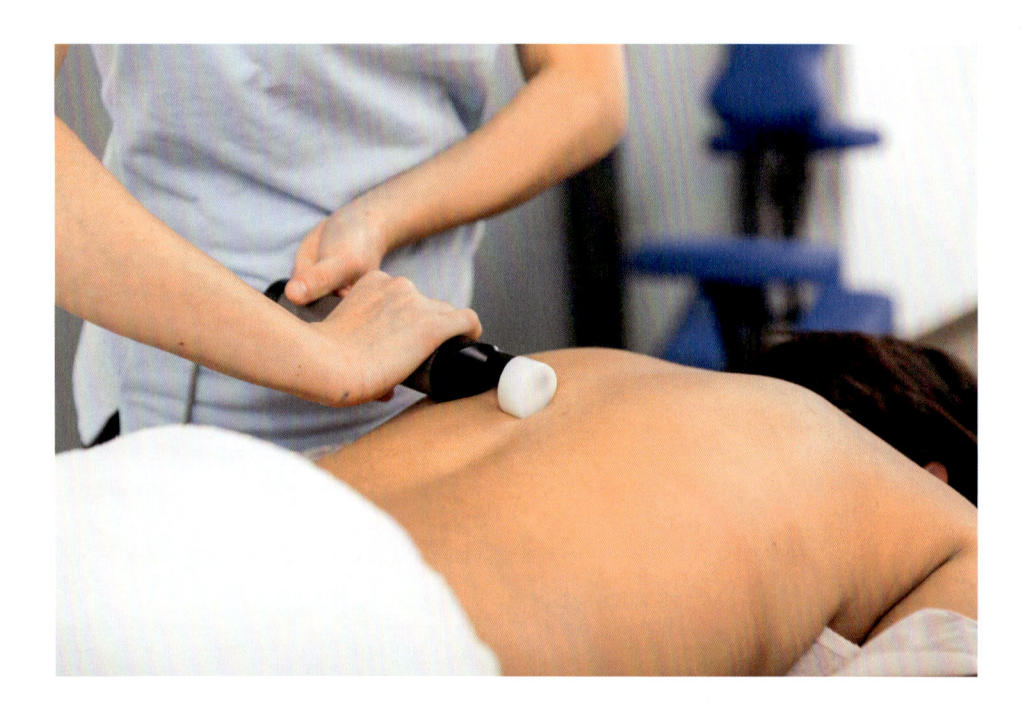

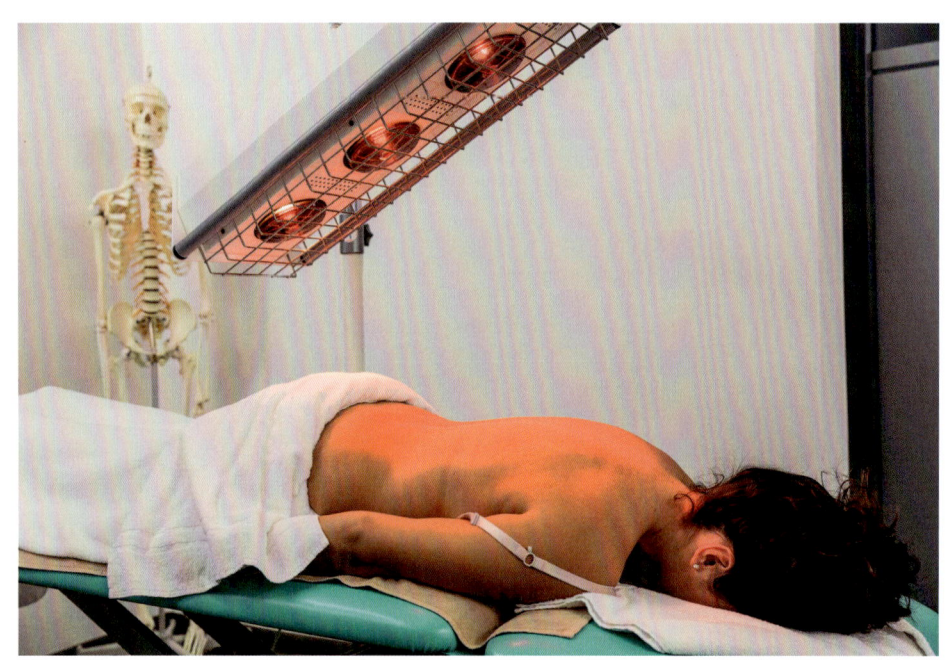

Oben: Die Brustwirbelsäule wird hier mit einer Matrix-Rhythmus-Therapie behandelt

Untern: Auch Infrarotanwendungen können bei verschiedenen Beschwerden helfen

Thema „genügend Erholung" spielt dabei aber immer eine große Rolle. Vor allem bei Ausdauersportlern ist auffällig, dass sie bei unvollständiger Regeneration anfällig für Infektionen der oberen Atemwege sind. Bei Kraftsportlern sind meist Appetitlosigkeit und Müdigkeit sowie Verletzungen des Muskel-Sehnen-Apparats die Folge.

Möglichkeiten, um die Regeneration zu fördern:

BCAAS:
Die Einnahme von BCAAS (die drei Aminosäuren Leucin, Isoleucin und Valin) vor dem Training fördert die Regeneration während und nach dem Training. BCAAS sind wichtig bei intensivem Training, da sie eine Energiegewinnung aus der körpereigenen Muskelmasse und somit Muskelabbau verhindern. Sie sorgen außerdem für einen effektiveren Muskelaufbau nach dem Training und fördern gleichzeitig den Fettabbau.

Magnesium:
Magnesium sorgt dafür, dass sich deine Muskeln nach einem intensiven Training wieder entspannen können. Daher spielt der Mineralstoff insbesondere dann eine Rolle, wenn du regelmäßig und intensiv trainierst. Magnesium sorgt für einen ausgeglichenen Hormonhaushalt. Fehlt Magnesium, fehlt auch Testosteron.

Wasser:
Wasser ist eines der wichtigsten regenerativen und leistungsfördernden „Dinge".
Das DING Wasser wird für viele grundlegende Prozesse in deinem Körper benötigt. Es transportiert unter anderem Nährstoffe und ist für den Fettabbau verantwortlich. Dein Körper besteht zu fast 70 Prozent aus Wasser. Durch Urin, Schweiß und Atmung verliert er jedoch bis zu drei Liter Flüssigkeit am Tag. Diesen Wasserverlust musst du wieder ausgleichen. Wasser dient als Transportmittel für Nährstoffe. Nur mit ausreichend Flüssigkeit können Vitamine, Eiweiße, Fette, Kohlehydrate und andere Nährstoffe zu Organen und Muskeln transportiert und Abfallprodukte entsorgt werden. Somit ist Wasser für die Nährstoffversorgung der Muskelzellen und gleichzeitig für den Stoffwechsel verantwortlich.
Ich empfehle, während des Trainings mindestens 0,7 Liter pro Stunde zu trinken.

MERKE:
Bei einem guten intensiven Training verlieren wir allein durch Schweiß viele Mineralstoffe und Spurenelemente.
Verlust pro Liter Schweiß:
800 bis 2000 mg Natrium,
300 bis 500 mg Kalium,
30 bis 70 mg Calcium,
30 bis 60 mg Magnesium.

Protein und Kohlehydrate nach dem Training: Nach dem Training sollte man sofort beginnen, seine Speicher mit entsprechend Eiweiß aufzufüllen. Dann ist der Muskel am stärksten durchblutet. Innerhalb der ersten 30 Minuten ist daher die Aufnahmefähigkeit für Proteine stark erhöht.
Wenn Proteine nach dem Training eingenommen werden, kann die Phase der erhöhten Aufnahmefähigkeit des Muskels optimal unterstützt werden. Ich empfehle je nach Anstrengung und Körpergewicht bis zu 50g

„Sepp will für jeden das Beste.
Egal ob das ein Leistungssportler ist,
oder jemand, der einfach wieder fit
und gesund werden möchte.
Im Kinema werden alle respektiert."

DR. FRANZ ECKL
VIZE-EUROPAMEISTER TRIATHLON

Einmal beim Ironman auf Hawaii starten – für viele Triathleten wohl das absolute Traumziel ihrer sportlichen Karriere. Für Dr. Franz Eckl, Kinder- und Jugendarzt in Amberg, wurde dieser Traum schon vor zehn Jahren wahr. Im Dezember 2012 stand er zusammen mit seinem Trainer Sepp Maurer beim ältesten und berühmtesten Triathlon der Welt über die Langdistanz mit 3,86 km Schwimmen, 180,2 km Radfahren und 42,195 km Laufen am Start. Dass er es überhaupt soweit schaffen würde, das konnte er sich wenige Jahre zuvor noch nicht einmal annähernd vorstellen und auch der Weg dorthin war ganz schön abenteuerlich.

„Ich war ein ganz normaler Durchschnitts-Sportler, der einfach gerne gelaufen ist", erzählt der heute 55-Jährige. Seine ganze Jugend hindurch habe er sich immer gerne bewegt, doch als er älter wurde und beruflich sehr eingespannt war, sei seine allgemeine sportliche Fitness immer schlechter geworden. „Meine Frau hat mir dann mal zum Geburtstag die Teilnahme an einem Triathlon geschenkt – und ich bin 97. von 99 Startern geworden, war also richtig schlecht!" Aber der Wettbewerb hat ihn auf den Geschmack gebracht und er stellte fest, dass die Kombination aus Schwimmen, Radfahren und Laufen wohl ganz gut geeignet sei, um wieder in Form zu kommen. Nach einigen Mitteldistanz-Wettbewerben bekam er für Juli 2010 einen Startplatz bei der berühmten „Challenge Roth" in der Langdistanz. „Das wollte ich einfach nur schaffen – mein Ziel war, den Triathlin in weniger als zwölf 12 Stunden zu beenden." Ungefähr zwei Monate vor dem Start lief er dann zufällig bei einer Hochzeit seinem Cousin, einem gewissen Sepp Maurer über den Weg. Natürlich kannten sich die beiden, waren sich bisher aber noch nicht auf sportlicher Ebene, sondern rein verwandtschaftlich begegnet. Franz erzählte Sepp von seinem Vorhaben. Dabei diagnostizierte der Coach mit seinem ureigenen Röntgenblick gleich mal einen Beckenschiefstand und lud ihn mit den Worten: „Naja, also wenn ich dich mal durchchecken soll, dann kommst halt vorbei..." zu sich ein. „Ich habe mir nur gedacht:
Was bitte willst du Gymnastiklehrer mir eigentlich erzählen? Ich habe schließlich Medizin
studiert", erinnert sich Franz. In Sepps Gesicht wiederum habe er nur gelesen, dass ein
„Akademiker-Freundchen" wie er wohl wenig über „richtiges" Training wissen konnte.
Trotzdem fuhr Franz Eckl in den Bayerischen Wald und ließ sich auf eine erste Testung ein. Das Ergebnis des folgenden Wettbewerbs fiel dann mit zehn Stunden, 15 Minuten gar nicht so übel aus.
Doch der Coach zeigte sich davon nur wenig beeindruckt und merkte an, dass mit „gescheitem Training" noch viel mehr drin gewesen wäre. Das ärgerte Franz einerseits, schließlich fand er seine Leistung ganz gut. Andererseits reizte ihn dann doch der Gedanke, vielleicht wirklich sein Training zu optimieren und einmal so fit wie nur irgendwie möglich in einen Wettbewerb zu gehen.
Franz startete also mit der Trainingsvorbereitung auf der Höllhöhe und musste sich zunächst einmal anhö-

ren, dass Triathlon eigentlich der völlig falsche Sport für ihn sei. „Du könntest vielleicht ein guter Bob-Anschieber sein, als Triathlet bist du nicht sonderlich geeignet", sagte Sepp zu ihm. „Aber egal, dann machen wir eben das, das wird trotzdem richtig gut." Dass Sepp zunächst noch nicht einmal wusste, in welcher Reihenfolge die drei Disziplinen beim Triathlon dran kommen, machte nicht gleich den vertrauenswürdigsten Eindruck. Auch der Trainingsplan, den der Coach ihm geschrieben hatte, schien irgendwie für jemand anderen gemacht zu sein – denn darin war kaum eine Laufeinheit enthalten. Sepp war der Meinung, dass Franz zu diesem Zeitpunkt nicht laufen müsse und setzte auf andere Übungen. Der Athlet ließ sich das schon eine Zeitlang gefallen, aber als der nächste Staffelwettbewerb anstand, wurde er dann doch nervös.

„Sepp, wir müssen laufen trainieren. Wir müssen lange Einheiten machen....", monierte er.

„Ich wüsste nicht, warum...", entgegnete Sepp und ein „weil es alle so machen" interessierte ihn herzlich wenig.

Schließlich kam der Tag des Marathons und Franz hatte das große Ziel, diesen in weniger als dreieinhalb Stunden zu beenden. Doch er hatte gleichzeitig Angst davor, dass er schon nach fünf Kilometern einbrechen würde, schließlich war er ja kaum gelaufen. „Im Endeffekt bin ich dann nach drei Stunden und vier Minuten ins Ziel gekommen – und das war der Moment, in dem ich ich mir gedacht habe: Okay, der Sepp hat ja vielleicht doch Ahnung." Der Trainer wiederum freute sich, weil sein Athlet sich trotz aller Zweifel und Bedenken an den Trainingsplan gehalten und diesen durchgezogen hatte. „Das ist der Franz. Der trainiert für Hawaii", erklärte Sepp dann auch jedem, der es hören wollte oder nicht und lange bevor dieser selbst überhaupt davon zu träumen wagte.

Die Saison 2012 rückte näher und bei einem Vorbereitungstriathlon über die olympische Distanz gewann Franz den Wettbewerb in seiner Altersklasse. Wenige Wochen später ging er in Frankfurt an den Start, wo er nach einem fulminanten Wettkampf Vizeeuropameister in seiner Altersklasse wurde und somit das Ticket für den Ironman auf Hawaii löste. „Das Spannende daran war: Nach dem Wettkampf in Frankfurt ging es mir eigentlich richtig gut. Ich war zwar erschöpft, aber meine Gelenke, mein ganzer Körper fühlten sich so stabil an, wie noch nie. Das hatte ich nur dieser intensiven athletischen Ausbildung bei Sepp zu verdanken."

Mit großen Hoffnungen flogen die beiden dann Ende 2012 nach Hawaii. In den Wochen und Monaten zuvor hatten die beiden wie die Irren zusammen trainiert. Sepp hatte in der

Trainingsvorbereitung an jedem nur denkbaren Rädchen gedreht. Vom perfekten Mineralwasser über sämtliche Mikronährstoffe bis hin zu jeder durchführbaren Trainingsmethode schöpfte der Trainer alle Möglichkeiten aus. „Und was Sepp teilweise mit seinen Athleten alles anstellt – das kann man sich nicht vorstellen", erzählt Franz. So ließ er ihn beispielsweise einmal in Frischhaltefolie eingewickelt auf dem Ergometer unter einen Höhensonne zwei

Stunden strampeln. Und als er dachte, er sei nun fertig, schleppte Sepp das Fahrrad nach unten in die 60-Grad-Sauna! Dort durfte Franz dann nochmal insgesamt eine Stunde radeln, dieses Mal aber in schwitzender Gesellschaft. Auf den Bänken ringsherum saß ein Teil des Trainingskaders und drei ältere Damen, die dieses besondere Erlebnis wohl auch nicht so schnell vergessen werden. Niemals würde man so etwas wohl alleine durchziehen, findet Franz, aber die Trainingsgemeinschaft im Kinema habe ihn schon mehr als einmal zu absoluten Höchstleistungen angespornt.

Die harte Vorbereitung hatte sich gelohnt, die Trainingsleistungen waren absolut hervorragend, der Triathlet fühlte sich in der Form seines Lebens und startete mit gutem Gefühl in Richtun Hawaii. Doch leider lief es nicht so, wie geplant: Wegen verloren gegangener Koffer konnte Franz seine Ernährung und die Versorgung mit Mikronährstoffen nicht wie geplant umsetzen.

Die Folge war, dass der „Motor stotterte", er nicht die entsprechende Kalorienmenge aufnehmen konnte und quasi mit „leerem Tank" an den Start ging. Der Wettbewerb lief nicht gut. Franz schloss mit Platz 86

ab – was für eine Weltmeisterschaft ja eine durchaus respektable Leistung ist. „Aber dafür sind wir nicht hierher gekommen", lautete Sepps realistische und ehrliche Einschätzung nach dem Wettbewerb. „Ich fand das in dem Moment schon hart", gibt Franz zu. „Aber im Endeffekt hatte er natürlich vollkommen recht. Und es ist eine wichtige, alte Sportlerweisheit: Im Sport gibt keine Gerechtigkeit. Du kannst trainieren und machen und dich bestmöglich vorbereiten und trotzdem musst du einfach zu einem bestimmten Zeitpunkt deine Leistung abrufen können, das ist, was letztlich zählt."
Franz fühlte sich jedenfalls, als hätte er für eine extrem wichtige Klausur alles gelernt, den Stoff perfekt gepaukt – und als er durch die Tür ins Klassenzimmer gehen wollte, erfuhr er, dass die Prüfung schon gestern war. „Ich habe dann schon ne zeitlang gebraucht, um das zu verarbeiten. Aber da hilft alles herumjammern nichts.."

Hawaii sei zwar vom sportlichen Ergebnis her eine Enttäuschung gewesen, aber die Woche, die Franz Eckl dort zusammen mit Sepp verbracht hat, war eine der schönsten seines Lebens. „Wir sind dadurch wirklich sehr zusammen gewachsen, vor allem als Freunde." Entschädigt wurde er dann nach zwei Jahren, als er noch einmal in Frankfurt starten und den Ironman noch zehn Minuten schneller als beim letzten Mal abschließen konnte.

Missen möchte Franz Eckl aus seinem Sportlerleben und dem Training im Kinema keine einzige Sekunde. „Und was mich in all den Jahren, am meisten fasziniert hat, dass Sepp für jeden das Beste will. Egal, ob das ein Leistungssportler ist, oder jemand, der einfach wieder fit und gesund werden möchte, im Kinema werden alle respektiert."

Sepp habe eine besondere Ausstrahlung auf alle Sportler, die bei ihm trainieren und ein unfassbar gutes Team an seiner Seite. „Und ich freue mich riesig, dass er endlich den Respekt und die Anerkennung bekommt, die er verdient hat", so Franz Eckl. „Sepp ist einfach ein Freund fürs Leben. Er ist jemand, auf den man sich ohne wenn und aber zu hundert Prozent verlassen kann. Und das ist, neben all dem, was er geschafft und geleistet hat, etwas Unbezahlbares."

Whey-Protein und 50g Maltodextrin, als Shake mit Wasser zubereitet, zu trinken.

Kaffee:
Kaffee ist ein sehr guter Fatburner, vor allem vor dem Training. Er wirkt stimulierend und bereitet dich durch das Koffein auf das anstehende Training vor. Kaffee weitet die Blutgefäße und fördert die Durchblutung. Jedoch sollte man nicht vergessen, dass Koffein auch die Ausschüttung der Hormone Cortisol und Noradrenalin fördert. Wenn du also ein Blutdruckproblem oder sowieso schon viel Stress zu verarbeiten hast, würde ich die Kaffeemenge am Tag bei zwei Tassen belassen. Meine Empfehlung ist immer eine Tasse schwarzen Kaffee vor dem Training.

Aktive Erholung:
Ich empfehle regeneratives Ergometertraining nach dem Training acht bis 20 Minuten bei 80 bis 100 Umdrehungen, vor allem bei Kraftsportlern.
Intervall-Radeln drei Minuten moderat – drei Minuten langsam für fünf Durchgänge bei 90 bis 100 Umdrehungen, vor allem für Ausdauersportler nach dem Krafttraining.

Kaltwasserimmersionen:
Einzelne Körperteile kurz in kaltes Wasser zu tauchen hat sich als sehr effektiv erwiesen. Hierbei kommt es zu einem hydrostatischen Druck, der erholungsfördernd wirkt. Dieser Druck unterstützt die Beseitigung von Sekreten (Plasma) und Entzündungszellen und führt zu einer verbesserten Nährstoffversorgung der Zellen und zügiger Beseitigung von Stoffwechselabfällen. Ich empfehle zwei mal fünf Minuten mit zwei Minuten Ruhe zwischen den Immersionen.

Sauna:
Nach jedem schweren Training, aber insbesondere am Eisenhart-Samstag, ist Sauna nicht nur wichtig, sondern wird bei uns regelrecht zelebriert. Einer der wichtigsten Effekte der Sauna ist der verstärkte Blutfluss in Haut, Muskulatur und anderem Gewebe. Beim Saunieren kommt es zu einer Vasodilatation, zu einer Erweiterung der Blutgefäße, und es kann mehr Blut transportiert werden – laut Studien bis zu 50 Prozent. Das Blut ist Träger von Nährstoffen und Sauerstoffmolekülen aus der Lunge. Somit bedeutet mehr Blut auch eine erhöhte Zufuhr von Stoffen, die für eine erfolgreiche Regeneration nötig sind. Ich empfehle je nach Belastung zwei bis drei Saunagänge von zwölf bis 15 Minuten mit anschließendem kaltem Duschen und mindestens zehn Minuten Ruhe danach.

Wechselbäder:
Wechselbäder sollten mit warmem und kaltem Wasser erfolgen. Jedoch sollte darauf geachtet werden, dass sie mit kaltem Wasser beendet werden, wenn eine aggressive Erholung gewünscht wird. Wer eine entspannte Erholung will, sollte mit warmem Wasser aufhören. Ich empfehle: eine Minute kalt und zwei Minuten warm bis zu vier Durchgänge.

Warmer Whirlpool oder Bad:
Das erhöht die Gewebetemperatur, die lokale Durchblutung und die Elastizität der Muskeln und führt zu einer lokalen Gefäßerweiterung und einer Erhöhung der Me-

taboliten. Vor allem direkt nach dem Training ist dies eine sehr effektive Regenerationsmethode. Ich empfehle ein Bad von 15 Minuten mit anschließendem warmem Duschen.

Massage:
Massage, Hartschaumrolle, Kompressions- und Traktions- oder Neuro-3-D-Behandlungen sind vor allem im Profi- und Elitesport unerlässlich. Sie wirken ebenfalls regenerativ auf das Nervensystem. Eine Massage sollte spätestens 24 Stunden nach dem Sport stattfinden. Laut vielen Studien und meiner Erfahrung rate ich allerdings dazu, nach dem Sport etwa eine Stunde zu warten, damit der Effekt größer ist, denn direkt nach dem Sport würde die Massage eher auf die Durchblutung der Haut wirken, da die Muskeln ohnehin noch vom Sport gut durchblutet sind. Empfehlung: zwischen 30 und 45 Minuten.

Matrix-Therapie – die Königin unter den Regenerationsmaßnahmen:
Bei der Matrix-Rhythmus-Therapie wirkt der behandelnde Therapeut mithilfe eines eigens entwickelten Therapiegerätes – dem Matrixmobil – von außen auf die Körperzellen und ihre Umgebung, die Matrix, ein. Dabei wird u. a. asymmetrischer Gewebedruck erzeugt, der den Pump-Saug-Effekt simuliert und gleichzeitig Nervenrezeptoren physiologisch stimuliert. Mit diesem Therapiegerät erzeugt der Therapeut rhythmische Mikrodehnungen (Mikroextensionen), die den Mikrovibrationen der Muskelzellen angepasst werden und daher auf der Ebene der einzelnen Zellen wirken. Die Eigenschwingung des Körpers und der Zellen wird bis in die Tiefe angeregt bzw. wiederhergestellt. In kürzester Zeit normalisieren sich die Stoffwechselprozesse der betroffenen Körperregion.
Quelle: Dr. Randoll Institut · Gemeinnützige Gesellschaft für Matrix-Forschung und -Lehre mbH (dr-randoll-institut.de)

Die Skelettmuskulatur mit 45 Prozent Anteil Masse ist das größte „Antriebsorgan" des warmblütigen Organismus und der stärkste „Taktgeber" der Mikrozirkulationsprozesse. Während der Herzmuskel Blut in die feinsten Blutgefäße pumpt und dabei Sauerstoff und Nährstoffe an die Zellen heranführt, braucht er die rhythmisch schwingende Skelettmuskulatur, um die Entsorgung der Stoffwechsel-Endprodukte des Bindegewebes zu gewährleisten. Im ganz kleinen Bereich, in der direkten Umgebung der Körperzellen, sorgt die Schwingung für eine Pumpwirkung, die Nähr-, Abwehr- und Abfallstoffe an- und abtransportieren hilft.

Funktionieren die Muskelprozesse nicht mehr richtig, kann es in der Zellschwingung zu Verlangsamungen bis hin zu Stauungen kommen, wodurch die betroffenen Zellareale nicht mehr ausreichend versorgt werden. Zunächst entstehen schmerzhafte Verspannungen, die auch Veränderungen im Muskel-, Knochen-, Gefäß- oder Nervengewebe nach sich ziehen. Ohne die Pumpwirkung der gesunden, rhythmisch schwingenden Muskulatur ist die einwandfreie Arbeit der Zellen nicht möglich.

Deshalb baut die Matrix-Rhythmus-Therapie auf dem Schwingungsverhalten der Skelettmuskulatur und ihrem charakteristischen Frequenz- und Amplitudenspektrum auf.

Meiner 25-jährigen Erfahrung im Leistungs- und Elitesport zufolge ist diese Art der Regeneration mit Abstand die beste. Jedoch erfordert es gutes therapeutisches Können und ist zeitaufwendig. Ich empfehle hier mindestens jeweils 30 Minuten für einen belasteten Körperteil. Also zum Beispiel nach einem harten Beintraining eine Stunde Matrix-Therapie.

Schlaf:

Die stärkende physische und psychologische Wirkung von Schlaf ist wahrscheinlich der größte „Zauber" der Regeneration. Ein gesunder Schlaf ist die beste Voraussetzung für Gesundheit. Im Tiefschlaf werden die höchsten Konzentrationen von Wachstumshormonen beobachtet. Diese spielen eine signifikante Rolle für das Wachstum der Skelettmuskulatur. Vor allem bei Eliteathleten ist der Schlaf das wichtigste und effektivste Mittel, um das zentrale Nervensystem zu regenerieren. Schlafmangel verringert die Konzentration anaboler Hormone und fördert die Konzentration kataboler Hormone. Ich habe sehr gute Erfahrungen damit gemacht, wenn ich meinen Athleten dazu riet, das Schlafzimmer nur zum Schlafen zu benutzen und es kühl und dunkel zu halten. Hier sollte definitiv kein TV-Gerät stehen. Ich empfehle mindestens sechs bis acht Stunden Schlaf täglich. Bei extremer körperlicher Belastung würde ich nach Möglichkeit noch eine Stunde Mittagsschlaf empfehlen.

MERKE:

Kurzfristige Regeneration:
- Die Kreatinspeicher füllen sich bereits nach fünf Minuten wieder vollständig auf.
- Es kann zwischen zehn und 60 Minuten dauern, bis die Körpertemperatur wieder auf Ausgangsniveau ist.
- Herzfrequenz und Blutdruck benötigen bis zu 20 Minuten, um sich zu normalisieren.
- Blutlaktat braucht zwischen 30 und 150 Minuten, um sich zu normalisieren.
- Der Natrium-Kalium-Haushalt benötigt bis zu sechs Stunden.
- Der Kohlehydrat-Speicher in der Leber sowie die Regeneration des Muskelproteins brauchen bis zu 24 Stunden.

ZIRKADIANE RHYTHMIK

Wir werden am Abend müde, schlafen in der Nacht und wachen dann am Morgen wieder auf. Dies bezeichnen wir als „zirkadiane Rhythmik", von der wir täglich beeinflusst werden.

Dem Gen CLOCK (circadian locomotor output cycles kaput), erst in den 1990er-Jahren entdeckt, weist man eine maßgebliche Rolle bei der Erzeugung der zirkadianen Rhythmik zu.

Sogenannte Schrittmacherneuronen beeinflussen die Tätigkeit von Darm, Leber, Nieren, Lunge, Herz und Gehirn.

Es ist wichtig, zu verstehen, dass es eine Art Synchronisation zu geben scheint. Durch äußere Reize wie z. B. Licht passt sich der zirkadiane Rhythmus an unseren 24-Stunden-Rhythmus an.

Der physiologische Prozess in Relation zum 24-Stunden-Rhythmus:

02.00 Uhr	tiefster Schlaf
04.30 Uhr	niedrigste Körpertemperatur
06.30 Uhr	Blutdruckanstieg
09.00 Uhr	höchste Testosteronfreisetzung
10.00 Uhr	höchste Wachsamkeit
14.30 Uhr	beste Koordination
15.30 Uhr	schnellste Reaktionszeit
17.00 Uhr	größte Muskelkraft
18.30 Uhr	höchster Blutdruck
19.00 Uhr	höchste Körpertemperatur
21.00 Uhr	Melatoninfreisetzung setzt ein
22.30 Uhr	Darmbewegung wird unterdrückt

Quelle: Holger Gugg. (2021). 1.Auflage. BoD Verlag

Das Verständnis für diesen Prozess kannst du nun auf deinen Trainingstag übertragen. Du kannst dir jedenfalls als Trainer oder Athlet darüber Gedanken machen. Gerade wenn wir uns in einer intensiven Trainingsphase befinden, sollten wir unseren Rhythmus NICHT ändern. Das heißt: Unser Körper stellt sich auf unsere Tätigkeiten, auf unseren täglichen Ablauf ein. Am besten ist es, wir essen immer zur gleichen Zeit, trainieren zur gleichen Zeit, schlafen zur gleichen Zeit.

Ich denke, jeder hat das Phänomen schon mal beobachten können: Wir haben eine gute Trainingsvorbereitung hinter uns, alles läuft eigentlich perfekt. In den letzten zwei Wochen vor einem Wettkampf meinen wir es besonders gut, nehmen uns am besten sogar noch Urlaub. Dies glauben wir, tun zu müssen, um mehr Ruhe zu haben, mehr schlafen zu können, besser essen zu können und eventuell früher oder später ins Training zu gehen. Was passiert meistens? Wir können unsere Bestleistungen nicht abrufen, und der Wettkampf läuft für uns wider Erwarten sogar schlechter als erhofft. Wir kommen sprichwörtlich aus unserem Rhythmus. Deshalb rate ich: Manchmal ist es besser, einfach nichts zu verändern. Never change a running system!

HÄUFIGSTE FEHLER BEIM AUSDAUERSPORT

Einer der häufigsten Fehler im Ausdauersport ist es, das zusätzliche Krafttraining mit 30 bis 50 Wiederholungen bei einer Trainingsintensität von 50 Prozent zu absolvieren. Hier denken viele an die Nachahmung ihrer Sportart. Jedoch vergessen sie, dass sich das Ausdauersport-spezifische Training meist in einem Wiederholungsbereich von 90 Wiederholungen pro Minute befindet. Das entspricht 5400 Wiederholungen pro Stunde. Eine solche Programmgestaltung führt im Krafttraining zu keinerlei Transfer auf den Sport, trägt nichts zum Kraftaufbau bei und bringt unter dem Gesichtspunkt des Volumens und der Intensität gar nichts. Dies ergibt im Krafttraining keinerlei Sinn und fordert nur unnötig Energie. Hier ist die perfekte Planung der Trainingszyklen entscheidend.

Ein weiterer Fehler im Ausdauersport ist die Vernachlässigung von Krafttraining.

Es ist weitläufig bekannt, dass viele Ausdauersportler

über Sehnenschmerzen klagen. Auch dass die Muskelkraft hier eine entscheidende Rolle spielt, ist hinläufig bekannt. Eine zu geringe Muskelkraft reduziert die elastische und energiesparende Effizienz der Sehnen und erhöht dadurch die Muskelarbeit und zwingt den Athleten zu einem höheren Energieverbrauch. Vor allem beim Radfahren oder Schwimmen ist das ein Problem. Da dort der Bodenkontakt begrenzt ist, neigen Sportler verstärkt zu Sehnenverletzungen. Wenn vor allem diese Sportler Krafttraining machen, wird das ihre Leistung positiv beeinflussen.

Ebenfalls ein großer Fehler im Ausdauersport besteht darin, gar kein Krafttraining zu betreiben.

Krafttraining beeinflusst die Laufökonomie und verbessert dadurch die aerobe Leistung. Diese Verbesserung der Laufökonomie, die sich beispielsweise durch Sprünge, Beinpressen oder Kniestrecken/Beugen ergibt, ist auf die Fähigkeit der Muskeln zurückzuführen, mechanische Leistung zu erzeugen, indem der Dehnungs-Verkürzungs-Zyklus übertrieben wird und die Biegesteifigkeit des Muskel-Sehnen-Systems zunimmt, die es dem Körper möglich macht, elastische Energie effektiv zu nutzen.

HÄUFIGSTE FEHLER BEIM KRAFTSPORT

„Immer schwerer" – diesen Fehler haben wir wahrscheinlich alle schon gemacht. Immer schwerer trainieren. Immer härter trainieren. Noch ein Satz mehr macht den Erfolg. Die letzte Wiederholung mit allen Mitteln noch rausquetschen. Irgendwie richtig, aber auch bestimmt falsch. Wäre es so, dann müsste ich bestimmt der stärkste Athlet aller Zeiten sein, weil ich diesen Fehler selbst jahrelang gemacht habe. Training läuft immer in Zyklen und Anpassungsprozessen ab. Ab und zu kann man mit seinem Trainingspartner über das Ziel hinausschießen. Das gehört logischerweise dazu. Wenn jedes Training jedoch in einen Krieg ausartet, wird eine Verletzung dem Ganzen schnell ein Ende bereiten.

Doch: Wann ist schwer schwer, und wann ist leicht leicht? Diese Frage sollte der Trainer bzw. der perfekte Plan beantworten und nicht die Übermotivation an einem Tag, an dem man sich sowieso noch nicht von der letzten Trainingseinheit regeneriert hat.

Die Kopfstellung bei der Kniebeuge sollte in einer neutralen
Position gehalten werden, quasi als Verlängerung der
Wirbelsäule

TECHNIK IN DEN GRUNDÜBUNGEN
WAS IST DIE PERFEKTE TECHNIK?

Das ist wohl eine der wichtigsten Fragen, die man sich stellen sollte, wenn man die Grundübungen Kniebeugen, Kreuzheben und Bankdrücken perfekt ausführen will. Die Betonung liegt auf Grund-„Übungen". Man muss wissen, dass es hier darauf ankommt, die Übung zu trainieren, und NICHT die Muskeln.

Übung bedeutet Übung – im Gegensatz zum Bodybuilding, bei dem ich den Zielmuskel trainieren will. Hier gibt es zig Möglichkeiten, den Schwerpunkt auf bestimmte Areale zu legen. Wie erfahrene Bodybuilder berichten, muss man nämlich nicht unbedingt Kniebeugen machen, um gute Beine zu bekommen. Um einen guten Rücken zu bekommen, nicht Kreuzheben. Und um eine gute Brust zu entwickeln, nicht zwangsläufig Bankdrücken. Jedoch waren diese drei Übungen für viele gute Bodybuilder die Eckpfeiler ihrer muskulären Entwicklung.

Für viele Leistungssportarten wie Strongman, Ski Alpin, Eishockey, Sprinten oder Bobfahren ist es unerlässlich, diese drei Disziplinen zu üben. Vor allem aber natürlich für die zwei Sportarten, die sie als Wettkampfdisziplin vereinen: Kraftdreikampf oder Powerlifting.
Ich möchte hier besonders ausführlich darauf eingehen, um die Technik etwas zu veranschaulichen.

KNIEBEUGE

Hier sollte man berücksichtigen, dass es vertikale und horizontale Beugertypen gibt. Dies ergibt sich meist aus dem Verhältnis von Ober- und Unterschenkel.

Beinstellung

Bei der Kniebeuge geht es zunächst um die richtige Beinstellung, und das ist die, mit der man am meisten Kraft ausüben kann. Es gibt verschiedene Wege, diese zu ermitteln. Eine einfache Möglichkeit ist: Stell dich mit geschlossenen Augen auf einen Stuhl, und spring auf den Boden. Wenn du landest, mach die Augen auf, und schau genau auf deine Fußstellung – so, wie du jetzt stehst, wäre es perfekt. Noch besser ist es, wenn du deine Hüftmobilität testen lässt. Je nachdem wie die Rota-

Oben: Es gibt verschiedene Möglichkeiten der Hantelablage: low bar ...

Untern: ... und high bar

tion der Hüfte im Sitzen ist, sollte auch der Stand daran angepasst werden. Dies geht mit einem Winkelmesser, und natürlich kann ein guter Trainer den Test ebenfalls durchführen. Ich persönlich schaue mir immer die Beweglichkeit der Hüfte in Bauchlage an und vergleiche sie mit der im Sitzen.

Kopfhaltung

Auf keinen Fall sollte man beim Beugen den Kopf in den Nacken legen! Das wirkt sich extrem negativ aus. Zum einen kann die Technik nicht perfekt ausgeführt werden, weil diese Kopfhaltung den sogenannten Hip Drive und die untere Endposition der Beuge negativ beeinflusst. Zum anderen ist es nicht ratsam, sich 200 Kilo mit einer dünnen Stange auf die Trapezmuskeln zu laden und dann die Halswirbelsäule zu überstrecken. Der Kopf sollte also die Verlängerung der Wirbelsäule darstellen und nicht zur Decke gerichtet sein.

Hantelablage

Die richtige Hantelablage ist wahrscheinlich eines der meistdiskutierten Themen der Kniebeuge. Was ich da immer wieder hören muss ... was in irgendeinem YouTube-Video irgendeiner mal gesagt hat oder wie irgendein Social-Media-Trainer zu irgendwas rät.
Meine Erfahrung zeigt: Je tiefer man die Hantel ablegen kann, desto mehr Gewicht kann bewältigt werden. Am besten ist es, wenn man die Hantel nicht am oberen Teil des Trapezmuskels ablegt, sondern weiter unten auf den hinteren Deltamuskeln. Hier gibt es die beiden Möglichkeiten High-Bar-Ablage und Low-Bar-Ablage. Nun sagen die einen, sie können die Hantel nicht tief ablegen, weil die Beweglichkeit in den Händen, Ellbogen und Schultern fehlt – und damit haben sie eigentlich selbst schon das Problem erkannt. Denn dann sollte man schleunigst versuchen, diese Beweglichkeit zu erreichen. Es gibt seltene Fälle, bei denen ich rate, die Hantel möglichst hoch abzulegen. Betrachtet man die Beuge von der Seite, sollte sich die Stange von der Anfangsbewegung bis zur Hocke gerade von oben nach unten bewegen. Die Hantel sollte immer über den Knöcheln sein – das gilt bis auf wenige Ausnahmen.

Handstellung

Die Handstellung kann breit oder eng sein. Dies hängt natürlich wiederum von Schulterbreite und der Beweglichkeit des Sportlers ab. Ich persönlich rate immer, so eng wie möglich zu greifen. So kann man die Hantel besser mit dem hinteren Anteil der Schultermuskulatur stützen, wenn sich die Ellbogen heben. Solltest du anfangs nicht beweglich genug sein, kannst du mit einer höheren Ablage beginnen. Nur selten rate ich ganz schweren, extrem muskulösen Athleten oder Elitesportlern zu einer breiten Handstellung. Eine gute Möglichkeit, die Beweglichkeit der Schulter zu erhöhen, ist es, den kleinen Finger unter die Hantel zu legen. Dies kann man vor allem dann praktizieren, wenn die Unterarme durch häufiges Beugen überlastet sind.

Herausheben der Hantel aus dem Ständer

Erste Regel: Beim Herausheben immer nach hinten gehen – NIEMALS nach vorn. Wenn du fälschlicherweise nach vorn gehst (z. B. im Powerrack), musst du nach Beendigung der Beuge nach hinten gehen, um die Hantel wieder abzulegen. Dies ist extrem gefährlich, und ich rate dringlichst davon ab, sich das anzugewöhnen. Am

„MERKE: Der Mittelfuß ist der Gleichgewichtspunkt, den der Körper verwendet. Der Drehpunkt am unteren Ende des Beins – das Fußgelenk – ist nicht das letzte Glied der kinetischen Kette, weil die Stabilität erst im Zusammenspiel von Unterschenkel, Wadenmuskulatur und Fuß entsteht."

MARK RIPPETOE

besten mit so wenigen Schritten wie möglich nach hinten aus dem Ständer gehen. Meinen Athleten versuche ich beizubringen, einen Schritt pro Bein zu machen und dann den perfekten Stand zu haben. Beim Herausheben immer daran denken, dass du direkt unter der Hantel stehst und diese mit beiden Beinen anhebst, und nicht im Ausfallschritt! Die Hantelablage im Ständer sollte etwa auf Brusthöhe eingestellt sein.

Abwärtsbewegung

Vor Beginn der Bewegung tief einatmen (siehe Atmung im Kraftsport).
Nun drückst du die Ellbogen nach oben und stabilisierst so deine Brustwirbelsäule. Leite nun die Abwärtsbewegung mit dem Gesäß ein, die Knie zeigen in Richtung Zehen. Also bei einem nach außen rotierten Stand zeigen die Knie nach außen! Halte die Wirbelsäule gerade, und gib Druck auf die Fersen. Schieb die Knie nicht nach vorn, und versuche nicht, sie über die Zehen hinaus zu positionieren. Geh auf jeden Fall so weit nach unten (mehr als 90 Grad), bis deine Beinbeuger die Waden berühren. Auf keinen Fall solltest du bei 90 Grad stoppen, so wie in vielen „Lektüren" empfohlen. Gerade hier findet der größte retropatellare Druck im Kniegelenk statt.

Aufwärtsbewegung

Leite die Aufwärtsbewegung mit dem Gesäß ein. Drücke die Brust nicht nach oben, sondern halte die stabile Position und drücke die Hüften nach oben – HIP DRIVE! Stehe zügig auf. Als Richtlinie sollte beim Training die Abwärtsbewegung in der Regel doppelt so lange dauern wie die Aufwärtsbewegung – außer beim Wettkampf. Ich rate zu zwei Sekunden Abwärtsbewegung und einer Sekunde Aufwärtsbewegung.

Wichtiges zu den Kniebeugen:

- Wechsle nicht nach jedem Training die Ablage. Einige dich mit deinem Trainer auf eine Technik: entweder High-Bar- oder Low-Bar-Ablage.
- Ich empfehle zwei Wochen hinten und eine Woche vorn im Wechsel zu beugen. Unterschätze nicht die positive Wirkung der Frontbeuge.
- Beuge immer mit denselben Schuhen. Besprich mit deinem Trainer, was besser für dich ist: Gewichtheberschuhe oder Schuhe mit flacher Sohle.
- Halte die Hantel nicht zu fest, und positioniere sie perfekt auf deinen Schultern. Schone deine Unterarmsehen, du wirst sie im Wettkampf beim späteren Drücken notwendig brauchen.
- Halte dein Gesäß immer „draußen". Auch am untersten Punkt der Bewegung. Über den sogenannten Butt-Wink kann man streiten. Auf jeden Fall ist dieser, wenn überhaupt, nur für Eliteathleten ein Thema.

Wichtige Assistenzübungen für die Kniebeugen:

- abgesetzte Kniebeugen auf einer Bank statt der Wettkampfbeuge, 4 mal 5 Wiederholungen oder ein separater Trainingstag mit 4 mal 8 Wiederholungen
- Kniebeugen mit 3 Sekunden Pause am untersten Punkt der Bewegung, 4 mal 8 Wiederholungen
- Sprinten in der Sprintmaschine, 3 mal 30 Wiederholungen
- Treppensprünge mit 5 Durchgängen à 5 mal 4–5 Treppen
- Wadenheben im Sitzen mit 3 mal 20 Wiederholungen
- Plank-Training mit 4 mal 2 Minuten

KREUZHEBEN – DEADLIFT

Hier sollte man zwischen Sumo, Halbsumo und dem klassischen Heberstil unterscheiden. Wir wollen uns vor allem das klassische Kreuzheben im Detail ansehen. Beim Kreuzheben muss man Kraft ausüben gegen eine Hantel, die sich in einer absoluten Ruheposition befindet. Hier beginnt die Bewegung mit einer konzentrischen Kontraktion und endet exzentrisch. Anders als bei den Kniebeugen, bei denen wir exzentrisch beginnen und konzentrisch enden. Gerade beim Übergang zwischen Senken und Drücken wird in der Beuge ein Dehnreflex ausgelöst, sodass der Muskel im Anschluss stärker kontrahieren kann. Beispiel hierfür wären der Standsprung, ohne Schwung von unten zu holen, und der Sprung, bei dem man vorher in die Hocke geht. Deswegen fällt vielen die Beuge leichter als das Heben. Hier gibt es keine Vorspannung und keinen Dehnreflex.

Standbreite

Ich empfehle, so zu stehen, dass die Fersen circa 30 Zentimeter Abstand haben. Die Zehen schauen leicht nach außen. Wenn man die Hantel von oben betrachtet, sollte die Stange etwa auf Höhe der Schnürsenkelbindung sein.

Ein guter Stand ist die Grundvoraussetzung beim Kreuzheben

Wohin mit den Händen?

Die Hände umfassen die Stange von der glatten Rändelung her, circa eine Daumenbreite weit im Obergriff. Am besten derart, dass man so knapp wie möglich an den Beinen ist, ohne beim Zug mit dem Daumen an den Beinen bzw. der Hose hängenzubleiben. Große Athleten greifen dementsprechend weiter als kleine Athleten. Es gilt, immer so eng wie möglich zu greifen, um den Weg, den die Stange zurücklegen muss, so kurz wie möglich zu halten.

Nach unten

Versuche nun, so viel Luft wie möglich nach der Valsava-Methode einzuatmen. Nun die Knie nach vorn schieben, die Hüfte folgt dann automatisch. Gut ist es immer, wenn die Arme die Oberschenkel seitlich berühren. Dies gibt ein stabiles, starkes Gefühl. Nun die Knie leicht nach außen zu den Armen drücken. Jetzt die Brust rausdrücken, und du hast die optimale Startposition für den Deadlift. Die obere Rückenmuskulatur spannt sich an und leitet die Wirbelsäulenextension ein, die bis zum Becken geht. ACHTUNG: Nicht die Schulterblätter zusammenschieben, weil die Adduktion der Scapulae (Schulterblätter) den Heber nach unten in Richtung Hantel zieht. Diese Position könntest du bei einem schweren Gewicht nicht halten. Der Kopf ist wieder die Verlängerung der Wirbelsäule. Also Kopfgelenke in neutraler Position halten und am besten nach vorn schauen, nicht nach oben, und die Wirbelsäule überstrecken.

Der Zug

Wenn du eingeatmet hast, zieh die Hantel mit Kontakt zu den Schienbeinen und über die Knie mit Kontakt zu den Oberschenkeln nach oben. Stehst du richtig und hältst die Spannung im Rücken, geht die Stange in einer geraden vertikalen Linie nach oben. Denk daran, immer Kontakt zur Stange zu halten. Wenn sie über den Knien angekommen ist, bewege so schnell wie möglich das Becken nach vorn und verlagere dein Gewicht minimal auf die Fersen von den Zehen weg. Strecke nun deine Knie durch. Oben angekommen, streckst du wirklich „nur" die Brust raus. Geh nicht in eine Überstreckung, und nimm den Kopf nicht nach hinten. Die Endposition sollte sich wie ein „Einloggen" anfühlen. Bei der Abwärtsbewegung passiert genau das Gleiche, nur umgekehrt. Nur sollte die Abwärtsbewegung noch erfolgen, um Strukturen nicht unnötig zu beanspruchen, die nur wieder mehr Regeneration benötigen.

Wichtiges zum Kreuzheben:
- Bleibe bei einer Technik. Lass von deinem Trainer überprüfen, welche Technik für dich die beste ist. Wöchentlich zwischen einem Sumo, Halbsumo oder klassischen Heberstil zu wechseln ist nicht zielführend.
- Beginne schon beim Aufwärmen mit der gleichen Technik, die du bei den späteren schweren Arbeitssätzen verwendest. Der Ablauf vor und während des Hebens muss immer der gleiche sein. Du musst das zelebrieren.
- Benutze früh genug deinen Gürtel. Denk daran, dass er nicht nur stabilisiert, sondern auch deine Bauchmuskeln trainiert. Es wäre schade, einen guten Zug zu verschwenden, nur weil du deinen Gürtel zu spät angelegt hast.
- Trainiere mit „toter" Hantel. Mach keinen Touch

Das Geheimnis eines guten Lifts ist die perfekte Kraftübertragung, die Arme sollten gerade sein

and Go! Hebe jede Wiederholung einzeln! Denk daran: Wir trainieren den Deadlift und keine Kniebeugen. Touch and Go beim Kreuzheben verschlechtert die Technik und hat mit Powerlifting nichts zu tun.
- Benutze unbedingt die richtige Ausrüstung: flache Schuhe und einen breiten Gürtel. Halte dein Magnesium bereit und gegebenenfalls Riechsalz oder Teebaumöl.
- Hebe, wenn möglich, NIE oder fast NIE mit Schlaufen. Hebe mit dem Griff, mit dem du auch unter Wettkampfbedingungen ziehst. Ich glaube nicht daran, dass durch einen Wechselgriff eventuell der Bizeps reißen kann oder durch Training mit Schlaufen die Schultern in einer besseren Position sind. Wir haben Muskeln, Sehnen, Bänder, Faszien und Gelenke, und die müssen wir alle auf die Wettkampfbelastung vorbereiten.

Wichtige Assistenzübungen für das Kreuzheben:
- Das Heben aus verschiedenen Positionen heraus hat sich als sehr gut erwiesen. Wechsle am besten wöchentlich zwischen Heben unter den Knien von niedrigen und hohen Blöcken ab. Baue außerdem „Defizit-Heben" (du stehst dazu erhöht auf einer Matte) in dein Training ein
- Jede 4. Trainingswoche würde ich dazu raten, schweres Heben über den Knien zu trainieren. Hier kannst du Schlaufen verwenden, weil man damit in der Regel über 100 kg mehr bewältigen kann als vom Boden
- Klimmzüge in allen Positionen für einen stabilen oberen Rücken, 4 mal 8–12 Wiederholungen evtl. mit Zusatzgewicht

- Frontkniebeuge am besten mit 5 mal 7 Wiederholungen
- Hyperextensions: schwere nach dem Heben mit 4 mal 7 Wiederholungen und leichtere am separaten Trainingstag mit ebenso vielen Wiederholungen
- Beinbeugen im Stehen einbeinig mit 4 mal 20 Wiederholungen
- Glute Ham Raise mit 3 mal 7 Wiederholungen am separaten Trainingstag
- Training des Fußgewölbes mit einem Golfball
- Training der Ab- und Adduktoren sowie des Gesäßes einbeinig am Seilzug liegend direkt vor dem Heben

Meine Empfehlung:

kein längeres Dehnen vor dem Heben, und wenn doch, dann nur kurzes Anstretchen

BANKDRÜCKEN

Das Einsteigen

Das Einsteigen sollte vom Ende der Bank erfolgen, von dort, wo die Füße sind. Am besten rutscht man dann auf den Schultern nach hinten, bis sich das Kinn unter der Stange befindet – NICHT DIE AUGEN! Dann versuche, eine möglichst große Brücke zu machen. Bemühe dich, den Abstand von Schultern und Po zu verringern, indem du in ein extremes Hohlkreuz gehst.

Griffposition

Die Position der Hände auf der Hantel variiert je nachdem, wo sie „stark" sind. Eine Variante wäre, so breit

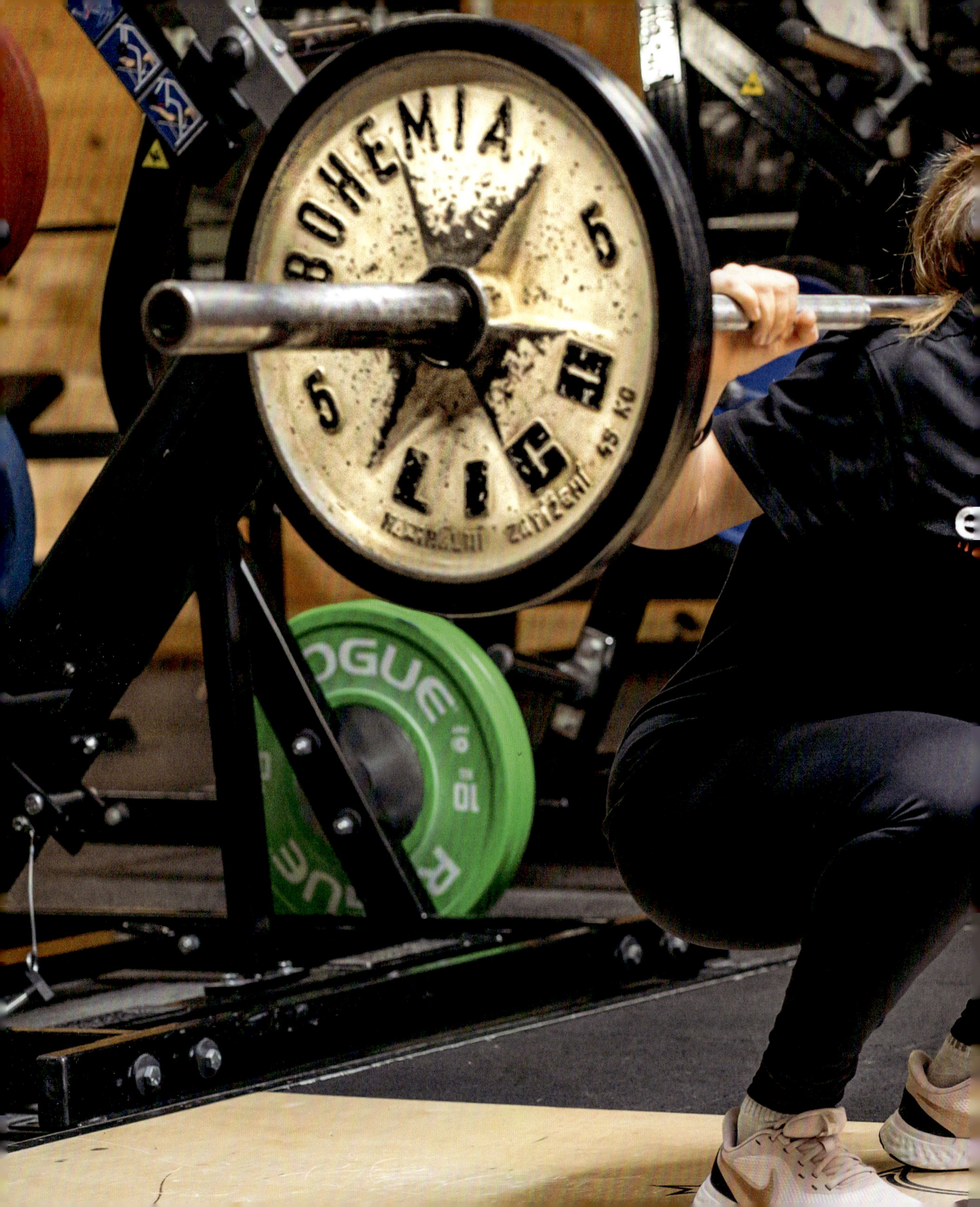
BOHEMIA
45 KG

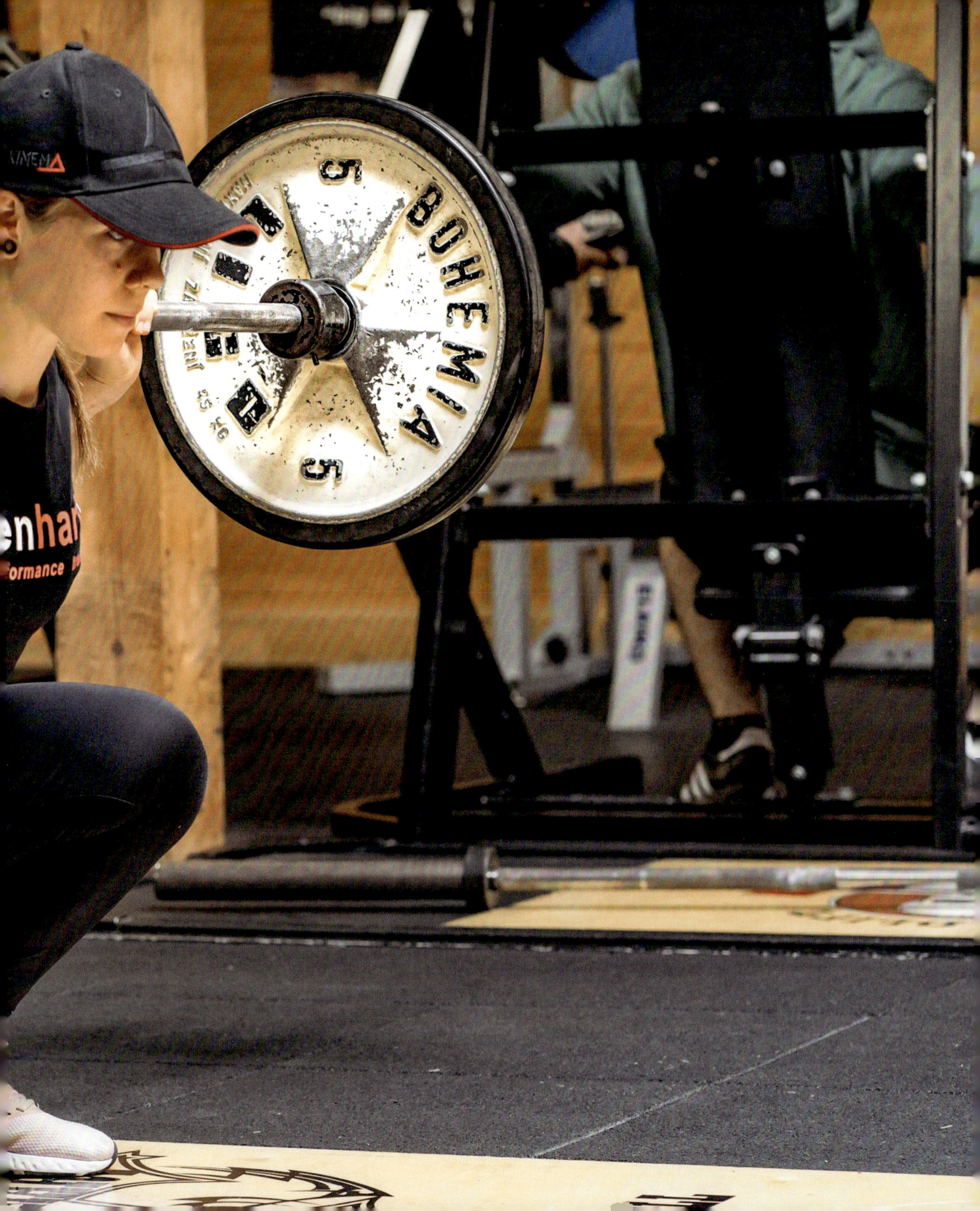
BOHEMIA
5
5

wie möglich zu greifen, um einen möglichst kurzen Weg beim Drücken zu haben. Das würde heißen: den Daumen am Ring. Hier ist die Belastung auf die Schultergelenke jedoch am höchsten. Eine andere Möglichkeit wäre, so eng wie möglich zu fassen, also den kleinen Finger auf den Ring zu legen. Hier ist zwar der Weg, den die Stange zurücklegt, am größten, auch die Belastung auf den Trizeps am stärksten, jedoch die Belastung auf die Schulter am geringsten. Ich würde raten, den Ringfinger auf den Ring zu legen und so zu starten. Im Laufe der Zeit wird sich herausstellen, welche Griffbreite für dich am besten passt. Wichtig ist es, die Hantel komplett zu umgreifen, also nicht „daumenlos". Das ist extrem gefährlich, und oft genug habe ich gesehen, wie die Hantel auf eine Brust oder ein Gesicht krachte. Nun die Hände so positionieren, dass man in einer pronierten Handstellung drückt, sie also einwärts dreht. So erreicht man die perfekte Kraftübertragung.

Herausheben

Am besten lässt man sich die Hantel von einem guten Spotter herausheben und über der Drückposition positionieren. Versuche nun als Erstes, die Stange sprichwörtlich nach unten zu biegen. So erreicht man die optimale Ansteuerung des Trizeps. Dann die Schulterblätter zusammenziehen und die Schultern damit verriegeln. Den Po anspannen und die Beine fest in den Boden drücken.

Herablassen

Der nächste Schritt ist die Atmung mit dem Valsalva-Manöver. Die Hantel kontrolliert auf den Ablagepunkt ziehen. Ja richtig: mit dem Lat in die Position ziehen, in der bei Berührung des Körpers ein rechter Winkel im Ellbogengelenk entsteht. Bei den meisten Athleten ist der Ablagepunkt knapp unter der Brust. Der Lat ist hier neben dem Trapez der wichtigste stabilisierende Muskel. Die Luft ist immer noch im gehobenen Brustkorb.

Drücken

Nun die Hantel gerade und nicht im „Bogen" nach oben drücken. Mithilfe der Beine kannst du durch ein „Nachhintenschieben" den sogenannten Leg Drive nutzen, um mehr Dynamik in die Drückbewegung zu bekommen. Die Hantel dynamisch und kontrolliert nach oben drücken und am Endpunkt stabilisieren. Dann die Bewegung erneut starten. Immer am Endpunkt eine Sekunde Pause einlegen, bevor die nächste Wiederholung eingeleitet wird.

Wichtiges zum Bankdrücken:

- Der Latissimus kann logischerweise die Hantel zwar nicht nach oben drücken, jedoch ist er für mich der wichtigste Muskel beim Wettkampfbankdrücken, weil er die Brust oben hält und für eine perfekte Stabilisierung sorgt.
- Die Scapulakompression ist eine der wichtigsten Assistenzübungen für das Bankdrücken. Trainiere diese mindestens einmal pro Woche. Lerne, die Schulterblätter unter Kontrolle zu bringen, indem du sie zusammenziehst und dir vorstellst, du willst damit etwas festhalten.
- Heb nicht den Kopf, sondern nutze diesen zur Stabilisierung, indem du ihn von Anfang an in die Bank drückst.
- Wenn du die Hantel herausgehoben hast, denk

Oben: Die perfekte Positionierung der Hantelstange beim Bankdrücken unterhalb der Brust

Unten: Der Druck vor der Abwärtsbewegung sollte auf der Schulter sein. Hier besteht die Kunst darin, eine perfekte Brücke zu bauen

INZER
VANCE DESIG
World Leader in Powerlifting Ap
FUSION
ZER ADVANCE DESIGNS

daran, die Bewegung mit gestreckten Armen zu beginnen und auch wieder zu beenden.
- Ich empfehle, nicht mit einer pausierten Ablage zu trainieren, wie es im Wettkampf gefordert wird. Das programmiert Schulterverletzungen vor. Es reicht, wenn du die Ablagepause vier Wochen vor dem Wettkampf trainierst.
- Denk daran, dass die Unterarme immer vertikal sind, um eine optimale Kraftübertragung zu gewährleisten.
- Die Schultern im Lockout nicht nach vorn ziehen, sondern immer in der Verriegelung bleiben.

Wichtige Assistenzübungen für das Bankdrücken:
Hier spreche ich aus meiner Erfahrung mit vielen guten Drückern, die mehr als 220 Kilo raw bewältigen können.

Ich würde folgende Assistenzübungen empfehlen:
- enges Bankdrücken an einem zusätzlichen Trainingstag mit 5–8 Wiederholungen à 5 Sätze
- schweres Rudern mit der Kurzhantel an einem eigenen Trainingstag mit 5 mal 7 Wiederholungen, und zwar in der gleichen Oberarmposition, in der du drückst. Direkt nach dem Bankdrücktraining sitzend am Seilzug rudern, ebenfalls in der gleichen Position wie am schweren Tag aber mit 4 mal 12 Wiederholungen
- schwere Hammercurls, stehend, einarmig am Armtag mit 4 mal 8 Wiederholungen
- Schulterdrücken, stehend ohne Schwung am 2. Drücktag der Woche mit 5 mal 5 Wiederholungen
- Training der Rotatorenmanschette mit Indian-Club-Swing, 3 mal 20 Wiederholungen, oder Außenrotation am Seilzug, einarmig, 4 mal 20–30 Wiederholungen
- Nackenziehen mit der Langhantel hinter dem Körper in schwerer Ausführung, 5 mal 5–7 Wiederholungen

Motivation: Eisenhart-Athlet kurz vor dem finalen Versuch c

Fußballprofi Leon Dajaku (1. Bundesliga) beim Höhentraining mit Kinema-Trainerin Lisa Brunner.

SPECIALITIES
HÖHENTRAINING

Mit Höhentraining habe ich sehr gute Erfahrungen gemacht. Egal, ob beim Profi- oder Rehasportler. Das Training kann helfen bei Gewichtsabnahme, unterstützt schnellere Heilung nach Unfällen oder besseren Schlaf und kann die Regeneration beschleunigen. Jedoch sollten die Dauer und der Umfang des Höhentrainings genau berechnet werden und dementsprechend zum Trainingszyklus passen.

Kurz zur Funktionsweise

Der verringerte Sauerstoffanteil der Höhenluft setzt viele positive Anpassungsprozesse in Gang, die die Leistungsfähigkeit deutlich erhöhen:

- Die Kraftwerke der Muskeln, die Mitochondrien, vermehren sich durch die gesteigerte Atemtätigkeit.
- Der Körper lernt schrittweise, mit dem knappen Gut Sauerstoff effizienter umzugehen.

Ergebnis:
Leistungssteigerung und beschleunigte Regeneration.

Der Körper versucht, den Sauerstoffmangel zu kompensieren, und leitet Maßnahmen ein, die man unter dem Begriff „Kampf um Sauerstoff" zusammenfassen kann. Durch den Sauerstoffmangel (Hypoxie) wird das Atemzentrum gereizt, und das Atemminutenvolumen nimmt zu (Hyperventilation). Zusätzlich wird der Sympathikus aktiviert, wodurch die Atemwege weit gestellt werden und das Herzminutenvolumen steigt.

Wie passt sich der Körper an die veränderten Bedingungen an?

Nach zwei bis vier Tagen beginnt der Körper, sich den neuen Bedingungen anzupassen. Eine Nebenwirkung der Hyperventilation ist, dass der pH-Wert ansteigt. Dem begegnet der Körper, indem er Bikarbonat ausscheidet. Durch eine bessere Sauerstoffausschöpfung im Gewebe kann der Körper die geringere Menge an verfügbarem Sauerstoff besser nutzen. Dem liegt eine verbesserte Kapillarisierung zusammen mit einer angepassten enzymatischen Ausstattung der Muskulatur zugrunde. Zudem setzt eine gesteigerte Blutproduktion ein. Anfängliche Anstiege des Hämoglobins (roter Blutfarbstoff, der für den Sauerstofftransport zuständig ist) werden durch ein vermindertes Plasmavolumen verursacht. Einen tatsächlichen Anstieg der Hämoglobinmasse gibt es erst nach mehreren Wochen in der Höhe.

Durch diese Anpassungen normalisiert sich auch das Herzminutenvolumen wieder, das Atemminutenvolumen bleibt aber dauerhaft erhöht.

Bei einem mehrwöchigen Höhentraining macht man sich die eben beschriebenen Anpassungen zunutze. Über eine erhöhte Hämoglobinmasse verbessert sich die maximale Sauerstoffaufnahme (VO2max) und damit die Ausdauer. Aber auch andere Anpassungen, wie eine bessere Kapillarisierung und Veränderungen im Muskelstoffwechsel, wirken leistungssteigernd. Zum richtigen Zeitpunkt eingesetzt, führt Höhentraining also zu einer verbesserten Leistungsfähigkeit. Allerdings eignet sich Höhentraining nicht für jeden: Es gibt auch sogenannte Non-Responder, die nicht davon profitieren.

Quellen: *De Marées, H. (2003). Sportphysiologie (Korrigierter Nachdruck der 9., vollst. überarb. und erweit. Aufl.). Köln: Sport und Buch Strauss.*

Wonisch, H., Hofmann, R., Förster, P., Hörtnagl, H., Ledl-Kurkowski, E., & M., Pokan (Hrsg.). (2017). Kompendium der Sportmedizin: Physiologie, Innere Medizin und Pädiatrie. Springer-Verlag.

STRESS

Die Empfindung von Stress, zum Beispiel beim Versagen in einem Training oder Wettkampf, oder die Wut über das nicht Geleistete wirken sich negativ auf die Erholung aus. Man konnte sogar beobachten, dass sich Stress über psychoneuroimmunologische Pfade negativ auf die Wundheilung auswirkt. Ich rate dazu, ein gutes Training zu feiern und ein schlechtes mit dem Trainer oder Trainingspartner zu analysieren und dann abzuhaken.

Die negativen Gedanken an das „nicht Geschaffte" sollte man so schnell wie möglich loswerden. Zum Beispiel kann eine Videoanalyse nach dem Training helfen, den Testosteron- und Cortisolspiegel positiv zu beeinflussen. Eine interessante Studie hierzu erstellten unter anderem Christian Cook und Martyn Beaven mit Rugbyspielern. Hier wurde ermittelt, dass die psychologische Wahrnehmung nach dem Training eine große Rolle spielt. Sie kann sogar die erzielte physiologische Veränderung unterstützen oder untergraben.

Man sollte sich außerdem bewusst sein, dass Stress nicht nur im Training entsteht, sondern ebenfalls im beruflichen oder privaten Bereich. Oft bringen meine Athleten dann, wenn privat alles in Ordnung ist, auch im Training persönliche Bestleistungen hervor.

Stress schadet außerdem deinem Blut: Dunkle Augenringe, Sorgenfalten, Antriebslosigkeit, schlechter Schlaf und „in Problemen zu denken" sind neben Bauchfett echte Anzeichen für zu viel Stress. Diesen Stress kann man im Blut messen. Hört sich sehr unwahr an, ist es theoretisch natürlich auch, aber ist der Serotonin- und Dopaminspiegel im Blut niedrig, lässt das auf zu viel Stress schließen.

THERMOGENESE
TRAINING MIT „MADE IN HELL"-HOODIE

Ich bin ein extremer Befürworter von Training mit Pulli oder Hoodie. Wir trainieren im Kinema fast immer so, die meisten von uns tragen zum Training auch im Sommer ihren Made-in-Hell-Hoodie. Und dafür gibt es zwei Gründe: Zum einen dienen ein gutes Warm-up und die warme Kleidung dazu, die Gewebetemperatur zu erhöhen. Zum anderen kommt man schneller ins Schwitzen. Dies ist ein gutes Zeichen dafür, dass das körpereigene Kühlsystem läuft und die Körpertemperatur mindestens ein bis zwei Grad wärmer ist. Selbst wenn du bei einer Übung den Pulli oder Hoodie kurz mal ausziehst, sinkt die Körpertemperatur langsamer, als sie gestiegen ist. Teils bleibt die Körpertemperatur des warmen Muskelgewebes bis zu 50 Minuten aufrecht, wenn sie durch gute wärmende Kleidung aufrechterhalten wird.

Eine Empfehlung also: Bei leistungsorientiertem Training immer mit Pulli oder Hoodie trainieren. Anfangs ist es gewöhnungsbedürftig, aber du wirst schnell feststellen, dass du dich wohler fühlst. Ich halte es im Übrigen für katastrophal, wenn ein gutes Gym eine Klimaanlage hat. Der Körper, die Muskeln und die Sehnen wollen es warm haben, um leistungsfähig zu sein. Kalte Luftzüge schaden vor allem Nacken und Rücken, können Verletzungen hervorrufen und einen negativen Effekt auf das Training haben.

Ich freue mich natürlich darüber, dass auch mein Bruder Ludwig mit Made-in-Hell-Hoodie trainiert

DER GÜRTEL

Mit Hilfe eines Gewichthebergürtels kann ein Athlet erhöhten Druck auf die Wirbelsäule ausüben. Der Gürtel bietet außerdem eine Fläche für propriozeptives Feedback. Bei der Hebung oder während der Kniebeuge sollte versucht werden, die Bauchmuskeln gegen den Gürtel zu pressen. So wird mehr Druck in der Bauch- und Brusthöhle erzeugt. Der Gürtel gibt dem Athleten Sicherheit und wirkt dadurch vor allem auch mental. Zudem ist es so, dass man mit dem Gürtel die Bauchmuskeln extrem trainieren kann, weil man damit eine sehr starke isometrische Kontraktion der Bauchmuskeln hervorruft.

Viele Powerlifter sind der Meinung, dass es besser wäre, möglichst lange ohne Gürtel zu trainieren, um die Bauchmuskeln besser zu stärken. Ich sehe das nicht so, ganz im Gegenteil. Vor allem ist meistens eine schlechtere Technik das Resultat, wenn man den Gürtel zu spät benutzt. Ich rate dir, bei allen Arbeitssätzen im Kreuzheben und Kniebeugen den Gürtel von Anfang an zu tragen. NICHT SPÄTER! (beispielsweise erst beim schwersten Satz). Dies bringt dich wieder aus dem Bewegungsmuster, das du bei den ersten Sätzen gelernt hast. Außerdem verringert der Gürtel das Verletzungsrisiko und ermöglicht natürlich, schwerer zu trainieren und dadurch stärker zu werden.

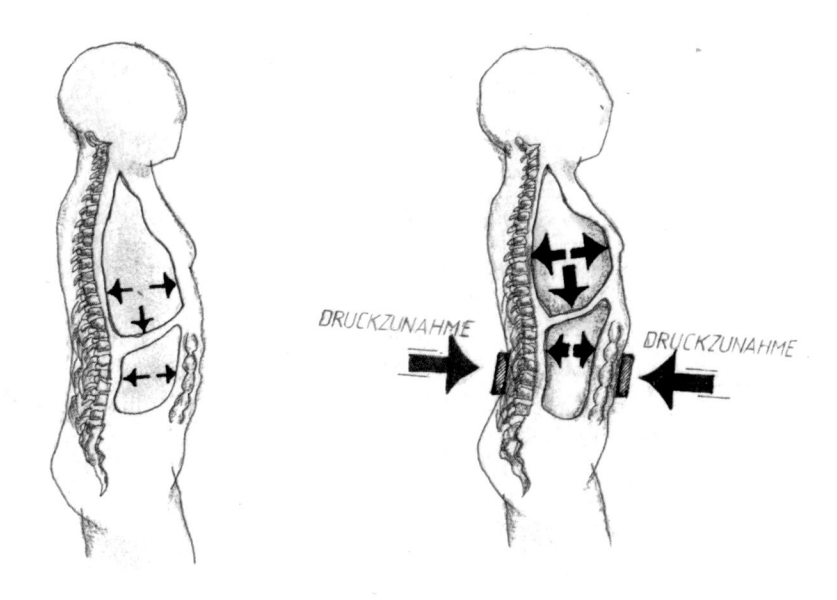

Mit einem Gürtel kann erhöhter Druck auf die Wirbelsäule ausgeübt werden

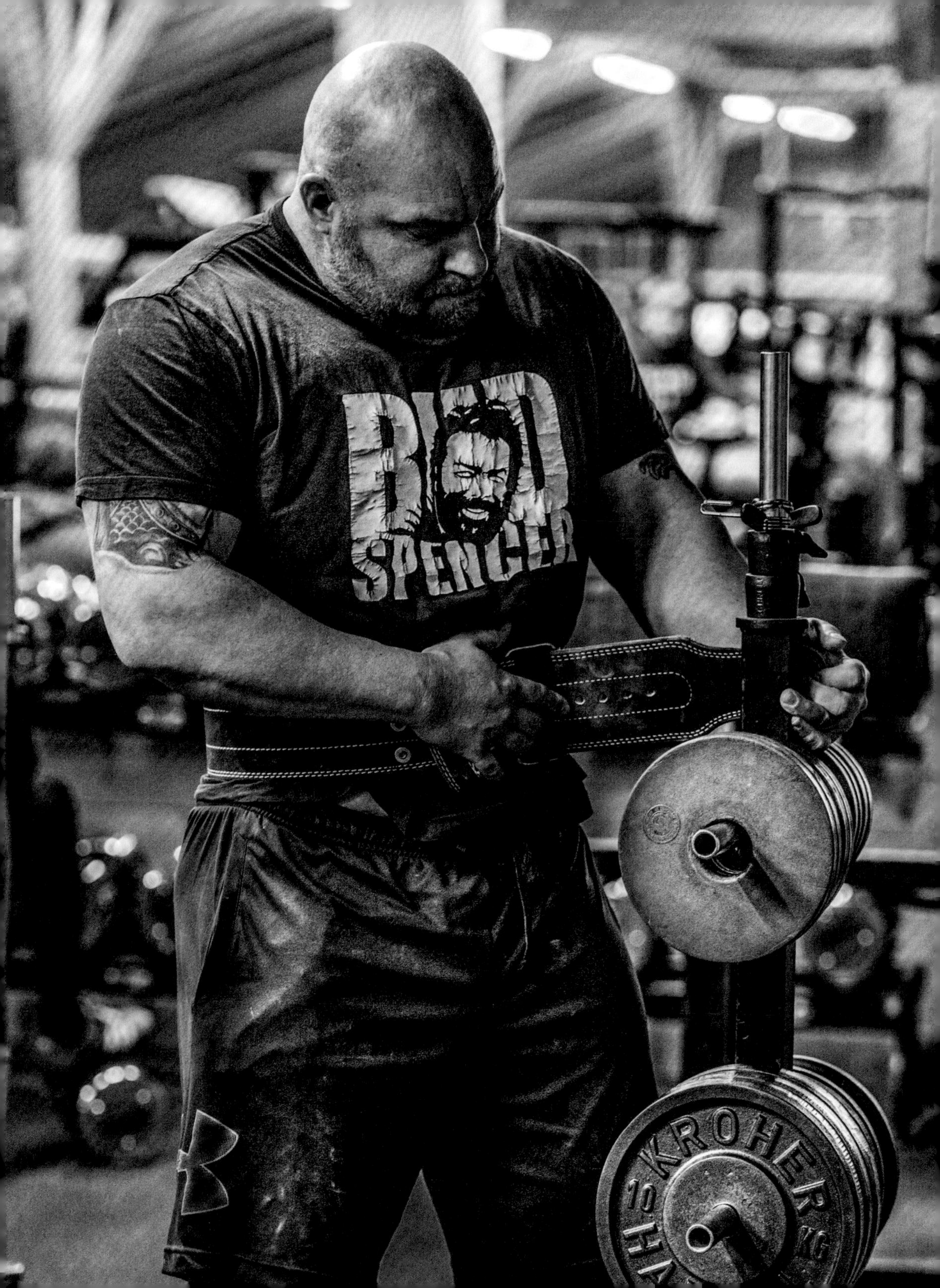
SPENCER
KROHER
10
KG

ARTHROBONUM®

Deshalb vertraue ich auf Arthrobonum.

Sepp Maurer – World Champion Trainer
#EINZIELOHNEPLANISTNUREINWUNSCH

ZWEI GAMECHANGER
IN DER THERAPIE

Das Team der Sportschule Kinema wendet zur Unterstützung in der Therapie bei Muskelzerrungen und Sehnenentzündungen die Schmerzsalbe Dolokin aus Rosmarin, Schafgarbe, Eukalyptus, Diclofenac und Krauseminzöl an, die Sepp Maurer zusammen mit Dr. Dominic Kram entwickelt hat.

Außerdem: Arthrobonum (MBZ Herrsching). Das Nahrungsergänzungsmittel hilft Leistungssportlern wie auch Arthrosepatienten, ihre Gelenke geschmeidig und schmerzfrei zu halten. Durch die besonderen Wirkstoffe Glucosamin, Chondroitin, Methionin und Cystein sowie Mangan erhält es Strukturen im Gelenk und verbessert dessen Schmierflüssigkeit (Synovia).

NAHRUNGS-ERGÄNZUNGEN

Die größten Limitierungen bei der Ausübung eines hochintensiven Krafttrainings sind die entsprechende Energiebereitstellung von ATP (Adenosintriphosphat) und Kreatinphosphat. Genauso wie die Fähigkeit, anaerobe Stoffwechselprodukte (Akkumulation von H+) zu puffern. Dies wirkt sich störend auf die Muskelkontraktion aus. Meiner Erfahrung nach kann es sehr effektiv sein, vor und nach dem Training Kreatinmonohydrat oder Kre-Alkalyn einzunehmen. Meine Empfehlung wären 3000 mg Kre-Alkalyn jeweils vor und nach dem Training, an trainingsfreien Tagen fünf Kapseln täglich bei einem Körpergewicht von 90 Kilo. Nicht nur beim Maximalkrafttraining oder Fasertraining sondern auch beispielsweise bei hochintensiven Sprints ist die Einnahme sinnvoll.

Salz

Ebenso kann es durchaus sinnvoll sein, vor explosiven Einheiten vermehrt Salz (Natriumbicarbonat) zu sich zu nehmen. Bei Maximalkontraktionen sowie hochintensiven Intervallen von bis zu einer Minute ist dies besonders empfehlenswert.

Hier würde ich eine Dosierung von 200 mg pro Kilo Körpergewicht vorschlagen, allerdings könnte man im Hochleitungssport mit der Salz-Supplementierung eventuell noch höher gehen, jedoch muss dann auch die Kaliumzufuhr entsprechend angepasst werden, da Kalium der Gegenspieler von Natrium ist.

Calcium und Magnesium

Calcium und Magnesium sind ebenfalls sehr, sehr hilfreiche Ergänzungen vor allem bei explosiven Belastungen. Ich rate jedem Athleten zu zwei Calcium-Magnesium-Tabletten mit der Dosierung von 500 mg Calcium und 200 mg Magnesium pro Tag. Sie bilden die Basis für eine maximale Muskelkontraktion.

Magnesium ist für den Energiestoffwechsel sehr wichtig, aber auch zur Reduzierung von erhöhten Stressbelastungen. Es ist an allen ATP-abhängigen Prozessen beteiligt und Bestandteil energiereicher Phosphatverbindungen. Magnesium wird auch als „Salz der inneren Ruhe" bezeichnet. Es wirkt extrem beruhigend auf das durch Sport oder Beruf angespannte Nervensystem. Je besser dein Magnesiumhaushalt ist, desto besser funktionieren die Mitochondrien. Die Erregbarkeit der Zellmembranen wird reguliert, was wiederum für Muskel- und Nervenzellen sehr wichtig ist. Vor allem wirst du besser schlafen, und ich muss immer wieder betonen: Guter Schlaf ist einer der wichtigsten Punkte im regenerativen Prozess.

Calcium ist mitunter für wichtige Prozesse in der Muskelzelle verantwortlich und auch für die Regulierung der Muskelkontraktion. Außerdem ist dieser Mineralstoff nicht nur für den Knochenaufbau, sondern auch als zellulärer Botenstoff wichtig. Also, dass wir Magnesium supplementieren sollten, dürfte jedem klar sein. Aber soll man auch Calcium separat zu sich nehmen? Meine Antwort: Unbedingt! Und zwar immer zusammen mit Magnesium.

Doch warum ist Calcium so wichtig für den Sport? Calcium kann zwar über Milch und Milchprodukte aufgenommen werden, jedoch rate ich vor allem fortgeschrittenen Sportlern wegen des Milchzuckers Milch nur in Maßen zu konsumieren. Jetzt hat man zwar noch die Möglichkeit, Calcium aus Lebensmitteln wie Kohl, Brokkoli oder Nüssen zu sich zu nehmen, es wird aber gar nicht einfach sein, so viel davon zu essen, dass es reicht. Zum anderen kann man aus der Nahrung nur 30 bis 40 Prozent aufnehmen. Das liegt an der Oxalsäure, die vor allem in pflanzlichen Lebensmitteln vorkommt und sich mit Calcium zu größeren Bausteinen verbindet, die nicht mehr im Darm aufgenommen, sondern ausgeschieden werden.

Omega-3-Fettsäuren

Sie wirken vor allem entzündungshemmend und bremsen die für Athleten schlechte Arachidonsäure (ARA), die vor allem in Fleischprodukten vorkommt. Omega-3-Fettsäuren sollten am besten mit Antioxidantien kombiniert und regelmäßig eingenommen werden. Es ist bewiesen, dass Omega 3 Sauerstoff transportiert. Vor allem im Hinblick auf Ausdauersport steht fest, dass die maximale Sauerstoffaufnahme (VO2max) steigt, wenn man täglich nur 3000 mg Omega 3 zu sich nimmt. Man geht davon aus, dass Omega-3-Fettsäuren vor allem unter Belastung eine wichtige Rolle spielen und insgesamt die Durchblutung verbessern, wodurch wieder mehr Sauerstoff zur Muskulatur transportiert werden kann. Ich würde je nach Körpergewicht und Belastung 4000 bis 6000 mg pro Tag empfehlen.

Anitoxidantien

Sie schützen die Zellen vor dem Angriff von freien Radikalen.

WICHTIG:

Die Disbalance zwischen oxidativen Belastungen durch freie Radikale und dem antioxidativen Schutz innerhalb der Zellen wird als oxidativer Stress bezeichnet.
Diesem Stress müssen wir unbedingt entgegenwirken.
Die zwei besten Antioxidantien sind meines Erachtens:

Vitamin C täglich bis 2000 mg (je nach Belastung steigerbar)
Vitamin E 200 bis 1000 IE

MEIN TIPP:

Vitamin E am besten in Kombination mit Vitamin C im Verhältnis 2:1 einnehmen
Beispiel: 1000 mg Vitamin C und 500 IE Vitamin E

Zink

Zink stellt aus Tryptophan das Glückshormon Serotonin her. Zink ist wichtig für das Immunsystem, vor allem bei der Bekämpfung von Viren. Bei einem Schnupfen oder leichter Erkältung etwa wird ständig Zink verbraucht. Hast du eine leichte Erkältung, kann diese dann sofort mit Zink behandelt werden. Zink gibt inneren Antrieb. Sehr wichtig ist es auch, zu erwähnen, dass Zink die Herstellung des körpereigenen Hormons Testosteron fördert. Empfehlen würde ich je nach körperlicher Belastung oder leichtem Infekt eine Einnahme von 15 bis 30 mg pro Tag.

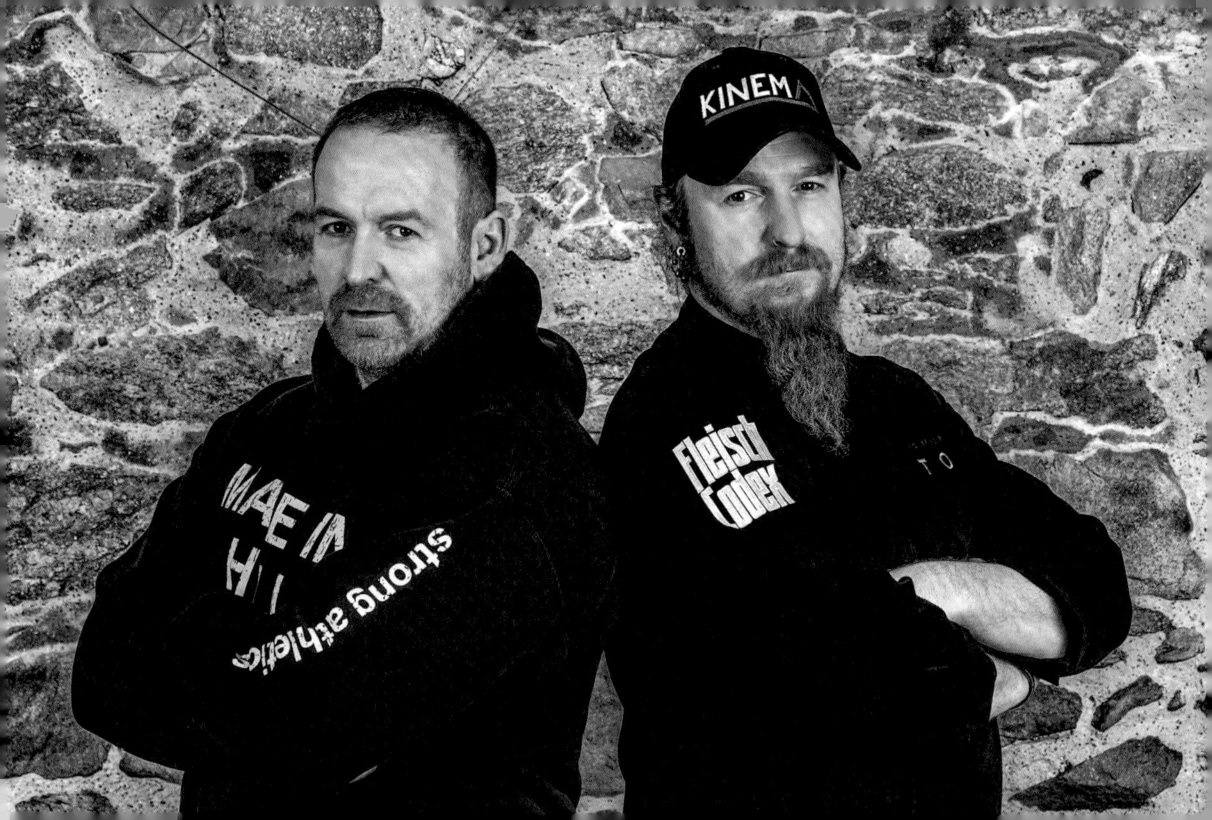
strong athletics
Fleisch

KINEMA FOODS
GEBALLTES MAURER-WISSEN
IN EINEM PROGRAMM

Das ist eine unschlagbare-Kombination: Das geballte Wissen der beiden Maurer-Brüder in einem Programm. Spitzenkoch Ludwig „Lucki" Maurer, Platz 22 der besten Köche Deutschlands, und Sepp Maurer, 20 Jahre Erfahrung im Leistungs- und Profisport und in der Betreuung von Eliteathleten und Sportlern aus allen Sportarten haben zusammen „Kinema-Foods" entwickelt, eine Linie, die ab 2023 vor Ort im Kinema oder im Online-Shop erhältlich ist. Dabei handelt es sich um Convenience-Food auf höchstem Niveau, also frische, gesunde, proteinreiche Gerichte in Bio-Qualität, die in Manufaktur-Arbeit im STOI von Lucki Maurer und seinem Team zubereitet und danach bei Minus 40 Grad schockgefrostet und verpackt werden. Innerhalb weniger Minuten können die Gerichte dann zuhause ganz einfach zubereitet werden.

Es war noch nie so einfach, so gesund zu genießen – für jeden Sportler eine absolute Bereicherung.

BLUTDRUCK UND WASSERMANGEL

Die Kraft, die das Blut durch das arterielle System des Körpers treibt, wird als Blutdruck bezeichnet. Es gibt zum einen den diastolischen Blutdruck. Dieser ist die konstant vorhandene Kraft in den Arterien, er hält die Blutgefäße gefüllt und unter einem sogenannten Basisdruck. Dieser liegt zwischen 60 und 90 mmHg.

Der systolische Wert ist der steile Druckanstieg in den Arterien durch die Kontraktion der linken Herzhälfte. Er entsteht, wenn das Herz das Blut aus seiner Kammer in ein bereits gefülltes unter Druck stehendes arterielles System pumpt. Hier liegt der Normwert zwischen 90 und 130 mmHG. Die Differenz zwischen den beiden Werten ist vor allem für Sportler sehr wichtig.

Durch den zusätzlichen Druck wird klares Serum durch winzige Löcher in die Kapillaren und in die Filtrationsgebiete der Nieren gespritzt, um das Blut zu reinigen. Der diastolische Druck hingegen sorgt dafür, dass alle Blutgefäße des Körpers gefüllt sind. Wenn nun der diastolische Wert höher ist als normal, muss das Herz gegen einen höheren Druck arbeiten, um das Blut in den Kreislauf zu pumpen. Das ist kurzzeitig kein Problem! Aber über einen längeren Zeitraum wird nicht nur das Herz ermüden, auch die überstrapazierten Blutgefäße verdicken und verlieren ihre Elastizität und können so nicht mehr ihre volle Leistung bringen.

Wenn der diastolische Druck zu niedrig ist, beeinträchtigt das den Kreislauf, vor allem die Blutzufuhr zum Gehirn. Wenn in den zum Gehirn führenden Arterien nicht genügend Druck ist, bedeutet es, dass weniger Sauerstoff zu den Hirnzentren gelangen. Das kann zum Beispiel eine plötzliche Ohnmacht auslösen.

Die Frage ist: Wie kommt es dazu? Die Antwort lautet: Durch Wassermangel!

Wenn der Körper zu wenig Wasser aufnimmt, werden 66 Prozent des benötigten Wassers aus den Zellen gezogen, 25 Prozent aus dem extrazellulären Milieu und 9 Prozent aus dem Blut. Die Blutgefäße des Kreislaufsystems passen sich diesem Verlust an, indem sie ihren Querschnitt verringern, damit die Gefäße gefüllt bleiben. Dieser messbare Anstieg der Spannung in den Arterien bezeichnen wir als Hypertension oder Bluthochdruck. Dieser Anpassungsprozess an die Wassermenge im Gefäßsystem kennt man zum Beispiel aus der Hydraulik. Die Differenz zwischen den beiden Blutdruckwerten ist die Kraft, die gebraucht wird, um das Wasser unter normalen Bedingungen in lebenswichtige Körperzellen zu bringen. Je weniger Wasser im Körper ist, desto mehr Druck muss also aufgewendet werden, um die lebenswichtigen Zellen mit Wasser zu versorgen.

Das Geheimnis für einen gesunden Blutdruck lautet also: Genügend Wasser trinken! Meine Faustregel, die ich meinen Athleten seit Jahren vermittle: täglich gleich nach dem Aufstehen 0,4 Liter Wasser trinken.

Zudem gibt es noch weitere Möglichkeiten, den Blutdruck positiv zu beeinflussen:

genügend Schlaf, genügend Bewegung und natürlich eine gute Work-Life-Balance. Ganz wichtig ist auch eine gute ausgewogene Ernährung.

Außerdem gibt es Mineralien und Vitamine, die den Blutdruck positiv beeinflussen.

Vitamin D beispielsweise trägt erheblich dazu bei, den Blutdruck zu senken, weil es die Elastizität der Gefäßwand verbessert.

Magnesium gilt als „Herzschrittmacher". Es gibt dem Herzen seine Kraft und seinen Rhythmus, reguliert den Gefäßtonus und wirkt sich positiv bei Stress aus. Mit einer ausgewogenen Magnesiumsupplementierung kann der systolische Blutdruck um 4,3 und der diastolische um bis zu 2,3 mmHG sinken.

L-Arginin erweitert die Blutgefäße und verbessert die Sauerstoffversorgung der kleinen Gefäße und erleichtert damit die Herzmuskelleistung.

Omega-3-Fettsäuren stabilisieren die Herzkraft und senken erhöhte Blutdruck- und Blutfettwerte (z. B. Triglyceride). Sie können den systolischen Druck um bis zu 4,5 und den diastolischen um bis zu 3,05 mmHG senken.

Vitamin C ist das wichtigste wasserlösliche Antioxidans unseres Körpers. Es schützt lebenswichtige Zellbausteine und Organe vor oxidativen Schäden durch freie Radikale. Eine tägliche Einnahme von 500 mg senkt signifikant den systolischen Druck um 4,8 mmHG und den diastolischen um 1,67 mmHG.

Quelle: Sie Sind nicht krank, sie sind durstig, Dr. med F. Batmanghelidy

VERLETZUNGEN IM SPORT

Verletzungen passieren leider ab und zu. Ist das Training auch noch so gut gewesen – eine Verletzung kann jeden Sportler in der Vorbereitungsphase aus seinem Trainingsrhythmus bringen. Wenn man als Athlet an seine Grenzen gehen muss, kommt man leider oft nicht an Verletzungen vorbei. Wichtig ist, a) dass man alles dafür tut, damit diese erst gar nicht auftreten, und b) dass man, wenn sie passiert sind, richtig damit umgeht. Ich habe es selbst mit meinem Bein über Jahrzehnte schmerzhaft spüren müssen, wie es ist, mit Verletzungen zu trainieren, und ich sehe es leider ab und an auch bei meinen Athleten, wie sie damit zu kämpfen haben. Wie gesagt: Wenn wir Punkt a) nun als selbstverständlich betrachten, weil wir einen individuellen Trainingsplan trainieren, der Dehnen, Koordination, Balancetraining oder GPP beinhaltet. Und wenn wir davon ausgehen, dass wir alle regenerativen Maßnahmen anwenden, regelmäßig zur Physiotherapie gehen und uns auch noch gesund und ausgewogen ernähren. Wenn dann trotzdem eine Verletzung auftritt, was dann …?

Als Erstes muss sie richtig diagnostiziert werden. Und es ist ein großer Fehler, einfach bei Google rumzustöbern und sich irgendwas zusammenzureimen. Gerade im Elitesport ist eine professionelle Diagnose das Wichtigste. Der zweite Schritt sollte sein, die Verletzung richtig behandeln zu lassen. Hier würde ich ebenfalls nur einen Experten empfehlen. Alles andere kostet nur unnötig Zeit, die wir als Athleten nicht haben. Sind diese zwei Schritte erfolgt, muss man analysieren, was der Grund für die Verletzung war.

Hier muss man ehrlich zu sich selbst sein und alle Eventualitäten durchgehen:
- War ich richtig aufgewärmt?
- War ich von der letzten Trainingseinheit komplett regeneriert?
- Habe ich genügend geschlafen?
- Habe ich genügend getrunken?
- Habe ich richtig gegessen?

DIE BESTEN KINEMA-POWERLIFTER

Kreuzheben:
Hans Strobl 367,5 Kilo Kreuzheben RAW, Körpergewicht 108 Kilo
Christoph Erbs 360 Kilo Kreuzheben EQ Körpergewicht 92 Kilo
Christian Poppe 360 Kilo Kreuzheben RAW Körpergewicht 128 Kilo
Claudia Forster 212,5 Kilo Kreuzheben RAW (Weltmeisterin)
Uli Ertl 210 KIlo Kreuzheben (Europameisterin und Europarekord)
Gunda Fiona von Bachhaus 200 KIlo Kreuzheben

Bankdrücken:
Sepp Maurer 222,5 Kilo Bankdrücken RAW Körpergewicht 112 Kilo
Christian Poppe 212,5 Kilo Bankdrücken RAW Körpergewicht 128 Kilo
Reinhold Blüml 210 Kilo Bankdrücken RAW Körpergewicht 95 Kilo
Gunda Fiona von Bachhaus 185 Kilo Bankdrücken EQ Körpergewicht 60 KIlo Weltmeisterin und mehrfache Arnold Classic Siegerin

Kniebeuge:
Christian Poppe 360 Kilo Kniebeuge RAW
Hans Strobl 355 Kilo Kniebeuge RAW
Reinhold Blüml 333 Kilo Kniebeuge EQ (Weltmeister)

Steinheben:
Robert Baumann 325 Kilo 89 cm Superschwergewicht (Weltmeister)
Hans Strobl 350 Kilo 55 cm Schwergewicht (Weltmeister)
Ritzer Franz 300 Kilo 87 cm Mittelgewicht (Weltmeister)
Thomas Strobl 275 Kilo 75 cm Leichtgewicht (Deutscher Meister)
Uli Ertl 200 Kilo 76 cm Damenklasse (Deutscher Meister)

Ganz links: Reinhold Blüml – Powerlifting Weltmeister

Links: Einer der stärksten Powerlifter Deutschlands, Christian Poppe, Team Eisenhart, beim legendären Bembel-Cup

Unten links: Eishockeyprofi Marcel Brandt hat sich im Kinema auf die Olympischen Spiele 2022 in Peking vorbereitet

Unten: Boxprofi Juergen Uldedaj hat sich auf seine Kämpfe beim Athletiktraining im Kinema vorbereitet

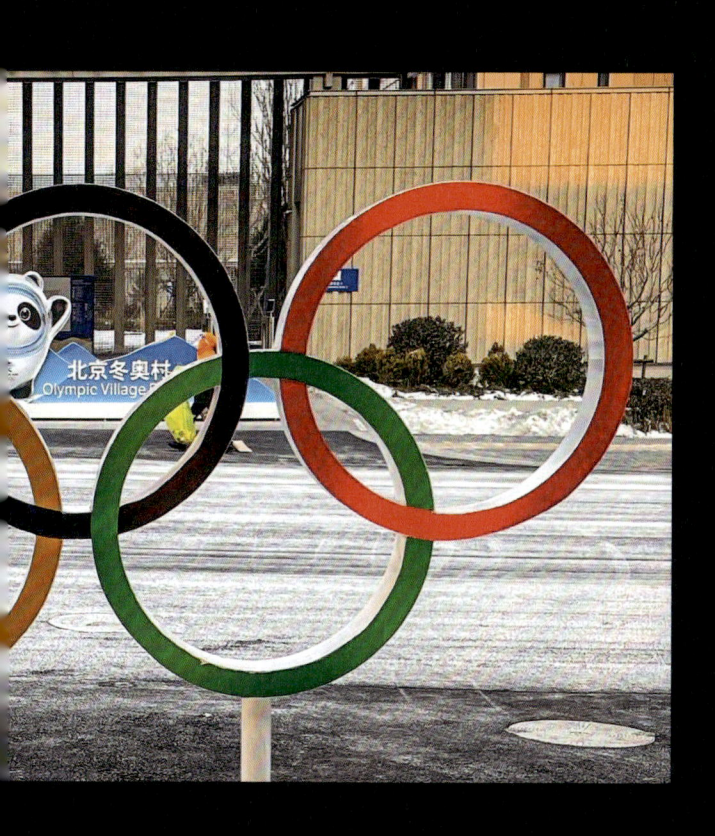

- Habe ich meinen Trainingsstress richtig verarbeitet?
- Habe ich alle Nahrungsergänzungen genommen?
- Habe ich das Gewicht zu schnell gesteigert?
- War ich bei der Ausführung konzentriert?
- War es die richtige Trainingszeit, der gewohnte Ort?

Hat man die Ursachen für seine Verletzung erkannt, sollte man diese Fehler kein zweites Mal machen.

Es ist wichtig, dass man sich den Verletzungs- und Heilungsverlauf vor Augen führt.

Die Verletzung entsteht, und sofort beginnt der Körper darauf zu reagieren. Je nach Schwere und Schädigung des Gewebes trifft die absteigende Linie der Verletzung auf die aufsteigende Linie der Heilung. Dies ist meist die gefährlichste Phase für den Sportler. Er empfindet nur noch ein leichtes Schmerzgefühl, obwohl die Gewebeheilung noch nicht abgeschlossen ist. Viele Athleten machen hier den Fehler, jetzt wieder voll ins Training einzusteigen.

Ich rate abzuwarten, bis das Schmerzgefühl nicht mehr existiert, und erst dann langsam mit Stretchen und lockerem moderatem Training zu beginnen und es langsam zu steigern. Diese Herangehensweise ist meiner Erfahrung nach die schnellste und gesündeste.

Auf keinen Fall solltet ihr in dieser Zeit gar nicht trai-

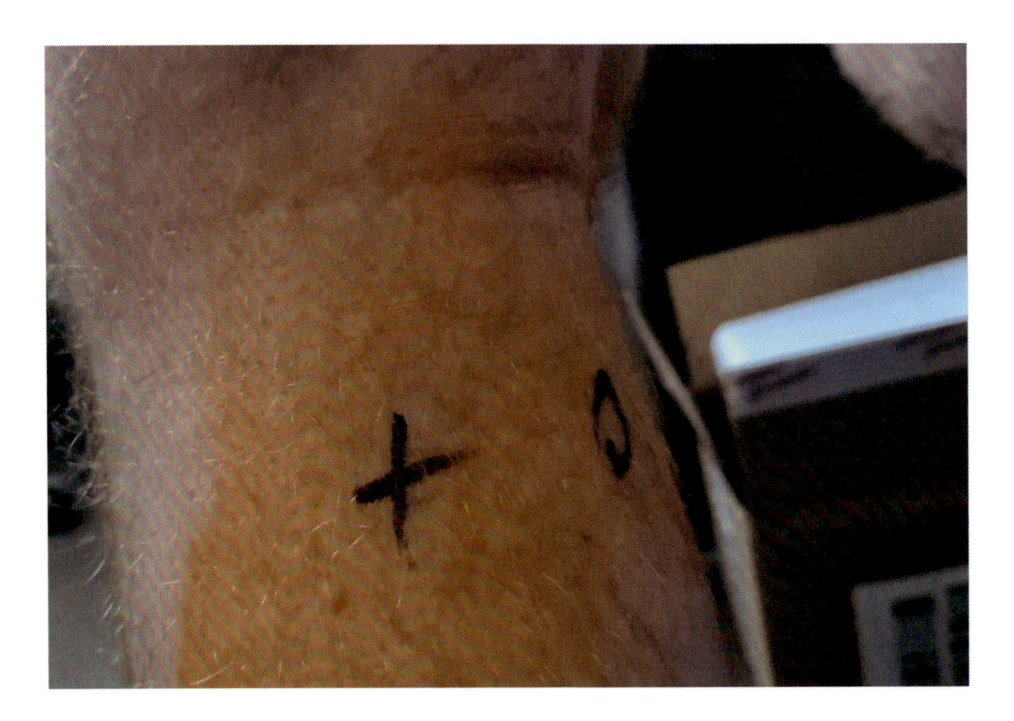

Im Universitätsklinikum Frankfurt: Roboterpunktierung meines Meniskusganglions

nieren! Nicht zu trainieren ist der größte Fehler, den man als Athlet machen kann! Hat man sich am Bein verletzt, kann man den Oberkörper und die Körpermitte trainieren. Bei einer Schulterverletzung gibt es keinen Grund, nicht die Beine zu trainieren. Lasst euch von einem Rückschlag nicht aus der Bahn werfen. Hätte ich das getan, wäre ich schon mehr als hundertmal zu einer Trainingspause gezwungen worden. Und weiß Gott: Ich habe immer trainiert! Und das meine ich auch so. Seit meinem ersten Tag, an dem ich ein Studio betreten habe, bis heute.

Immer, aber auch wirklich immer. Im Krankenhaus, mit Krücken, mit Gips, mit Schienen, mit Schrauben und Nägeln im Bein, mit Fäden und, und, und. Natürlich mit Maß, Ziel und Verstand. Wenn ihr eine richtige Trainingspause wegen einer muskulären Verletzung einlegt (wie gesagt, dafür gibt es keinen wirklichen Grund), wird euer Stoffwechsel langsamer, und der Heilungsprozess dauert meist länger als erwartet.

Return to Lift – Return to Play

Wenn man sich an die Tabelle (siehe oben) hält, gibt es zusätzlich noch ein paar wichtige Tipps, bevor man zur Wettkampfbelastung zurückkehrt.

Folgendes ist meiner Erfahrung nach sehr hilfreich für den Athleten, bevor er wieder 100 Prozent Leistung von seinem Körper fordert:

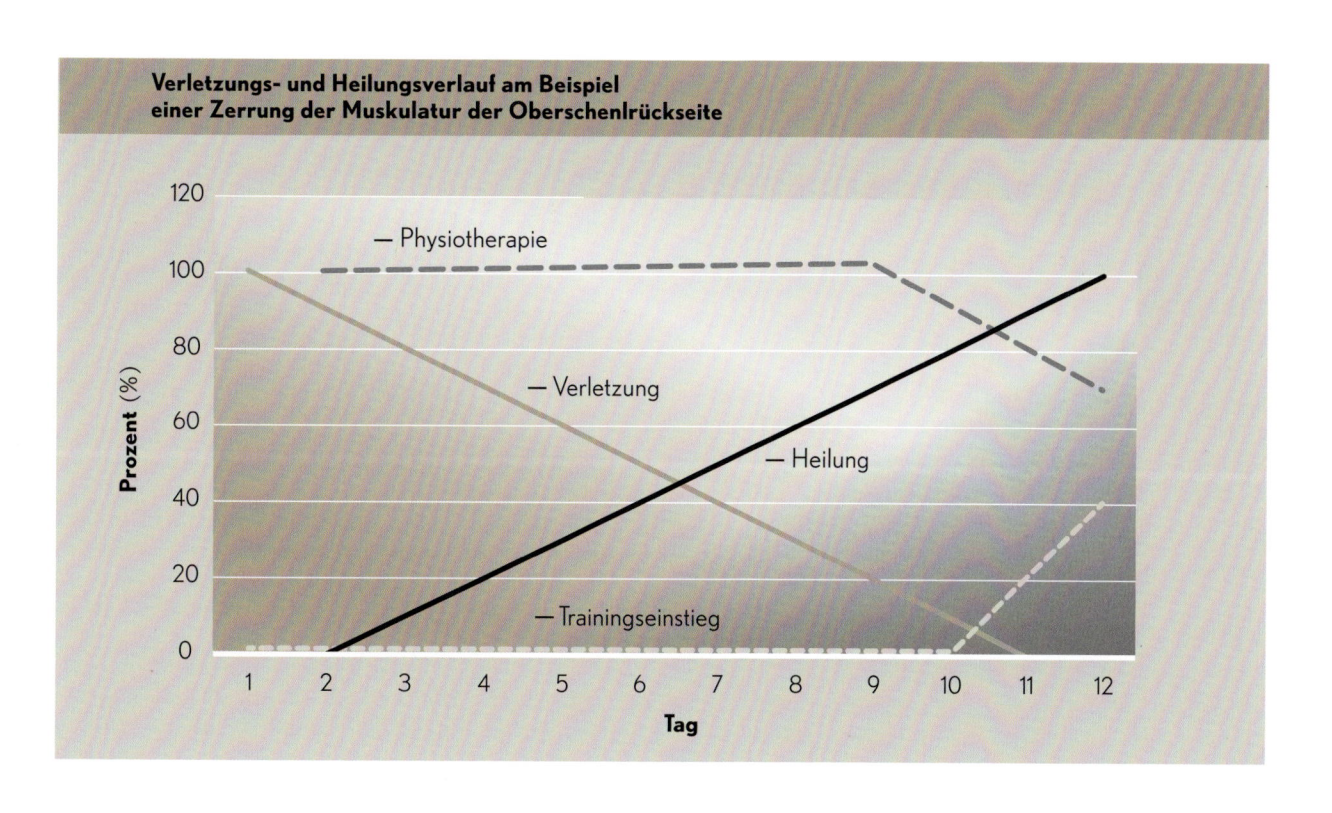

Verletzungs- und Heilungsverlauf am Beispiel einer Zerrung der Muskulatur der Oberschenlrückseite

„In den letzten zehn Jahren konnte ich unter Sepps Anleitung trotz zunehmenden Alters meine Leistungen beim Ironman jedes Jahr verbessern!
Ich freue mich schon auf das Training in den nächsten zehn Jahren!"

ANDREAS ASCHENBRENNER
TRIATHLET
IRONMAN-STARTER

Als ich im September 2012 das erste Mal bei Sepp im Büro stand, wusste ich nicht, was ich von ihm halten sollte: Kapuzenpulli, Vollbart, doppelt so breit wie hoch ... Ich das genaue Gegenteil: braun gebrannt, dünn, rasierte Beine und Poloshirt", sagt Andreas Aschenbrenner.

Der erfolgreiche Triathlet, der unter dem Label „Swim.Bike.Asche" mittlerweile ein kleines Unternehmen gegründet hat und auch Coachings für Athleten anbietet, kann sich noch sehr gut an seine erste Begegnung mit Sepp Maurer in der Sportschule Kinema erinnern. „Nachdem ich ihm von meinen Achillessehnenbeschwerden erzählt hatte, kam nur als Antwort: ‚Du musst halt mal gscheid trainieren!' Da war meine Neugierde geweckt!", sagt er. Auf dieses erste Gespräch folgten ausgiebige Eingangsuntersuchungen wie EMG, Muskelfunktionstests und Leistungsdiagnostik, aus deren Ergebnissen ein individueller Trainingsplan erstellt wurde. Von diesem Moment an war Andreas klar, wie professionell im Kinema gearbeitet wird. „In den letzten zehn Jahren konnte ich so unter Sepps Anleitung trotz zunehmenden Alters meine Leistungen beim Ironman jedes Jahr verbessern! Ich freue mich schon auf das Training in den nächsten zehn Jahren."

- das Abklären mit dem Arzt, Physiotherapeuten und Trainer
- darauf achten, ob man noch Ausweichbewegungen macht, ob noch Disbalancen vorhanden sind, ob man zum Beispiel bei einer Beinverletzung noch Probleme mit dem Gleichgewicht hat
- beobachten, ob sich die Biomechanik verändert hat, weil man den verletzten Körperteil schont
- ehrlich zu sich selbst sein und sich fragen, ob man mental bereit oder noch übermäßig nervös ist
- in den Körper hineinfühlen, ob man trotz abgeschlossener Rehabilitation bei der Wettkampfdisziplin den Schmerz noch leicht auslösen kann.

Die Trauer der Verletzung

Eine Verletzung geht meist auch mit einem psychologischen Problem einher. Das könnte man auch mit einer Art „Trauer" beschreiben. Jeder Athlet weiß, worüber ich jetzt schreibe. Man ist in absoluter Hochform kurz vor dem wichtigsten Wettkampf, und dann passiert es: Man verletzt sich. Gerade jetzt. Warum gerade jetzt? Warum ich? Warum heute …? Das sind dann die Fragen, die einem durch den Kopf gehen. Eine derartige Verletzung kann sogar zu Depressionen führen. Man möchte am liebsten die Vorbereitung beenden, das Ziel vergessen, ja momentan sogar ganz aufhören mit dem Wettkampfsport. Hier ist es wichtig, vor allem die letzten guten Trainingseinheiten Revue passieren zu lassen. Man darf nicht an das momentane „Schlechte" denken, sondern an die guten Trainingseinheiten davor. Man muss sich vor Augen führen, auf welch „gutem" Trainingsstand man eigentlich ist, und sich vorstellen, dass man die Rehabilitation als Regenerationsphase betrachten und eben die Zeit nutzen kann, um die schwächeren Muskelpartien aufzutrainieren. Meist kommt man nach einer Verletzung stärker zurück, als man jemals war.

Den Vorteil der Verletzung sehen

Ich habe immer versucht, das Glas als halb voll und nicht als halb leer zu betrachten. War ich aufgrund meiner vielen Operationen dazu gezwungen, auf Kniebeugen zu verzichten, trainierte ich dafür meine Ab- und Adduktoren. Und wenn ich das Studio monatelang nur mit Krücken betreten konnte, war ich immer in der Lage, mich auf die Bank zu legen und zu drücken. Das dürfte wohl ein Grund dafür sein, dass ich meine Bankdrückleistung von stagnierten 180 auf 222,5 Kilo schrauben konnte. Auch musste ich sehr viel Zeit damit verbringen (weil ich wegen der ständigen Operationen nicht anders konnte und durch die vielen Narkosen sehr geschwächt war), nur kleine Muskeln zu trainieren. Letztendlich hat mir auch das sehr geholfen. Im Nachhinein wurde ich dadurch immer nur stärker und besser. Mein erster Trainer, Fritz Kroher aus Bad Kötzting, hat immer gesagt, man solle um die Verletzung „rumtrainieren". Das rate ich dir auch. Trainieren kann man immer. Außer man mag nicht. Dann wird man aber auch nie erfolgreich sein.

MUSKELKATER

Wenn man intensives Krafttraining oder leistungsorientiertes Fitnesstraining betreibt, dann kann und soll es sogar zu dem sogenannten Muskelkater kommen. Die Forschung ist sich immer noch nicht hundertprozentig darüber einig, wie dieser zustande kommt, führt ihn aber vor allem auf Entzündungen der kleinsten Muskelfasereinheiten zurück. Bestätigen würde dies, dass Muskelkater nach entzündungshemmenden Maßnahmen wie Sauna, Massage oder Ruhe besser wird.

In der Regel entsteht Muskelkater immer dann, wenn wir etwas tun, was wir nicht „gewöhnt" sind. Also beispielsweise bei einer neuen Übung, einem neuen Trainingsplan oder nach einer längeren Trainingspause. Je nach Alter des Trainierenden kann er zeitverzögert erst nach zwölf bis 48 Stunden eintreten.

Am stärksten wird der Muskelkater durch exzentrische Bewegungen, z. B. bei einer negativen Bewegung beim Kreuzheben. Hier verkürzt sich der Muskel nicht unter Last, sondern verlängert sich. Dabei werden die Sarkomere (die kleinsten Komponenten, die an der Kontraktion im Muskel beteiligt sind) stark gedehnt. Das erklärt, warum viele Athleten die negative Bewegung gar nicht erst ausführen. Ich habe selbst die Erfahrung gemacht, dass es besser ist, mich nicht auf die negative Phase im Kreuzheben zu konzentrieren. Also besser gesagt: Ich hebe mit voller „Kontraktion" weg und lasse vor allem das schwere Gewicht sprichwörtlich fallen. Nicht weil ich Angst vor Muskelkater habe, sondern weil ich eine längere Erholungszeit vermeiden will. Ein weiterer Grund ist, dass ich es bei anderen Übungen nicht verhindern kann, Muskelkater zu bekommen. Beispielsweise bei den Kniebeugen muss ich ja kontrolliert die negative Phase bewältigen.

Meine Triathleten berichten mir übrigens wenig über Muskelkater. Das liegt zum einen an der länger andauernden Belastung während eines Trainings oder Wettkampfs und natürlich daran, dass zum Beispiel beim Radfahren nur konzentrische Belastungen ausgeführt werden. Der Muskel verkürzt sich beim Treten in die Pedale nur, weil die Bewegung konzentrisch ist.

Wenn der Muskelkater so stark ist, dass er eine Bewegung unmöglich macht, war es definitiv zu viel des Guten. Hier dann sofort hart weiterzutrainieren kann sogar Sehnen- oder Gelenkbeschwerden mit sich bringen. Passiert dies öfter oder fast immer, dann stimmen die regenerativen Maßnahmen meistens nicht. Ab und zu intensiver, aber noch erträglicher Muskelkater sollte dich aber nicht vom Training abhalten. Er kann auch ein Zeichen für ein gutes Training sein. Und wenn nach dem Aufwärmen der vollständige Bewegungsumfang möglich ist, spricht nichts gegen ein Training.

TRAININGSALLTAG

Manche Sportler haben Angst, sich auf dem Ergometer aufzuwärmen. Dies soll anscheinend schon Muskelmasse kosten ... Puh! Ebenso denken einige, dass das Gewicht beim Krafttraining nur Mittel zum Zweck ist. Mir sagte mal ein Kunde, der circa 60 Kilo wog und noch nicht mal ein Jahr trainierte, dass es keine Rolle spiele und es egal sei, mit welchem Gewicht er Seitheben ausführt. Dann machte er im Anschluss Seitheben mit leeren Händen (also ohne Hanteln). Nach dieser Belehrung ging der Kunde sofort zur Theke und trank einen Eiweißshake, um nicht in die katabole Phase zu kommen und weitere Muskulatur zu verlieren. Er hat wohl das Prinzip der Trainingsreizsetzung nicht richtig verstanden. Grundsätzlich gilt die Regel: kleine Gewichte = kleine Muskeln. Es ist immer wieder erschreckend, wie Sportler, die noch nicht einmal über zwei Jahre Trainingserfahrung verfügen, dann Europa- und Weltmeistern mit 25 Jahren Erfahrung Tipps geben, die sie im Internet oder in den Sozialen Medien bekommen haben. Sie vergessen oft, dass diese Tipps von Leuten kommen, die teilweise über eine komplett andere Genetik verfügen, sich perfekt ernähren, den fünffachen Trainingsaufwand betreiben, über ganz andere Hebelverhältnisse und Veranlagung verfügen als sie selbst. Eine gewisse Motivation ist auf jeden Fall wichtig. Sich pauschal mit solchen Athleten zu vergleichen, die weit mehr als 400 Kilo heben, über 60 Zentimeter Armumfang verfügen oder 100 Meter in 9,5 Sekunden laufen können, ist aber nicht zielführend. Nur weil Ronnie Coleman eine bestimmte Bizepsübung macht, ist noch lange nicht gewährleistet, dass ich mit dieser ebenfalls einen 60-Zentimeter-Arm bekomme. Genauso ist es mit „Coaches". Diese teils selbst ernannten Fitnesscoaches, die mit einer Wochenendlizenz Trainer geworden sind, sind meiner Meinung nach vor allem für viele junge Athleten echt „gefährlich". Halbwissen verbreiten und dieses dann noch falscher weiterzuverbreiten führt genau dazu, dass viele die Freude am Sport nach kurzer Zeit wieder verlieren oder, noch schlimmer, sich dementsprechend verletzen oder sogar krank werden. IUch kann immer wieder nur an einen perfekten Trainingsplan appellieren. Einen Plan, der von einem erfahrenen Trainer erstellt wurde. Wenn man ein Formel-1-Auto hat, würde man ja auch nie auf die Idee kommen, mit einer Anleitung aus dem Internet selbst daran rumzuschrauben. Unser Körper ist noch viel komplizierter als ein Formel-1-Auto! Deshalb sollte man sich hier entsprechende Spezialisten suchen.

ABNEHMEN –
ZUNEHMEN

Wahrscheinlich ist das Reduzieren von Körperfett eine der gefürchtetsten Phasen für einen Sportler. Wir im Kinema haben das perfektioniert, da es ja unsere tägliche Arbeit ist, Athleten auf Spitzenniveau zu bringen. Wir beginnen natürlich mit einer Grundumsatzmessung und ermitteln den RQ also den Respiratorischen Quotienten. So können wir bestimmen, mit welcher Art von Stoffwechsel wir es zu tun haben. Ebenso führen wir eine Laktatmessung durch, um den optimalen Pulsbereich festzustellen, den wir für das Training des Fettstoffwechsels benötigen. Gewichtsmessung und Körperfettmessung sind dann die anderen Bausteine für ein individuelles Ernährungskonzept. In Folge errechnen wir die genaue Kalorienzahl und die optimale Nährstoffverteilung für den Athleten. Die Kunst für ihn besteht darin, nicht einfach nur abzunehmen, sondern am Tag X zu 100 Prozent fit und leistungsfähig zu sein. Genauer gesagt sollte man am Ende einer Diät in der besten Form seines Lebens sein. So stark und leistungsfähig wie nie zuvor, und das Wichtigste: 1000 Prozent gesund. Ich würde jedem raten, vor Beginn einer Diät diese Messungen zu machen, um einen optimalen Vergleich zu haben.

Grundlegend ist aber mal eines klar: Wenn man mehr Kalorien zu sich nimmt, als man verbraucht, wird man zunehmen, nimmt man weniger zu sich, nimmt man ab. Eigentlich ganz, ganz einfach. Wie genau muss also ermittelt werden? Hier ist eine exakte Aufteilung der Nährstoffe das Geheimnis. Wie viel Eiweiß, wie viele Kohlehydrate, Fette und welche Menge Wasser soll man zu sich nehmen? Zudem ist das Wichtigste die Bewegung. Hier möchte ich ansetzen: Den Stoffwechsel ankurbeln, ihn zu beschleunigen machen 60 Prozent des Erfolges aus. Trainiere regelmäßig, und zwar täglich. Wenn du jetzt denkst, du schaffst das zeitlich nicht, dann wirst du auch nicht abnehmen. Es wird dir letztendlich keiner dabei helfen können, außer du selbst. Du musst konsequent an dir arbeiten und darfst nicht aufgeben. Nimm dir ein Zeitfenster von zwei Monaten. Verfolge in dieser Zeit genauestens dein Ziel, und schweife nicht davon ab. Dazu möchte ich dir einige grundlegende Ratschläge mit auf den Weg geben, die dir bestimmt helfen werden, auf Kurs zu kommen. Wie gesagt, besonders wichtig sind die Messungen zur perfekten Bestimmung des Istzustandes.

Jedoch bist du mit folgenden Tipps garantiert gut beraten:

- Iss hauptsächlich weißen Fisch oder weißes Fleisch sowie Eier, Quark, Joghurt oder fettarmen Käse als Proteinquelle.
- Versuch, deine Kohlehydrate bei den Hauptmahlzeiten an fünf Tagen der Woche hauptsächlich in Form von Reis zu dir zu nehmen. Einmal pro Woche Nudeln und einmal pro Woche Kartoffeln oder Süßkartoffeln.
- Lass Weißmehlprodukte beim Frühstück weg, greif stattdessen zu Vollkorntoast.
- Verzichte auf jegliche Art von „sichtbaren" Fetten.
- Versuch dich weitestgehend basisch zu ernähren. Hierzu gibt es diverse Literatur.
- Trink je nach Belastung, mindestens aber zweieinhalb Liter stilles Wasser oder ungezuckerten Tee am Tag. Genieß schwarzen Kaffee in Maßen, jedoch morgens und vor allem vor dem Training ist dieser ein kleines Wundermittel für den Fettabbau.
- Vermeide jegliche Art von Fertigprodukten.
- Verwende zum Kochen und Braten am besten Kokosfett oder kalt gepresste Öle.
- Zu jeder Mahlzeit sollte es eine Handvoll frisches Gemüse oder Salat als Antioxidantienkiller geben.
- Setz dich zum Essen hin, nimm dir Zeit, und vor allem: Kau langsam, und iss mit Genuss.
- Mach an einem Tag der Woche deinen sogenannten Cheat Day. Hier kannst du essen, worauf immer du Lust hast. Wir bezeichnen das auch als Stoffwechseltag.
- Iss täglich einmal frisches Obst, etwa eine Banane oder einen Apfel.
- Achte auf reichlich Schlaf. Acht Stunden täglich, jedoch mindestens sechs Stunden am Stück.
- Bewege dich täglich mindestens 45 bis 60 Minuten: Schnelles Spazierengehen, Laufen, Radfahren oder Schwimmen (am besten in den ermittelten Pulsbereichen) eignen sich bestens.
- Mach mindestens viermal pro Woche Kraft- oder Kraftausdauertraining zu Hause oder im Studio. - Denk daran: Du musst deinen Stoffwechsel ankurbeln und Muskulatur aufbauen. Nur dadurch kannst du auch Fett verbrennen.
- Stell dich NICHT täglich auf die Waage. Einmal pro Woche reicht. Hier immer zur gleichen Tageszeit.
- Mach alle zwei Wochen eine Fettmessung zur Kontrolle und berede mit deinem Trainer die weitere Ernährungsstrategie.

Mein Spezialtipp:
- zweimal pro Woche ein basisches Fußbad für etwa 20 Minuten (bewirkt Wunder!).
- Plane einmal die Woche zwei Saunagänge mit entsprechenden Ruhephasen ein.

Abschließender Tipp:
Versuche täglich, dich so viel wie möglich zu bewegen. Du brauchst dafür keine Pulsuhr, keinen Schrittzähler oder Ähnliches. Nutze jede Treppe als Trainingsgerät, versuche, dich in der Mittagspause zu bewegen, gehe kurze Strecken zu Fuß oder fahre mit dem Rad statt mit dem Auto.

Und das Wichtigste: Geh jeden Tag an die frische Luft!

Ich wünsche dir den Erfolg, den du dir verdienst.

EISENHART

35 KG

TEIL 3
TRAINING

Auf den folgenden Seiten bekommst du einen exklusiven Einblick in unsere Trainingspläne, quasi in die „Schatztruhe des Kinema". In diesen Plänen steckt all unsere Arbeit, all unser Wissen, die gesammelte Erfahrung aus mehr als zwei Jahrzehnten Trainerarbeit. Das ist eher ungewöhnlich, weil wir eigentlich niemals „Pauschalpläne" herausgeben. Jeder einzelne Sportler, Athlet, Patient bekommt von uns nach umfassender Diagnostik einen individuellen, auf ihn zugeschnittenen Plan. Dennoch bin ich überzeugt: Die folgenden Pläne, auch wenn sie nicht für dich speziell erstellt sind, werden dir helfen. Sie sind besser als andere Pläne – und vor allem besser als gar kein Plan. Egal, ob du gesünder, fitter, stärker oder Weltklasse werden willst. Diese Pläne sind der Weg dahin. Es ist alles dabei, vom Rehaplan bis zur Wettkampfvorbereitung für Profis. Viel Spaß beim Training!

Und wie immer gilt:
Ich wünsche dir den Erfolg, den du dir verdienst.

HALTUNGSAUSGLEICH FÜR DIE HALSWIRBELSÄULE
GANZKÖRPERTRAINING FÜR ALLE GROSSEN MUSKELPARTIEN

Beim HWS-Haltungsausgleich, also beim Training für Halswirbelsäulen-Probleme, sollten die Pausen zwischen den Übungen sehr gering gehalten werden, um zu verhindern, dass der Proband eine hohe Intensität an den Tag legt. Hier sollte man sehr vorsichtig trainieren, vor allem die isometrischen Übungen für die Halsmuskulatur. Es ist wichtig, mit sehr viel Gefühl vorzugehen und nach eigenem Ermessen vor der Schmerzgrenze aufzuhören. Das isometrische Anspannen sollte man nach 20 Sekunden beenden. Bei diesem Plan habe ich mich ganz bewusst für ein Ganzkörperprogramm entschieden, da die Statik eine sehr große Rolle spielt und deswegen alle großen Muskelpartien mittrainiert werden müssen.

HWS Probleme Powerlifter 2 Trainingstage pro Woche/ 4 × wöchentlich trainieren/bis zu 120 Sek. Pause zwischen den Sätzen	
Laufband	10
Bauchpresse auf der Bauchbank	2 × 20
Unterer Rücken an der Gluteusbank, einbeinig, ein Bein gebeugt	2 × 20
Bauchpresse an der Euroline-Bauchmaschine sitzend	3 × 20
Rumpfaufrichten auf dem Pezziball	2 × 20
Dehnung der Beinstrecker, in Seitenlage	30 Sek.
Ziehen am Schulterblattfixator, vor den Kopf	3 × 20
Dehnung der Nackenstrecker diagonal im Stehen	30 Sek.
Kopfvorbeugen in Rückenlage	30 Sek.
Diagonalzug von unten, beidarmig, am Seilzug, auf einem Kreisel stehend	2 × 20
Isometrisches Anspannen der hinteren Halsmuskulatur, im Stehen	20 Sek.
Isometrisches Anspannen der vorderen Halsmuskulatur, im Stehen	20 Sek.
Segmentales Fixationstraining der Halswirbelsäule, im Sitzen an der Wand, mit Ball	2 × 20–30 Sek.
Dehnung der seitlichen Nackenmuskulatur im Stehen	30 Sek.
Kniebeugen, vor der Bank, Fußstellung weit, Hände im Nacken	2 × 20
Beinsenken an der Hüft-Synchrontrainingsmaschine, stehend, gestrecktes Bein, Polsterposition über dem Sprunggelenk	2 × 20
Beinanziehen an der Hüft-Synchrontrainingsmaschine stehend, gestrecktes Bein, Polsterposition am Sprunggelenk	2 × 20
Beinabspreizen an der Euroline-Hüftmaschine, stehend, gestrecktes Bein, Polsterposition am Sprunggelenk	2 × 20
Ausfallschritt mit Ablegen eines Beines	30 Sek.
Dehnen der Beinbeuger, einbeinig, in Rückenlage, mit einem Handtuch	30 Sek.
Sitzende Adduktorendehnung mit gestreckten Beinen	30 Sek.
Training mit 2 Kreiseln, vor und zurück, gegengleich	2 × 20

HALTUNGSAUSGLEICH FÜR DIE LENDENWIRBELSÄULE
KLASSISCHER PLAN FÜR RÜCKENPROBLEME

Hier ein klassischer Plan für Rückenprobleme, der mit bis zu 120 Sekunden Pause zwischen den Übungen und dreimal pro Woche trainiert werden sollte. Es handelt sich um einen Ganzkörperplan, um der Muskulatur spätestens jeden zweiten Tag einen neuen Impuls zu geben. Beim Wiederholungsbereich handelt es sich um eine Mischung aus Faser- und Plasmatraining. Wert gelegt wurde hier auf Training für die Faszien und auf Dehnen. Faszienübungen wurden zwischen die eigentlichen Kraftübungen eingebaut, um muskuläre Fehlzüge kurzzeitig auszuschalten.

3 Tage pro Woche/bis zu 120 Sek. Pause zwischen den Sätzen	
Ergometer	10 Min.
Lockerungsübungen für das Darmbein-Kreuzbein-Gelenk im Knien	1 × 20
Lockerungsübung für die untere Brustwirbelsäule	1 × 20
Bauchpresse an der Euroline-Bauchmaschine sitzend	3 × 30
Rumpfaufrichten an der Euroline-Rückenmaschine, sitzend	3 × 20
Hartschaumrolle unterer Rücken	2 × 20
Schiefe Ebene im Kniestand mit beiden Armen	30 Sek.
Bauchmuskeldehnung in Rückenlage	30 Sek.
Hartschaumrolle seitlicher Oberschenkel	2 × 20
Sitzende Päckchenstellung	30 Sek.
Beinsenken an der Hüft- Synchrontrainingsmaschine stehend, gestrecktes Bein, Polsterposition über dem Sprunggelenk	2 × 20
Beinabspreizen an der Hüft-Synchrontrainingsmaschine, stehend, gestrecktes Bein, Polsterposition über dem Knie	2 × 20
Beinanziehen an der Euroline-Adduktionsmaschine, sitzend	2 × 20
Beinpresse waagrecht, sitzend, beidbeinig, Füße gerade, hüftbreite Fußstellung	3 × 25
Ziehen am Schulterblattfixator, vor den Kopf	3 × 15
Arme auseinanderführen an der Compactline-Rhomboideus-Maschine, Handflächen zueinander	3 × 15
Armstrecken, am Seilzug, aufrecht stehend, beidarmig, am Trizepsgriff	3 × 15
Hartschaumkugel innerer Oberschenkel	2 × 20
Dehnung der Gesäßmuskulatur mit ausgedrehtem gebeugtem Bein	30 Sek.
Ausfallschritt mit Ablegen eines Beines	30 Sek.
Dehnen des birnenförmigen Muskels, in Rückenlage, mit Handtuch	30 Sek.

TRAININGSPLAN BEI KNIEARTHROSE
ÜBUNGEN BAUEN AUFEINANDER AUF

Die Übungen müssen immer in der gleichen Reihenfolge erfolgen, d. h., es soll weder eine Übung ausgelassen noch eine ersetzt werden, weil sie aufeinander aufgebaut sind. Beispiel: Nach dem seitlichen Ausfallschritt am Boden dehnen wir die Adduktoren und danach das Gesäß und den Beinbeuger beim Beinsenken. Dieses System hat sich bei Kniearthrose sehr gut bewährt. Auf der desmodromischen Beinpresse mit einem engen Gummiband über dem Knie kann man Druck auf die Adduktoren ausüben und den Druck von der Kniescheibe wegnehmen. Das Beinabspreizen verfolgt den gleichen Sinn: möglichst viele Gegenzüge zu produzieren, sodass auf der Kniescheibe relativ wenig Druck ist. Bewusst wird bei diesem Plan die Kniestreckerübung weggelassen, weil wir erst die Kniescheibe zentrieren wollen. Übungen für den Quadrizeps werden erst beim Folge-Plan, den der Patient im Anschluss an diesen bekommt, eingebaut.

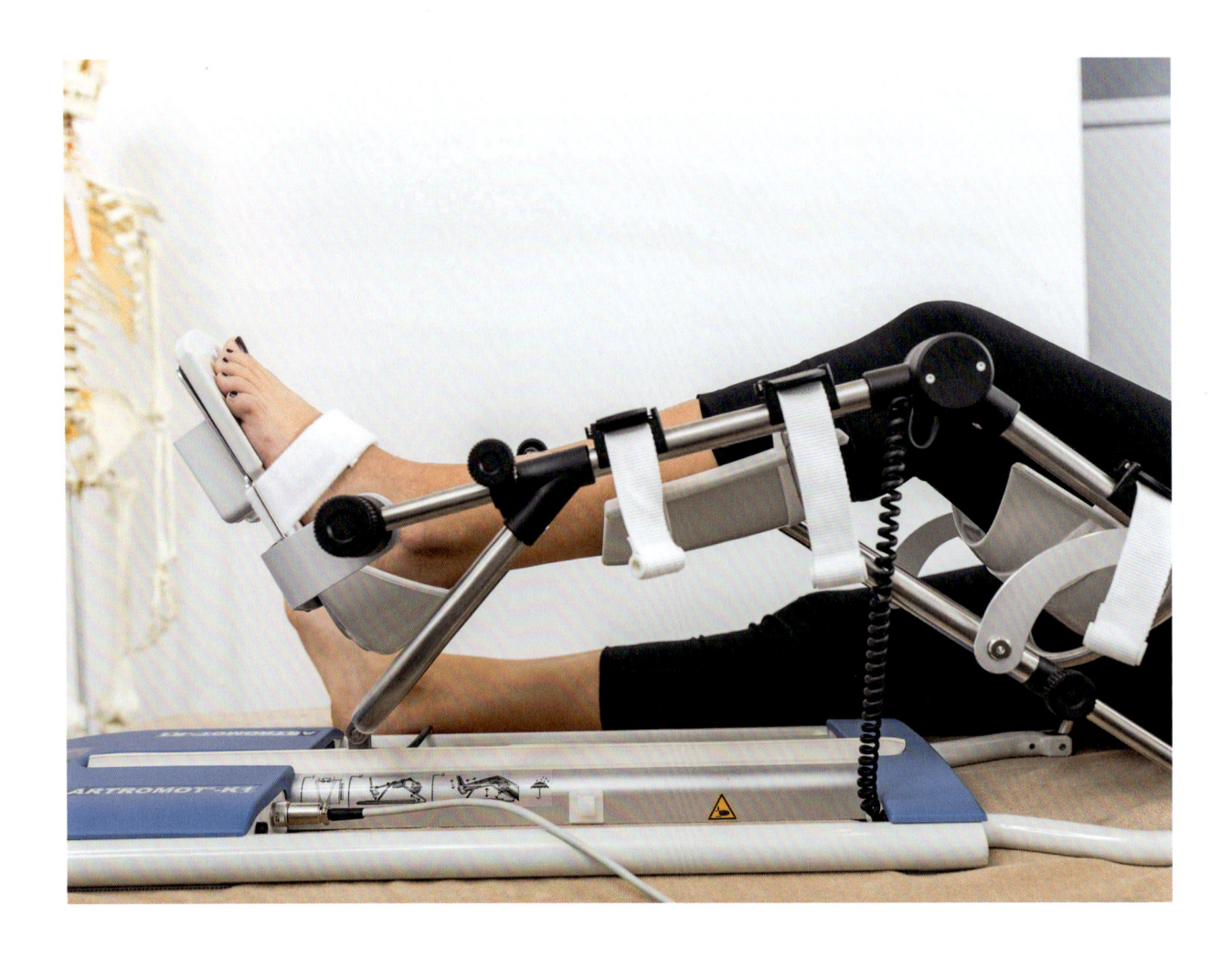

Kniearthrose – Haltungsausgleich/2× pro Woche/ 60–90 Sek. Pause zwischen den Sätzen	
Bauchpresse an der Euroline-Bauchmaschine sitzend	3 × 30
Rumpfaufrichten an der Euroline-Rückenmaschine, sitzend	3 × 20
Dehnen der Beinbeuger, einbeinig, in Rückenlage, mit einem Handtuch	30 Sek.
Dehnung des Lenden-Darmbein-Muskels in Rückenlage auf der Bank	30 Sek.
Lat-Zug waagrecht an der 3-D-Maschine, Handflächen zueinander	3 × 15
Überzüge am Boden liegend mit 1 Kurzhantel	3 × 20
Armstrecken, am Seilzug, aufrecht stehend, beidarmig, am Trizepsgriff	3 × 15
Seitlicher Ausfallschritt am Boden	30 Sek.
Beinsenken an der Hüft-Synchrontrainingsmaschine stehend, gestrecktes Bein, Polsterposition über dem Sprunggelenk	3 × 20
Desmodromische Beinpresse, waagrecht sitzend, beidbeinig, Füße gerade, hüftbreite Fußstellung,	3 × 40 Sek.
Beinabspreizen an der Euroline-Abduktionsmaschine, sitzend	3 × 20
Beinbeugen am Seilzug, stehend, Schlaufenposition über dem Sprunggelenk, Fuß gerade	3 × 30
Kreisel, beidbeinig, vor und zurück	2 × 20
Kreisel, beidbeinig, links und rechts	2 × 20
Hartschaumrolle seitlicher Oberschenkel	2 × 20
Dehnung der Beinstrecker, in Seitenlage	30 Sek.
Hartschaumkugel Gesäßmuskulatur	2 × 20
Hartschaumrolle Schienbein	2 × 20
Dehnen des birnenförmigen Muskels in Rückenlage	30 Sek.
Wadenheben, sitzend, an der Maschine, beidbeinig, Fußposition gerade	3 × 25
Hartschaumrolle unterer Rücken	2 × 20
Ausfallschritt mit Ablegen eines Beines	30 Sek.
Dehnung der hinteren Nackenmuskulatur im Stehen	30 Sek.
Dehnung der seitlichen Nackenmuskulatur im Stehen	30 Sek.

KREUZBAND/MENISKUS
PLAN NACH OPERATION
BEI VOLLSTÄNDIGER BELASTUNG

Hier ein Beispiel für einen Plan nach der Kreuzband-Meniskus-Operation jedoch bei vollständige Belastung. Hier ist ebenfalls ein langsames Herantasten notwendig und es ist wichtig, auf das eigene Körpergefühl zu achten. Aufwärmen mit dem Hand-Dreh-Kurbel-Ergometer und wenn das Bein den vollen Bewegungsumfang hat, kann mit dem Fahrradfahren begonnen werden. Der Wiederholungsbereich ist hier ebenfalls sehr hoch, um eine hohe Intensität zu verhindern. Trainiert werden sollte mit 20 bis 40 Prozent Intensität und geringer Pausenzahl. Der Plan sollte vier mal pro Woche trainiert werden. Die beiden Strecker Übungen auf keinem Fall an einem Gerät vornehmen, sondern am Seilzug und erst bei völliger Beschwerdefreiheit. Hier haben wir ebenfalls sehr viel Wert gelegt auf mobilisierende Übungen, Übungen für die Faszien und Dehnen der verkürzten Muskulatur.

Tagessplit/4 × pro Woche/60–90 Sek. Pause zwischen den Sätzen	
Drehkurbel-Ergometer	12
Bauchpresse am Boden liegend, mit Fußablage, Hände an der Schläfe	3 × 20
Unterer Rücken an der Gluteusbank, einbeinig, ein Bein gebeugt	3 × 20
Armsenken in Rückenlage am Seilzug, einarmig	3 × 20
Butterfly-Synchrontrainingsmaschine, mit gestreckten Armen, beidarmig	3 × 15
Armbeugen mit Theraband, stehend, beidarmig, Handflächen nach oben	2 × 30
Armstrecken vorgebeugt mit Theraband, frei stehend, einarmig, Handflächen nach vorn	2 × 30
Beinsenken an der Hüft-Synchrontrainingsmaschine, stehend, gestrecktes Bein, Polsterposition über dem Sprunggelenk	3 × 20
Beinstrecken am Seilzug, sitzend, Schlaufenposition am Sprunggelenk, Fuß gerade	2 × 30–50 (erst ab der 6. Trainingseinheit)
Beinbeugen in Rückenlage, am Seilzug	3 × 20
Fußheben, am Seilzug, liegend, Fußposition gerade	2 × 20
Mit den Zehen ein Handtuch greifen	2 × 20
Desmodromische Beinpresse, waagrecht sitzend, beidbeinig, Füße gerade, hüftbreite Fußstellung	2 × 50 Sek. (erst ab der 5. Trainingseinheit)
Kreisel im Sitzen, linksherum	2 × 20
Kreisel im Sitzen, rechtsherum	2 × 20
Hartschaumkugel Gesäßmuskulatur	2 × 20
Bauchmuskeldehnung in Rückenlage	30 Sek.
Oberkörperaufrichten in Bauchlage	30 Sek.
Hartschaumrolle unterer Rücken	2 × 20
Päckchenstellung mit Gymnastikrolle zwischen Rumpf und Oberschenkeln	30 Sek.
Flankendehnung mit Gegenhalt	30 Sek.
Sitzende Adduktorendehnung mit gestreckten Beinen	30 Sek.
Dehnen des birnenförmigen Muskels in Rückenlage	30 Sek.

SCHULTERDISBALANCE, ROTATORENMANSCHETTE
ZWEIMAL PRO WOCHE TRAINIEREN, BIS DIE SCHULTER AUSGEHEILT IST

Hier haben wir uns für einen Ganz-Tagesplan entschieden, um die Intensität niedriger zu halten. Wir versuchen, unseren Probanden beizubringen, zweimal pro Woche nach diesem Plan zu trainieren und keine separaten Trainingstage zu machen, so lange, bis die Schulter ausgeheilt ist. Der Grund: Bei vielen Übungen, auch wenn sie nicht direkt die Schulter betreffen, können erhöhte Spannungen auf die Kapsel entstehen. Der Wiederholungsbereich ist hier wieder sehr hoch. Außer zum Beispiel beim Schulterrollen oder -ziehen am Seilzug. Hier haben wir sehr gute Erfahrungen gemacht, wenn die Wiederholungszahlen sehr niedrig sind, die Intensität höher ist und somit mehr Gewicht bewegt werden muss, um die Schulter bzw. das Gelenk wieder perfekt zu zentrieren.

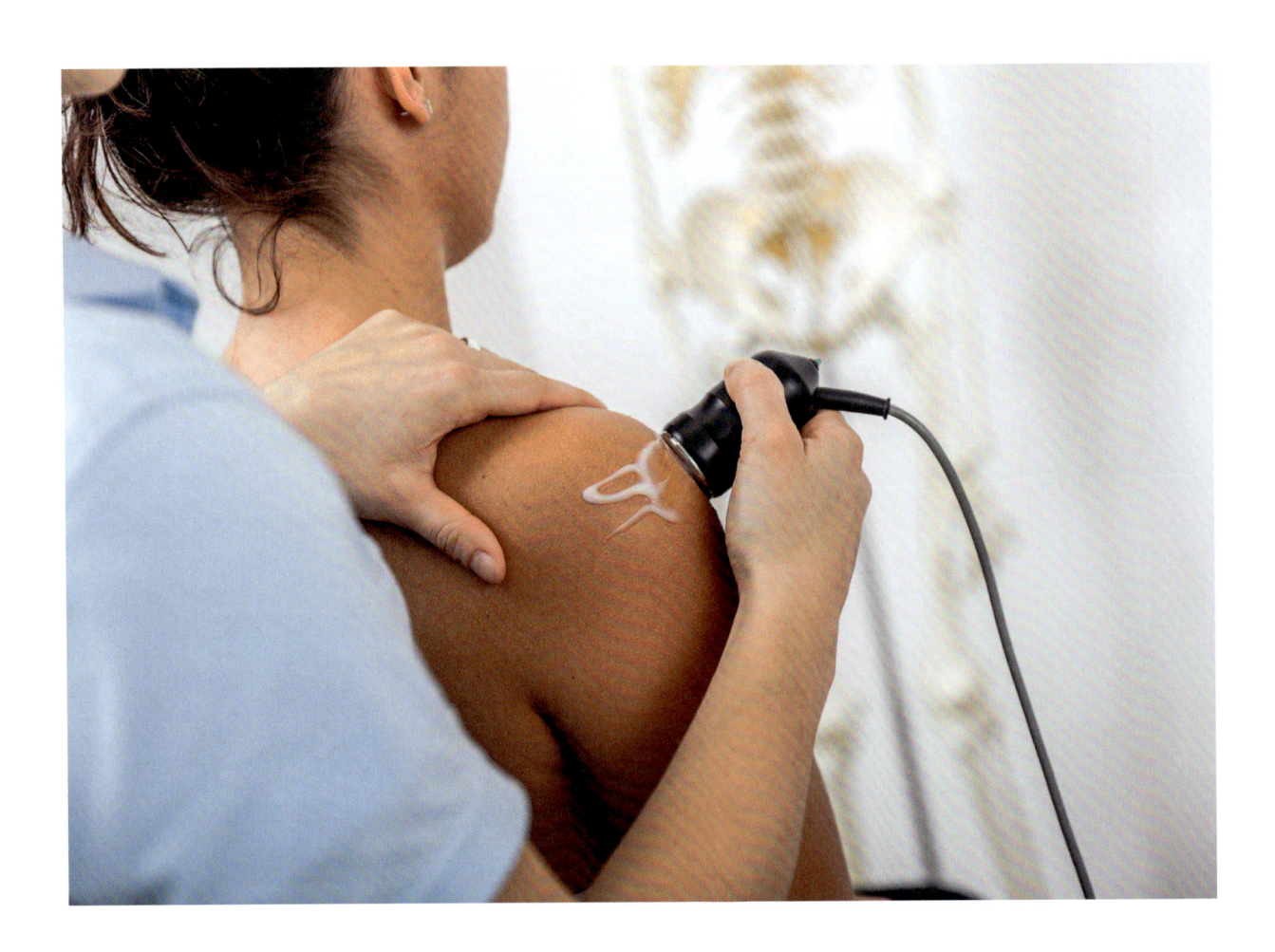

2 × pro Woche/60–90 Sek. Pause zwischen den Sätzen	
Ergometer	10
Bauchpresse am Boden liegend, mit Fußablage, Hände auf den Bauch legen	3 × 20
Ellbogen zum Knie, diagonal, ohne Fußablage, mit überkreuzten Beinen, Arbeitshand an der Schläfe	2 × 20
Rumpfaufrichten auf dem Pezziball	3 × 20
Dehnen des birnenförmigen Muskels in Rückenlage	2 × 20
Beinsenken an der Hüft-Synchrontrainingsmaschine, stehend, gestrecktes Bein, Polsterposition Mitte Schienbein	2 × 20
Beinbeugen am Seilzug, stehend, Schlaufenposition über dem Sprunggelenk, Fuß gerade	3 × 15
Vorneigen des Oberkörpers mit Dehnung der Schultergürtelmuskulatur	30 Sek.
Arme auseinanderführen, am Rehaseilzug, auf dem Boden stehend	2 × 20–30
Dehnung der Brustmuskulatur, in einer Ecke + Rollen auf dem Triggerpunkt der Brustmuskulatur	30 Sek. Dehnen + 20 Rollbewegungen
Schulterrollen nach hinten, stehend, mit 2 Kurzhanteln	4 × 10
Ziehen am Seilzug waagrecht, beidarmig, mit zwei losen Einhanddrehgriffen	4 × 10
Dehnung der Brustmuskulatur an einer Wand	30 Sek.
Arme auseinanderführen an der Compactline-Rhomboideus-Maschine, Handflächen zueinander	3 × 20
Armbeugen mit 2 Kurzhanteln, Handflächen nach innen, stehend, beidarmig	3 × 15
Armstrecken vorgebeugt, mit Theraband, frei stehend, einarmig, Handflächen nach hinten	3 × 15
Oberkörperaufrichten in Bauchlage	30 Sek.

STOFFWECHSELTRAINING ZUR GEWICHTSREDUKTION
HOHE WIEDERHOLUNGSZAHLEN UND VIERMAL PRO WOCHE TRAINING

Dieses Programm dient dem Stoffwechseltraining und der Gewichtsreduktion. Hierbei handelt es sich um einen 1-Tages-Split viermal pro Woche. Die Pausen zwischen den Übungen sollten sehr kurz sein und bei etwa 60 Sekunden liegen. Die Wiederholungszahlen sind sehr hoch. Hier haben wir die beste Erfahrung damit gemacht, wenn wir den Muskel immer eine Minute unter Spannung belassen, also im „Time under Tension"-Training, entweder mit entsprechender Wiederholungszahl oder mit entsprechend langsamer konzentrierter Ausführung. Deswegen liegen die Wiederholungszahlen bei 20 aufwärts. Am Schluss des Plans entweder Fahrradfahren oder Crosswalker, entsprechend den individuellen Laktatwerten, die bei einer Messung ermittelt wurden.

1-Tages-Split/4 × pro Woche/60 Sek. Pause zwischen den Sätzen	
Rudergerät	15
Bauchpresse an der Euroline-Bauchmaschine sitzend	3 × 30
Rumpfaufrichten an der Euroline-Rückenmaschine, sitzend	3 × 20-30
Beinstrecken an der Synchrontrainingsmaschine, Polsterposition Mitte Unterschenkel, einbeinig, Fuß gerade	3 × 20-30
Beinbeugen an der Euroline-Trainingsmaschine, liegend, beidbeinig, Polsterposition über dem Sprunggelenk, Füße gerade	3 × 20
Beinpresse waagrecht, sitzend, beidbeinig, Füße gerade, schulterbreite Fußstellung	4 × 25
Einarmiges Rudern mit der Kurzhantel, Bewegungsbahn gerade	3 × 20
Brustdrücken, an der 3D-Maschine, Handflächen nach unten	3 × 20
Butterfly-Synchrontrainingsmaschine, mit angewinkelten Armen, beidarmig	3 × 20
Seitheben mit 2 Kurzhanteln, sitzend, Handflächen nach unten bis in die Waagrechte	3 × 20
Armbeugen an der Bizeps-Synchrontrainingsmaschine, Handflächen zueinander	3 × 20-25
Armstrecken, am Seilzug, aufrecht stehend, beidarmig, am Trizepsgriff	3 × 20-25
Kreisel, beidbeinig, vor und zurück	2 × 20
Kreisel, beidbeinig, links und rechts	2 × 20
Dehnen des birnenförmigen Muskels in Rückenlage	30 Sek.
Hartschaumrolle seitlicher Oberschenkel	2 × 20
Ausfallschritt mit Ablegen eines Beines	30 Sek.
Hartschaumkugel Gesäßmuskulatur	2 × 20
Miha Crosswalker	30 Min. den Laktatwerten entsprechend

BODYFITNESS BEGINNER
MISCHUNG AUS FASER- UND PLASMATRAINING

Hier ein klassischer Plan, den ich für eine gesunde, fitte Frau, die mit dem Figurtraining beginnt, erstellt habe. Die Wiederholungszahlen basieren auf einer Mischung aus Faser- und Plasmatraining, die Intensität liegt zwischen 40 und 60 Prozent. Die Pausen zwischen den Übungen sollten bei circa 90 Sekunden liegen. Dies ist generell ein guter Einsteigerplan für die Figurformung.

Figurformung Beginner/2-4× pro Woche/bis zu 90 Sek. Pause zwischen den Sätzen	
Ergometer	10 Min.
Beinheben am Bauchmuskelcenter, beidbeinig, mit angewinkelten Beinen	3 × 20
Beckenbodenmuskeln anspannen, mit Ball zwischen den Knien, Becken anheben in Rückenlage	3 × 20
Beinsenken an der Hüft-Synchrontrainingsmaschine stehend, gestrecktes Bein, Polsterposition über dem Sprunggelenk	3 × 15
Kniebeugen mit der Hartschaumrolle an einer Wand	3 × 20
Beinanziehen und -anheben am Seilzug, in Rückenlage, Schlaufenposition am Sprunggelenk	3 × 15
Beinbeugen am Seilzug, stehend, Schlaufenposition über dem Sprunggelenk, Fuß gerade	3 × 12-15
Einarmiges Rudern mit der Kurzhantel, Bewegungsbahn gerade	3 × 12-15
Fliegende Bewegung, mit 2 Kurzhanteln, auf der Flachbank	3 × 12-15
Armbeugen an der Bizeps-Synchrontrainingsmaschine, Handflächen zueinander	3 × 12
Armstrecken vorgebeugt mit Theraband, mit Abstützen, einarmig, Handflächen nach innen	3 × 12
Hartschaumrolle seitlicher Oberschenkel	2 × 20
Hartschaumkugel Gesäßmuskulatur	2 × 20
Hartschaumrolle vorderer Oberschenkel, einbeinig	2 × 20
Hartschaumrolle unterer Rücken	2 × 20
Seitlicher Ausfallschritt an einer hohen Bank mit Vorneigung des Oberkörpers	30 Sek.
Liegende Adduktorendehnung mit gestreckten Beinen an einer Wand	30 Sek.
Dehnen des birnenförmigen Muskels in Rückenlage	30 Sek.
Dehnung der seitlichen Nackenmuskulatur im Fersensitz	30 Sek.
Dehnung der hinteren Nackenmuskulatur im Stehen	30 Sek.
Stepper	20 Min.

KLASSISCHES BODY-TRAINING ZUM MUSKELAUFBAU
FASERTRAINING ALS 3ER-SPLIT

Das ist ein klassisches Body-Training für einen fortgeschrittenen Kraftsportler, der dreimal pro Woche trainiert. Hier ist darauf zu achten, dass Wiederholungen über 15 relativ leicht bzw. leicht und konzentriert ausgeführt werden. Je niedriger die Wiederholungszahl ist, desto schwerer wird es. Die zweite Übung, Bankdrücken fünfmal drei Wiederholungen, wird natürlich mit relativ viel Gewicht ausgeführt, je höher die Wiederholungszahl wird, desto leichter werden die Gewichte. Hier handelt es sich bewusst um einen 3er-Split für drei Trainingstage pro Woche, wobei darauf geachtet wird, dass jeder Tag ein Regenerationstag ist. Es heißt, es wird immer Montag, Mittwoch, Freitag trainiert. Dabei am Montag: Brust, Schulter. Am Mittwoch: Beine und Arme. Und am Freitag: Rücken und noch mal Trizeps.

TAG 1

3 × pro Woche/bis zu 180 Sek. Pause zwischen den Sätzen	
Ergometer	10
Seitheben vorgebeugt mit 2 Kurzhanteln, frei stehend, beidarmig	2 × 20
Bankdrücken mit der Langhantel, Kopf leicht erhöht, Griffweite mittel	4 × 10–12
Kurzhantel, Schrägbankdrücken, breit mit Rotation von außen nach innen	4 × 8–10
Fliegende Bewegung am Seilzug, auf der Flachbank	3 × 12
Seitheben mit 2 Kurzhanteln sitzend, Handflächen nach unten bis in die Waagrechte	3 × 12
Drücken mit der Langhantel, stehend, hinter dem Kopf	4 × 8–10
Zug eng an der Curlstange, Griffweite eng	3 × 12
Seitheben mit 2 Kurzhanteln, sitzend Handflächen nach unten bis in die Waagrechte	3 × 12
Seitheben vorgebeugt am Seilzug, frei stehend, einarmig	3 × 20

TAG 2

3 × pro Woche/bis zu 180 Sek. Pause zwischen den Sätzen	
Ergometer	10
Kniebeugen, Hantelablage vor dem Kopf, Fußstellung breit	4 × 10
Beinstrecken am Synchrontrainer, beidseitig, unilateral, Polsterposition am Sprunggelenk, Füße gerade	4 × 20
Beinpresse 45 Grad, beidbeinig, Füße gerade, hüftbreite Fußstellung	4 × 8
Beinbeugen an der Synchrontrainingsmaschine, liegend, beidbeinig, Polsterposition über dem Sprunggelenk, Füße innen	4 × 10
Wadenheben, stehend, an der Maschine, Fußposition gerade	3 × 10
Armbeugen an der Bizeps-Synchrontrainingsmaschine, Handflächen zueinander	3 × 12
Armbeugen am Seilzug, liegend, beidarmig	3 × 12
Armbeugen mit Rotation des Unterarms von innen nach außen, stehend, abwechselnd	3 × 10

TAG 3

3 × pro Woche/bis zu 180 Sek. Pause zwischen den Sätzen	
Ergometer	10
Bauchpresse an der Euroline-Bauchmaschine sitzend	3 × 30
Bauchpresse auf der Bauchbank, Hände an die Schläfe	3 × 20
Kreuzheben vom Boden mit erhöhter Hantel	3 × 8
Rudern vorgebeugt mit der Langhantel, Untergriff eng	3 × 10
Einarmiges Rudern am Seilzug, Bewegungsbahn aus Vordehnung nach hinten	3 × 10
Ziehen am Seilzug vor dem Kopf, mit zwei losen Einhanddrehgriffen	3 × 12-5
Beugestütz zwischen 2 Holmen, Ellbogen eng am Körper	4 × 10
Armstrecken vorgebeugt, über dem Kopf am Seilzug, stehend, Seil	4 × 15
Seitheben vorgebeugt am Seilzug, frei stehend, einarmig	3 × 20

TRIATHLON-HALTUNGSAUSGLEICH
PLAN FÜR DIE SAISONVORBEREITUNG

Der Triathlon-Haltungsausgleich für die Saisonvorbereitung wird zweimal in der Woche trainiert. Hier handelt es sich ebenfalls um einen sehr umfangreichen Plan, bei dem die Wiederholungszahlen relativ hoch sind, also teilweise 20 aufwärts, was natürlich mit der Sportart zusammenhängt. Hier haben wir versucht, die Statik des Triathleten, der ja vor allem auf dem Rad eine sehr einseitige, längere Belastung hat, durch dieses Athletiktraining so gut wie möglich auszugleichen. Hier ist es auch wieder interessant zu sehen, dass nach einer Kräftigungsübung eine Mobilisations- oder Dehnübung folgt. Mit diesem System haben wir die besten Erfahrungen gemacht.

2 × pro Woche/60 Sek. Pause zwischen den Sätzen	
Ergometer	12
Aufsitzen gerade, mit Fersenhalt, Hände links und rechts am Knie vorbei	4 × 20
Unterer Rücken am Bauchmuskelcenter, einbeinig, mit gestrecktem Bein	3 × 20
Dehnung der Beinstrecker, in Seitenlage	30 Sek.
Dehnung der Beinbeuger, einbeinig, in Rückenlage, mit gebeugtem Bein	30 Sek.
Seitliche Rumpfmuskeln, am Boden liegend, mit Fußabspreizen	2 × 20
Rumpfaufrichten am Bauchmuskelcenter, einseitig, eindrehen links und rechts	2 × 25
Dehnung des Oberschenkelbindenspanners	30 Sek.
Dehnen des birnenförmigen Muskels, in Rückenlage mit Handtuch	30 Sek.
Ziehen am Seilzug vor dem Kopf, Zweihanddrehgriff	2 × 25
Fliegende Bewegung mit 2 Kurzhanteln, am Boden liegend	30 Sek.
Schiefe Ebene im Kniestand mit beiden Armen	30 Sek.
Arme vor- und zurückführen in der Bauchlage am Boden, Arme abwechselnd, mit Belastung	2-4 × 40-80
Seitheben in Bauchlage am Boden mit Belastung	2 × 20
Diagonaldehnung der Nackenmuskulatur, im Stehen	30 Sek.

Lockerungsübung für die obere Halswirbelsäule	2 × 20
Beinabspreizen in Seitenlage, gestrecktes Bein	2 × 20
Beinanziehen an der Hüft-Synchrontrainingsmaschine stehend, gestrecktes Bein, Polsterposition am Sprunggelenk	2 × 20
Dehnen der Beinbeuger, einbeinig, in Rückenlage, mit einem Handtuch	30 Sek.
Heranziehen der Ferse in Richtung Gesäß, im Stehen	30 Sek.
Beinsenken an der Hüft-Synchrontrainingsmaschine, stehend, gebeugtes Bein, Polsterposition über dem Knie	2 × 20
Vastus-medialis-Übungen, stehend, beidbeinig	2-4 × 30
Desmodromische Beinpresse waagrecht, liegend, beidbeinig, Füße gerade, schulterbreite Fußstellung	3 × 50 Sek.
Kniebeugen, mit stabilisierender abduzierender und außenrotierender Hüftmuskulatur, zwischen zwei Seilzügen, Hantelablage vor dem Kopf.	2-4 × 20
Hartschaumkugel Gesäßmuskulatur	30 Sek.
Beckenheben, mit einem Fuß auf der Bank	3 × 15-20
Hartschaumrolle seitlicher Oberschenkel	2 × 20
Dehnen des Oberschenkelbindenspanners in Rückenlage	2 × 20
Fußheben, am Seilzug, liegend, Fußposition gerade	2 × 25
Fußheben, am Seilzug, liegend, Fußpositon nach außen, Fußrand nach außen heben Pronation	2 × 25

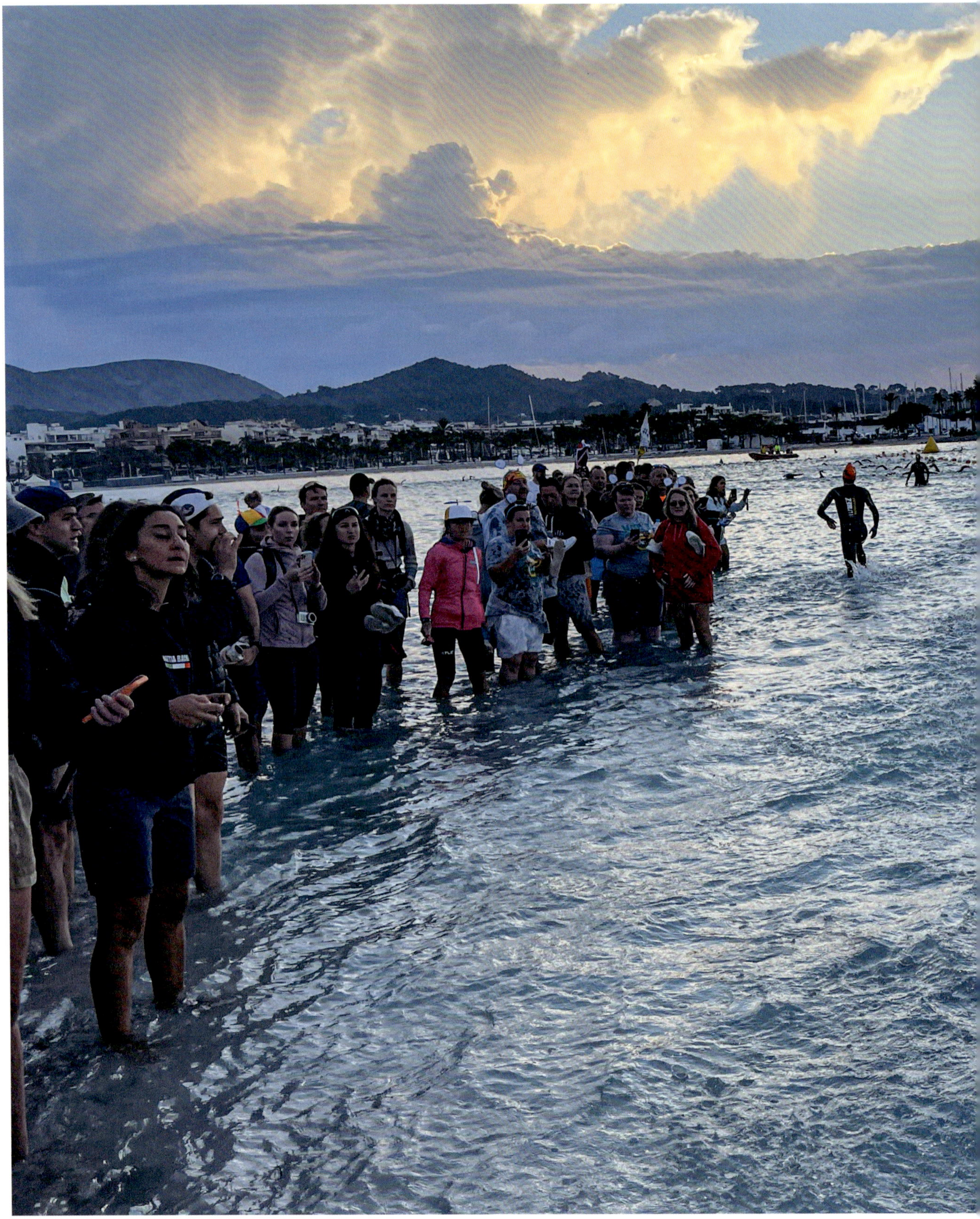

TRAINING

FUSSBALL, SAISONBEGLEITEND
ATHLETISCHES AUSGLEICHSTRAINING

Dieses athletische Ausgleichstraining wird in der Regel einmal, maximal zweimal pro Woche absolviert. Natürlich nur dann, wenn es das Pensum des eigentlichen Fußballtrainings erlaubt. Der Wiederholungsbereich ist auch hier mit 20 aufwärts relativ hoch. Die Pausen sind relativ kurz. Hier legen wir außerdem viel Wert auf Faszientraining und Dehnen, da man davon ausgeht, dass die Muskulatur eines Fußballers dreimal pro Woche trainiert wird und damit relativ stark belastet ist.

1–2 × pro Woche/60 bis 90 Sek. Pause	
Mountainbike auf der Rolle	12 Min.
Beinheben beidbeinig, mit Hängeschlaufen - abgewinkelte Beine	3 × 20
Rumpfaufrichten auf dem Pezziball	3 × 20
Seitliche Rumpfmuskeln, am Boden liegend, mit Handabspreizen	2 × 20
Liegestütze auf dem Koordinationsboard, auf 3 Punkten	3 × 10-30
Einarmiges Rudern mit der Kurzhantel, Bewegungsbahn gerade	3 × 15-20
Liegestütze mit 2 Kurzhanteln, einarmiges Armanziehen, gleiches Bein in der Luft	2 × 20
Armstrecken vorgebeugt, mit Theraband, frei stehend, einarmig, Handflächen nach vorn	2 × 20-30
Hartschaumrolle seitlicher Oberschenkel	2 × 20
Dehnen des Oberschenkelbindenspanners in Rückenlage	30 Sek.
Hartschaumrolle vorderer Oberschenkel, einbeinig	2 × 20
Ausfallschritt mit Ablegen eines Beines	30 Sek.
Dehnung des Fußquergewölbes mit einem Golfball	2 × 40
Kniebeugen, Hantelablage vor dem Kopf, Fußstellung breit	4 × 8
Unterschenkelaußenrotation, am Seilzug, im Sitzen	2 × 20
Unterschenkelmuskulatur- und Gleichgewichtstraining auf dem Koordinationsboard, vor und zurück	2 × 20
Unterschenkelmuskulatur- und Gleichgewichtstraining mit zwei Kreiseln auf dem Koordinationsboard, links und rechts	2 × 20
Diagonaldehnung in Rückenlage	30 Sek.
Hartschaumkugel innerer Oberschenkel	2 × 20
Sitzende Adduktorendehnung mit gestreckten Beinen	30 Sek.
Hartschaumrolle unterer Rücken	2 × 20
Dehnen des birnenförmigen Muskels in Rückenlage	30 Sek.

LEISTUNGSPLAN FÜR EINEN EISHOCKEYPROFI
PERFEKTES BEISPIEL FÜR EIN GPP-PROGRAMM

Dieser Plan ist ein sehr gutes Beispiel für ein GPP-Trainingsprogramm. Die erste Übung, „Auf dem Laufband rückwärts gehen", mobilisiert das Becken. Als Zweites muss der Athlet vor der Sportschule „Schlitten ziehen", und zwar vier Bahnen mit 60 Kilo. Er sollte dies mit einem Gürtel machen und nicht mit einem Zuggeschirr, um so den Hüftbeuger zu mobilisieren. Dieser Plan hat zwei unterschiedliche Trainingstage mit sehr, sehr hoher Intensität, er eignet sich wirklich nur für fortgeschrittene Sportler. Wir gehen davon aus, dass diese ja vier- bis fünfmal pro Woche auf dem Eis sind, deswegen sind zwei Trainingstage das Maximum, das zusätzlich noch zu absolvieren ist. Der erste Tag ist ein Performance-Tag, in den wir relativ viel Tonnage reinpacken, und der zweite eher ein Pump-Tag mit nicht so hoher Intensität wie am ersten.

TAG 1

2 Tage pro Woche/90-120 Sek. Pause zwischen den Sätzen	
Ergometer	10
Bauch, Aufsitzen gerade, ohne Fersenhalt, mit Eindrehen, abwechselnd links und rechts	2 × 20
Rumpfaufrichten mit Hantelstange auf den Schultern	3 × 10
Dehnen: schiefe Ebene im Kniestand mit einem Arm	30 Sek.
Umsetzen aus der Halbhöhe über dem Knie mit Abfangen	3 × 7
Stoßen mit Ausfallschritt	3 × 3
Hocke senken, auf zwei Kreiseln	3 × 10
Desmodromische Beinpresse, waagrecht sitzend, beidbeinig, Füße gerade, hüftbreite Fußstellung.	2 × 60 Sek.
Treppensprünge, beidbeinig, Hände frei	4 × 4 Stufen
Strecksitz an einer Wand	30 Sek.
Beinstrecken an der Synchrontrainingsmaschine	2 × 50

TAG 1

Übung	Sätze
Desmodromische Beinpresse waagrecht, liegend, beidbeinig, Füße gerade, enge Fußstellung	3 × 40 Sek.
Sitzende Adduktorendehnung mit abgewinkelten Beinen	30 Sek.
Flachbankdrücken, mit der Langhantel, Griffweite mittel	4 × 8
Schrägklimmzüge im Untergriff, mittel	2 × 10
Flankendehnung im Stehen	30 Sek.
Armbeugen Curlstange, sitzend, Obergriff, Griffweite mittel	3 × 15
Beugestütz zwischen 2 Holmen, Ellbogen eng am Körper	3 × 10
Hartschaumrolle seitlicher Oberschenkel	2 × 20
Oberkörperaufrichten in Bauchlage	30 Sek.
Päckchenstellung mit Gymnastikrolle unter dem Becken	30 Sek.
Hartschaumrolle vorderer Oberschenkel, einbeinig	2 × 20
Dehnen des viereckigen Lendenmuskels und des breitesten Rückenmuskels aus dem Bankstand	30 Sek.
Hartschaumrolle Schienbein	30 Sek.
Dehnen des birnenförmigen Muskels in Rückenlage	30 Sek.
Hartschaumrolle unterer Rücken	2 × 20
Rückziehen des Oberkörpers in der Bankstellung	30 Sek.
Dehnen des Obergrätenmuskels	30 Sek.
Dehnung der seitlichen Nackenmuskulatur im Stehen	30 Sek.
Dehnen der Unterarm-, Hand- und Fingerbeugemuskulatur mit Unterarmrotation	30 Sek.
Gesäßverschiebung im Stehen	30 Sek.
Sitzende Adduktorendehnung mit Seitneigung	30 Sek.
Dehnung der Beinstrecker, im Kniestand	30 Sek.
Dehnen der Beinbeuger, einbeinig, in Rückenlage, mit einem Handtuch	30 Sek.

TAG 2

2 Tage pro Woche/90–120 Sek. Pause zwischen den Sätzen

Übung	Sätze
Mountainbike auf der Rolle	10 Min.
Bauchpresse am Boden liegend, mit Fußablage, Hände an der Schläfe	3 × 20
Rumpfaufrichten an der Bauch-Rücken-Synchrontrainingsmaschine, stehend, 90 Grad	3 × 15
Einarmiges Rudern mit der Kurzhantel, Bewegungsbahn gerade	3 × 12
Einarmiges Rudern auf zwei Flachbänken, kniend	3 × 20
Fliegende Bewegung auf dem Pezziball	2 × 25
Überzüge an der Pull-over-Synchrontrainingsmaschine, liegend	3 × 15
Brustdrücken an einer Wand, Hand auf einem Kreisel, einarmig	2 × 10–25
Seitheben mit 2 Kurzhanteln, stehend, Handflächen nach unten bis in die Waagrechte, einbeinig auf einem Kreisel stehend	3 × 20
Außenrotation der Schulter am Schulterhorn, stehend am Rehaseilzug, beidarmig	2 × 20
Armstrecken mit der Curlstange, stehend, hinter dem Kopf, Handflächen nach innen	3 × 15
Armbeugen einarmig mit Theraband ohne Oberarmauflage, stehend vorgebeugt	3 × 30
Beinsenken an der Hüft-Synchrontrainingsmaschine, stehend, gestrecktes Bein, Polsterposition über dem Sprunggelenk	2 × 20
Beinabspreizen an der Euroline-Abduktionsmaschine, sitzend	3 × 15
Hartschaumrolle seitlicher Oberschenkel	2 × 20
Hartschaumkugel Gesäßmuskulatur	2 × 20
Hartschaumkugel innerer Oberschenkel	2 × 20
Flankendehnung im Kniestand	30 Sek.
Päckchenstellung mit Gymnastikrolle zwischen Rumpf und Oberschenkeln	30 Sek.
Seitlicher Ausfallschritt an einer hohen Bank	30 Sek.
Sitzende Adduktorendehnung mit Seitneigung	30 Sek.
Dehnen des Oberschenkelbindenspanners in Seitlage	30 Sek.
Heranziehen der Ferse in Richtung Gesäß, im Stehen	30 Sek.
Hürdendehnung	30 Sek.

TRAINING

„Um im Profisport der Beste und erfolgreich zu sein, musst du in jeder Hinsicht alles geben. Hier bei Sepp und seinem Team habe ich den perfekten Ort dafür gefunden, um mein Niveau auf das höchst mögliche Level zu bringen. Ich bin stolz und dankbar, ein Teil dieser verrückten Sportlerfamilie zu sein, und hoffe es auch noch lange zu bleiben!"

JONAS STOCKINGER
DEUTSCHER MEISTER DER U21 IM RIESENSLALOM UND DEUTSCHER VIZEMEISTER IM ALPINEN RIESENSLALOM

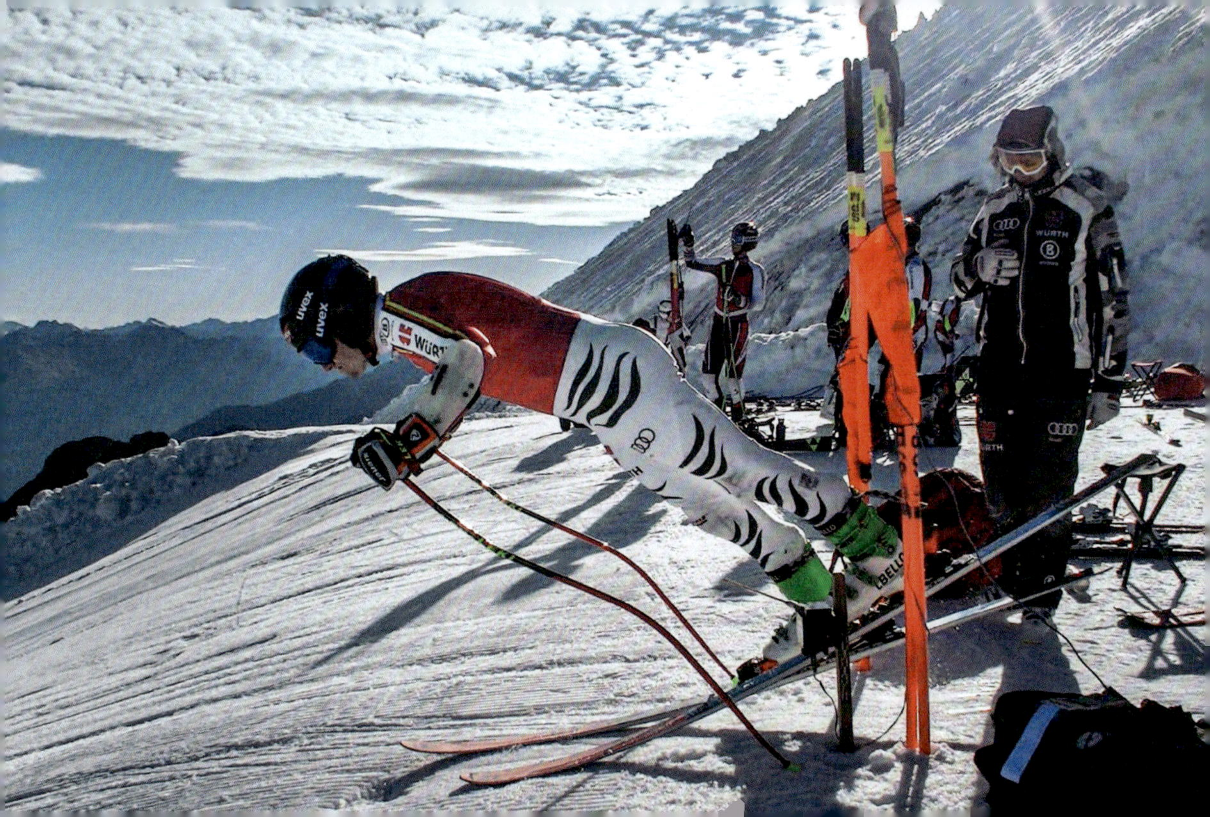
uvex
uvex
WÜRTH

SKI-ALPIN-AUFBAUPHASE
3-TAGE-PLAN FÜR DIE NEBENSAISON

Hier handelt es sich um einen Aufbauzyklus, einen 3-Tage-Plan, der in der Nebensaison trainiert werden soll, also nicht während der eigentlichen Skisaison. Dieser Plan ist sehr, sehr umfangreich, weil Alpin-Ski-Fahren eine gute Athletik voraussetzt und wir von unseren Sportlern auch einen bestimmten Umfang an Athletik fordern. Der Wiederholungsbereich ist teilweise sehr hoch. Und bei den Grundübungen teilweise sehr niedrig, d. h., hier handelt es sich um eine Mischplanung, bei der die Grundübungen wiederum sehr schwer trainiert werden. Vor allem das Umsetzen wird schwer und explosiv gestaltet oder auch die Kniebeugen. Andere Übungen, bei denen die Wiederholungszahlen sehr hoch sind, sind mobilisierend gedacht.

TAG 1

120 Sek. Pause zwischen den Sätzen	
Ergometer	10 Min.
Bauchmuskulatur, in Rückenlage, diagonal, einseitig, am Seilzug, mit Seil	2 × 20
Aufsitzen gerade, mit Fersenhalt, am Seilzug, Hände links und rechts am Knie vorbei	2 × 20
Umsetzen vom Boden mit Abfangen	3 × 5
Umsetzen vom Boden in die Hocke	3 × 3
Kurzhantel, Schrägbankdrücken, eng, Stufe, ohne Rotation	3 × 15
Fliegende Bewegung, im Stehen am Seilzug, Seilzug von oben	3 × 15
Dips, zwischen 2 Bänken, Ellbogen ausgestellt, ohne Belastung	2 × 3-8
Ziehen am Seilzug waagrecht, beidarmig, Zweihanddrehgriff	3 × 15
Rudern vorgebeugt an der geführten Langhantel, am V-Griff	2 × 12
Desmodromische Beinpresse, waagrecht sitzend, beidbeinig, Füße gerade, hüftbreite Fußstellung, Rückenlehnenposition	3 × 60 Sek.
Kniebeugen, Hantelablage hinter dem Kopf, Wettkampftechnik	3 × 8
Standweitsprünge beidbeinig, Hände im Nacken	3 × 4
Training mit 2 Kreiseln, nach innen drehen, gegengleich	2 × 20
Training mit 2 Kreiseln, nach außen drehen, gegengleich	2 × 20
Diagonale Fußbewegung, am Seilzug, Innenseite	2 × 25
Diagonale Fußbewegung, am Seilzug, Außenseite	2 × 25

TAG 2

120 Sek. Pause zwischen den Sätzen	
Ergometer	10 Min.
Bauchpresse auf der Bauchbank, Hände an die Schläfe	3 × 20
Ellbogen zum Knie, Oberschenkel fixieren, Seilzug	2 × 20

TAG 2

Übung	Sätze
Rumpfaufrichten mit Langhantel, gerader Rücken	3 × 9
Ziehen am Seilzug. in den Nacken. in Bauchlage, Quergriff drehbar	3 × 15
Seitheben am Seilzug. stehend, einarmig, Handflächen nach unten bis in die Waagrechte	3 × 20
Drücken mit der Langhantel, stehend, vor dem Kopf	3 × 8
Einarmiges Rudern am Seilzug, Bewegungsbahn gerade	2 × 20
Armbeugen Curlstange, stehend, Untergriff, Griffweite eng	3 × 15
Liegestütze, zwischen 2 Bänken, beidarmig, Finger nach innen	2 × 8–20
Kreisel, einbeinig, vor und zurück	1 × 20
Kreisel, einbeinig, links und rechts	1 × 20
Desmodromische Beinpresse waagrecht, liegend, beidbeinig, Füße gerade, schulterbreite Fußstellung	2 × 40
Kreisel, einbeinig, linksherum kreisen	1 × 20
Kreisel, einbeinig, rechtsherum kreisen	1 × 20
Oberkörperaufrichten in Bauchlage	30 Sek.
Päckchenstellung mit Gymnastikrolle zwischen Rumpf und Oberschenkeln	30 Sek.
Schiefe Ebene im Kniestand mit beiden Armen	30 Sek.
Dehnung der Brustmuskulatur an einer hohen Bank	30 Sek.
Dehnung der hinteren Nackenmuskulatur im Stehen	30 Sek.
Einklappen der Hand	30 Sek.
Seitziehen des Ellbogens hinter dem Kopf	30 Sek.
Seitlicher Ausfallschritt an einer hohen Bank	30 Sek.
Ausfallschritt mit Ablegen eines Beines	30 Sek.
Sitzende Adduktorendehnung mit Seitneigung	30 Sek.
Dehnen des birnenförmigen Muskels in Rückenlage	30 Sek.
Absenken des Oberkörpers bei gestreckten Beinen	30 Sek.
Dehnung der Beinstrecker, im Kniestand	30 Sek.
Dehnen der Beinbeuger, einbeinig, in Rückenlage, mit einem Handtuch	30 Sek.

TAG 3

120 Sek. Pause zwischen den Sätzen	
Rudergerät	10 Min.
Bauchpresse auf der Hantelbank, ohne Fußablage, am Seilzug	3 × 20
Knieanheben, in Rückenlage, mit gebeugten Beinen	3 × 20
Beinheben am Bauchmuskelcenter, einbeinig, mit angewinkelten Beinen	2 × 20
Außenrotation der Schulter am Seilzug, stehend, einarmig	2 × 20
Flachbankdrücken mit der Langhantel, Griffweite eng	3 × 9
Beidbeinige Kniebeugen, auf zwei Kreiseln	2 × 12–20
Reißkniebeugen, auf zwei Kreiseln	2 × 15
Hocke senken, auf zwei Kreiseln	2 × 15
Beinstrecken an der Synchrontrainingsmaschine, Polsterposition Mitte Unterschenkel, einbeinig, Fuß gerade	3 × 40
Beinbeugen an der Synchrontrainingsmaschine, liegend, beidbeinig, Polsterposition Mitte Unterschenkel, Füße innen	3 × 40
Beinanziehen an der Hüft-Synchrontrainingsmaschine, stehend, gestrecktes Bein, Polsterposition am Sprunggelenk	2 × 20
Beinabspreizen an der Hüft-Synchrontrainingsmaschine, stehend, gestrecktes Bein, Polsterposition am Sprunggelenk	2 × 20
Wadenheben, sitzend, an der Maschine, beidbeinig, Fußposition gerade	3 × 15
Wadenheben und Fußanziehen, stehend, beidbeinig, mit Belastung	2 × 20
Hartschaumrolle 2 Rollen für den oberen Rücken	2 × 20
Hartschaumrolle 2 Rollen seitlicher Oberschenkel	2 × 20
Hartschaumrolle seitlicher Oberschenkel	2 × 20
Hartschaumkugel Gesäßmuskulatur	2 × 20

BOXTRAINING WÄHREND DER SAISON
LEISTUNGSERHALT OHNE MUSKELAUFBAU

Hier legen wir extrem viel Wert auf multifunktionale und freie Übungen auch mit Körpergewicht. Die Wiederholungszahlen variieren stark und reichen von 30 bis weniger als fünf Wiederholungen. Dementsprechend werden die Gewichte wieder schwerer. Wir beschränken uns hier auf zwei Trainingstage, weil wir davon ausgehen, dass der Athlet viermal pro Woche Boxtraining bzw. Läufe absolviert. Wir haben sehr gute Erfahrungen damit gemacht, die Übungen in der Beinpresse barfuß auszuführen und unter die Fußsohlen jeweils einen Ball zu legen. Somit können wir die Propriorezeption sowie das Fußgewölbe trainieren, was für einen Boxer extrem wichtig ist, weil er ja im Ring auf unterschiedlichen Böden kämpfen muss.

TAG 1

Leistungserhalt Boxen zwischen 2 Kampfterminen/60-90 Sek. Pause zwischen den Sätzen	
Ergometer	10 Min.
Seitliche Bauchmuskeln, liegend, mit Oberarmschlaufe - Seilzug Fuß/gleiche Seite	2 × 20
Hartschaumrolle Brustbein	2 × 20
Liegestütze beidarmig mit 2 Kurzhanteln	4 × 25
Flachbankdrücken mit der Langhantel, Wettkampfgriff	3 × 8
Liegestütze mit 2 Kurzhanteln mit einarmigem Armanziehen	2 × 12-15
Außenrotationsübung mit 2 Kurzhanteln und Schulterhorn gleichzeitig, 30-Grad-Lehne	2 × 20
Klimmzüge liegend im TRX-System – einbeinig	3 × 12
Seitheben 45 Grad, einarmig am Seilzug	2 × 20
Armanziehen liegend, einarmig am Seilzug	2 × 20
Armbeugen am Seilzug, einarmig, sitzend	3 × 25
Stabilisation einbeinig liegend im TRX-System, Ball Fixation, angezogener Oberschenkel	60 Sek.
Hartschaumrolle, Dehnung Oberschenkel/Fuß, beidseitig	2 × 20
Hartschaumrolle, Unterschenkel, seitlich, mit Duoball	2 × 20
Laufband	20 Min.-Intervalle nach Laktatauswertung

TAG 2

Leistungserhalt Boxen zwischen 2 Kampfterminen/60–90 Sek. Pause zwischen den Sätzen

Laufband	25 Min. GA1-Bereich
Beinheben beidbeinig mit Hängeschlaufen, abgewinkelte Beine	3 × 20
Umsetzen und Ausstoßen vom Boden, Stoßen klassisch	5 × 3
Kreuzheben vom Boden mit erhöhter Hantel	3 × 8
Kniebeugen, Hantelablage hinter dem Kopf, Wettkampftechnik	3 × 8
Beinstrecken an der Synchrontrainingsmaschine, Polsterposition Mitte Unterschenkel, einbeinig, Fuß gerade	2 × 40
Beinpresse waagrecht, einbeinig, Fußstellung gerade	4 × 20
Beinbeugen in Rückenlage am Seilzug	3 × 15
Unterschenkelmuskulatur- und Gleichgewichtstraining mit zwei Kreiseln auf dem Koordinationsboard, links und rechts	2 × 20
Unterschenkel- und Gleichgewichtstraining- mit zwei Kreiseln, auf dem Koordinationsboard, vor und zurück, auf dem Kippbrett	2 × 20
Rudergerät	25 Min. GA1-Bereich

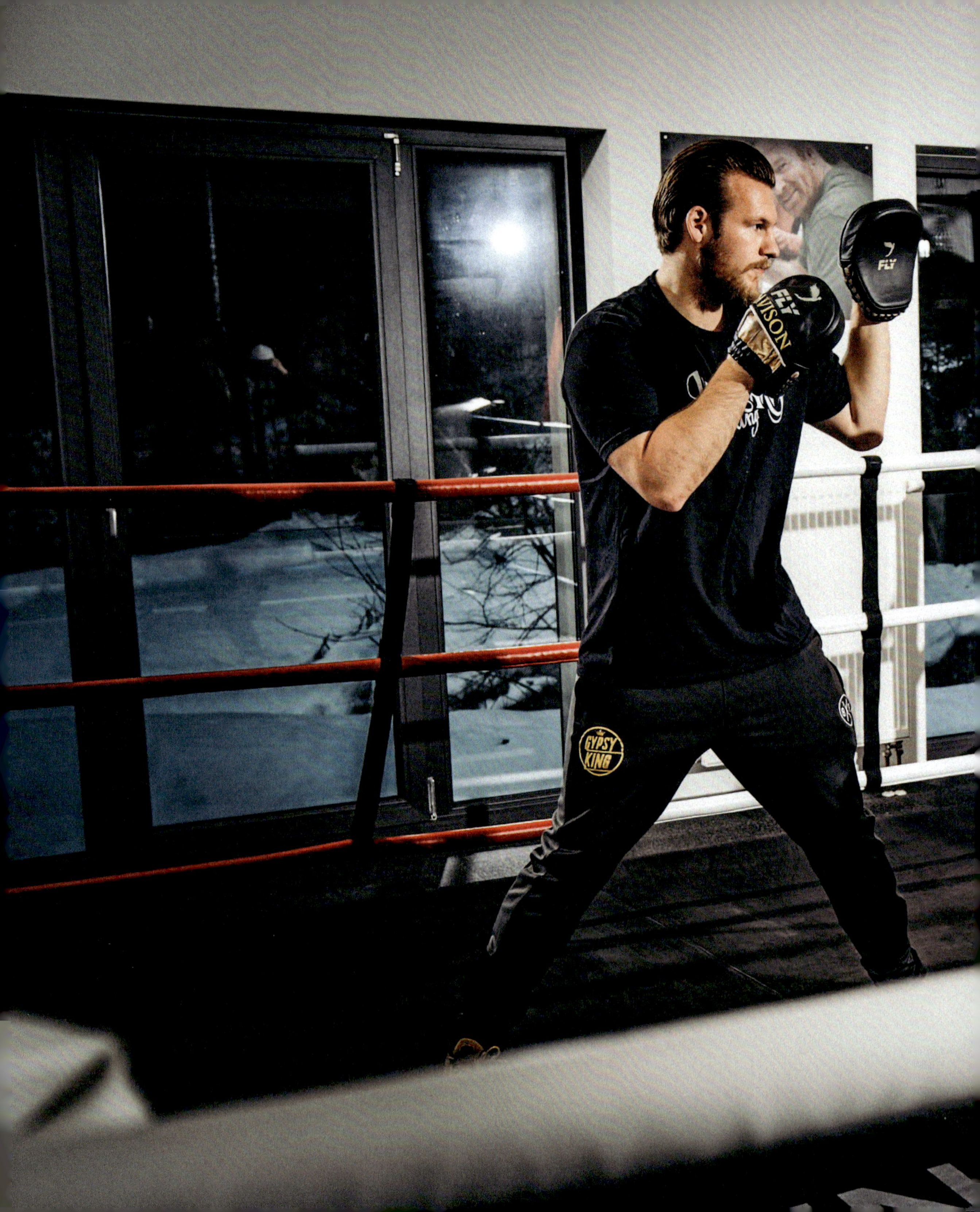
FLY
GYPSY
KING

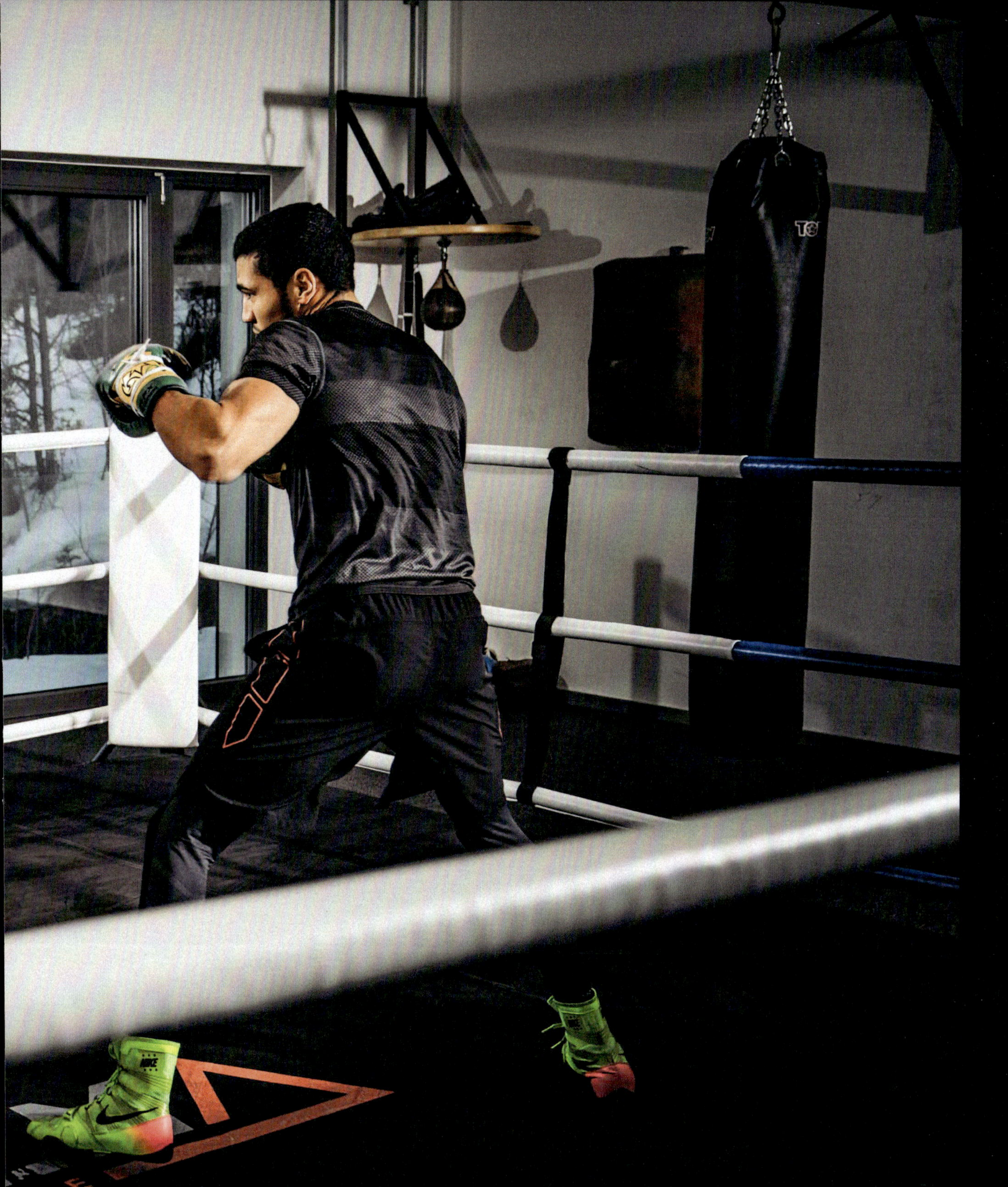

BASKETBALL, LEISTUNGS-ORIENTIERT, SAISONBEGLEITEND
ANPASSUNG JE NACH INTENSITÄT DES SPORTARTSPEZIFISCHEN TRAININGS

Dieses Programm sollte man einmal pro Woche absolvieren, maximal zweimal, da es das eigentliche Basketballtraining nicht beeinträchtigen soll und nur als Ausgleich gedacht ist. Die Intensität ist sehr niedrig, deswegen sind die Wiederholungszahlen relativ hoch. Die Pausen sollten mit 60 bis 120 Sekunden kurz gehalten sein. Der Athletikplan kann auch entsprechend angepasst werden. Wenn der sportartspezifische Trainingsplan eher hart ist, trainiert man nur einmal pro Woche zusätzlich, oder aber zweimal mit höherer Intensität, wenn das eigentliche Basketballtraining sehr leicht ist.

1–2 × pro Woche/60 bis 120 Sek. Pause zwischen den Sätzen	
Aufsitzen gerade, ohne Fersenhalt, mit Eindrehen, einseitig links und rechts	2 × 20
Rumpfaufrichten am Bauchmuskelcenter, beidseitig eindrehen	2 × 20
Vorneigen des Oberkörpers im Sitzen	30 Sek.
Rumpfaufrichten mit Langhantel, gerader Rücken und Nackenzug	3 × 7
Einarmiges Rudern mit der Kurzhantel, Bewegungsbahn gerade	3 × 15
Ziehen am Seilzug waagrecht, einarmig, Einhanddrehgriff, ohne Handrotation	3 × 20
Überzüge stehend vorgebeugt, mit geradem Rücken am Seilzug	3 × 20
Kurzhantel, Negativbankdrücken, mit Beinen erhöht, breit, mit Rotation von außen nach innen, groß	3 × 15
Kurzhantel, Flachbankdrücken, breit, mit Rotation von außen nach innen, klein	2 × 20
Dehnung der Brustmuskulatur an einer hohen Bank	30 Sek.
Frontheben beidarmig am Seilzug, auf einem Kreisel stehend, am Trizepsgriff, Handflächen nach oben	2 × 20
Diagonalzug von unten, beidarmig, am Seilzug, auf dem Boden stehend	2 × 20
Kabelzüge über Kreuz am Kabel-Cross-Balken, beidarmig, Seilposition von oben, kniend	3 × 15
Diagonalzug hinter dem Rücken	30 Sek.
Seitziehen des Ellbogens hinter dem Kopf	30 Sek.
Beinstrecken am Motronik-Trainer, Computer, Polsterposition über dem Sprunggelenk, beidbeinig, Füße gerade	2 × 40 Sek.
Beinbeugen am Motronik-Trainer, Computer, beidbeinig, Polsterposition über dem Sprunggelenk, Füße gerade	2 × 40 Sek.
Kniebeugen, aus der Bankstellung, beidbeinig	2 × 20
Kniebeugen, Hantelablage vor dem Kopf, Fußstellung mittel	3 × 15
Desmodromische Beinpresse, waagrecht sitzend, beidbeinig, Füße gerade, hüftbreite Fußstellung	3 × 40 Sek.
Dehnung der Beinbeuger bei gebeugtem Bein, an einer hohen Bank	30 Sek.
Wadenheben, frei stehend, einbeinig, Arbeitsbein erhöht	2 × 25
Training mit 2 Kreiseln, linksherum, gleich	2 × 20
Training mit 2 Kreiseln, rechtsherum, gleich	2 × 20

BODYBUILDING, 5-TAGE-SPLIT
LETZTE SÄTZE BIS ZUM MUSKELVERSAGEN AUSFÜHREN

Hier dauert das Training aufgrund der Intensität des Pump-Gefühls nur etwa eine bis eineinhalb Stunden. Die Wiederholungsbereiche liegen im klassischen Faserbereich meist zwischen acht und 15 Wiederholungen. Sind es mehr, etwa 20, dann handelt es sich um ein Erwärmen oder um eine rehabilitative Übung vor dem eigentlichen Training. Wiederholungen zwischen fünf und zehn bedeuten fünf Arbeitssätze mit gleichem oder steigendem Gewicht. Beim Bodybuilding-Training ist darauf zu achten, dass der letzte der zwei Sätze bis zum Muskelversagen ausgeführt wird, sodass keine weitere Wiederholung mehr möglich ist. Das Gewicht sollte der Wiederholungszahl angepasst werden. Das heißt, das Gewicht ist entsprechend schwer zu wählen, sodass nach zehn Wiederholungen keine elfte mehr möglich ist.

TAG 1

120 Sek. Pause zwischen den Sätzen	
Ergometer	10 Min.
Kabelzüge über Kreuz am Kabel-Cross-Balken, beidarmig, Seilposition waagrecht, stehend	3 × 20 Aufwärmen Schulter
Brustdrücken an der 3-D-Maschine, Handflächen nach unten	5 × 10
Kurzhantel, Schrägbankdrücken, breit, mit eiförmigem Bewegungsablauf	5 × 10
Fliegende Bewegung am Seilzug, auf der Flachbank	4 × 12
Überzüge auf der Flachbank mit 1 Kurzhantel	4 × 12

TAG 2

120 Sek. Pause zwischen den Sätzen	
Ergometer	10
Einarmiges Rudern mit der Kurzhantel, Bewegungsbahn gerade	4 × 8 im wöchentlichen Wechsel mit Rudern, vorgebeugt
Rudern vorgebeugt mit der Langhantel, Obergriff mittel	4 × 8
Flankendehnung mit Gegenhalt	30 Sek.
Ziehen am Seilzug waagrecht, beidarmig, Untergriff, mit drehbarem Trizepsgriff	4 × 8-12
Ziehen am Seilzug vor dem Kopf, Quergriff drehbar	4 × 8-12
Überzüge stehend vorgebeugt, mit geradem Rücken am Seilzug	4 × 10-15

TAG 3

120 Sek. Pause zwischen den Sätzen	
Ergometer	10
Beinstrecken an der Synchrontrainingsmaschine, Polsterposition Mitte Unterschenkel, einbeinig, Fuß gerade	4 × 15-20
Kniebeugen, Hantelablage vor dem Kopf, Fußstellung breit	4 × 8-10
Beinbeugen an der Euroline-Trainingsmaschine, liegend, beidbeinig, Polsterposition über dem Sprunggelenk, Füße gerade	4 × 10 im wöchentlichen Wechsel mit Beinbeugen im Stehen

TAG 3

Übung	Sätze
Beinbeugen am Seilzug, stehend, Schlaufenposition über dem Sprunggelenk, Fuß gerade	4 × 10-12
Beinpresse waagrecht, sitzend, beidbeinig, Füße gerade, schulterbreite Fußstellung	4 × 10-15
Ausfallkniebeugen, Hantelablage hinter dem Kopf, mit gebeugtem hinterem Bein	3-4 × 12-20

TAG 4

120 Sek. Pause zwischen den Sätzen	
Ergometer	10
Indian Club und Mace-Training (siehe Kapitel FMMA)	3 × 20
Außenrotation der Schulter am Seilzug, stehend, einarmig	3 × 20
Seitheben mit 2 Kurzhanteln, stehend, Handflächen nach unten bis in die Waagrechte	4 × 10-12
Schulterrollen nach hinten, stehend mit 2 Kurzhanteln	4 × 8-12
Drücken mit 2 Kurzhanteln, sitzend, Handflächen nach vorn	4 × 8-12
Seitheben vorgebeugt mit 2 Kurzhanteln, frei stehend, beidarmig	4 × 12-15

TAG 5

120 Sek. Pause zwischen den Sätzen	
Ergometer	10
Armstrecken mit Theraband, aufrecht stehend, beidarmig, Handflächen nach innen	3 × 40 zum Aufwärmen
Armbeugen Curlstange, stehend, Untergriff, Griffweite mittel	4 × 8-12
Armstrecken, am Seilzug, aufrecht stehend, beidarmig, am Trizepsgriff	4 × 10-12
Armbeugen an der Bizeps-Synchrontrainingsmaschine, Handflächen zueinander	4 × 10-15
Armstrecken mit der Curlstange, liegend, zur Stirn, Handflächen nach innen	4 × 8-12
Armbeugen am Seilzug, liegend, einarmig	4 × 15-20
Armstrecken vorgebeugt, mit 1 Kurzhantel, frei stehend, Handflächen nach innen	4 × 12-15

WEBUILDTHEBEST
Hellhill Cup
...am Anfang war die Kraft.
17 April 2005 Höllhöhe | Neukirchen
powered by Sportstudio Vitalis

DISBALANCENAUSGLEICH
REGENERATIONSPLAN FÜR DIE LENDEN-WIRBELSÄULE IM POWERLIFTING

Hier handelt sich um eine Mischmethode. Manche Übungen werden nur acht- bis zehnmal wiederholt, dafür aber mit entsprechend viel Gewicht. Bei 20 bis 30 oder bei 40 Wiederholungen kann der Athlet nicht viel Gewicht nehmen, produziert aber möglichst viel Stoffwechsel und arbeitet so gelenkschonend wie möglich. Trotz hoher Wiederholungszahl und leichter Gewichte absolviert er aber eine hohe Tonnage, bewegt also möglichst viel Gewicht während der Trainingszeit, obwohl er nicht viel Gewicht trainiert.

TAG 1

2 Trainingstage pro Woche/4 × wöchentlich trainieren/bis zu 120 Sek. Pause zwischen den Sätzen	
Bauchpresse am Boden liegend, mit Fußablage, Hände an der Schläfe	3 × 30
Rumpfaufrichten am Rückenstabilisator	3 × 20
Dehnen des Lenden-Darmbein-Muskels in Seitlage	30 Sek.
Ziehen am Seilzug vor dem Kopf, in Rückenlage, einarmig, ohne Handrotation, Einhanddrehgriff	3 × 15
Butterfly an der Pectoralis-Maschine der Compact-Line-Serie, mit angewinkelten Armen	3 × 15
Arme auseinanderführen an der Compactline-Rhomboideus-Maschine, Handflächen zueinander	3 × 20
Dehnung der Brustmuskulatur an einem Gegenhalt	30 Sek.
Desmodromische Beinpresse, waagrecht sitzend, beidbeinig, Füße gerade, hüftbreite Fußstellung	2 × 50 Sek.
Beinbeugen am Seilzug, stehend, Schlaufenposition über dem Sprunggelenk, Fuß gerade	3 × 20
Kniebeugen, vor der Bank, Fußstellung mittel, Hände im Nacken	4 × 20
Wadenheben, sitzend, an der Maschine, beidbeinig, Fußposition gerade	2 × 20
Dehnung des Zwillingswadenmuskels an einer Wand	30 Sek.
Hartschaumkugel Gesäßmuskulatur	2 × 20
Hartschaumrolle seitlicher Oberschenkel	2 × 20

Hartschaumrolle oberer Rücken an der Wand	2 × 20
Hartschaumkugel Gesäßmuskulatur	2 × 20
Hartschaumrolle Schienbein	2 × 20
Hartschaumkugel innerer Oberschenkel	30 Sek.
Diagonaldehnung in Rückenlage	30 Sek.
Päckchenstellung mit Gymnastikrolle zwischen Rumpf und Oberschenkeln	30 Sek.
Schiefe Ebene im Kniestand mit einem Arm	30 Sek.
Dehnung des breitesten Rückenmuskels an der Bank	30 Sek.
Dehnung der hinteren Nackenmuskulatur im Stehen	30 Sek.
Dehnung der Nackenstrecker diagonal im Stehen	30 Sek.
Seitlicher Ausfallschritt am Boden	30 Sek.
Sitzende Adduktorendehnung mit Seitneigung	30 Sek.
Dehnen des birnenförmigen Muskels in Rückenlage	30 Sek.
Dehnung der Beinstrecker im Kniestand	30 Sek.

TAG 2

2 Trainingstage pro Woche/4 × wöchentlich trainieren/bis zu 120 Sek. Pause zwischen den Sätzen	
Ergometer	10 Min.
Kreisel, beidbeinig, vor und zurück	2 × 20
Kreisel, beidbeinig, links und rechts	2 × 20
Kreisel, beidbeinig, linksherum kreisen	2 × 20
Kreisel, beidbeinig, rechtsherum kreisen	2 × 20
Bauchpresse an der Euroline-Bauchmaschine sitzend	3 × 30
Unterer Rücken an der Gluteusbank, einbeinig, ein Bein gebeugt	3 × 20
Ziehen am Schulterblattfixator, vor den Kopf	3 × 12
Fliegende Bewegung, im Stehen am Seilzug, Seilzug von oben	3 × 15
Schulterrollen nach hinten, stehend mit 2 Kurzhanteln	3 × 10

TAG 2

Übung	Sätze
Kabelzüge über Kreuz am Rehaseilzug, beidarmig, Seilposition waagrecht, sitzend auf dem Pezziball	3 × 20
Seitheben mit 2 Kurzhanteln, sitzend, Handflächen nach unten bis in die Waagrechte	3 × 15
Armbeugen an der Bizeps-Synchrontrainingsmaschine, Handflächen zueinander	2 × 15
Armstrecken, am Seilzug, aufrecht stehend, beidarmig, am Trizepsgriff	2 × 20
Armbeugen mit Rotation des Unterarms von innen nach außen, sitzend, abwechselnd	2 × 15
Hartschaumrolle 2 Rollen für den oberen Rücken	2 × 20
Hartschaumrolle vordere Oberschenkel	2 × 20
Hartschaumkugel Gesäßmuskulatur	2 × 20
Oberkörperaufrichten in Bauchlage	30 Sek.
Päckchenstellung mit Gymnastikrolle zwischen Rumpf und Oberschenkeln	30 Sek.
Flankendehnung mit Gegenhalt	30 Sek.
Dehnung der Nackenstrecker diagonal im Stehen	30 Sek.
Dehnung der Brustmuskulatur im Kniestand	30 Sek.
Rückziehen des Oberkörpers in der Bankstellung	30 Sek.
Ausfallschritt mit Ablegen eines Beines	30 Sek.
Gesäßverschiebung im Stehen	30 Sek.
Einseitiger Hürdensitz, mit aufrechtem Oberkörper	30 Sek.

TRAINING

POWERLIFTING, 4-TAGE-SPLIT
FÜR FORTGESCHRITTENE ATHLETEN – VORGEGEBENE WIEDERHOLUNGEN EINHALTEN

Hier handelt es sich um einen Powerlifting-Plan im 4-Tage-Split – und er ist gedacht für fortgeschrittene Athleten. Man sollte sich hier unbedingt an die vorgegebenen Wiederholungen halten. Handelt es sich um mehr als 20, kann die jeweilige Pause bis zu 120 Sekunden dauern. Sind es weniger als zehn, können die Pausen zwischen drei und fünf Minuten lang sein, weil hier die Intensität relativ hoch ist. Die Intensität bei den niedrigeren Wiederholungen liegt zwischen 80 und 100 Prozent.

TAG 1

180 Sek. Pause zwischen den Sätzen	
Ergometer	10 Min.
Bauchpresse auf der Bauchbank, mit Belastung, Gewicht auf Brust legen	3 × 30
Reißen, Zug gestreckt, breit, aus der Halbhöhe	3 × 7
Außenrotation der Schulter am Seilzug stehend, einarmig	2 × 20
Beinstrecken am Synchrontrainer, beidseitig, bilateral, Polsterposition am Sprunggelenk, Füße gerade	2 × 25
Beinbeugen am Motronik-Trainer, Computer, beidbeinig, Polsterposition über dem Sprunggelenk, Füße innen	2 × 40 Sek.
Kniebeugen, Hantelablage hinter dem Kopf, Wettkampftechnik	5 × 5
Desmodromische Beinpresse waagrecht, sitzend, beidbeinig, Füße gerade, schulterbreite Fußstellung	3 × 40 Sek.
Beinstrecken am Positiv-Negativ-Motor-Trainingsgerät, beidbeinig, Polsterposition über dem Sprunggelenk, Füße gerade	3 × 15
Beinbeugen an der Euroline-Trainingsmaschine, liegend, beidbeinig, Polsterposition über dem Sprunggelenk, Füße gerade	4 × 12
Wadenheben, stehend, an der Maschine, Fußposition gerade	4 × 12
Kreisel, beidbeinig, vor und zurück	2 × 20
Kreisel, beidbeinig, links und rechts	2 × 20

TAG 2

180 Sek. Pause zwischen den Sätzen	
Ergometer	10 Min.
Diagonalzug von unten, beidarmig, am Seilzug, auf dem Boden stehend	2 × 20
Flachbankdrücken, mit der Langhantel, Wettkampfgriff	7 × 2 (Speed) 0,8–1,2 m/s
Brustdrücken an der 3-D-Maschine, Handflächen zueinander	3 × 8
Ziehen am Seilzug vor dem Kopf, Zweihanddrehgriff	3 × 12
Zug eng an der Curlstange, Griffweite eng	3 × 12
Armstrecken, am Seilzug, aufrecht stehend, beidarmig, Seil	3 × 12
Armbeugen Curlstange, stehend, Untergriff, Griffweite eng	3 × 12

TAG 2

Sitzende Päckchenstellung	30 Sek.
Oberkörperaufrichten in Bauchlage	30 Sek.
Dehnung der Brustmuskulatur an einer hohen Bank	30 Sek.
Dehnen des Obergrätenmuskels	30 Sek.
Rückziehen des Oberkörpers in der Bankstellung	30 Sek.

TAG 3

180 Sek. Pause zwischen den Sätzen	
Ergometer	10 Min.
Ausfallschritt mit Ablegen eines Beines	30 Sek.
Sitzende Adduktorendehnung mit gestreckten Beinen	30 Sek.
Bauchpresse am Boden liegend, mit Fußablage, Fußhalt und Belastung, Gewicht auf Brust legen	3 × 20
Rumpfaufrichten am Bauchmuskelcenter, gerade	3 × 12
Kreuzheben vom Boden mit Wechselgriff	5 × 3
Klimmzüge vor dem Kopf, Handflächen nach innen	5 × 3-10
Ziehen am Seilzug vor dem Kopf, Untergriff, gerader langer Griff	3 × 12
Rudern vorgebeugt mit der Langhantel, Obergriff mittel	3 × 7

TAG 4

180 Sek. Pause zwischen den Sätzen	
Ergometer	10 Min.
Bauchpresse auf der Bauchbank, Hände an die Schläfe	5 × 20
Seitheben am Seilzug stehend, einarmig, Handflächen nach unten bis in die Waagrechte	2 × 20
Flachbankdrücken mit der Langhantel, Wettkampfgriff	5 × 5-3
Kurzhantel, Schrägbankdrücken, breit, mit eiförmigem Bewegungsablauf	4 × 7
Dips, zwischen 2 Holmen, Ellbogen ausgestellt, mit Belastung	4 × 7 mit Zusatzgewicht
Fliegende Bewegung, an der Latissimus-Schulter-Synchrontrainingsmaschine	3 × 20

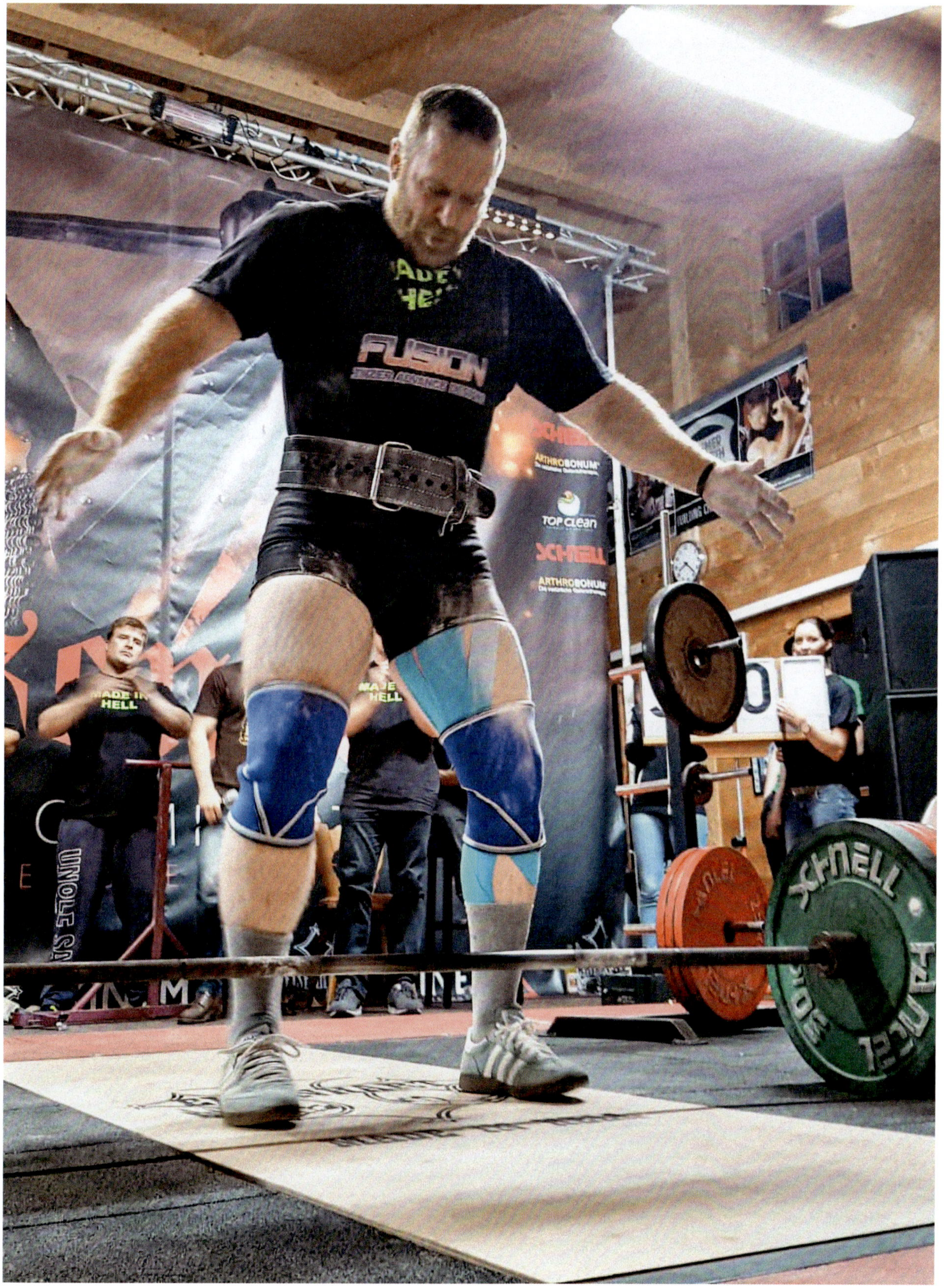
FUSION
MADE IN HELL
ARTHROBONUM
TOP Clean
ARTHROBONUM

ELITEPLAN POWERLIFTER
MAXIMAL HOHE INTENSITÄT MIT PERFEKTER REGENERATION

Bei diesem Plan handelt es sich um absolutes Elitetraining für Powerlifter. Die Intensität ist maximal hoch, und dieser Plan setzt eine absolut perfekte Regeneration voraus. Dazu ist eine Regenerationsplanung wie im Teil 2 dieses Buches beschrieben notwendig. Dies ist definitiv kein Plan für Anfänger oder für Fortgeschrittene. Hier handelt es sich ausschließlich um Elitesport. Dieser Plan soll hauptsächlich zeigen, wie bei uns Elite-Powerlifter trainieren und welche Umfänge sie bewältigen. Auch wenn der weit verbreitete Glaube gilt, dass Powerlifter nicht länger als eineinhalb Stunden trainieren sollen: Hier wird wahrscheinlich jeder Trainingstag drei Stunden aufwärts beanspruchen. Was wir aber, wie im Buch erklärt, gerne in Kauf nehmen, weil die Sportart sehr gelenkbelastend ist und wir viel Zeit damit verbringen, das auszugleichen. Dadurch wollen wir versuchen, eine perfekte Statik des Sportlers zu erreichen. Und diese extreme Belastungen, die vor allem bei den Kniebeugen, beim Bankdrücken, beim Kreuzheben entstehen, durch andere Neben- und rehabilitative Übungen so gut wie möglich ausgleichen. Beim Kniebeugen hinter dem Kopf oder beim Kreuzheben gehen wir bis 105 Prozent Intensität. Das setzt natürlich a) ein frisches Nervensystem voraus und b) natürlich tausendprozentige Einsatzbereitschaft. Und c) ist dieser Plan bei der entsprechend hohen Intensität ohne zwei gute Trainingspartner gar nicht verwirklichbar, weil das Training eventuell in einer neuen Bestleistung gipfelt oder auch in einem Versagen.

TAG 1

Vorbereitung Powerlifting dreifach periodisiert Faktor 4,6	
Ergometer	8 Min. GA1-Bereich
Heranziehen der Ferse in Richtung Gesäß im Stehen	1 × 30-40 Sek.
Seitlicher Ausfallschritt am Boden	1 × 30-40 Sek.
Dehnen der Beinbeuger in Rückenlage, einbeinig am Boden	1 × 30-40 Sek.
Ausfallschritt mit vorgeneigtem Oberkörper	1 × 30-40 Sek.
Umsetzen und Ausstoßen vom Boden	4 × 5
Beinbeugen am Motronik-Trainer, beidbeinig, Füße innen, V30	Woche 1/4/6/9: 3 × 50 Sek.
Beinbeugen im Stehen am Seilzug, einbeinig	Woche 2/3/5/7/8/10: 3 × 30 Sek.
Kniebeugen hinter dem Kopf (Wettkampftechnik), lohnende Pausen bis 180 Sek.	Woche 1/2/5/6/9: 5 × 1-2 1. Satz 90 %, 2. Satz 95 %, 3. Satz 100 %, 4. Satz 105 % (evtl. Bestleistung + evtl. Equipment)
Kreuzheben unter dem Knie von Blöcken mit lila Bändern	Woche 3/4/7/8/10: 5 × 1-2 1. Satz 90 %, 2. Satz 95 %, 3. Satz 100 %, 4. Satz 105 % (evtl. Bestleistung)
Kniebeugen, Hantel hinter dem Kopf (Pause max. 2 Min.)	Woche 3/4/7/8/10: Box-Squat 5 × 2, Woche 1/5/9: einarmiges Kreuzheben 5 × 2, Woche 2/6: Belt Squat 5 × 2
Beinstrecken beidbeinig	4 × 10
Beinbeugen	Woche 1/3/7: mit grünem Gummi im Sitzen 4 × 30 Woche 2/4/5/6/8/9/10: Glute Ham Raise 4 × 30
Desmodromische Beinpresse, beidbeinig, V80 (Pause 5-8 Min.)	1 × 60 Sek. regenerativ
Wadenheben stehend, Maschine, Fuß gerade	4 × 10
Kreisel beidbeinig, linksherum	2 × 50
Kreisel beidbeinig, rechtsherum	2 × 50
Autotrack Extensionshocker	3-8 Min.
Oberkörperaufrichten in Bauchlage	1 × 30-40 Sek.
Diagonaldehnung in Rückenlage	1 × 30-40 Sek.
Liegende Päckchenstellung	1 × 30-40 Sek.
Schiefe Ebene im Kniestand mit beiden Armen	1 × 30-40 Sek.

TAG 1

Dehnen der Brustmuskulatur an einer hohen Bank	1 × 30–40 Sek.
Dehnen der seitlichen Nackenmuskulatur im Stehen	1 × 30–40 Sek.
Dehnen der hinteren Nackenmuskulatur im Stehen	1 × 30–40 Sek.
Einklappen der Hand	1 × 30–40 Sek.
Dehnen der Unterarm-, Finger- und Handstreckmuskulatur mit Unterarmrotation	1 × 30–40 Sek.
Seitlicher Ausfallschritt am Boden	1 × 30–40 Sek.
Gesäßverschiebung im Stehen	1 × 30–40 Sek.
Ausfallschritt mit Ablegen eines Beines	1 × 30–40 Sek.
Sitzende Adduktorendehnung mit gestreckten Beinen	1 × 30–40 Sek.
Dehnung des Oberschenkelbindenspanners	1 × 30–40 Sek.
Dehnen des Oberschenkelbindenspanners in Rückenlage	1 × 30–40 Sek.
Heranziehen der Ferse in Richtung Gesäß im Stehen	1 × 30–40 Sek.
Ausfallschritt mit vorgeneigtem Oberkörper	1 × 30–40 Sek.
Dehnung der Beinstrecker im Kniestand	1 × 30–40 Sek.
Dehnen der Beinbeuger, einbeinig, in Rückenlage, mit einem Handtuch	1 × 30–40 Sek.

TAG 2

Vorbereitung Powerlifting dreifach periodisiert Faktor 4,6	
Ergometer 125 Watt	8 Min.
Rudern mit 2 Kurzhanteln auf der Schrägbank, Handflächen innen	4 × 20
Flachbankdrücken im Wettkampfgriff	Woche 1, 2, 5, 7, 8, 10: 8 × 1–2 1. Satz 90 %, 2. Satz 95 %, 3. Satz 100 %, 4. Satz 105 % (evtl. Bestleistung)
Bankdrücken mit Ketten	Woche 3, 4, 6, 9: 8 × 1–2
Flachbankdrücken im Wettkampfgriff (max. 2 Minuten Pause, 90 % Intensität)	Woche 1, 3, 6, 7, 9: Hammer-Strength-Maschine
	Woche 2, 4, 5, 8, 10: Schulterdrücken-Maschine reverse
Klimmzüge eng vor dem Kopf	Woche 1, 2, 5, 6, 9, 10: 4 × 8

TAG 2

Übung	Sätze/Wdh.
Rudern, Maschine, breit, von oben	Woche 3, 4, 7, 8: 4 × 8
Seitheben mit 2 Kurzhanteln, stehend	4 × 8
Armbeugen mit Curlstange (enger Untergriff)	4 × 10
Schräge Bauchmuskeln mit Belastung (Ellbogen zum Knie)	4 × 30 pro Seite
Autotrack-Extensionshocker	3-8 Min.

TAG 3

Vorbereitung Powerlifting dreifach periodisiert Faktor 4,6	
Ergometer	8 Min.
Hartschaumrolle seitlicher Oberschenkel	2 × 20
Hartschaumkugel innerer Oberschenkel	2 × 20
Hartschaumrolle unterer Rücken	2 × 20
Beinheben mit gebeugtem Bein an der Maschine (Polster überm Knie)	4 × 20
Beinbeugen am Seilzug stehend (Fuß gerade)	4 × 20
Speed Kreuzheben mit rosa Bändern (60 % Intensität)	Woche 1, 2, 5, 6, 8 9, 10: 5 × 3
Kniebeugen mit Ketten (Speed)	Woche 3, 4, 7: 5 × 3
Erhöhtes Kreuzheben mit der Langhantel (explosiv, 60 % Intensität)	Woche 3, 4, 7: 6 × 2
Frontkniebeuge, (60 % Intensität)	Woche 1, 2, 5, 6, 8, 9, 10: 6 × 2
Beinbeugen liegend a.d. Maschine	5 × 8
Beinstrecken a.d. Maschine, einbeinig	4 × 30
Wadenheben sitzend an der Maschine, Füße innen	4 × 20
Bauchpresse am Boden mit Fußablage und Gewicht	4 × 30
Autotrack Extensionshocker	3-8 Min.
Bauchmuskeldehnung in Rückenlage	1 × 30-40 Sek.
Oberkörperaufrichten in Bauchlage	1 × 30-40 Sek.
Seitneigung des Oberkörpers, stehend	1 × 30-40 Sek.
Sitzende Päckchenstellung	1 × 30-40 Sek.

TAG 3

Übung	Dauer
Seitliches Ablegen beider Knie in Rückenlage	1× 30–40 Sek.
Dehnen der Brustmuskulatur an einer Wand	1× 30–40 Sek.
Dehnung der Brustmuskulatur an einer hohen Bank	1× 30–40 Sek.
Seitneigung im Sitzen	1× 30–40 Sek.
Dehnen des Obergrätenmuskels	1× 30–40 Sek.
Dehnen der seitlichen Nackenmuskulatur im Stehen	1× 30–40 Sek.
Dehnen der hinteren Nackenmuskulatur im Stehen	1× 30–40 Sek.
Dehnen des Bizeps mit Ober- und Unterarmrotation	1× 30–40 Sek.
Seitlicher Ausfallschritt am Boden	1× 30–40 Sek.
Gesäßverschiebung im Stehen an einer Wand	1× 30–40 Sek.
Dehnen des Oberschenkelbindenspanners im Liegen	1× 30–40 Sek.
Dehnen der Gesäßmuskulatur im Stehen	1× 30–40 Sek.
Dehnen des birnenförmigen Muskels in Rückenlage	1× 30–40 Sek.
Dehnen des Oberschenkelbindenspanners mit gebeugtem Bein	1× 30–40 Sek.
Heranziehen der Ferse in Richtung Gesäß im Stehen	1× 30–40 Sek.
Heranziehen der Ferse in Richtung Gesäß im Kniestand	1× 30–40 Sek.
Dehnung der Beinstrecker im Kniestand	1× 30–40 Sek.

TAG 4

Vorbereitung Powerlifting dreifach periodisiert Faktor 4,6	
Seitheben am Seilzug bis in die Waagrechte (zum Aufwärmen)	2 × 20
Bamboo-Bar-Flachbankdrücken	4 × 10
Flachbankdrücken weit mit Buffalo-Bar (60 % Intensität)	Woche 1, 2, 5, 6, 10: 8 × 6
Speedbankdrücken, Wettkampfgriff mit rosa Bändern (60 % Intensität)	Woche 3, 4, 7, 8,9: 8 × 6
Negativbankdrücken mit Kettlebells (bis Muskelversagen)	Woche 1, 3, 5, 7, 9: 30-20-15-15 Wdh.
	Woche 2, 4, 6, 8, 10: 15-15-10-10 Wdh.
Fliegende Bewegung mit 2 Kurzhanteln, Flachbank	Woche 1, 2, 4, 5, 8, 9, 10: 4 × 10
Butterfly an der Maschine mit abgewinkelten Armen	Woche 3, 6, 7: 4 × 10
Frenchpress auf der Bank liegend, Hände innen	Woche 1, 3, 5, 7, 9: 5 × 8
Dips am Barren, Griffweite breit	Woche 2, 4, 6, 8, 10: 5 × 8
Armstrecken stehend mit lila Gummiband, Hände innen	4 × 30
Autotrack-Extensionshocker	3-8 Min.

„Das ist keine Trainingsmethode, die er irgendwo gelernt hat. Es ist Sepps eigene Herangehensweise, die die Leute reihenweise zum Erfolg führt. Und das kann nur er."

FRANZ RITZER
WELTMEISTER IM STEINHEBEN,
WELTMEISTER IM KREUZHEBEN,
WELTREKORDHALTER SOWIE WELT- UND
EUROPAMEISTER IM KRAFTDREIKAMPF

Was Franz Ritzer und Sepp Maurer verbindet, ist ganz klar: Es ist die Leidenschaft für ihren Sport. Die beiden haben sich schon vor 20 Jahren über das bayerische Steinheben kennengelernt. Sie waren eine Zeitlang sogar in der gleichen Gewichtsklasse aktiv, standen aber nie bei einem Wettkampf zusammen am Start. Sie waren also irgendwie Konkurrenten, wurden aber ganz bald Freunde. Ritzer war schon damals ein höchst erfolgreicher Athlet aus Oberbayern, der im Steinheben alles gewonnen hat, was man sich vorstellen kann, zudem war er Vorsitzender im Landesverband Steinheben. Eigentlich konnte ihn keiner schlagen – und wenn, dann nur an einem äußerst schlechten Tag. Sepp bot ihm dennoch eines Tages an: „Wenn du Lust hast, komm vorbei, ich mach dir mal einen Trainingsplan ..." Einen Trainingsplan? Das war eigentlich das Letzte, was Franz zu dieser Zeit brauchte. Denn er hatte ja schon – nach seinem Ermessen – alles gewonnen. Trotzdem sagte er zu und kündigte im Oktober 2013 einen Besuch auf der Höllhöhe an. Er könnte ja ein schönes Wochenende mit seiner Freundin dort verbringen, ein bisschen trainieren, so dachte Franz. Sepp aber hatte eine ganz andere Vorstellung und eine umfangreiche Testung für ihn geplant. Drei Tage lang messen, untersuchen, analysieren – das komplette Repertoire von der EMG bis zur Laktatmessung stand auf dem Programm. „Da wurde mir dann klar, dass es sich auf der Höllhöhe wohl um eine andere Qualität der Trainingsvorbereitung handeln muss ...", erinnert sich Franz. Als Sepp ihm dann sagte, dass es nun noch einige Wochen dauern würde, bis sein Trainingsplan fertig sei, musste er aber doch schmunzeln. Was sollte denn mer mehrere Wochen dauern. So ein Plan ist ja schnell gemacht ... Das Lachen verging ihm aber, als er das Geheft überreicht bekam. Der Ordner hatte ungefähr den Umfang seines Geschichtsbuches aus der fünften Klasse, und darin waren Übungen, die für ihn überhaupt nicht geeignet zu sein schienen. Franz suchte vergebens nach schweren Gewichten, er suchte nach Kniebeugen und Kreuzheben. „Sepp, ich will steinheben – und nicht im Zirkus auftreten", sagte er, nachdem er die vielen Balance- und Koordinationsübungen überflogen hatte. „Jaja, das passt schon alles so ...", entgegnete ihm der Kinema-Chef, und Franz ließ sich schließlich darauf ein.

Im Februar 2014 startete er wieder mit einer gezielten Wettkampfvorbereitung und nahm sich vor, den für Steinheber maßgeblichen Meilenstein zu schaffen: nämlich den 254-Kilo-Stein auf einen Meter zu heben. Das hatte er zum letzten Mal im Jahr 2007 gemacht – da war er aber gut im Training und voll aktiv gewesen. Im Mai 2014 ging er also in seinen ersten Wettkampf nach vielen Jahren und hob im zweiten Zug schon 254 Kilo auf einen Meter und gleich danach 275 Kilo auf 50 Zentimeter. „Das war unvorstellbar! Was ich zuvor mit langjährigem und hartem Training bewerkstelligt hatte, schaffte ich nun bereits im ersten Wettkampf." Sepp kommentierte das Ganze in seiner gelassenen Art mit den Worten: „Gut. Das ist erst der Anfang. Schaun wir mal, was in den nächsten beiden Jahren passiert ..."

Und da passierte einiges! 2014 bestritt Franz noch insgesamt 14 erfolgreiche Wettkämpfe im Steinheben mit neun ersten Plätzen. Er wurde Bayerischer Meister, Deutscher Vizemeister und Alpenpokal-Sieger. Im Jahr 2015 folgten 19 Wettkämpfe mit sechs ersten Plätzen, und bereits 2017 stand er als Weltmeister im Kreuzheben auf dem Podest, und er hatte mehrfach die Maximallast von 300 Kilo bewältigt. Im Jahr 2019 wurde er Deutscher-, Europa und Weltmeister im Kraftdreikampf und außerdem mit gehobenen 310 Kilo Weltmeister und Weltrekordhalter im Kreuzheben (IPL) und „Best Lifter raw". „Aber das Beste daran ist", sagt er, „dass ich wegen des ganzheitlichen Trainings viel gesünder als vorher bin. Ich kenne mich besser aus, ich habe Trainingssystematiken verstanden und bin viel leistungsfähiger geworden." Sepp habe in seiner Trainingsvorbereitung ganz viel Wert darauf gelegt, Fehlstellungen und Disbalancen zu korrigieren und so diese Bestleistungen überhaupt erst zu ermöglichen. Außerdem sei alles eingetreten, was er prognostiziert hat. Jedes Ziel, das Sepp ihm in Aussicht gestellt hatte, konnte er schaffen. „Eigentlich war es ja so, dass ich meinem Spezl einen Gefallen tun wollte und nach seinem Plan trainiert habe. Dann habe ich aber erkannt, dass es genau andersherum war. Nämlich dass er als mein Spezl mir einen Gefallen getan und mich trainiert hat. Und jetzt bin ich 50 Jahre – und habe immer noch Ziele, die ich erreichen möchte", sagt er.

In all den Jahren, die er nun schon auf der Höllhöhe trainiert, hat Franz Ritzer oft darüber nachgedacht, was denn den „Faktor Kinema" ausmacht. Denn: Ein Fitnessstudio auf die Beine zu stellen ist keine Kunst, nur eine Investition. Und teure und gute Geräte kann sich auch jemand kaufen, der das Geld auftreibt, ebenso wie er Sportwissenschaftler und Trainer einstellen und, wenn er möchte, sogar noch ein eigenes Therapie- und Rehazentrum dranbauen kann. „Ich kenne wirklich viele Osteopathen, Physiotherapeuten

BEST
ATX
INZER
ADVANCE DESIGNS
The World Leader In Powerlifting Apparel
ATX
KG 25
OPEN
POWERLIFTING

Heilpraktiker – aber Sepps Team ist einfach unschlagbar, weil sie seine Idee mitleben."

Den Faktor Kinema macht die Kombination aus all diesen Dingen aus, aber es ist vor allem Sepp Maurer selbst und seine Methodik. Er hat für jeden individuell einen Plan, einen Weg. Er weiß, wie man aus einem kranken einen gesunden Sportler macht, aus einem guten einen noch besseren, aus einem Breitensportler einen Top-Athleten. „Und er macht das auf seine Art und Weise, die ist absolut beispielgebend und nicht kopierbar. Das ist keine Trainingsmethode, die er irgendwo gelernt hat. Es ist Sepps eigene Herangehensweise, die die Leute reihenweise zum Erfolg führt", so Franz Ritzer. „Das kann nur er. Mir ist die Freundschaft zu Sepp eine wirkliche Ehre und Freude – weil er halt so ist, wie er ist."

Sepp behandle Profisportler genauso wie Patienten und Kraftsportler oder trainierende Hotelgäste. „Ich habe Erfolg in einer absoluten Randsportart", erklärt Franz. „Das interessiert im Grunde keinen, und das bringt auch kein Prestige. Und trotzdem investiert Sepp hier genauso viel Herzblut wie bei einem Profisportler, der gutes Geld bei nur einem Wettkampf verdient." Auch genau das nennt man eben: Leidenschaft für den Sport.

KREUZHEBEN-BANKDRÜCKEN (PUSH-PULL)
PLAN ZUR WETTKAMPFVORBEREITUNG

Hier handelt es sich um einen Wettkampf-Vorbereitungsplan für eine Push-Pull-Meisterschaft, also Bankdrücken und Kreuzheben auf einem sehr hohen Niveau. Zu sehen ist das zum Beispiel beim Flachbankdrücken. Ein Tag wurde für Fahrrad- und Faszientraining eingeplant, und alle zwei Wochen wechselt die Übung ab. Beispiel: die ersten zwei Wochen negativ drücken, die nächsten beiden mit Ketten drücken, dann strikt pressdrücken, dann negativ drücken. Und das Gleiche machen wir mit dem Kreuzheben. Das hat den Sinn, das Nervensystem zu schonen und immer andere Impulse zu geben, andere Intensitäten, andere Winkel und dadurch das Nervensystem frisch zu halten. Und hier wurde bewusst an einem Tag immer im Wechsel Heben oder Beuge und kein separater Kniebeugentag eingebaut, um die Tonnage geringer zu halten. Dieser Plan ist ebenfalls nichts für Anfänger. Es handelt sich auch um einen leistungsorientierten Plan für Leistungsathleten, aber ich bin mir sicher, ihr werdet mit diesem System gute Fortschritte erzielen. Jedoch ist auch hier extrem auf die Regeneration zu achten.

TAG 1

Vorbereitung Powerlifting dreifach periodisiert Faktor 4,6	
Ergometer 50 Min.	Intervalle: 4 Min. Stufe 8 – 1 Min. Stufe 14
Hartschaumrolle seitlicher Oberschenkel	2 × 20
Hartschaumkugel Gesäßmuskulatur	2 × 20
Hartschaumrolle vorderer Oberschenkel, einbeinig	2 × 20
Hartschaumkugel innerer Oberschenkel	2 × 20
Hartschaumrolle unterer Rücken	2 × 20

TAG 2

Vorbereitung Powerlifting dreifach periodisiert Faktor 4,6	
Ergometer oder 4 Bahnen Schlitten gehen	15 Min.
Beckenbodenmuskeln mit Ball und Beckenanheben in Rückenlage	3 × 20
Bauchmuskulatur: Beinanheben beidbeinig mit gestreckten Beinen	4 × 20
Beinbeugen am Seilzug stehend	4 × 12 (wöchentlicher Wechsel mit Reverse Hyper)
Beinabspreizen Abduktionsmaschine, sitzend (schwer)	4 × 20
Flachbankdrücken mit der Langhantel im Wettkampfgriff	Woche 1/2: Negativ mit rosa Bändern 8 × 3, Woche 3/4: mit Ketten 5 × 3, Woche 5/6: strict press, Woche 7/8: Negativ mit rosa Bändern 8 × 3, Woche 9/10/11: Strict Press
Rotatorentraining	Woche 1/3/5/7/9/11: Indian Clubs + oranges Band 3 × 30, Woche 2/4/6/8/10: hintere Schulter rosa Band 5 × 30
Drücken	Woche 1/2: Buffalo Bar 5 × 8, Woche 3/4/5: Kurzhanteldrücken steigend 5 × 7, Woche 6/7: Schulterdrücken Wadenmaschine 5 × 7 Woche 8/9: Strict Press, Woche 10/11: Kurzhanteldrücken steigend 5 × 7
Rudern	5 × 7 im wöchentlichen Wechsel: David Rudern Maschine/Rudern am Seilzug mit drehbarem Trizepsgriff/Klimmzüge/T-Bar-Rudern
Einarmiges Rudern mit der Kurzhantel, 80 % Intensität	5 × 7
Armstrecken mit Theraband aufrecht stehend, beidarmig	4 × 50
Armbeugen an der Maschine, 70 % Intensität	3 × 10 im wöchentlichen Wechsel (falls noch Bedarf)
Dehnen des Oberschenkelbindenspanners in Rückenlage	1 × 30–40 Sek.
Oberkörperaufrichten in Bauchlage (Dehnen)	1 × 30–40 Sek.
Hartschaumrolle seitlicher Oberschenkel	2 × 20
Sitzende Adduktorendehnung mit gestreckten Beinen	1 × 30–40 Sek.

TAG 2

Ausfallschritt mit Ablegen eines Beines	1 × 30–40 Sek.
Hartschaumrolle unterer Rücken	2 × 20
Schiefe Ebene im Kniestand mit einem Arm	1 × 30–40 Sek.
Dehnung des birnenförmigen Muskels in Rückenlage	1 × 30–40 Sek.

TAG 3

Vorbereitung Powerlifting dreifach periodisiert Faktor 4,6	
Ergometer	10 Min.
Bauchpresse mit gestreckten Beinen und 2 Kurzhanteln (gleichzeitig)	3 × 20
Reverse Hyper	3 × 12
Lockerungsübung für das Darmbein-Kreuzbein-Gelenk im Knien (Bank)	2 × 20
Ausfallschritt mit Ablegen eines Beines	1 × 30–40 Sek.
Sitzende Adduktorendehnung mit gestreckten Beinen	1 × 30–40 Sek.
Dehnen des birnenförmigen Muskels in Rückenlage	1 × 30–40 Sek.
Vastus medialis stehend beidbeinig	2 × 20
Kreuzheben vom Boden mit Wechselgriff	Woche 1 und 2: vom Boden 2 × 3, dann im Wechsel 2 × 3: vom Boden / mit Matten / Zercher / Beuge Wettkampf / erhöht unterm Knie / mit kleinen Blöcken und Bändern
Kreuzheben	3 × 5-8 (explosiv 80% Intensität) im Wechsel: Strong-Athletics-Heben / einarmiges Heben / Pull Trough mit Monsterband / Kniebeuge hinten / Frontbeuge / Belt-Squat
Desmodromische Beinpresse beidbeinig, V4, Konz. 70 %, Exz. 70 %	2 × 50 Sek.
Beinstrecken unilateral, beidseitig	3 × 30
Beinbeugen am Seilzug stehend	3 × 20 (im Wechsel stehend, liegend, Monsterband)
Wadenheben sitzend an der Maschine	3 × 20
Ergometer 20 Min.	20 Min. (steigern bis Stufe 20)

TAG 4

Vorbereitung Powerlifting dreifach periodisiert Faktor 4,6	
Ergometer	10 Min.
Bauchpresse mit gestreckten Beinen und 2 Kurzhanteln (gleichzeitig)	3 × 20
Reverse Hyper	3 × 12
Lockerungsübung für das Darmbein-Kreuzbein-Gelenk im Knien (Bank)	2 × 20
Ausfallschritt mit Ablegen eines Beines	1 × 30–40 Sek.
Sitzende Adduktorendehnung mit gestreckten Beinen	1 × 30–40 Sek.
Dehnen des birnenförmigen Muskels in Rückenlage	1 × 30–40 Sek.
Vastus medialis, stehend, beidbeinig	2 × 20
Kreuzheben vom Boden mit Wechselgriff	Woche 1 und 2: vom Boden 2 × 3, dann im Wechsel 2 × 3: vom Boden/mit Matten/Zercher/Beuge Wettkampf/erhöht unterm Knie/mit kleinen Blöcken und Bändern
Kreuzheben	3 × 5–8 (explosiv 80 % Intensität) im Wechsel: Strong-Athletics-Heben/einarmiges Heben/Pull Trough mit Monsterband/Kniebeuge hinten/Frontbeuge/Belt-Squat
Desmodromische Beinpresse beidbeinig, V4, Konz. 70 %, Exz. 70 %	2 × 50 Sek.
Beinstrecken unilateral, beidseitig	3 × 30
Beinbeugen am Seilzug stehend	3 × 20 (im Wechsel: stehend, liegend, Monsterband)
Wadenheben sitzend an der Maschine	3 × 20
Ergometer	20 Min.

DANK SEPP MAURER
BESONDERER DANK

Meiner Familie: Sepp Maurer sen., Marianne Maurer, Steffi Maurer und meiner Freundin Katrin

Meinen Mentoren und Weggefährten: Fritz Kroher, Lorenz Westner, Louie Simmons (R. I. P.), Charles Class, Dr. Christine Bachmann, Dr. Norbert Dehoust, Dr. Werner Paula, Manuel Bauer, Manfred Arlt, John Quint, Markus Brandl, Georg Köppl (R. I. P.)

Meinen guten Freunden, die seit Jahren hinter mir stehen und mich und meinen Trainingswahnsinn zu verstehen versuchen.

Meinen Athleten, die ein sehr wichtiger Teil in meinem Leben sind.

Meinem unfassbaren Team der Sportschule KINEMA und dem Therapiezentrum KINEMA. Niemand kann eine „Symphonie" allein flöten! Ohne euch wäre ich nur halb so gut. Danke für eure tägliche Elitearbeit im KINEMA. Ihr seid die Besten! Gemeinsam sind wir stark.

Meiner mittlerweile guten Freundin Diana Binder für die monatelange Arbeit und ihr Herzblut, das sie in dieses Buch gesteckt hat.

All denen, die mir in all den Jahren Steine in den Weg gelegt haben. Ohne sie hätte ich nie den Antrieb gehabt, immer besser zu werden.

Der größte Dank gehört meinem Bruder Ludwig. Durch ihn war ich niemals allein. #Proud

Lieben Dank an das Team hinter dem Buch:
Jürgen Scherer für Internet und Homepage (links unten)
Marc Strittmatter für Projektleitung und Satz (rechts unten)
Mitty für Bilder und Videos (rechts)
Diana Binder für Texte und Produktion (oben)

Sepp Maurer

DANK DIANA BINDER

Ich danke Sepp Maurer für sein großes Vertrauen und die immer schöne und lustige Zusammenarbeit.

Ludwig Maurer, der mich überhaupt erst mit auf die Höllhöhe genommen hat.

Marc Strittmatter, der auch dieses „Boot" so sicher ans Ufer gebracht hat.

Dem ganzen KINEMA-Team und besonders Anna Schmid für ihre Arbeit.

Meinen Freunden, meiner Familie und vor allem meinen Liebsten: Döni, David & Eva – für einfach alles.

Diana Binder

HINTER JEDEM GUTEN BUCH
STECKT EIN TOLLES TEAM

„If you are going through hell,

KEEP ON GOING!"
———

UND AM ENDE ...

... melde ich mich auch noch kurz persönlich zu Wort und möchte mit ein paar Zeilen dieses wundervolle Projekt abzuschließen.

Als Sepp Maurer mich gefragt hat, ob ich „sein Buch schreiben will", hab ich sofort JA gesagt – ohne zu wissen, worauf ich mich da einlasse! Ich hatte schon (Ludwig Maurer sei Dank) eine ungefähre Vorstellung davon, welcher Wahnsinn mich auf der Höllhöhe erwarten würde, aber wie das in echt aussieht, übersteigt jede Vorstellungskraft.

Sepp hat mit „Made in Hell" einen Teil seines Wissens mit uns geteilt und ich bin sehr dankbar dafür, dass ich dabei helfen durfte, das in ein Buch zu packen.

Ich habe nun über zwei Jahre recherchiert und mit unzähligen Menschen gesprochen, habe selbst erlebt, auf welch hohem Level Training, Physiotherapie und Behandlung ablaufen können. Ich habe gesehen, was das Kinema-Team und Sepp täglich leisten, aber auch, was Zusammenhalt und Freundschaft auf der Höllhöhe bedeuten.

Und glaubt mir, es ist viel mehr als das, was man auf 300 Seiten erzählen kann...

Zu all seinem sportlichen und fachlichen Können verfügt Sepp Maurer nämlich über ein schier unerschöpfliches Repertoire an Geschichten und Erzählungen, die jeden Kaffee an der Kinema-Theke zu einem Erlebnis machen. Und er hat neben einem „breiten Kreuz" vor allem ein riesengroßes Herz.

Also, was soll ich noch sagen?

Klar, hat jede Medaille zwei Seiten – aber im Kinema glänzen einfach beide.

Diana Binder

IMPRESSUM

Originalausgabe
Sportschule KINEMA
Waldschlößlstraße 12a
93453 Neukirchen b.hl.Blut

© 2022 – alle Rechte vorbehalten
1. Auflage Dezember 2022

ISBN 978-3-00-073770-1

Autoren Sepp Maurer, Diana Binder
Gesamtproduktion Marc Strittmatter, ppp.services, Freising
Lektorat Cornelia Greiner, München
Gestaltungskonzept Stefan Steinberger FEIN! Buero für Grafik und Reklame, Freising
Tabellen und Grafiken Cornelia Sekulin, Kommunikationsdesign, Riemerling
Satz ppp.services Freising
Bildbearbeitung und Lithografie grießel grafik und medientechnik, München
Druck POLYGRAF PRINT

Abbildungen
Silviu Popa-Fritz (Mitty Video Productions), Christoph Ruhland, Diana Binder, Sportschule Kinema

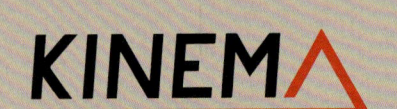

LITERATUR

Batmanghelidj, Dr. med. F. (2004). *Sie sind nicht krank, Sie sind durstig* (6. Aufl.). VAK

Bienkowski, Dominic (2020). *Die Formel der Kraft.*

Bolz, Randy (2019). *Krafttraining des Ostblocks – Powerlifting.* Amazon Europe in Luxemburg

Gröber, Uwe (2020). *Mikronährstoffberatung – Indikationen* (1. Aufl.). Wissenschaftliche Verlagsgesellschaft

Gugg, Holger (2021). HBN 2.0. *Human Based Nutrition* (1. Aufl.). BoD

Joyce, David, Lewindon, Daniel (2016). *Athletiktraining für sportliche Höchstleistungen* (1. Aufl.). Riva

Karstädt, Uwe. *Die Säure des Lebens.* Weltenwandel Verlag

Lienhard, Lars (2021). *Training beginnt im Gehirn* (5.Aufl.). Riva

Myers, Thomas W. (2014). *Anatomy Trains – Myofasziale Leitbahnen* (3. Aufl.). Elsevier

Neumann, Pfützner, Hottenrott (2004). *Das große Buch vom Triathlon* (2. Aufl.). Meyer

Rippetoe, Mark (2021). *Starting Strengt* (6. Aufl.). Riva

Rippetoe, Mark, Baker, Andy (2019). *Programmgestaltung im Krafttraining* (2. Aufl.). Riva

Schwarzenegger, Arnold, Dobbins, Bill (2021). *Die große Bodybuilding-Bibel* (3. Aufl.). Riva

Simmons, Louie (2010). *Das Westside Barbell Buch der Methoden.* Hermann Korte

Spitz, Lothar, Schnell, Josef (1983). *Muskeln Sie sich.* F. E. Spitz

Strunz, Dr. med. Ulrich (2015). *Die Geheimnisse unseres flüssigen Organs* (6. Aufl.). Wilhelm Heyne

Verstegen, Marc, Williams, Pete (2015). *Jeder Tag zählt* (2. Aufl.). Riva

Westner, Lorenz. *Desmodromisches Training im Sport.*